"十三五"普通高等教育本科规划教材

（第二版）

土木工程材料

主　编　贾致荣

副主编　贺东青　丁凌凌

　　　　孟宏睿　钱红梅　梁晓飞

主　审　严作人

中国电力出版社

CHINA ELECTRIC POWER PRESS

内 容 提 要

本书为"十三五"普通高等教育本科规划教材。本书以土木工程材料的性能及合理使用为中心，全书共11部分，包括：绪论、材料的基本性质、建筑钢材、无机胶凝材料、水泥混凝土与砂浆、墙体材料、沥青与沥青混合料、木材、建筑塑料与胶黏剂、建筑功能材料及土木工程材料试验。各章附有内容提要和学习要求，增加了案例分析、例题、专业词汇英文翻译，精选了各种类型的练习题，并在书后附有答案。

本书根据土木工程专业的培养要求并融合最新技术标准编制，在紧扣基本概念、基本理论、基本方法、基本操作的前提下，理论联系实际，突出实用性，追求"知识、能力、素质"的有机统一，兼顾学生创新精神的培养。

本书可用作高等院校土木工程专业教材，也可作为土木、建筑类其他相关专业教学用书，以及自学考试、职业教育等用书；还可供从事土建工作的科研、设计、施工、管理和监理人员参考。

图书在版编目（CIP）数据

土木工程材料/贾致荣主编. —2版. —北京：中国电力出版社，2016.8（2018.1重印）

"十三五"普通高等教育本科规划教材

ISBN 978 - 7 - 5123 - 9338 - 7

Ⅰ.①土… Ⅱ.①贾… Ⅲ.①土木工程－建筑材料－高等学校－教材 Ⅳ.①TU5

中国版本图书馆 CIP 数据核字（2016）第 103799 号

中国电力出版社出版、发行

（北京市东城区北京站西街 19 号 100005 http：//jc.cepp.com.cn）

三河市百盛印装有限公司印刷

各地新华书店经售

*

2009 年 3 月第一版

2016 年 8 月第二版 2018 年 1 月北京第七次印刷

787 毫米×1092 毫米 16 开本 19.25 印张 469 千字

定价 **40.00** 元

前　言

　　《土木工程材料》第一版自出版以来，已被很多学校采用，受到所选用院校师生的欢迎，重印多次。随着行业的发展，一批新规范陆续出版，同时高校提出了教学新要求，故决定修订出版第二版。本书继续以高等学校土木工程专业委员会制定的《土木工程材料教学大纲》为基本依据，适应土木工程专业的建筑工程、交通土建等专业方向，并兼顾建筑学专业及土建类其他相关专业建筑材料课程的需要，具有较宽的专业适用面。第二版具有以下特点：

　　（1）在第一版教材基础上，结合正在实施的应用型卓越工程师培养改革，突出应用型人才培养。

　　（2）全部按照国家和行业最新的现行标准、规范编写、修订，涉及约30本新标准及规范。

　　（3）增加了案例分析、例题、专业词汇英文翻译，更新了复习思考题及答案。

　　（4）体现非研究型的实用型教材特色，既有较完整的理论，又强调了工程实用性，并能反映当代材料科学的最新技术。

　　（5）本书适应未分专业方向时的土木工程专业教学采用。

　　（6）本书各章附有内容提要和学习要求，精选了各种类型的练习题，并在书后附有答案，非常实用和有利于学生自学。练习题题型多样，可供学生参加各类考试时作为训练使用。

　　（7）本书对各行业技术标准不统一的现状有所交代，提示学生根据工程实际选用。

　　本书由贾致荣主编，贺东青、丁凌凌、孟宏睿、钱红梅、梁晓飞共同编写、修订。各章编写分工为：绪论、第1章、第6章由贾致荣编写，第2章由孟宏睿编写，第3章（3.1）、第4章由贺东青编写，第9章、土木工程材料试验由丁凌凌编写，第3章（3.2～3.4）、第8章由钱红梅编写，第5章、第7章由梁晓飞编写。袁中玉、王立志参与了本书的绘图及资料整理工作。全书由贾致荣统稿，由同济大学严作人教授审阅，提出许多宝贵意见，在此表示感谢！

　　本书得到了山东省本科高校教学改革研究重点项目资助（2015Z072）。

　　本书可用作高等院校土木工程专业教材，也可作为土木、建筑类其他相关专业教学用书，以及自学考试、职业教育等用书；还可供从事土建工作的科研、设计、施工、管理和监理人员参考。

　　由于材料科学发展迅速，新材料、新制品、新工艺不断涌现，有一些行业技术标准也不统一，加之水平所限，书中疏漏和不妥之处在所难免，谨请广大读者不吝指正。

编　者

2016年3月

第一版前言

本书以高等学校土木工程专业委员会制定的"土木工程材料教学大纲"为基本依据，结合最新规范和标准，适应土木工程专业的建筑工程、交通土建等专业方向，并兼顾建筑学专业及土建类其他相关专业建筑材料课程的需要，具有较宽的专业适用面。本书具有以下特点：

（1）2009 年以来，国家又有一批新的设计、施工规范和材料标准出台，原有的规范、标准有的也作了更新，这些内容需要及时反映到新教材中去。为此，本教材全部按照国家和行业最新的现行标准、规范编写，如《建筑砂浆基本性能试验方法标准》（JGJ/T 70—2009）、《冷轧带肋钢筋》（GB 13788—2008）、《塑性体改性沥青防水卷材》（GB 18243—2008）等。

（2）本书定位为非研究型的实用型教材，既有较完整的理论，又强调了工程实用性，并能反映当代材料科学的最新技术。

（3）很多的《土木工程材料》教材，往往只适应于建筑工程专业方向，仍属《建筑材料》教材的内容，而不能真正适应交通土建等专业方向，专业适应面窄。本教材克服了这个缺点，特别适应未分专业方向时的土木工程专业的教学。

（4）本书删除和缩减了已显陈旧的或不常用的一些传统材料，更新和补充了新型土木工程材料。

（5）本书各章精选了各种类型的练习题，并在书后附有答案，非常实用并有利于学生自学。练习题题型多样，可供学生参加各类考试前训练使用。

（6）本书对各行业技术标准不统一的现状有所交代，提示学生根据工程实际选用。

本书由山东理工大学的贾致荣担任主编，河南大学的贺东青、河南城建学院丁凌凌、陕西理工学院的孟宏睿、长江大学的龚平为副主编，皖西学院的钱红梅参编。各章编写人员为：绪论、第 1 章、第 6 章由贾致荣编写，第 2 章由孟宏睿编写，第 3 章（3.1）、第 4 章由贺东青编写，第 3 章（3.2～3.4）、第 8 章由钱红梅编写，第 5 章、第 7 章由龚平编写，第 9章、土木工程材料试验由丁凌凌编写。全书由贾致荣统稿。

同济大学严作人教授审阅了本书，并提出了宝贵意见；本书在编写过程中得到了中国电力出版社的大力帮助，在此一并表示感谢。

本书可用作高等院校土木工程专业教材，也可作为土木、建筑类其他相关专业教学用书，以及自学考试、职业教育等用书。本书还可供从事土建工作的科研、设计、施工、管理和监理人员参考。

由于材料科学发展迅速，新材料、新制品、新工艺不断涌现，有一些行业技术标准也不统一，加之我们水平所限，书中疏漏和不妥之处难免，谨请广大读者和老师们不吝指正。

编　者

目　录

绪　　论

1. 土木工程材料的分类

土木工程材料是指土木工程中使用的各种材料及制品，它是一切土木工程的物质基础。能用于土木工程的材料品种繁多，如水泥、钢材、木材、混凝土、砌墙砖、石灰、沥青、瓷砖等。土木工程材料可按不同原则进行分类。

（1）按化学组成分类。根据组成物质的化学成分，可分为有机材料、无机材料、复合材料三大类，各大类又可细分，见表 0-1。

表 0-1　　　　　　　　　　　　土木工程材料按化学组成分类

	植物质材料	木材、竹材、植物纤维及其制品
有机材料	高分子材料	有机涂料、橡胶、胶黏剂、塑料
	沥青材料	石油沥青、煤沥青、沥青制品
无机材料	金属材料	钢铁金属：钢、铁、合金钢等
		非铁金属：铝、铜及其合金等
	非金属材料	天然石材：砂、石及石材制品等
		烧土制品：砖、瓦、陶瓷等
		胶凝材料：石灰、水泥、石膏、水玻璃等
		混凝土及硅酸盐制品：混凝土、砂浆及硅酸盐制品
复合材料	无机非金属材料与有机材料复合	玻璃纤维增强塑料、聚合物混凝土、沥青混合料等
	金属材料与无机非金属材料复合	钢纤维混凝土、钢筋混凝土等
	金属材料与有机材料复合	轻质金属夹心板等

（2）按使用功能分类。通常分为承重结构材料、非承重结构材料及功能材料三大类。

1）承重结构材料，主要指梁、板、基础、墙体和其他受力构件所用建筑材料。最常用的有钢材、混凝土、砖、砌块等。

2）非承重结构材料，主要包括框架结构的填充墙、内隔墙和其他围护材料等。

3）功能材料，主要有防水材料、装饰材料、绝热材料、吸声材料、隔声材料等。

2. 土木工程与材料的关系

（1）材料是土木工程的物质基础和质量基础。任何一种建筑物或构筑物都是用土木工程材料按某种方式组合而成的，没有土木工程材料，就没有土木工程。同时，土木工程材料的性能影响到土木工程的坚固、耐久和适用性，选用性能相适的合格材料是土木工程质量的重要保证。

（2）材料影响土木工程的造价。土木工程材料在土木工程中应用量巨大，材料费用在工程总造价中占有 40%～70%，如何从品种门类繁多的材料中选择物美价廉的材料，对降低工程造价具有重要意义。

（3）材料对土木工程技术进步起促进作用。在土木工程建设过程中，工程的设计方法、施工方法都与材料密切相关。从根本上说，材料是基础，是决定土木工程结构设计形式和施工方法的主要因素。因此，材料性能的改进、材料应用技术的进步都会直接促进土木工程技术的进步，例如，钢材及水泥的大量应用和性能改进，取代了过去的砖、石、土木，使得钢筋混凝土结构已占领了土木工程结构材料的主导地位。现代玻璃、陶瓷、塑料、涂料等新型材料的大量应用，又把许多建筑物装扮得绚丽多彩。

3. 土木工程材料的发展

土木工程材料是随着社会生产力和科学技术水平的发展而发展的，根据建筑物所用的结构材料，大致分为三个阶段。

（1）天然材料。天然材料是指取之于自然界，进行物理加工的材料，如天然石材、木材、黏土、茅草等。早在原始社会时期，人们为了抵御雨雪风寒和野兽的侵袭，居于天然山洞或树巢中，即所谓"穴居巢处"。进入石器、铁器时代，人们开始利用简单的工具砍伐树木和苇草，搭建简单的房屋，开凿石材建造房屋及纪念性构筑物，这比天然巢穴进了一步。进入青铜器时代，出现了木结构建筑及"版筑建筑"（又称夯土建筑，通过模板造型，用生土夯筑而成的建筑），建造出了舒适性较好的建筑物。

（2）烧土制品。到了人类能够用黏土烧制砖、瓦，用石灰岩烧制石灰之后，土木工程材料才由天然材料进入了人工生产阶段。在封建社会，虽然我国古代建筑有"秦砖汉瓦"、描金漆绘装饰艺术、造型优美的石塔和石拱桥的辉煌，但实际上在这一时期，生产力发展停滞不前，使用的结构材料不过砖、石和木材而已。

（3）钢筋混凝土。18、19世纪，随着大跨度厂房、高层建筑和桥梁等土木工程的建设，旧有材料在性能上满足不了新的建设要求。土木工程材料在其他有关科学技术的配合下，进入了一个新的发展阶段，相继出现了钢材、水泥、混凝土、钢筋混凝土和预应力钢筋混凝土及其他材料。近几十年来，随着科学技术的进步和土木工程发展的需要，一大批新型土木工程材料应运而生，出现了塑料、涂料、新型建筑陶瓷与玻璃、新型复合材料（纤维增强材料、夹层材料等），但当代主要结构材料仍为钢筋混凝土。

随着社会的进步、环境保护和节能降耗的需要，对土木工程材料提出了更高、更多的要求。因而，土木工程材料将向轻质高强、节约能源、利用废物、智能化、多功能化、绿色化等方向发展。未来的土木工程材料不仅要满足结构物的力学性能、使用功能及耐久性的要求，而且要符合可持续发展的原则，为人类构筑更加温馨、舒适、健康、便捷的生活环境。

4. 土木工程材料的标准化

为了确保土木工程的质量，必须实行土木工程材料的标准化。世界范围内统一使用的是ISO国际标准。我国的常用标准有四大类：①国家标准，包括强制性标准（代号GB）和推荐性标准（代号GB/T）；②行业标准，如建工行业标准（代号JG）、建材行业标准（代号JC）、交通行业标准（代号JT）等；③地方标准（代号DB）；④企业标准（代号QB）。

对强制性国家标准，任何技术（或产品）不得低于其规定的要求；对推荐性国家标准，表示也可执行其他标准的要求；地方标准或企业标准所制定的技术要求应高于国家标准和行业标准。

技术标准是根据一定时期的技术水平制定的，因而随着技术的发展与使用要求的不断提高，需要对标准进行修订，修订标准实施同时旧标准自动废除。

5. 土木工程材料的学习方法与要求

本课程是土木工程专业学生必修的一门专业基础课，将通过课堂教学和必要的试验，结合现行的技术标准，以土木工程材料的性能及合理使用为中心，进行系统阐述。

（1）把握重点，强化理解。土木工程材料种类繁多，需要学习和研究的内容范围很广。学生在有限的学习时间内不可能面面俱到，学习需以材料组成、结构、性能与应用为主线，重点是掌握土木工程材料的性能及其应用，而对材料的生产只作一般性了解。

在学习过程中注意回答以下"三问"，可以检验自己的学习效果。①工程材料的组成与结构特点是什么（What）？②在土木工程应用中，工程材料应具有哪些性能及其影响因素（Which）？③在土木工程中如何正确应用或选择这些材料（How）？

（2）注意学以致用。本课程是一门实践性很强的课程，学生在理论学习的过程中应注重密切联系实际，培养自己分析、解决问题的能力。所以，在学习某种材料时，学生应注重利用一切机会观察已建成或正在施工的土木工程，在实践中理解和验证所学内容，分析为什么选用某种材料，特别分析材料使用"不成功"之处。这对把握材料的性能，加深对基本原理、基本知识的理解非常有帮助。

（3）认真对待试验。试验课是本课程的重要教学环节，其主要任务是验证基本理论，学习试验方法，培养动手能力和严谨的科学态度。进行试验时，要严肃认真，一丝不苟。要了解试验条件对试验结果的影响，并对试验结果作出正确的分析和判断。

第1章 材料的基本性质

本章主要介绍材料的基本组成、结构和构造，以及材料的基本物理、力学、化学性质及耐久性的基本概念和有关参数。

通过本章学习，要求了解材料学科的有关基本概念，掌握材料各种基本性质。本章的难点是材料的组成及其对材料性质的影响。

1.1 材料的组成、结构和构造

1.1.1 材料的组成

材料的组成（chemical composition）包括材料的化学组成、矿物组成和相组成。材料的组成是决定材料性质的重要因素。

1. 化学组成

化学组成是指构成材料的化学元素及化合物的种类和数量。金属材料以化学元素含量表示，无机非金属材料通常用各种氧化物含量的百分数表示，聚合物是以有机元素链节重复形式表示。当材料处于某一环境中，材料与环境中的物质间必然按化学变化规律发生作用。例如，材料受到酸、碱、盐类物质的侵蚀作用；材料遇火时的可燃性、耐火性；钢材及其他金属材料的锈蚀和腐蚀等。材料在各种化学作用下所表现出的性质都是由其化学组成所决定的。

2. 矿物组成（mineral composition）

将无机非金属材料中具有特定的晶体结构和特定物理力学性能的组织结构称为矿物。矿物组成是指构成材料的矿物种类和数量。如花岗石的主要矿物组成为长石、石英和少量云母，因此酸性岩石多，决定了花岗石耐酸性好，但耐火性差；大理石的主要矿物组成为方解石、白云石，含有少量石英，因此大理石不耐酸腐蚀，酸雨会使大理石表面失去光泽。矿物组成是在材料化学组成确定的条件下，决定材料性质的主要因素。

3. 相组成（phase composition）

将材料中结构相近、性质相同的均匀部分称为相。同一种材料可由多相物质组成。例如：建筑钢材中就有铁素体、渗碳体、珠光体，铁素体软，渗碳体硬，它们的比例不同，就能生产不同强度和塑性的钢材。利用油和水不相溶，形成油包水或水包油的乳液涂料，能产生梦幻般多彩的效果。复合材料是宏观层次上的多相组成材料，如钢筋混凝土、沥青混凝土、塑料泡沫夹心压型钢板，它们的配合比和构造形式不同，材料性质变化可能较大。

1.1.2 材料的结构

材料的结构是决定材料性能的另一个极其重要的因素，可分为微观结构、亚微观结构和宏观结构。

1. 微观结构（microstructure）

材料微观结构是指原子、分子层次的结构，可用电子显微镜或X射线来进行分析研究。

它与材料的强度、硬度、弹塑性、熔点、导热性、导电性等重要性质有着密切的关系。

按微观结构，材料又可分为晶体、玻璃体和胶体。

（1）晶体（crystal）。在空间上，质点（离子、原子、分子）按特定的规则、呈周期性排列的固体称为晶体。晶体具有特定的几何外形、固定的熔点和化学稳定性。根据组成晶体的质点及化学键的不同，晶体可分为下列几种：

1）原子晶体：中性原子以共价键结合而形成的晶体，如石英。

2）离子晶体：正负离子以离子键结合而形成的晶体，如 NaCl。

3）分子晶体：以分子间的范德华力即分子键结合而成的晶体，如有机化合物。

4）金属晶体：以金属阳离子为晶格，由自由电子与金属阳离子间的金属键结合而成的晶体，如钢铁材料。

从键的结合力来看，共价键和离子键最强，金属键较强，分子键最弱。例如，纤维状矿物材料——玻璃纤维和岩棉，纤维内链状方向上的共价键要比纤维与纤维之间的分子键结合力大得多，这类材料易分散成纤维，强度具有方向性；云母、滑石等结构层状材料的层间键力是分子力，结合力较弱，这类材料易被剥离成薄片；岛状结构材料如石英，硅氧原子以共价键结合成四面体，四面体在三维空间形成立体空间网架结构，因此质地坚硬，强度高。

（2）玻璃体（vitreous body）。呈熔融状态材料在急速冷却时，其质点来不及或因某种原因不能按规则排列就产生凝固所形成的结构称为玻璃体。玻璃体又称无定形体或非晶体，结构特征为质点在空间上呈非周期性排列。

玻璃体是化学不稳定结构，容易与其他物质起化学反应，具有较高的化学活性。如生产水泥熟料时，硅酸盐从高温水泥回转窑急速落入空气中，急冷过程使得它来不及作定向排列，质点间的能量只能以内能的形式储存起来，具有化学不稳定性，能与水反应产生水硬性；粉煤灰、水淬粒化高炉矿渣、火山灰等玻璃体材料，常被大量用作硅酸盐水泥的掺和料，以改善水泥性质。

（3）胶体（colloid）。以胶粒（粒径为 $10^{-10}\sim10^{-7}$ m 的固体颗粒）作为分散相，分散在连续相介质（如水、气、溶剂）中，形成的分散体系称为胶体。

由于胶体中的分散质与分散介质带相反的电荷，胶体能保持稳定。分散质颗粒细小，使胶体具有吸附性、黏结性。根据分散质与分散介质的相对比例不同，胶体结构分为溶胶、溶凝胶和凝胶。乳胶漆是高分子树脂通过乳化剂分散在水中形成的涂料；道路石油沥青要求高温不软、低温不脆，需具有溶凝胶结构；硅酸盐水泥水化形成的水化产物中的凝胶将砂和石黏结成一个整体，形成人工石材。

2. 亚微观结构（submicroscopic structure）

亚微观结构是指在光学显微镜和一般扫描透射电子显微镜下能观察到的结构，是介于宏观和微观之间的结构。其尺度范围为 $10^{-9}\sim10^{-3}$ m。材料的亚微观结构根据其尺度范围，还可分为显微结构和纳米结构。其中，显微结构是指用光学显微镜所能观察到的结构，其尺度范围为 $10^{-7}\sim10^{-3}$ m。土木工程材料的显微结构，应根据具体材料分类研究。对于水泥混凝土，通常研究水泥石的孔隙结构及界面特性等结构；对于金属材料，通常研究其金相组织，即晶界及晶粒尺寸等。对于木材，通常研究木纤维、管胞、髓线等组织的结构。材料在显微结构层次上的差异对材料的性质有着显著影响。例如，钢材的晶粒尺寸越小，钢材的强度越高；混凝土中毛细孔的数量减少、孔径减小，将使混凝土的强度和抗渗性等提高。从显微结构层次上改善材料的性能，相对比较容易，具有十分重要的意义。

尺度范围在 $10^{-9} \sim 10^{-3}$ m 的结构为纳米结构，一般要用扫描透射电子显微镜观察。由于纳米微粒具有独特的小尺寸效应和表面界面效应等基本特性，使由纳米微粒组成的纳米材料具有许多奇异的物理和化学性能，在土木工程中也得到了应用，如磁性液体、纳米涂料等。自 20 世纪 80 年代以来，对纳米结构的研究已引起了人们的广泛关注。

3. 宏观结构（macrostructure）

材料的宏观结构是指用肉眼或放大镜能够分辨的粗大组织。土木工程材料常见的宏观结构形式有密实结构、多孔结构、纤维结构、层状结构、散粒结构、纹理结构。

（1）密实结构。密实结构的材料内部基本上无孔隙，结构致密，如钢材、石材、玻璃和塑料等，具有吸水率低、抗渗性好、强度较高等性质。

（2）多孔结构。多孔结构指材料孔隙率高的结构，如石膏制品、加气混凝土、多孔砖等类材料，质轻，吸水率高，抗渗性差，但保温、隔热、吸声性好。

（3）纤维结构。纤维结构是由人工或天然纤维物质构成的结构，纤维之间存在相当多的孔隙，如木材、竹、玻璃纤维、石棉等。一般平行纤维方向的抗拉强度较高，质轻、保温、绝热、吸声性能好。

（4）层状结构。层状结构是天然形成或人工采用黏结等方法将材料叠合成层状的结构，如胶合板、纸面石膏板、泡沫压型钢板复合墙等，各层材料性质不同，但叠合后材料综合性质较好，扩大了材料的使用范围。

（5）散粒结构。散粒结构指松散颗粒状的材料，有密实颗粒和轻质多孔颗粒之分。前者如砂子、石子等，因其致密，强度高，适合做混凝土骨料；后者如陶粒、膨胀珍珠岩等，因具多孔结构，适合做绝热材料。散粒结构的材料颗粒间存在大量的空隙，其孔隙率主要取决于颗粒大小的搭配。

（6）纹理结构。天然材料在生长或形成过程中，自然造成的天然纹理，如木材、大理石、花岗石等板材，或人工制造材料时特意造成的纹理，如人造石材、复合地板等，这些天然或人工造成的纹理，使材料具有良好的装饰性。

应该指出的是，长期以来，人们对结构层次的划分、认识和理解并不一致，如有的并不是将结构分成上述三个层次，而是四个层次（把亚微观结构细分），甚至两个层次（将亚微观结构和微观结构合并）。有关微观结构和宏观结构的研究比较多，大家认识也比较一致。

1.2 材料的基本物理性质

1.2.1 材料的体积组成

大多数土木工程材料的内部都含有孔隙，孔隙的多少和孔隙的特征对材料的性能均产生影响，掌握含孔材料的体积组成是正确理解和掌握材料物理性质的起点。

孔隙特征指孔尺寸大小、孔与外界是否连通等。孔隙与外界相连通的叫开口孔，与外界不相连通的叫闭口孔。

含孔材料的体积组成如图 1-1 所示。参照图 1-1 和图 1-2，容易区分材料的以下几种体积：

（1）材料绝对密实体积，用 V 表示，是指不包括孔隙的材料实体的体积。

（2）材料的孔体积，用 V_p 表示，指材料所含孔隙的体积，分为开口孔体积（记为 V_k）和闭口孔体积（记为 V_b）。

（3）材料的表观体积，又称为细观外形体积，用 V_0 表示，指材料的实体积与材料所含闭口孔体积之和，即 $V_0 = V + V_b$。

（4）材料的毛体积，又称为宏观外形体积，用 V' 表示，指材料的实体积与材料所含全部孔隙体积之和（含开口孔和闭口孔），即

图 1-1　含孔材料组成示意图
1—固体物质；2—闭口孔；3—开口孔

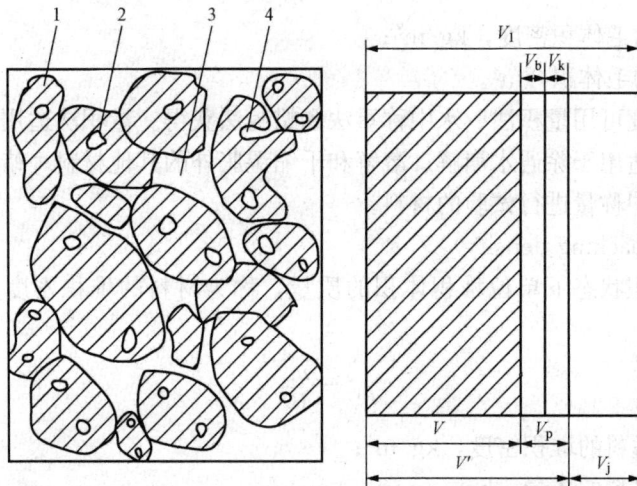

$$V' = V + V_p = V + V_k + V_b$$

（5）散粒状材料的堆积体积。如图 1-2 所示，除了颗粒占有体积外，颗粒之间还有间隙或空隙，两者体积之和就是材料的堆积体积。用 V_1 表示材料的堆积体积，用 V_j 表示颗粒与颗粒之间的间隙体积，则

$$V_1 = V' + V_j = V + V_p + V_j$$

1.2.2　密度、表观密度、毛体积密度和堆积密度

1. 密度（density）

在一定温度下，材料在绝对密实状态下单位体积的质量，也称为真实密度、真密度、绝对密度，按式（1-1）计算，即

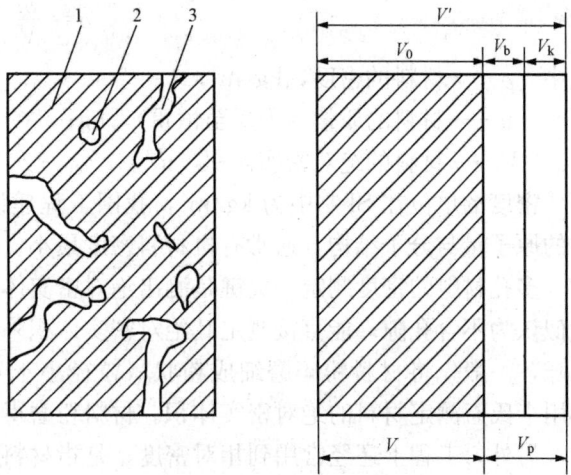

图 1-2　颗粒材料堆积体积示意图
1—颗粒的固体物质；2—颗粒的闭口孔；3—颗粒间的间隙；4—颗粒的开口孔

$$\rho = \frac{m}{V} \tag{1-1}$$

式中　ρ——材料的密度，kg/m^3；

　　　m——材料的质量（干燥至恒重），kg；

　　　V——材料的绝对密实体积，m^3。

密度的单位在 SI 制中为 kg/m^3，我国工程建设中一般用 g/cm^3。材料的密度取决于物质的原子量与分子结构，通常有机材料密度最小，硅酸盐和铝酸盐居中，而金属材料最大。

多孔材料的密度测定，关键是测出绝对密实体积。除了玻璃、钢铁、沥青等少数材料可近似认为不含孔隙，能直接测定其绝对密实体积外，大多数材料在自然状态下或多或少含有孔隙，一般先将材料粉碎磨细成粉状（粒径小于 0.20mm），消除材料内部孔隙，干燥后，再用李氏瓶测定材料的绝对密实体积。材料粉磨得越细，测定结果越准确。

另外，工程上还经常用到相对密度，是指材料的密度与 4℃的纯水密度之比。

2. 表观密度（bulk density）

表观密度是指单位表观体积材料的干质量，也称为视密度、近似密度，按式（1-2）计算，即

$$\rho_0 = \frac{m}{V_0} \tag{1-2}$$

式中　ρ_0——材料的表观密度，kg/m^3；

　　　V_0——材料的表观体积，m^3。

通常，材料在包含闭口孔隙条件下的体积（表观体积）是采用排液置换法或水中称重法测量。

3. 毛体积密度（bulk density）

毛体积密度是指单位毛体积材料的干质量，也称容积密度、重力密度、表观毛密度，按式（1-3）计算，即

$$\rho' = \frac{m}{V'} \tag{1-3}$$

式中　ρ'——材料的毛体积密度，kg/m^3；

　　　V'——材料的毛体积，m^3。

材料毛体积密度可用量积法、水中称重法和蜡封法获得。量积法适用于具有规格形状的材料；水中称重法适用于除遇水崩解、溶解和干缩湿胀外的其他材料；蜡封法适用于不能用量积法或直接在水中称量进行试验的材料。

4. 堆积密度（packing density）

散粒材料在堆积状态下单位堆积体积的质量，称为材料的堆积密度，按式（1-4）计算，即

$$\rho_1 = \frac{m_1}{V_1} \tag{1-4}$$

式中　ρ_1——散粒材料的堆积密度，kg/m^3；

　　　m_1——散粒材料的质量，kg；

　　　V_1——散粒材料的堆积体积，m^3。

材料的堆积密度定义中未注明材料的含水状态，有干堆积密度和湿堆积密度之分。根据

散粒材料的堆积状态，堆积体积又分为自然堆积体积和紧密堆积体积（人工捣实后）。由紧密堆积测得的堆积密度称为紧密堆积密度。

散粒材料的堆积密度可将散粒材料装入规定容积的容量筒来测定。

需要说明的是，《建筑用砂》（GB/T 14684—2011）及《建筑用卵石、碎石》（GB/T 14685—2011）中，表观密度以ρ_0表示，堆积密度以ρ_1表示。但在交通行业标准《公路工程骨料试验规程》（JTJ E42—2005）中，骨料表观密度以ρ_a表示，骨料毛体积密度以ρ_b表示，堆积密度以ρ表示。尽管表示符号有差异，但其定义与本教材是一致的。

常用土木工程材料的密度、表观密度和堆积密度见表1-1。

表1-1　　常用土木工程材料的密度、表观密度和堆积密度

材料名称	密度(g/cm³)	表观密度(kg/m³)	堆积密度(kg/m³)
石灰石	2.6～2.8	1800～2600	—
花岗石	2.7～3.0	2000～2850	—
水泥	2.8～3.1	—	900～1300（松散堆积） 1400～1700（紧密堆积）
混凝土用砂	2.5～2.6	—	1450～1650
混凝土用石	2.6～2.9	—	1400～1700
普通混凝土	—	2100～2500	—
黏土	2.5～2.7	—	1600～1800
钢材	7.85	7850	—
铝合金	2.7～2.9	2700～2900	—
烧结普通砖	2.5～2.7	1500～1800	—
建筑陶瓷	2.5～2.7	1800～2500	—
红松木	1.55～1.60	400～800	—
玻璃	2.45～2.55	2450～2550	—
泡沫塑料	—	10～50	—

1.2.3　材料的孔隙率和空隙率

1. 孔隙率与密实度

材料的孔隙率（porosity）是指材料中孔隙体积占材料自然状态下总体积的百分率。孔隙率P可按式（1-5）计算，即

$$P = \frac{V - V'}{V'} \times 100\% = \left(1 - \frac{\rho'}{\rho}\right) \times 100\% \tag{1-5}$$

密实度（compactness）是与孔隙率相对应的概念，指材料体积内被固体物质充实的程度，用符号D表示，按式（1-6）计算，即

$$D = \frac{V}{V'} \times 100\% = \frac{\rho'}{\rho} \times 100\% \tag{1-6}$$

材料孔隙率的大小直接反映了材料的致密程度。材料的许多性质如强度、热工性质、声学性质、吸水性、吸湿性、抗渗性、抗冻性等都与孔隙有关。这些性质不仅与材料的孔隙率

大小有关，而且与材料的孔隙特征有关。

对应于开口孔和闭口孔的孔隙率分别称为开口孔隙率 P_k 和闭口孔隙率 P_b，即

$$P_k = \frac{V_k}{V'} \times 100\% \tag{1-7}$$

$$P_b = P - P_k \tag{1-8}$$

2. 散粒材料的空隙率与填充率

空隙率（void fraction）是指散状材料在堆积状态下颗粒固体物质间空隙体积（开口孔隙与间隙之和）占堆积体积的百分率，它以符号 P' 表示。空隙率可按式（1-9）计算，即

$$P' = \frac{V_1 - V_0}{V_1} \times 100\% = \left(1 - \frac{\rho_1}{\rho_0}\right) \times 100\% \tag{1-9}$$

空隙率的大小反映了散粒材料的颗粒互相填充的致密程度，与颗粒的堆积密实状态密切相关，可以通过压实或振实的方法获得较小的空隙率，以满足不同工程的需要。

当计算混凝土中粗骨料的空隙率时，由于混凝土拌和物中的水泥浆能进入石子的开口孔内，开口孔体积也算空隙体积的一部分，因此这时应按石颗粒的表观密度 ρ_0 来计算。

当配制沥青混合料时，若粗骨料空隙被细骨料填充，细骨料空隙又被矿粉填充，矿粉空隙再被胶凝材料沥青填充，则可以节省沥青用量。

填充率（fill rate）是指散粒状材料在自然堆积状态下，其中的颗粒体积占自然堆积状态下体积的百分率，用符号 D' 表示，按式（1-10）计算，即

$$D' = \frac{V'}{V_1} \times 100\% = \frac{\rho_1}{\rho} \times 100\% \tag{1-10}$$

1.2.4 材料与水有关的性质

1. 亲水性与憎水性

当固体材料与水接触时可以发现，有些固体材料能被水润湿，有些固体材料则不能被水润湿，前者称材料具有亲水性（hydrophilic），后者称具有憎水性（hydrophobicity）。固体材料被水湿润的情况可用润湿边角 α 表示。当材料与水接触时，在材料、水及空气三相的交点处，作沿水滴表面的切线，此切线与材料和水接触面的夹角 α，称为润湿边角（见图1-3），α 角越小，表明材料越易被水润湿。试验证明，当 $\alpha \leqslant 90°$ 时，材料表面吸附水，材料能被水润湿而表现出亲水性，这种材料称亲水性材料。当 $\alpha > 90°$ 时，材料表面不吸附水，此称憎水性材料。当 $\alpha = 0°$ 时，表明材料完全被水润湿，称为铺展。固体材料表面的亲水性与其结构有关，极性固体皆为亲水性，而非极性固体大多为憎水性。常见的亲水性固体材料有硅酸盐和硫酸盐等；憎水性固体有石蜡、石墨等。

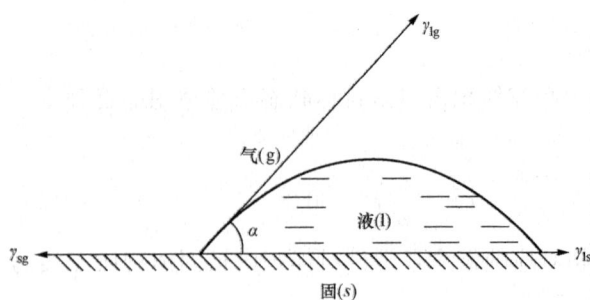

图1-3 液滴在平滑表面的接触角

2. 吸水性与吸湿性

（1）含水率（moisture）。材料中所含水的质量与干燥状态时材料的质量之比，称为材料的含水率，按式（1-11）计算，即

$$W = \frac{m' - m}{m} \times 100\% \tag{1-11}$$

式中　W——材料的含水率，%；

　　　m'——材料在吸湿状态下的质量，kg。

（2）吸水性（absorbent）。材料与水接触吸收水分的性质，称为材料的吸水性。当材料吸水饱和时，其含水率称为吸水率。

在土木工程材料中，多数情况下是按质量计算吸水率，但也有按体积计算吸水率的（吸入水的体积占干燥材料自然体积的百分率——含开口、闭口孔隙及材料实体体积）。如果材料具有细微且连通的孔隙，则吸水率较大。若是封闭孔隙，则水分不易渗入；粗大的孔隙水分虽然容易渗入，但仅能湿润孔隙表面而不易在孔中留存；所以，含封闭或粗大孔隙的材料，吸水率较低。

各种材料的吸水率相差很大，如花岗石的吸水率只有 0.5%～0.7%，普通混凝土的吸水率为 2%～3%，黏土砖的吸水率为 8%～20%，而木材的吸水率可超过 100%。

（3）吸湿性（hygroscopic）。材料在潮湿空气中吸收水分的性质称为吸湿性。吸湿作用是可逆的，也就是说潮湿材料在干燥的空气中也会放出水分。

材料的吸湿性随空气的湿度和环境温度的变化而改变，当空气湿度较大且温度较低时，材料的含水率就大；反之，则小。材料与空气湿度达到平衡时的含水率称为平衡含水率。

吸湿性对材料性能也有显著的影响。如木质门窗在潮湿环境中往往不易开关，就是由于木材吸湿膨胀而引起的。而保温材料吸湿含水后，热导率将增大，保温性能会降低。

【例 1-1】某种材料的绝干质量为 240g，放入水中吸水饱和，排开体积为 100cm³，再将其浸入水中，排开体积为 120cm³，水的密度为 1.0g/cm³。若试件体积无膨胀，则试求其表观密度、体积密度、开口孔隙率。

　解　表观密度 $\rho_0=\dfrac{240}{100}=2.4\text{g/cm}^3$

　　　体积密度 $\rho'=\dfrac{240}{120}=2.0\text{g/cm}^3$

　　　开口孔隙率 $P=\dfrac{120-100}{120}=16.7\%$

3. 耐水性（water resistance）

材料在水的作用下不被破坏或不严重降低强度的性质称为耐水性。材料的耐水性大小可以用软化系数 K_P 来表示，即

$$K_P=\frac{f_1}{f_0} \tag{1-12}$$

式中　f_1——材料在吸水饱和状态下的抗压强度，MPa；

　　　f_0——材料在干燥状态下的抗压强度，MPa。

材料的软化系数通常小于 1。$K_P>0.80$ 的材料可认为是耐水的。重要水工结构材料，要求 K_P 为 0.85～0.90；荷载较轻、受潮不太严重的结构材料，要求 K_P 为 0.70～0.80；一些岩石如花岗石长期处于水的作用下强度也要降低，未烧制的黏土 $K_P\approx0$。

水分子进入固体材料内外表面将降低材料的表面自由能。因此，工厂中磨细物料时，常采用湿磨法，可以省功省时。

4. 抗渗性 (impermeability)

材料抵抗压力水渗透的性质称为抗渗性，或称不透水性。材料的抗渗性通常用渗透系数表示。渗透系数的物理意义是：一定厚度的材料，在一定水压力下，在单位时间内透过单位面积的水量，按式 (1-13) 计算，即

$$K_s = \frac{Qd}{AtH} \qquad (1-13)$$

式中 K_s——材料的渗透系数，cm/h；

　　　Q——渗透水量，cm^3；

　　　d——材料的厚度，cm；

　　　A——渗水面积，cm^2；

　　　t——渗水时间，h；

　　　H——静水压力水头，cm。

K_s 值越大，表示材料渗透的水量越多，即抗渗性越差。抗渗性是决定材料耐久性的主要指标。

材料的抗渗性也可用抗渗等级来表示，抗渗等级是在规定试验方法下材料所能抵抗的最大水压力，用 P_n 表示。如 P_6 表示可抵抗 0.6MPa 的水压力而不渗透。

材料的抗渗性与材料内部的孔隙率特别是开口孔隙率有关，开口孔隙率越大，大孔含量越多，则抗渗性越差。材料的抗渗性还与材料的憎水性和亲水性有关，憎水性材料的抗渗性优于亲水性材料。材料的抗渗性与材料的耐久性有着密切的关系。

地下建筑及水工建筑等，因经常受压力水的作用，所用材料应具有一定的抗渗性。对于防水材料则应具有良好的抗渗性。

5. 抗冻性 (frost resistance)

材料在水饱和状态下，能经受多次冻融循环作用而不破坏，也不严重降低强度的性质，称为材料的抗冻性。

材料的抗冻性用抗冻等级表示。抗冻等级是以规定的试件，在规定试验条件下，测得其强度降低不超过规定值，并无明显损坏和剥落时所能经受的冻融循环次数，以此作为抗冻等级，用符号 Fn 或 Dn 表示，其中 n 即为最大冻融循环次数，如 F25、F50 等。

材料受冻融破坏主要是因其孔隙中的水结冰所致。水结冰时体积增大约 9%，若材料孔隙中充满水，则结冰膨胀对孔壁产生很大应力，当此应力超过材料的抗拉强度时，孔壁将产生局部开裂。随着冻融次数的增多，材料破坏加重。

材料的抗冻性取决于其孔隙率、孔隙特征及充水程度。如果孔隙不充满水，即远未达饱和，具有足够的自由空间，则即使受冻也不致产生很大冻胀应力。极细的孔隙，虽可充满水，但因孔壁对水的吸附力极大，吸附在孔壁上的水其冰点很低，它在一般负温下不会结冰。粗大孔隙水分一般不会充满其中，对冰胀破坏可起缓冲作用。闭口孔隙水分不能渗入。而毛细管孔隙既易充满水分，又能结冰，故其对材料的冰冻破坏作用影响最大。材料的变形能力大、强度高、软化系数大时，其抗冻性较高。一般认为软化系数小于 0.80 的材料，其抗冻性较差。

另外，从外界条件来看，材料受冻融破坏的程度，与冻融温度、结冰速度、冻融频繁程度等因素有关。环境温度越低、降温越快、冻融越频繁，则材料受冻破坏越严重。材料的冻

融破坏作用是从外表面开始产生剥落，逐渐向内部深入发展。

完全密实的材料（如玻璃）是抗冻的，对多孔材料用憎水性涂料进行表面处理，或者在材料内部形成大量闭口孔（如在混凝土中引入气孔）都能提高抗冻性。

抗冻性良好的材料，对于抵抗大气温度变化、干湿交替等风化作用的能力较强，所以抗冻性常作为考查材料耐久性的一项指标。在设计寒冷地区及寒冷环境（如冷库）的建筑物时，必须要考虑材料的抗冻性。

1.2.5 材料的热工性质

1. 导热性（thermal conductivity）

材料能够把热量由一面传至另一面，或由某一部位传至另一部位的性质，称为导热性。材料的导热性用热导率（导热系数）λ 表示。其在固体材料中的物理意义为：单位厚度的材料，当两侧热力学温度差为 1K（开尔文）时，在单位时间内，通过单位面积的热量。其计算公式为

$$\lambda = \frac{Qa}{F(t_2 - t_1)A} \tag{1-14}$$

式中　λ——热导率，W/(m·K)；

Q——传导热量，J；

a——材料厚度，m；

A——传热面积，m^2；

F——传热时间，s；

$t_2 - t_1$——材料传热时两面的温度差，K。

λ 与材料的组成、结构和构造有关，同时受含水率和温度的影响。几种常见材料的热导率见表 1-2。

表 1-2　　　　　几种常见材料的热工性质参考指标

材料名称	热导率 [W/(m·K)]	比热容 [kJ/(kg·K)]
钢	55	0.46
铜	370	0.38
花岗石	3.49	0.92
普通混凝土	28	0.88
水泥砂浆	0.93	0.84
黏土空心砖	0.64	0.92
松木	0.17～0.35	2.51
泡沫塑料	0.03	1.30
水	0.60	4.19
冰	2.20	2.05
静止空气	0.025	1

材料的化学成分和分子结构不同，则材料的热导率也不同。玻璃态物质的热导率比结晶态物质的热导率低得多，对于化学成分相同的晶体和玻璃体，热导率也有较大的差异。多孔

材料，无论是固体成分的性质或者是玻璃体、结晶体，对热导率的影响均较小，这是由于材料的孔隙率大，颗粒或纤维之间充满空气，此时气体的热导率在起作用，而固体成分的影响就减少了。

材料的表观密度和孔隙率对材料的热导率影响也较大，因为大多数材料是由固体物质和充满其间的气孔组成。例如轻骨料混凝土的总孔隙率为 30%～60%，而 40%～70% 由固体物质组成，因此材料的表观密度在某种程度上取决于孔隙率。材料的密度一定时，孔隙率越大，其表观密度越小，其热导率也越小。一般情况下材料的热导率随着表观密度的增大而增大，这是由于材料的热导率由材料气孔中空气的热导率所决定，因为空气的热导率很小，当其在静态下，0℃时的热导率为 0.025W/(m·K)，与材料的固体物质的热导率相差很大，因此表观密度小的材料其热导率小，这主要是空气的热导率在起作用。

材料的热导率与温度、湿度也有很大关系。材料受潮后，孔隙中含有水分，则比静态空气的热导率大 20 多倍，如果孔隙中的水分结冻成冰，则热导率将增大 80 多倍。因此，固体材料含水率越大，热导率将越大，如在寒冷季节，因水又结冰，则热导率更大，保温性能将明显降低。

2. 比热容（specific heat capacity）

材料在加热时吸收热量、冷却时放出热量的性质，称为材料的热容量。热容量的大小用比热容来表示。

比热容表示 1g 材料温度升高 1K 时所吸收的热量或温度降低 1K 时所放出的热量。材料在加热或冷却时，吸收或放出的热量与材料的质量、温度差成正比，可用式（1-15）表示，即

$$Q = cm(t_2 - t_1) \tag{1-15}$$

式中　Q——材料吸收或放出的热量，J；

　　　c——材料的比热容，J/(g·K)；

$t_2 - t_1$——材料受热或冷却前后的温度差，K。

材料的热导率和热容量是建筑物围护结构（墙体、屋盖）热工计算时的重要参数，设计时应选择热导率较小而热容量较大的材料。热容量值对保持室内温度的稳定有很大作用，热容量值大的材料（如木材、木纤维材料等），能在热流变动或采暖、空调不均衡时，缓和室内温度的波动。几种常见材料的比热容见表 1-2。

3. 热膨胀系数（coefficient of thermal expansion）

材料由于温度升高或降低，体积或长度会有所膨胀或收缩，其比率若以两点之间的距离计算，称为线膨胀系数；若以材料体积变化计算，则称为体积膨胀系数。

线膨胀系数是表示温度上升或下降 1℃ 所引起的长度增长或收缩与其在 0℃ 时的长度之比值。如钢筋线膨胀系数为 (10～12)×10^{-6}/℃；混凝土线膨胀系数为 (5.8～12.6)×10^{-6}/℃。线膨胀系数是计算材料由于温度变化所引起的变形及计算温度应力等物理量时常用的参数。

4. 耐燃性（flame resistance）

材料在火灾发生时，能抵制燃烧的性质称耐燃性。根据耐燃性，可将材料分为不燃、难燃及易燃三类。

（1）不燃材料。在空气中受到火烧或高温高热作用不起火、不碳化、不微燃的材料，如钢铁、砖、石等。钢铁、铝、玻璃等材料受到火烧或高热作用会发生变形、熔融，所以虽然

是不燃材料，但不是耐火的材料。

（2）难燃材料。在空气中受到火烧或高温高热作用时难起火、难微燃、难碳化，当火源移走后，已有的燃烧或微燃立即停止的材料，如沥青混凝土、经过防火处理的木材和刨花板。

（3）易燃材料。在空气中受到火烧或高温高热作用时立即起火或微燃，且火源移走后仍继续燃烧的材料，如木材。用这种材料制作的构件称为燃烧体，使用时应做防燃处理。

5. 耐火性（fire resistance）

材料抵抗长期高温的性质称为耐火性。工程上用于高温环境的材料和热工设备等都要使用耐火材料。根据材料耐火度的不同，可分为以下三种：

（1）耐火材料。在 1580℃ 以上不熔化，如耐火砖等。

（2）难熔材料。在 1350～1580℃ 不熔化，如耐火混凝土等。

（3）易熔材料。在 1350℃ 以下熔融，如普通砖瓦等。

1.3 材料的基本力学性质

1.3.1 强度

材料的强度（strength）是指材料在外力作用下抵抗破坏的能力。从本质上来说，材料的强度应是其内部质点间结合力的表现。受外力作用时，在材料内部便产生应力，此应力随外力的增大而增大，当应力增大到材料内部质点间结合力所能承受的极限时，应力再增加便会导致内部质点间的断开，此极限应力值就是材料的强度。

根据受力情况不同，材料的强度又可分为抗拉强度、抗压强度、抗弯强度、抗剪强度等。关于材料强度的意义与测试方法在材料力学中都有介绍，材料强度试验常用的试件几何形状和加荷方式，如图 1-4 所示。

材料的抗压、抗拉、抗剪强度可直接由式（1-16）计算，即

$$R = \frac{P}{A} \tag{1-16}$$

式中　R——材料的抗压、抗拉或抗剪强度，MPa；

　　　　P——材料破坏时的最大荷载，N；

　　　　A——受力截面面积，mm²。

对于抗弯强度，有两种计算方式。将抗弯试件放在两支点上，当外力为作用在试件中心的集中荷载，且试件截面为矩形时，抗弯强度（也称抗折强度）可用式（1-17）计算，即

$$R_弯 = \frac{3PL}{2bh^2} \tag{1-17}$$

若在此试件跨距的三分点上加两个相等的集中荷载（$P/2$），抗弯强度按式

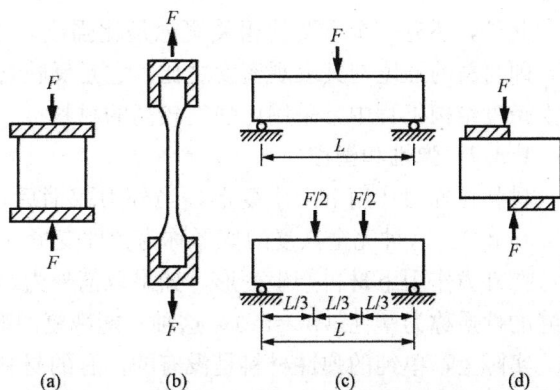

图 1-4　材料强度试验的试件形状和加荷方式

(a) 抗压强度试验；(b) 抗拉强度试验；
(c) 抗弯强度试验；(d) 抗剪强度试验

（1-18）计算，即

$$R_弯 = \frac{PL}{bh^2} \tag{1-18}$$

式中　$R_弯$——材料的抗弯（抗折）强度，MPa；

　　　b、h——试件横截面的宽和高，mm。

材料的强度与其组成和构造有关。不同种类的材料抵抗外力的能力不同；同类材料当其内部构造不同时，其强度也不同。致密度越高的材料，强度越高。同类材料抵抗不同外力作用的能力也不同；尤其是内部构造非匀质的材料，其不同外力作用下的强度差别很大。如混凝土、砂浆、砖、石和铸铁等，其抗压强度较高，而抗拉、弯（折）强度较低；钢材的抗拉、抗压强度都较高。

材料的强度除与材料的组成和结构有关外，其强度值还受试件的形状、尺寸、表面状态、湿度、温度及试验条件（如加荷速度、仪器精度、试验操作）等因素有关。试验时应严格遵守国家规定的有关标准、规范进行。常用土木工程材料的强度见表1-3。

表1-3　　　　　　　　　常用土木工程材料的强度　　　　　　　　　MPa

材　　料	抗压强度	抗拉强度	抗弯强度
建筑钢材	215～1600	215～1600	—
普通混凝土	7.5～60	1～4	0.7～9
烧结普通砖	10～30	—	1.8～4.0
松木（顺纹）	30～50	80～120	60～100
花岗石	100～300	7～25	10～40
大理石	50～190	7～25	6～20

为了掌握材料性能、便于分类管理、合理选用材料、正确进行设计、控制工程质量，常将材料按其强度的大小，划分成不同的等级，称为强度等级，它是衡量材料力学性质的主要技术指标。脆性材料如混凝土、砂浆、砖和石等，主要用于承受压力，其强度等级用抗压强度来划分；韧性材料如建筑钢材，主要用于承受拉力，其强度等级就用抗拉时的屈服强度来划分。

此外，还有一个重要的相关概念是比强度，比强度是指按单位体积质量计算的材料强度，即材料的强度与其表观密度之比。它是反映材料是否轻质高强的力学参数，在高层建筑及大跨度结构工程中常采用比强度较高的材料。

1.3.2　弹性和塑性

材料在外力作用下产生变形，当外力取消后，能够完全恢复原来形状的性质称为弹性（elasticity）。这种完全恢复的变形称为弹性变形（或瞬时变形）。

在外力作用下材料产生变形，如果取消外力，仍保持变形后的形状和尺寸，并且不产生裂缝的性质称为塑性（plastic）。这种不能恢复的变形称为塑性变形（或永久变形）。

实际上，单纯的弹性材料是没有的。有的材料在受力不大的情况下，表现为弹性变形，但受力超过一定限度后，则表现为塑性变形。建筑钢材就是这样。有的材料在受力后，弹性变形及塑性变形同时产生，外力除去后，弹性变形可以恢复，而其塑性变形则不能恢复。混凝土材料受力后的变形就属于这种类型。

1.3.3　脆性和韧性

当外力达到一定限度后，材料突然破坏，而破坏时并无明显的塑性变形，材料的这种性质称为脆性（brittleness）。脆性材料特点是在外力作用下，达到破坏荷载时的变形值是很小的。脆性材料的抗压强度比其抗拉强度往往要高很多倍。它对承受震动作用和抵抗冲击荷载是不利的。砖、石材、陶瓷、玻璃、混凝土、铸铁等都属于脆性材料。

在冲击、震动荷载作用下，材料能够吸收较大的能量，同时也能产生一定的变形而不致破坏的性质称为韧性（toughness）（冲击韧性）。材料的韧性是用冲击试验来检验的。建筑钢材（软钢）、木材等属于韧性材料。用作路面、桥梁、吊车梁及有抗震要求的结构都要考虑材料的韧性。

1.3.4　硬度、磨损及磨耗

1. 硬度

材料抵抗其他较硬物体压入的能力，称为硬度（hardness）。硬度大的材料耐磨性较好，但不易加工。

一般来说，硬度较大的材料，强度也较高，有些材料硬度与强度之间有较好的相互关系。测定硬度的方法简单，而且不破坏被测材料，所以有些材料可以通过测定硬度来推算其强度。如在测定混凝土结构强度时，可用回弹硬度来推算其强度的近似值。

2. 磨损及磨耗

材料受摩擦作用而减少质量和体积的现象称为磨损（wear and tear）。材料同时受摩擦和冲击作用而减小质量和体积的现象称为磨耗（wear）。地面、路面等经常受摩擦的部位要求材料有较好的抗磨性能。

硬度大、强度高、韧性好、构造均匀致密的材料，抗磨性较好。

1.4　材料的耐久性

材料的耐久性（durability）是指在各种外界因素作用下，能长期正常工作、不破坏、不失去原来性能的性质。

材料在建筑物中，除受到各种力的作用外，还长期受到环境中各种自然因素的破坏作用。这些破坏作用包括物理作用、化学作用及生物作用。

物理作用包括干湿变化、温度变化及冻融变化。干湿变化及温度变化引起材料胀缩，并导致内部裂缝扩展，长此以往材料就会破坏。在寒冷地区，冻融变化对材料的破坏作用更为明显。

化学作用主要是酸、碱、盐等物质的水溶液及气体对材料的侵蚀作用，使材料变质而破坏。

生物作用是指昆虫、菌类对材料的蛀蚀，使材料产生腐朽等破坏作用。

各种材料可能会由于不同的作用而破坏。如砖、石、混凝土等建筑材料大多由于物理作用而破坏；金属材料易被氧化腐蚀；木材及其他植物纤维组成的天然有机材料，常因生物作用而破坏；沥青及高分子合成材料，在阳光、空气、热的作用下会逐渐硬脆老化而破坏。因此，建筑材料在储运及使用过程中应采取妥善的措施，提高材料的耐久性。

材料的耐久性是一项综合性质，它反映了材料的抗渗性、抗冻性、抗风化性、抗化学侵蚀性、抗碳化性、大气稳定性及耐磨性等。

影响耐久性的内在因素很多，主要有材料的组成与构造、材料的孔隙率及孔隙特征、材料的表面状态等。耐久性和破坏因素关系，见表1-4。

表1-4　　　　　　　　　　　　　　耐久性与破坏因素关系

名　称	破坏因素分类	破坏因素种类	评定指标
抗渗性	物理	压力水	渗透系数，抗渗等级
抗冻性	物理	水、冻融作用	抗冻等级，抗冻系数
耐磨性	物理	机械力	磨损率
碳化	化学	CO_2、H_2O	碳化深度
化学侵蚀	化学	酸碱盐及溶液	*
老化	化学	阳光、空气、水	*
锈蚀	物理化学	H_2O、O_2、Cl^-、电流	锈蚀率
碱活性	物理化学	R_2O、活性骨料	膨胀率
腐朽	生物	H_2O、O_2、菌	*
虫蛀	生物	昆虫	*
耐热	物理	湿热、冷热交替	*
耐火	物理	高温、火焰	*

* 表示可参考其强度变化率、开裂情况、变形情况等进行评定。

材料的耐久性直接影响建筑物的安全性和经济性，提高材料的耐久性首先应根据工程的重要性、所处的环境合理选择材料，并采取相应的措施，如采取各种方法尽可能降低材料的孔隙率，改善材料的孔隙结构，对材料表面进行处理以增强抵抗环境作用的能力，甚至可以从改善环境条件入手减轻对材料的破坏。

复习思考题

1-1　名词解释

(1) 表观密度和毛体积密度；(2) 比强度；(3) 韧性；(4) 吸湿性。

1-2　填空题

(1) 当材料的孔隙率一定时，孔隙尺寸越小，材料的强度越_____，绝热性能越_____，耐久性越_____。

(2) 选用墙体材料时，应选择热导率较_____，热容量较_____的材料，才能使室内尽可能冬暖夏凉。

(3) 无机非金属材料一般均属于脆性材料，最宜承受_____力。

(4) 质量为100kg、含水率为3%的中砂，其干燥后干砂的质量为_____kg。

1-3　选择题

(1) 颗粒材料的密度为ρ，表观密度为ρ_0，毛体积密度为ρ'，堆积密度为ρ_1，则存在下列关系 (　　)。

A. $\rho > \rho_1 > \rho' > \rho_0$　　　　　　　B. $\rho_0 > \rho' > \rho > \rho_1$

C. $\rho > \rho_0 > \rho' > \rho_1$　　　　　　　D. $\rho > \rho_0 > \rho' > \rho_1$

（2）（　　）是错误的。

A. 毛体积密度小，热导率小　　　　　B. 含水率高，热导率大

C. 孔隙不连通，热导率大　　　　　　D. 固体比空气热导率大

（3）材料的孔隙率增加，特别是开口孔隙率增加时，会使材料的（　　）。

A. 抗冻、抗渗、耐腐蚀性提高　　　　B. 抗冻、抗渗、耐腐蚀性降低

C. 密度、热导率、软化系数提高　　　D. 密度、绝热性、耐水性降低

（4）测有孔材料密度时，应把材料（　　），干燥后用比重瓶测定其体积。

A. 加工成比重瓶形状　　　　　　　　B. 磨成细粉

C. 破碎成颗粒状　　　　　　　　　　D. 做成正方形

1-4　问答题

（1）测定含孔材料的密度、表观密度、毛体积密度和堆积密度时，用什么方法测量材料的体积？

（2）试分析材料的孔隙率和孔隙特征对材料的强度、吸水性、抗渗性、抗冻性和导热性的影响。

（3）脆性材料和韧性材料各有何特点？它们分别适合承受哪种外力？

（4）何谓材料的耐久性？材料的耐久性应包括哪些内容？

（5）影响材料抗渗性的因素有哪些？如何改善材料的抗渗性？

（6）影响材料吸水率的因素有哪些？含水率对材料的哪些性质有影响？影响如何？

（7）热导率受哪些因素影响？并阐述原因。

1-5　计算题

（1）将卵石洗净并吸水饱和后，用布擦干表面称其质量为 1005g，将其装入盛满水重为 1840g 的广口瓶内，称其总质量为 2475g，经烘干后称其质量为 1000g，试问上述条件可求得卵石的哪些密度值？各是多少？

（2）一块普通黏土砖尺寸为 240mm×115mm×53mm，烘干后质量为 2420g，吸水饱和后为 2640g，将其烘干磨细后取 50g 用李氏瓶测其体积为 19.2cm³，求该砖的开口孔隙率及闭口孔隙率。

（3）某材料密度为 2.60g/cm³，干燥毛体积密度为 1600kg/cm³；现将一质量为 954g 的该材料浸入水中，吸水饱和后取出称其质量为 1086g，试求该材料的孔隙率、质量吸水率、开口孔隙率和闭口孔隙率。

第2章 建筑钢材

本章概述了钢材的分类，钢结构和钢筋混凝土结构采用的主要钢材品种及特点，如何正确地选材以及钢材的锈蚀成因与防护方法；介绍了钢材的力学性能、工艺性能及现行国家标准、规范对钢材的性能及技术要求，常用结构钢的牌号表示方法、技术要求及各类牌号钢材的性能和用途；阐述了建筑钢材的化学成分、晶体组织及其对钢材性能的影响。

本章的重点是建筑钢材的基本性能及应用，难点是建筑钢材的力学性质、钢材冷加工强化与时效处理的机理。

在土木工程中，金属材料有着广泛的用途，金属材料分为钢铁金属和非铁金属两大类。钢铁金属是指以铁元素为主要成分的金属及其合金，如生铁、碳素钢、合金钢等；非铁金属则是以其他金属元素为主要成分的金属及其合金，如铝合金、铜合金等。在金属材料中，钢材是最重要的建筑材料之一，主要应用于钢筋混凝土结构和钢结构中。近年来随着金属建筑体系的兴起，一些厂房、大型商场、仓库、体育设施、机场、别墅、多层及高层住宅相继采用钢结构体系，建筑钢材的用量将会越来越大。

建筑钢材（construction steels）是指建筑工程中使用的各种钢材，包括用于钢筋混凝土结构的钢筋、钢丝；用于钢结构的各种型钢；用于围护结构和装修工程的各种钢板和复合板等。由于建筑钢材主要用作结构材料，钢材的性能往往对结构的安全起着决定性作用，因此，应对各种钢材的性能有充分的了解，以便在设计和施工中合理地选择和使用。本章将对钢材的内部结构、性能及应用进行讨论。

钢是碳的质量分数小于 2.06% 的铁碳合金（碳的质量分数大于 2.06% 时为生铁），建筑工程中所用的钢板、钢筋、钢管、型钢、角钢等通称为建筑钢材。作为重要的建筑材料，建筑钢材有下列主要优点。

强度高：表现为抗拉、抗压、抗弯及抗剪强度都很高。在建筑中可用作各种构件和零部件。在钢筋混凝土中，能弥补混凝土抗拉、抗弯、抗剪和抗裂性能较低的缺点。

塑性和韧性较好：在常温下建筑钢材能承受较大的塑性变形，可以进行冷弯、冷拉、冷拔、冷轧、冷冲压等各种冷加工。

此外，钢材的韧性高，能经受冲击作用；可以焊接或铆接，便于装配；能进行切削、热轧和锻造；通过热处理方法，可在相当大的程度上改变或控制钢材的性能。

建筑钢材的主要缺点是容易生锈、维护费用大、防火性能较差、能耗及成本较高。

2.1 钢材的分类

钢和生铁的主要成分都是铁元素和碳元素，两者的主要区别在于含碳量的不同。钢的碳的质量分数小于 2.06%（常用钢材碳的质量分数在 1.3% 以下），而生铁的碳的质量分数大于 2.06%。

钢是由生铁冶炼而成的。生铁是由铁矿石、焦炭和少量石灰石等在高温的作用下进行还原反应和其他化学反应，使铁矿石中的氧化铁形成金属铁，然后再吸收碳而成的。生铁的主要成分是铁，但含较多的碳、硫、磷、硅、锰等杂质，杂质使得生铁的性质硬而脆，塑性很差，抗拉强度低，使用受到很大的限制。炼钢的目的就是通过冶炼将生铁中碳的质量分数降低到 2.06% 以下，其他杂质含量降低到一定范围内，以显著改变其技术性能，提高质量。在冶炼过程中，由于采用的冶炼方法不同，除掉的碳及其他杂质的程度不同，所得钢材质量有较大的差别。

2.1.1 按冶炼方法分类

按照冶炼方法和设备的不同，工业用钢可分为平炉钢、转炉钢和电炉钢三大类，每一大类还可按其炉衬材料的不同，又可分为酸性和碱性两类。

1. 平炉钢（open-hearth steel）

它是以固体或液体的生铁、铁矿石或废钢为原料，以煤气、煤油或重油为燃料进行冶炼，依靠铁矿石、废钢中的氧或吹入的氧起氧化作用除去杂质而得到钢；一般属碱性钢，只有在特殊情况下，才在酸性平炉里炼制。由于效率低，平炉钢现在已很少用了。

2. 转炉钢（converter steel）

它是以熔融的铁液为原料，在转炉的底部、侧面或顶部吹入空气进行冶炼的钢，除可分为酸性和碱性转炉钢外，还可分为底吹、侧吹、顶吹转炉钢。

3. 电炉钢（electric fumace steel）

它是主要以废钢和生铁为原料，采用电加热进行高温冶炼的钢，分为电弧炉钢、感应电炉钢、真空感应电炉钢和钢电渣电炉钢等。工业上大量生产的主要是碱性电弧炉钢。

2.1.2 按脱氧方法分类

在冶炼过程中，部分铁被氧化为氧化铁，将严重影响钢材的质量。因此，在浇铸钢锭之前，首先要进行脱氧，常用的脱氧剂有硅铁、锰铁、铝等，其中以铝为最佳。根据脱氧程度的不同，钢可以分为沸腾钢、镇静钢和特殊镇静钢。

1. 沸腾钢（代号 F）（rimmed steel）

沸腾钢是脱氧不完全的钢，钢液中含氧量较高，有较多的氧化亚铁（FeO），它与碳发生化学反应，产生大量的一氧化碳气体，在钢液凝固时，气泡从钢液中冒出，在液面出现"沸腾"现象。这种钢的塑性好，有利于冲压，但钢中的碳、硫、磷等杂质分布不均匀，偏析较严重，钢的冲击韧性及焊接性能较差。由于成本较低、产量较高，沸腾钢可以用于一般的建筑结构。

2. 镇静钢（代号 Z）（killed steel）

镇静钢是脱氧充分、铸锭时钢液平静的钢。其质量均匀，结构致密，焊接性能好，抗蚀性强，但成本较高，可以用于承受冲击荷载或其他重要的结构。

3. 特殊镇静钢（代号 TZ）（special killed steel）

特殊镇静钢是一种比镇静钢脱氧还要充分彻底的钢，所以质量最好，适用于特别重要的结构工程。

2.1.3 按化学成分分类

按照化学成分的不同，还可以把钢分为碳素钢和合金钢两大类。

1. 碳素钢（carbon steel）

碳素钢是指碳的质量分数在 0.02%～2.06% 的铁碳合金。根据钢材含碳量的不同，可把钢划分为以下三种：

低碳钢——碳的质量分数小于 0.25% 的钢；

中碳钢——碳的质量分数在 0.25%～0.60% 之间的钢；

高碳钢——碳的质量分数大于 0.60% 而小于 2.06% 的钢。

建筑工程中大量应用的是碳素结构钢。

2. 合金钢（alloy steel）

在碳素钢中加入一定量的合金元素以提高钢材性能的钢，称为合金钢。根据钢中合金元素含量的多少，可分为以下三种：

低合金钢——合金元素总的质量分数小于 5% 的钢；

中合金钢——合金元素总的质量分数在 5%～10% 之间的钢；

高合金钢——合金元素总的质量分数大于 10% 的钢。

根据钢中所含合金元素的种类的多少，又可分为二元合金钢、三元合金钢及多元合金钢等钢种，如锰钢、铬钢、硅锰钢、铬锰钢、铬钼钢、钒钢等。

2.1.4 按质量等级分类

按有害杂质含量不同确定钢材质量等级，可分为普通钢、优质钢、高级优质钢和特级优质钢四种。不同质量等级钢的磷、硫质量分数见表 2-1。

表 2-1   各个质量等级钢的磷、硫质量分类

钢类	碳素钢（%）		合金钢（%）	
	P	S	P	S
普通钢	≤0.045	≤0.050	≤0.045	≤0.045
优质钢	≤0.040	≤0.040	≤0.035	≤0.035
高级优质钢	≤0.030	≤0.030	≤0.025	≤0.025
特级优质钢	≤0.025	≤0.020	≤0.025	≤0.015

2.1.5 按用途不同分类

按钢的用途不同，可分为结构钢、工具钢和特殊钢三种。结构钢主要用于工程结构构件及机械零件的钢，一般为低碳钢和中碳钢。工具钢主要用于各种工具、量具及模具的钢，一般为高碳钢。特殊钢是具有特殊物理、化学或力学性能的钢，如不锈钢、耐热钢、磁性钢、耐酸钢等，一般为合金钢。

2.2 建筑钢材的主要技术性能

在土木工程中，掌握钢材的技术性能是合理选用钢材的基础。钢材的技术性能主要包括抗拉性能、冷弯性能、冲击性能、耐疲劳性和硬度等。建筑钢材的技术性能对结构的科学性、合理性、安全性和经济性起着决定性的作用。

2.2.1 抗拉性能

抗拉性能是建筑钢材最常用、最重要的力学性能。钢材的抗拉性能由拉力试验测定的屈

服点、抗拉强度和伸长率三项重要技术指标组成。

建筑钢材的抗拉性能，可以通过低碳钢（软钢）拉力试验来说明，如图 2-1 所示，可以明显地划分为弹性阶段（OA）、屈服阶段（AB）、强化阶段（BC）和颈缩阶段（CD）四个阶段。

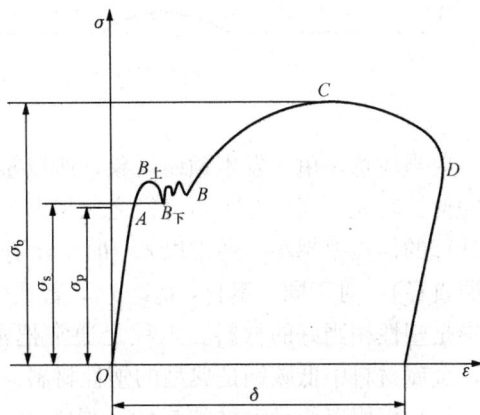

图 2-1　低碳钢受拉时应力-应变曲线

1. 弹性阶段（OA）

在此阶段，只产生弹性变形。OA 段应力与应变成正比，即

$$\sigma = E\varepsilon \qquad (2-1)$$

其中 E 为与材料有关的比例常数，称为弹性模量，它反映钢材的刚度，是钢材在受力条件下计算结构变形的重要指标。常用低碳钢的弹性模量 E 为 $(2.0 \sim 2.1) \times 10^5$ MPa，弹性极限 σ_p 为 $180 \sim 200$MPa。

2. 屈服阶段（AB）

当应力超过弹性极限后继续加载，应变会很快地增加，而应力先是下降，然后做微小的波动，在 σ-ε 曲线上出现接近水平线的小锯齿形线段。这种应力基本保持不变，而应变显著增加的现象，称为屈服。图 2-1 中 $B_上$ 点是这一阶段应力最高点，称为屈服上限；$B_下$ 点是最低点，称为屈服下限，这时所对应的应力称为屈服极限或屈服强度，用 σ_s 表示。σ_s 是衡量材料强度的重要指标。常用低碳钢的屈服极限 σ_s 为 $195 \sim 300$MPa。

该阶段在度盘式材料万能试验机上表现为指针不动或来回窄幅摇动。

钢材受力达到屈服点时，变形迅速发展，尽管尚未破坏但已经不能满足使用要求，故设计中一般以屈服点作为强度取值依据。

3. 强化阶段（BC）

过了屈服阶段后，材料又恢复了抵抗变形的能力，要使它继续变形必须增加拉力，这种现象称为材料的强化。强化阶段的最高点 C 点所对应的应力 σ_b 是材料所能承受的最大应力，称为强度极限或抗拉强度，它表示材料所能承受的最大应力。σ_b 是衡量材料强度的重要指标。常用低碳钢的屈服极限 σ_b 为 $385 \sim 520$MPa。

抗拉强度在设计中虽不能利用，但屈强比（σ_s/σ_b）在设计中有着重要意义，屈强比小，钢材至破坏时的储备潜力大，且钢材塑性好，应力重新分布能力强，结构的安全性高。若屈强比过小，则钢材利用率低，不经济。建筑结构钢屈强比一般在 $0.60 \sim 0.75$ 范围内较合理。普通碳素结构钢 Q235 的屈强比为 $0.58 \sim 0.63$；低合金结构钢的屈强比为 $0.65 \sim 0.75$；对有抗震要求的框架结构纵向受力钢筋要求屈强比不应超过 0.80。

4. 颈缩阶段（CD）

当应力达到抗拉强度时，钢材内部结构遭到严重破坏，试件从薄弱处产生颈缩及迅速伸长变形直至断裂，此种现象称为"颈缩"。在颈缩阶段，由于试件截面迅速减少，钢材承载能力急剧下降。

普通碳素钢 Q235A 的截面收缩率为 55%。应力达到强度极限后，在试样的某一局部范围内，横向尺寸突然急剧缩小，形成颈缩现象，如图 2-2 所示。

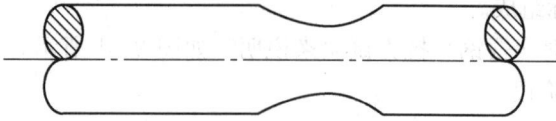

图 2-2　颈缩现象

将拉断的试件在断口处拼合起来，量出拉断后标距部分的长度 l_1，结合原始标距长 l_0，用式（2-2）可计算钢材伸长率 δ，即

$$\delta = \frac{l_1 - l_0}{l_0} \times 100\% \qquad (2-2)$$

应当注意，由于发生颈缩现象，所以塑性变形在试件标距内的分布是很不均匀的，颈缩处的伸长较大，当原标距与直径之比越大，则颈缩处伸长值在整个伸长值中的比例越小，因而计算的伸长率越小。通常以 δ_5 和 δ_{10} 分别表示 $l_0 = 5d_0$ 和 $l_0 = 10d_0$ 时的伸长率（d_0 为试件的原直径）。对于同一钢材，$\delta_5 > \delta_{10}$。普通碳素钢 Q235A 的伸长率 δ_5 可达 26% 以上，在钢材中是塑性相当好的材料。工程上通常把常温下静荷载伸长率大于 5% 的材料称为塑性材料，金属材料中低碳钢是典型的塑性材料。

伸长率用以衡量钢材的塑性变形能力，是评定钢材质量的重要指标。伸长率较大的钢材，钢质较软，强度较低，但塑性好，加工性能好，应力重新分布能力强，结构安全性大；但塑性过大，又影响实际使用。塑性过小，钢材质硬脆，受到突然超荷载作用时，构件易断裂。

中碳钢和高碳钢（硬钢）由于材质较硬，抗拉强度高，塑性变形较小，受拉时无明显的屈服阶段，如图 2-3 所示。由于它们没有明显的屈服阶段，屈服点不便测定，故常以其规定残余变形为原始标距 l_0 的 0.2% 时的应力值作为名义屈服点，也称为条件屈服点，用 $\sigma_{0.2}$ 表示。通过拉力试验，还可以测定另一个表明钢材试件的塑性指标——断面收缩率 ψ。它表示试件拉断后，颈缩处横截面面积最大缩减量与原始横截面面积的百分比，即

$$\psi = \frac{A_0 - A_1}{A_0} \times 100\% \qquad (2-3)$$

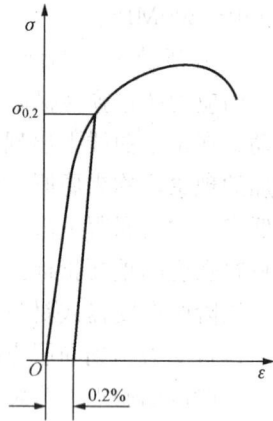

图 2-3　中碳钢、高碳钢受拉时应力-应变曲线

式中　A_0——原始横截面面积，mm^2；

　　　A_1——断裂颈缩处的横截面面积，mm^2。

【例 2-1】　对一公称直径为 12mm、标距为 60mm 的钢筋试件进行拉伸试验，测得两个试件屈服下限荷载分别为 27.3、27.5kN；抗拉极限荷载分别为 44.2、44.4kN；拉断时的长度分别为 73.9、75.3mm。求该钢筋试件的屈服强度、抗拉强度、屈强比、断后伸长率。

解　钢筋的屈服强度 σ_s

$$\sigma_s = \frac{P_s}{A} = \frac{\frac{1}{2}(27.3 + 27.5) \times 10^3}{\frac{1}{4} \times 3.14 \times 12^2} = 242\text{MPa}$$

钢材的抗拉强度 σ_b

$$\sigma_b = \frac{P_b}{A} = \frac{\frac{1}{2}(44.2 + 44.4) \times 10^3}{\frac{1}{4} \times 3.14 \times 12^2} = 392\text{MPa}$$

钢材的屈强比 σ_s/σ_b

$$\sigma_s/\sigma_b = \frac{242}{392} = 0.62$$

断后伸长率 δ

$$\delta = \frac{l_1 - l_0}{l_0} \times 100\% = \frac{1}{2}\left(\frac{73.9-60}{60} + \frac{75.3-60}{60}\right) \times 100\% = 24.3\%$$

2.2.2 冷弯性能

冷弯性能是指钢材在常温下承受弯曲变形的能力，是建筑钢材的重要工艺性能。建筑工程中常需对钢材进行冷弯加工，冷弯试验就是模拟钢材弯曲加工而确定的。

钢材的冷弯性能指标是用试件在常温下所能承受的弯曲程度来表示。弯曲程度是通过试件被弯曲的角度和弯心直径对试件厚度（或直径）的比值区分的。冷弯试验是将钢材按规定的弯曲角度（90°、180°）、规定的弯心直径 d 与钢材厚度（或直径）的比值进行，如图 2-4 所示。弯曲角度与比值大小反映弯曲程度。若弯曲处不发生裂纹、起层或断裂现象即为合格。

冷弯试验能反映试件弯曲处的塑性变形，能揭示钢材是否存在内部组织不均匀、内应力和夹杂物等缺陷。冷弯试验也能对钢材的焊接质量进行严格的检验，能揭示焊件受弯表面是否存在未熔合、裂缝及夹杂物等缺陷。

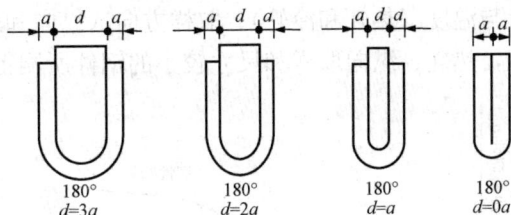

图 2-4 钢材冷弯试验示意图

冷弯试验是通过弯曲处的塑性变形来实现的，这是钢材局部发生的非均匀变形，冷弯也是检测钢材塑性的一种方法，并与伸长率存在着有机的联系，伸长率大的钢材，其冷弯性能相对也好，但冷弯试验对钢材塑性的评定比拉伸试验更严格、更敏感。冷弯试验有助于暴露钢材的某些缺陷，如组织不均匀的应力、夹杂物或焊接裂纹等；而在拉伸试验中，这些缺陷常常由于均匀的塑性变形导致应力重新分布而被掩饰，故冷弯试验对钢材质量和焊接质量都是一种严格的检验。

2.2.3 冲击韧性

冲击韧性是钢材抵抗冲击荷载作用的能力。冲击韧性指标是通过标准试件的弯曲冲击韧性试验确定的。测试时以摆锤打击标准试件，于刻槽处将其打断，试件单位横截面面积上所消耗的功，即为钢材的冲击韧性值，用冲击韧度 α_K 表示。如图 2-5 所示，冲击韧度按式（2-4）计算，即

$$\alpha_K = \frac{W}{A} \tag{2-4}$$

式中　α_K——冲击韧度，J/mm^2；

　　　W——摆锤所做的功，J；

　　　A——试件槽口处最小横截面面积，mm^2。

α_K 值越大，钢材的冲击韧性越好。

钢材冲击韧性主要受下列因素影响：

1. 化学成分及轧制质量的影响

钢材的冲击韧性对钢的化学成分、组织状态及冶炼、轧制质量都较敏感。钢中硫、磷含

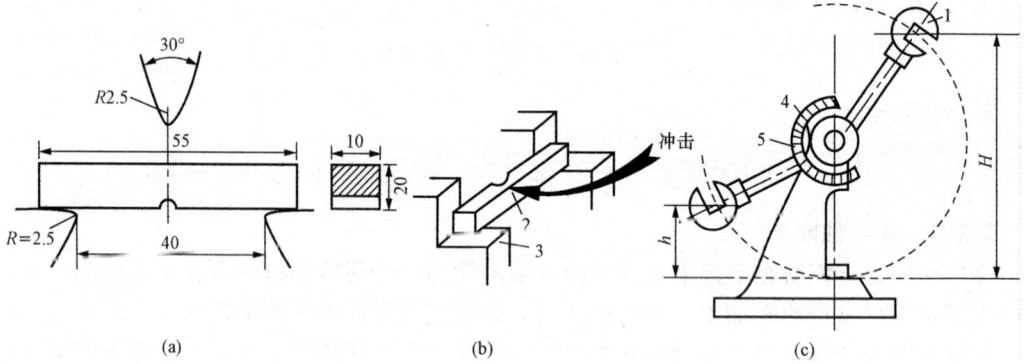

图 2-5　冲击韧性试验示意图
（a）试件尺寸；（b）试验装置；（c）试验机
1—摆锤；2—试件；3—试验台；4—刻度盘；5—指针

量高时，存在偏析、非金属夹杂物及焊接形成的微裂纹等都会使冲击韧性显著降低。轧制质量与温度（热轧和冷轧）、取样方向（纵向和横向）、试件尺寸（厚度或直径）均影响冲击韧性，热轧、纵向取样和尺寸较小的钢件所测得 V 形冲击功较大。

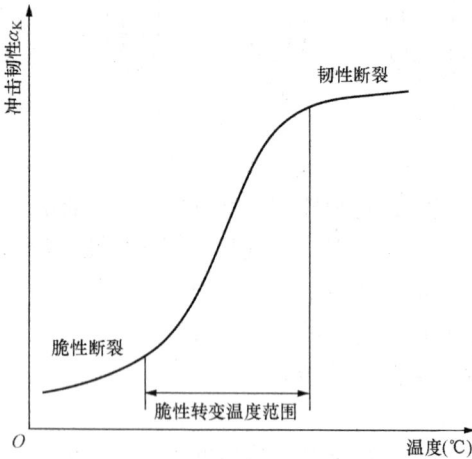

图 2-6　钢材的脆性转变温度

2. 环境温度对冲击韧性的影响

试验表明，钢材的冲击韧性随环境温度的降低而降低。其规律是开始下降比较缓慢，当达到一定温度范围时，突然下降很多而呈脆性，这种由韧性状态过渡到脆性状态的性能称为"冷脆性"，发生冷脆时的温度称为"脆性临界温度"，如图 2-6 所示。它的数值越低，钢材的低温抗冲击韧性越好。所以在负温下使用的结构，应当选用脆性临界温度较使用温度为低的钢材。如碳素结构钢 Q235 的脆性临界温度约为 $-20℃$。寒冷地区选用钢材，其脆性临界温度应比该地区历史统计最低温度要低。

3. 钢材的时效

随时间的延长，钢材呈现出强度和硬度提高，但其塑性和韧性降低的现象称为时效。完成时效变化的过程可以达数十年。钢材如经受冷加工变形，或者使用中经受振动和反复荷载的影响，时效可迅速发展。

时效作用导致钢材性能改变程度的大小称为时效敏感性。时效敏感性是以时效后冲击韧性指标的损失值与时效前的冲击韧性指标值之比来表示。时效敏感性越大的钢材，经过时效以后其冲击韧性的降低越显著。为了保证结构的使用安全，用于承受动荷载或负温下工作的结构不宜选用时效敏感性大、脆性临界温度高的空气转炉钢和沸腾钢，必须按照有关规范要求进行钢材的冲击韧性试验。

2.2.4　耐疲劳性

钢材在交变荷载反复作用下，往往在工作应力远小于抗拉强度的情况下突然破坏，这种现象称为疲劳破坏。钢材抵抗疲劳破坏的能力称为耐疲劳性。钢材的疲劳破坏指标用疲劳强度（或疲劳极限）来表示，它是指试件在交变应力作用下，于规定的周期基数内不发生断裂所能承受的最大应力。

研究表明，疲劳破坏的原因主要是钢材中存在疲劳裂纹源，如构件表面粗糙、有加工损伤或刻痕、构件内部存在夹杂物或焊接裂纹等缺陷。当应力作用方式、大小或方向等交替变更时，裂纹两面的材料时而紧压或张开，形成了断口光滑的疲劳裂纹扩展区。随着裂纹向纵深发展，在疲劳破坏的最后阶段，裂纹尖端由于应力集中而引起剩余截面的脆性断裂，形成断口粗糙的瞬时断裂区。如图 2-7 所示，钢材承受的交变应力越大，则断裂时的交变次数越少；相反，应力越小则交变次数越多，从理论上讲，当最大交变应力低于某值时，交变次数无限多也不会产生疲劳破坏，此最大交变应力即为疲劳强度。图 2-7 中曲线水平部分对应的应力值就是疲劳强度。

钢材耐疲劳强度的大小与其内部组织、成分偏析及各种缺陷有关，同时，钢材表面质量、截面变化和受腐蚀程度等都会影响其耐疲劳性能。对于承受交变应力作用的钢构件，应根据钢材质量及使用条件合理设计，以保证构件足够的安全度及寿命。在设计承受反复荷载且须进行疲劳验算的结构时，应当了解所用钢材的疲劳强度。

2.2.5 硬度

硬度是衡量材料抵抗另一硬物压入、表面产生局部变形的能力。硬度可以用来判断钢材的软硬，同时间接地反映钢材的强度和耐磨性能。常用的钢材硬度指标有布氏硬度和洛氏硬度等。

1. 布氏硬度

布氏硬度试验是按规定选择一个直径为 D 的硬质合金球，以一定试验力 F 将其压入试件表面，持续至规定时间后卸去试验力，测量试样表面上的压痕直径 d。布氏硬度与试验力除以压痕表面积的商成正比。布氏硬度可按式（2-5）计算。布氏硬度值越大，表示钢材越硬。布氏硬度测量原理如图 2-8 所示。

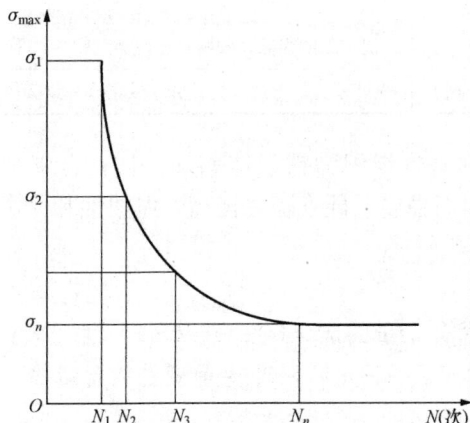

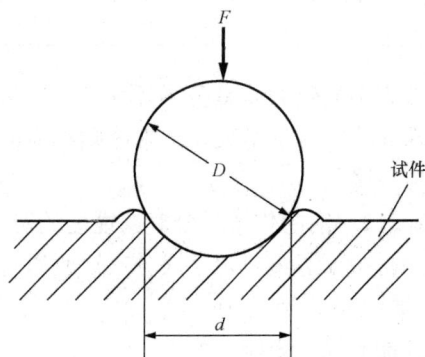

图 2-7 疲劳曲线   图 2-8 布氏硬度测量原理示意图

$$布氏硬度 = 常数 \times \frac{试验力}{压痕表面积} = 0.102 \times \frac{2F}{\pi D(D - \sqrt{D^2 - d^2})} \tag{2-5}$$

根据《金属材料 布氏硬度试验》（GB/T 231—2009）的规定，布氏硬度的符号为 HBW，其试验范围的上限为 650HBW，试验力的选择应保证压痕直径在 $0.24D \sim 0.6D$ 之间。

2. 洛氏硬度

洛氏硬度试验是用标准型压头在先后两次对被试材料表面施加试验力（初始试验力 F_0 与总试验力 F_0+F_1），在试验力的作用下压头压入试件表面。在总试验力保持一定时间后，卸除主试验力 F_1，保留初始试验力 F_0 的情况下测量压入深度，以总试验力下压入深度与在初始试验力下的压入深度之差（即所谓的残余压入深度）来表征硬度的高低，残余压入深度值越大，硬度值越低，反之亦然。

洛氏硬度的符号以 HR 表示。为适应各种不同材料的应用，根据所用的压头及试验力的不同组合区分为洛式硬度标尺（A、B、C、D、E、F、G、H、K…）。

2.3　钢材的组织结构及其对性能的影响

钢材由无数微细晶粒所构成，碳与铁结合的方式不同，可以形成不同的晶体组织，使钢材的性能产生显著差异。

2.3.1　钢的基本组织

纯铁在不同温度下有不同的晶体结构：

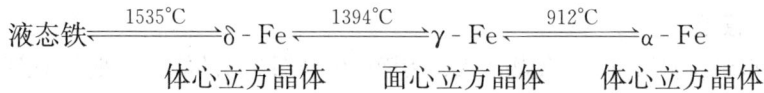

$$液态铁 \xleftrightarrow{1535℃} \delta\text{-}Fe \xleftrightarrow{1394℃} \gamma\text{-}Fe \xleftrightarrow{912℃} \alpha\text{-}Fe$$

$$\qquad 体心立方晶体 \quad 面心立方晶体 \quad 体心立方晶体$$

钢中碳原子与铁原子的三种基本组合形式为固溶体、化合物和机械混合物。钢的基本晶体组织及其性能见表 2-2。

表 2-2　　　钢的基本晶体组织及其性能

名称	碳的质量分数（%）	结构特征	性能
铁素体	≤0.02	碳溶于 α-Fe 中的固溶体	强度、硬度很低，塑性好，冲击韧性很好
奥氏体	0.8	碳溶于 γ-Fe 中的固溶体	强度、硬度不高，塑性大
渗碳体	6.67	化合物 Fe_3C	抗拉强度很低，硬脆，很耐磨，塑性几乎为 0
珠光体	0.8	铁素体和渗碳体的机械混合物	强度较高，塑性和韧性介于铁素体和渗碳体之间

碳素钢的碳的质量分数不大于 0.8% 时，其基本组织为铁素体和珠光体；含碳量增大时，珠光体的含量增大，铁素体则相应减少，因而强度、硬度随之提高，但塑性和冲击韧性则相应下降。

2.3.2　钢的化学成分对钢性能的影响

钢材中除了主要化学成分（铁）以外，还含有少量的碳（C）、硅（Si）、锰（Mn）、磷（P）、硫（S）、氧（O）、氮（N）、钛（Ti）、钒（V）等元素，这些元素虽然含量少，但对钢材性能有很大影响。

1. 碳

碳是决定钢材性能的最重要元素。当钢中碳的质量分数在 0.8% 以下时，随着含碳量的增加，钢材的强度和硬度提高，而塑性和韧性降低；但当钢材碳的质量分数在 1.0% 以上时，随着含碳量的增加，钢材的强度反而下降。

随着含碳量的增加，钢材的焊接性能变差（碳的质量分数大于 0.3% 的钢材，焊接性能显著下降），冷脆性和时效敏感性增大，耐大气锈蚀性下降。

建筑钢材的含碳量不可过高，但是在用途允许时，可用碳的质量分数较高的钢，最高可达 0.6%。

2. 硅

硅是作为脱氧剂而残留于钢中，在钢材中除了少量呈非金属夹杂物外，大部分溶于铁素体中，其主要作用是提高钢材的强度，是钢中的有益元素。硅的含量较低（质量分数小于1.0%）时，能提高钢材的强度和硬度及耐蚀性，而对塑性和韧性无明显影响。但当硅的质量分数超过 1.0% 时，将显著降低钢材的塑性和韧性，增大冷脆性和时效敏感性，并降低焊接性。

3. 锰

锰是炼钢时用来脱氧去硫而残留于钢中的，溶于铁素体中，是钢中的有益元素。锰具有很强的脱氧去硫能力，能消除或减轻氧、硫所引起的热脆性，大大改善钢材的热加工性能，同时能提高钢材的强度和硬度，但塑性和韧性略有降低。若钢材中含锰量太高，则会降低钢材的塑性、韧性和焊接性能。锰是中国低合金结构钢的主要元素。

4. 磷

磷是钢材中很有害的元素，主要溶于铁素体中起强化作用。随着磷含量的增加，钢材的强度、屈强比、硬度均提高，而塑性和韧性显著降低，特别在低温下，对塑性和韧性的影响更大，即显著加大钢材的冷脆性。磷在钢材中的偏析倾向强烈，一般认为，磷的偏析富集，使铁素体晶格严重畸变，钢材冷脆性显著增大。磷也使钢材的可焊性显著降低。但磷可提高钢材的耐磨性和耐蚀性，故在经过合理冶金工艺之后，低合金钢中也可将磷配合其他元素作为合金使用。

5. 硫

硫是钢中很有害的元素，呈非金属的硫化物夹杂物存于钢中。硫的存在会加大钢材的热脆性，降低钢材的各种力学性能，也使钢材的焊接性能、冲击韧性、耐疲劳性和抗腐蚀性等性能降低。为消除硫的这些危害，可在钢中加入适量的锰。

6. 氧

氧是钢中的有害元素，主要存于非金属夹杂物中，少量溶于铁素体中。随着氧含量的增加，钢材的强度有所提高，但塑性、韧性显著降低，焊接性能变差。氧的存在会造成钢材的热脆性增加。

7. 氮、氢

氮主要嵌溶于铁素体中，也可呈化合物形式存在。氮对钢材性能的影响与磷、硫相似，随着氮含量的增加，可使钢材的强度提高，塑性、韧性显著降低，焊接性能变差，冷脆性加剧。氮在铝、铌、钒等元素的配合下可以减少其不利影响，改善钢材的力学性能，可作为低合金钢的合金元素使用。钢中溶有氢则会引起钢的白点（圆圈状的断裂面）和内部裂纹，断口有白点的钢一般不能用于建筑结构。

8. 钛

钛是强氧化剂，而且能细化晶粒。钛能显著提高钢材的强度，改善韧性、焊接性能，但稍降低塑性。钛是常用的微量合金元素。

9. 钒

钒是弱脱氧剂，是强的碳化物和氮化物形成元素。钒加入钢中可减弱碳和氮的不利影响，细化晶粒，有效地提高强度，并能减少时效倾向，但会增加焊接时的脆硬倾向。钒也是常用的微量合金元素。

2.4　钢材的冷加工强化、时效强化、热处理和焊接

2.4.1　钢材的冷加工强化及时效处理

将钢材于常温下进行冷拉、冷拔或冷轧，使其产生塑性变形，从而提高屈服强度，称为冷加工强化。

钢材冷拉时效后的应力-应变曲线，如图 2-9 所示，图中 $OBCD$ 为未经冷拉试件的应力-应变曲线。将试件拉至超过屈服极限的某一点 K，然后卸去荷载，由于试件已产生塑性变形，故曲线沿 KO' 下降，KO' 大致与 BO 平行。如重新拉伸，则新的屈服点将高于原来可达到的 K 点。可见钢材经冷拉以后屈服点将会提高。

目前常用的冷轧带肋钢筋、冷拉钢筋及预应力高强度冷拔钢丝等，都是利用这一原理进行加工的产品。由于屈服强度的提高，从而达到节约钢材的目的。

产生冷加工强化的原因是：钢材在冷加工时晶格缺陷增多，晶格畸变，对位错运动的阻力增大，因而屈服强度提高，塑性和韧性降低。由于冷加工时产生的内应力，故冷加工钢材的弹性模量有所降低。

将经过冷加工后的钢材于常温下存放 $15\sim20d$，或加热到 $100\sim200℃$ 并保持一定时间，这一过程称时效处理。前者称自然时效，后者称人工时效。

冷加工以后再经过时效处理的钢筋，屈服点进一步提高，抗拉强度稍见增长，塑性和韧性继续有所降低。由于时效过程中内应力的消减，故弹性模量可基本恢复。

一般认为，产生应变时效的原因，主要是 α-Fe 晶格中的碳、氮原子有向缺陷移动、集中，甚至成碳化物或氮化物析出的倾向。当钢材经冷加工产生塑性变形以后，或在使用中受到反复振动，则碳、氮原子的迁移和富集可大为加快，由于缺陷处碳、氮原子富集，晶格畸变加剧，因而屈服强度提高，而塑性韧性下降。

钢材时效敏感性可用应变时效敏感系数 C 表示，C 越大则时效敏感性越大，即

$$C = \frac{A_K - A_{KS}}{A_K} \times 100\% \qquad (2-6)$$

式中　A_K——钢材时效处理前的冲击吸收功，J；
　　　A_{KS}——钢材时效处理后的冲击吸收功，J；
　　　C——时效敏感系数。

当对冷加工钢筋进行处理时，一般强度较低的钢筋可采用自然时效，而强度较高的钢筋则应采用人工时效处理。

2.4.2　钢材的热处理

热处理是指将钢材按一定规则加热、保温和冷却，以改变其组织，从而获得所需要的性能的一种

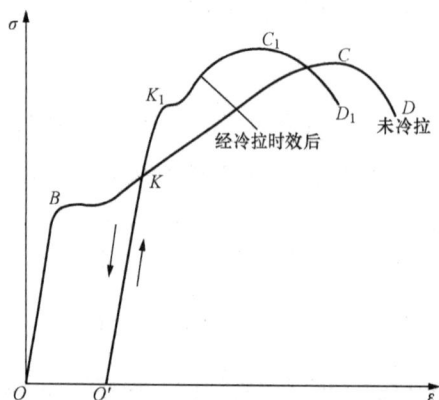

图 2-9　钢筋冷拉时效后的应力-应变曲线

工艺措施。热处理的方法有淬火、回火、退火和正火。

1. 淬火（quench）

将钢材加热到 723～910℃（依含碳量而定），然后在水中或油中淬冷。淬火的加热温度在基本组织转变温度以上，保温使组织完全转变，然后投入选定的冷却介质（如水或矿物油等）中急冷，使之转变为不稳定组织，目的是得到高强度、高硬度。淬火使钢材的塑性和韧性显著降低。

2. 回火（temper）

将淬火后的钢材加热温度在转变温度（150～650℃内选定），保温后按一定速度冷却至室温。其目的是促进淬火后的不稳定组织转变为所需要的组织，消除淬火产生的内应力，提高塑性和韧性等。根据加热的温度，分为高温回火（500～650℃）、中温回火（300～500℃）和低温回火（150～300℃）。加热温度越高，回火后钢的硬度降低越多，塑性及韧性恢复越好。淬火和回火通常是两道相连的处理过程，在淬火后随之采用高温回火，称为调质处理。经调质处理的钢材，在强度、塑性和韧性等方面性能都有所改进。

3. 退火（annel）

将钢材加热到适当温度，然后保温后缓慢冷却（随炉冷却）的一种热处理工艺，按加热温度可分为低温退火和完全退火。低温退火即退火加热温度在铁素体等基本组织转变温度以下，是利用加热使原子活跃，将使少量原子错位重新排列，从而使加工中产生的缺陷少、晶格畸变减轻和内应力基本消除。如果退火加热温度高于钢材基本组织的转变温度，通常可加温至 800～850℃，在经过适当保温后缓慢冷却，将使钢材再结晶，即为完全退火，目的是细化晶粒，改善组织，降低硬度，提高塑性，消除组织缺陷和内应力，防止变形、开裂。

4. 正火（normalization）

将钢材加热到 865～885℃或更高温度，然后在空气中自然冷却。正火是完全退火的一种特例，两者仅冷却速度不同。与退火相比，正火后钢材的硬度、强度较高，而塑性减少，目的是细化晶粒，消除组织缺陷。

对一般建筑用钢，热处理是由钢铁企业在产品加工过程中完成的。建筑工程部门仅在必要时，对冷拉或冷拔后质量不符合要求的钢筋或钢丝进行回火或低温退火处理，以其改善钢材的塑性和韧性。在施工现场，有时须对焊接件进行热处理。

2.4.3 钢材的焊接

焊接连接是钢结构的主要连接方式，在工业与民用建筑的钢结构中，焊接结构占 90% 以上。在钢筋混凝土结构中，焊接大量应用于钢筋接头、钢筋网、钢筋骨架和预埋件之间的连接，以及装配式构件的安装。

建筑钢材焊接最主要的方法是钢结构焊接用的电弧焊和钢筋连接用的电渣压力焊。焊件的质量主要取决于选择正确的焊接工艺和适当的焊接材料，以及钢材本身的焊接性能。

电弧焊的焊接接头是由基体金属和焊缝金属熔合而成。焊缝金属是在电弧的高温作用下由焊条金属熔化而成，同时基体金属的边缘也在高温下部分熔化，两者通过扩散作用均匀地熔合在一起。电渣压力焊则不用焊条，而是通过电流所形成的高温使钢筋接头处局部熔化，并在机械压力下使接头熔合。

焊接时由于在很短的时间内达到很高的温度，基体金属局部熔化的体积很小，故冷却速度很快，因此在焊接处必然产生剧烈的膨胀和收缩，易产生变形、内应力和内部组织的变化，形成焊接缺陷。焊缝金属的缺陷主要有裂纹、气孔、夹杂物等。基体金属热影响区的缺陷主要有裂纹、晶粒粗大和脆化（碳、氮等原子在焊接过程中形成碳化物和氮化物，在缺陷处析出，使晶格畸变加剧所引起的脆化）。由于焊接件在使用过程中所要求的主要力学性能是强度、塑性、韧性和耐疲劳性，所以对性能最有影响的缺陷是裂纹、缺口、塑性和韧性的下降。

焊接质量的检验方法主要有取样试件试验和原位非破损检测两类。取样试件试验是指在结构焊接部位切取试样，然后在试验室进行各种力学性能的对比试验，以观察焊接的影响。非破损检测则是在不损伤结构物使用性能的前提下，直接在结构原位采用超声、射线、磁力、荧光等物理方法，对焊缝进行缺陷探伤，从而间接推定力学性能的变化。

【案例分析2-1】　　钢结构屋架倒塌

概况：某厂的钢结构屋架是用中碳钢焊接而成的，使用一段时间后，屋架坍塌，请分析事故原因。

分析讨论：首先是因为钢材的选用不当，中碳钢的塑性和韧性比低碳钢差，且其焊接性能较差，焊接时钢材局部温度高，形成了热影响区，其塑性及韧性下降较多，较易产生裂纹。建筑上常用的主要钢种是普通碳素钢中的低碳钢和合金钢中的低合金高强结构钢。

【案例分析2-2】　　钢储罐断裂

概况：1989年1月22日，内蒙古某糖厂一个直径为20m、高为15.76m的刚交工验收不久的废糖蜜钢储罐发生断裂。破坏过程呈突发性，没有任何先兆，非常迅速。破坏时罐内糖蜜储量4027t，不仅未达到设计储量，并低于使用期间曾达到的4559t水平，罐体内应力并不太高，距钢材屈服强度相差较远，地震和认为破坏及糖蜜自燃爆炸的因素可排除，请分析钢储罐发生断裂的原因。

分析讨论：塑性断裂在发生前有明显预兆，而脆性断裂是突发性的。经调查表明，其裂口特征：罐体下部第一、二层母材撕裂，断口呈颗粒状，人字形纹尖端朝上，呈脆性断裂。对钢材材质进行复检，发现部分钢板含碳量和含硫量较高，降低了钢材的塑性和可焊性，其常温冲击韧性比规定值偏低，故该钢材易出现脆性断裂，且焊接质量差。由综合分析可知，罐体破坏的根源是焊接质量低而导致的低温脆性断裂。对接焊缝中大量未焊透部位如同张开型的焊接裂纹，在罐壁环向拉力的作用下，能引起严重的应力集中，成为罐体断裂的引发点。在荷载变化、应力集中、残余应力和温度应力的作用下，会缓慢扩展。而钢材的韧性较差，不能阻止裂纹的扩展，最后达到临界值而突然断裂。

2.5　钢材的防腐蚀与防火

2.5.1　钢材的腐蚀与防护措施

1. 钢材腐蚀的主要原因

（1）化学腐蚀。钢材与周围介质直接发生化学反应而引起的腐蚀，称为化学腐蚀。通常是由于氧化作用，使钢材中的铁形成疏松的氧化铁而被腐蚀。在干燥环境中，化学腐蚀进行缓慢，但在潮湿环境和温度较高时，腐蚀速度加快。这种腐蚀也可由空气中的二氧化碳或二氧化硫作用，以及其他腐蚀性物质的作用而产生。

（2）电化学腐蚀。金属在潮湿气体及导电液体（电解质）中，由于电子流动而引起的腐蚀，称为电化学腐蚀。这是由于两种不同电化学势的金属之间的电势差，使负极金属发生溶解的结果。就钢材而言，当凝聚在钢铁表面的水分中溶入二氧化碳或硫化物气体时，即形成一层电解质水膜，钢铁本身是铁和铁碳化合物，以及其他杂质化合物的混合物。它们之间形成以铁为负极，以碳化铁为正极的原电池，发生电化学反应生成铁锈。

在钢铁表面，微电池的两极反应如下：

负极反应　　$Fe-2e \Longrightarrow Fe^{2+}$

正极反应　　$O_2+2H_2O+4e \Longrightarrow 4OH^-$（钢铁表面吸附水膜酸性较弱或中性时）

$\qquad\qquad 2H^++2e \Longrightarrow H_2$（钢铁表面吸附水膜酸性较强时）

从电极反应中所逸出的离子在水膜中的反应

$$Fe^{2+}+2OH^- \Longrightarrow Fe(OH)_2$$

$Fe(OH)_2$又与水中溶解的氧发生下列反应

$$4Fe(OH)_2+O_2+2H_2O \Longrightarrow 4Fe(OH)_3$$

所以$Fe(OH)_2$、$Fe(OH)_3$及Fe^{2+}、Fe^{3+}与CO_3^{2-}生成的$FeCO_3$、$Fe_2(CO_3)_3$等是铁锈的主要成分，为了方便，通常以$Fe(OH)_3$表示铁锈。

钢铁在酸碱盐溶液及海水中发生的腐蚀、地下管线的土壤腐蚀、在大气中的腐蚀、与其他金属接触处的腐蚀，均属于电化学腐蚀，可见电化学腐蚀是钢材腐蚀的主要形式。

（3）应力腐蚀。钢材在应力状态下腐蚀加快的现象，称为应力腐蚀。钢筋冷弯处、预应力钢筋等都会因应力存在而加速腐蚀。

2．防止钢材腐蚀的措施

钢材的腐蚀有材质的原因，也有与钢材相接触的环境介质等原因。因此防腐蚀的方法有合金化、金属覆盖、非金属覆盖等。

混凝土中钢筋处于碱性介质中，形成碱性氧化保护膜，故不致锈蚀。但应注意，若在混凝土中大量掺入掺和料，或因碳化反应会使混凝土内部环境中性化，或由于在混凝土外加剂中带入一些卤素离子，特别是氯离子，会使锈蚀迅速发展。混凝土配筋的防腐蚀措施主要有提高混凝土密实度、确保保护层厚度、限制氯盐外加剂及加入防锈剂等方法。对于预应力钢筋，一般含碳量较高，又经过冷加工强化或热处理，较易发生腐蚀，应特别予以重视。

钢结构中型钢的防锈，主要采用表面涂覆的方法。例如，表面刷漆，常用底漆有红丹、环氧富锌漆、铁红环氧底漆等。面漆有灰铅漆、醇酸磁漆、酚醛磁漆等。薄壁型钢及薄钢板制品可采用热浸镀锌或镀锌后加涂塑料复合层。

另外，采用耐候钢，即耐大气腐蚀钢，可以显著提高钢材本身的耐腐蚀能力。

2.5.2 钢材的防火

在一般建筑结构中，钢材均在常温条件下工作，但对于长期处于高温条件下的结构物，或遇到火灾等特殊情况时，则必须考虑温度对钢材性能的影响。而且高温对性能的影响还不能简单地用应力‑应变关系来评定，而必须加上温度与高温持续时间两个因素。通常钢材的蠕变现象会随温度的升高而越益显著，蠕变则导致应力松弛。此外，由于在高温下晶界强度比晶粒强度低，晶界的滑动对微裂纹的影响起了重要作用，此裂纹在拉应力的作用下不断扩展而导致断裂。因此，随着温度的升高，其持久强度将显著下降。

因此，在钢结构或钢筋混凝土结构遇到火灾时，应考虑高温透过保护层后对钢筋或型钢金相组织及力学性能的影响。尤其是在预应力结构中，还必须考虑钢筋在高温条件下的预应力损失所造成的整个结构物应力体系的变化。

鉴于以上原因，在钢结构中应采取预防包覆措施，高层建筑更应如此，其中包括设置防火板或涂刷防火涂料等。在钢筋混凝土结构中，钢筋应有一定厚度的保护层。

表 2-3 为钢筋或型钢保护层对构件耐火极限的影响，由表中列举的典型构件可知钢材进行防火保护的必要性。

表 2-3　　　　　　　　　　　　　钢筋或型钢保护层对构件耐火极限的影响

构 件 名 称	规格 [（长，mm）×（宽，mm）×（高，mm）]	保护层厚度（mm）	耐火极限（h）
钢筋混凝土圆孔空心板	3300×600×180	10	0.9
	3300×600×200	30	1.5
预应力钢筋混凝土圆孔板	3300×600×90	10	0.4
	3300×600×110	30	0.85
无保护层钢柱		0	0.25
砂浆保护层钢柱		50	1.35
防火涂料保护层钢柱		25	2
无保护层钢梁		0	0.25
防火涂料保护层的钢梁		15	1.50

【案例分析 2-3】　　世贸大厦起火

概况：纽约世界贸易中心（简称世贸大厦）原为美国纽约的地标之一，原位于美国纽约州纽约市曼哈顿岛西南端，西临哈德逊河，建于 1973 年。占地 6.5 万 m^2，由两座 110 层（另有 6 层地下室）、高 411.5m 的塔式摩天楼和 4 幢办公楼及一座旅馆组成。摩天楼平面为正方形，边长 63m，面积为 $4.66×10^5 m^2$。在 2001 年 9 月 11 日的"9·11"恐怖袭击事件中坍塌。

分析讨论：世贸大厦两座塔楼都是采用框筒结构体系，外围为密柱深梁筒体，由 240 根钢柱组成，框距 1.02m。内部核心区为 47 根钢柱形成的框架，用以承担重力荷载。框筒柱采用 450mm×450mm 方管，从上到下，外形尺寸不变，靠改变壁厚来适应不同的受力条件。总用钢量为 $19.2×10^5 t$，为了增强框筒的竖向抗剪强度，减少框筒的剪力滞后效应，利用每隔 32 层所布置的设备楼层，沿框筒各设置了一道 7m 高的钢板圈梁。

2001 年 9 月 11 日，两架客机前后撞上世贸大厦姊妹楼，由于这两架客机起飞不久，客机油箱分别携带着 30t 和 45t 左右的燃油。两架客机先后撞向世贸大厦后引起了爆炸，同时燃油向大厦底部流淌，火势向下蔓延，燃烧不久，高温致使大厦承重的钢结构熔化。同时，大火隔断了被撞楼层的上下联系，并使一些地板开始垮塌。由于这些地板都是水泥混凝土地板，非常沉重，所以一旦倒塌砸向另一层时，就发生了"多米诺骨牌效应"，层层相砸，直到整个大楼彻底倒塌。

此外，有人认为，世贸大厦型钢构件的防火施工也存在严重的质量问题，大到支撑整个大楼的钢板支架，小至门栓或插销上的防火材料都存在脱落或者喷涂不充分的现象。世贸大厦防火材料中的石棉问题曾引发过一场官司，有关人员在调查取证时发现，支撑大厦的主要构件上的防火材料已消失得无影无踪。1986～2000 年，有关人员曾对内部多个楼层进行实地考察，发现一些型钢构件上没有喷涂任何防火材料。可见，世贸大厦在防火处理方面很可能存在问题，但即使没有材料或施工上的问题，飞机所携带的航空燃料，燃烧时温度高达 1000℃以上，远远超出防火材料的耐火能力，因此，大厦倒塌最终只是时间问题。

世贸大厦倒塌折射出结构的防火设计对于建筑安全的重大意义。由于钢结构自身耐火性能差的缺点，发生火灾时很容易导致重大人员伤亡和经济损失，因此，钢结构防火设计与抗震设计一样，是设计人员不容忽视的一个重大问题。

2.6 建筑钢材的品种与选用

土木工程中常用的钢材可分为钢筋混凝土结构用的钢筋、钢丝、钢绞线和钢结构用的型钢、钢板、钢管两大类。各种型钢和钢筋所用原材料钢多为碳素钢和合金钢，其性能主要取决于所用的钢种及其加工方式。本节将简要说明土木工程中常用的钢种及其制品的力学性能和选用原则。

2.6.1 建筑钢材的主要钢种

在土木工程中，常用的钢筋、钢丝、型钢及预应力锚具等，基本上都是碳素结构钢和低合金高强度结构钢等钢种，经热轧或再进行冷加工强化及热处理等工艺加工而成的。现将主要常用钢种分述如下：

1. 碳素结构钢（carbon structural steel）

（1）碳素结构钢的牌号。根据《碳素结构钢》（GB/T 700—2006）的规定，碳素结构钢可分为四个牌号（即 Q195、Q215、Q235 和 Q275）；每个牌号又根据其硫、磷等有害杂质的含量不同分成 A、B、C 和 D 四个质量等级；按脱氧程度不同可分为特殊镇静钢（TZ）、镇静钢（Z）和沸腾钢（F）。碳素结构钢的牌号由下列四个要素表示：

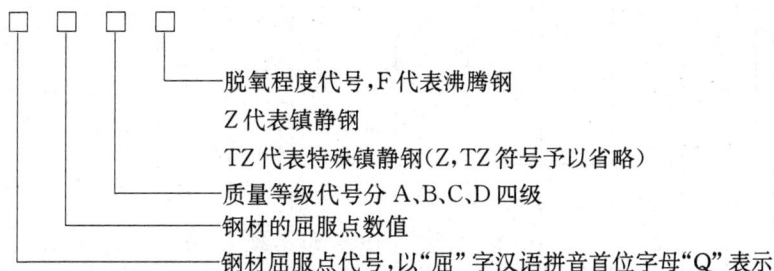

脱氧程度代号，F 代表沸腾钢
Z 代表镇静钢
TZ 代表特殊镇静钢(Z,TZ 符号予以省略)
质量等级代号分 A、B、C、D 四级
钢材的屈服点数值
钢材屈服点代号，以"屈"字汉语拼音首位字母"Q"表示

例如 Q235BZ，表示这种碳素结构钢的屈服点 $\sigma_s \geqslant 235$MPa（以 16mm 钢材厚度或直径为准）；质量等级为 B，即硫、磷质量分数均控制在 0.045% 以下；脱氧程度为镇静钢。

（2）技术要求。《碳素结构钢》（GB/T 700—2006）对各牌号碳素结构钢的化学成分、力学性能及工艺性质做了具体的规定。其化学成分及含量应符合表 2-4 的要求。

表 2 - 4　　　　　　　碳素结构钢的化学成分（GB/T 700—2006）

牌号	等级	厚度（直径）(mm)	脱氧方法	化学成分（质量分数）(%) ≤				
				C	Si	Mn	P	S
Q195	—	—	F、Z	0.12	0.30	0.50	0.035	0.040
Q215	A	—	F、Z	0.15	0.35	1.20	0.045	0.050
	B							0.045
Q235	A	—	F、Z	0.22	0.35	1.40	0.045	0.050
	B			0.20①				0.045
	C		Z	0.17			0.040	0.040
	D		TZ				0.035	0.035
Q275	A	—	F、Z	0.24	0.35	1.50	0.045	0.050
	B	≤40	Z	0.21			0.045	0.045
		>40		0.22				
	C	—	Z	0.20			0.040	0.040
	D		TZ				0.035	0.035

① 经需方同意，Q235B 的碳质量分数可不大于 0.22%。

碳素结构钢的力学性能见表 2 - 5；冷弯性能指标见表 2 - 6。

表 2 - 5　　　　　　　碳素结构钢的力学性能（GB/T 700—2006）

牌号	等级	拉 伸 试 验													冲击试验（V 形缺口）	
		屈服强度①σ_s(N/mm²) ≥						抗拉强度②σ_b(N/mm²)	伸长率 δ_s(%) ≥						温度(℃)	冲击吸收功（纵向）(J) ≥
		钢材厚度（直径）(mm)							钢材厚度（直径）(mm)							
		≤16	>16~40	>40~60	>60~100	>100~150	>150~200		≤40	>40~60	>60~100	>100~150	>150~200			
Q195	—	195	185	—	—	—	—	315~430	33	—	—	—	—	—	—
Q215	A	215	205	195	185	175	165	335~450	31	30	29	27	26	—	
	B													+20	27
Q235	A	235	225	215	215	195	185	370~500	26	25	24	22	21	—	27③
	B													+20	
	C													0	
	D													−20	
Q275	A	275	265	255	245	225	215	410~540	22	21	20	18	17	—	27
	B													+20	
	C													0	
	D													−20	

① Q195 的屈服强度值仅供参考。

② 厚度大于 100mm 的钢材，抗拉强度下限允许降低 20N/mm²。

③ 厚度小于 25mm 的 Q235B 级钢材，如供方能保证冲击吸收功值合格，经需方同意，可不做检验。

表 2 - 6　　　　　　　　　　　碳素结构钢冷弯性能指标 (GB/T 700—2006)

牌号	试样方向	冷弯试验 $B=2a$，$180°$	
		钢材厚度（直径）(mm)	
		≤60	>60～100
		弯心直径 d	
Q195	纵	0	—
	横	0.5a	
Q215	纵	0.5a	1.5a
	横	a	2a
Q235	纵	a	2a
	横	1.5a	2.5a
Q275	纵	1.5a	2.5a
	横	2a	3a

注　B 为试样宽度，a 为试样厚度（直径）；钢材厚度（直径）大于 100mm 时，弯曲试验由双方协商确定。

（3）应用。碳素结构钢随牌号增大，含碳量增加，其强度增大，伸长率则随含碳量的增加而下降，塑性和韧性降低。建筑工程中主要应用 Q235 钢，可用于轧制各种型钢、钢板、钢管与钢筋。Q235 钢具有较高的强度，塑性、韧性、焊接性及加工性等综合性能好，且冶炼方便、成本较低，因此广泛用于一般钢结构。其中 C、D 级可用在重要的焊接结构。

Q195、Q215 钢的强度较低，但塑性、韧性较好，易于冷加工，可制作铆钉、钢筋等。Q275 钢强度高，但塑性、韧性、焊接性能差，不易焊接和冷弯加工，可用于钢筋混凝土配筋及钢结构中的构件及螺栓等。

受动荷载作用的结构、焊接结构及低温下工作的结构，不能选用 A、B 质量等级钢及沸腾钢。

2. 优质碳素结构钢（quality carbon structural steel）

优质碳素结构钢简称优质碳素钢，这类钢与普通碳素结构钢相比，由于对硫和磷的含量要求更加严格，所以其综合力学性能比普通碳素结构钢好。

（1）牌号的表示方法。优质碳素结构钢的化学成分（均质量分数）中，对硫、磷的含量要求比较严格，规定硫的含量不大于 0.035％、磷的含量不大于 0.035％。因此，这种结构钢的质量稳定，性能优于普通碳素结构钢。

《优质碳素结构钢》（GB/T 699—1999）规定，优质碳素结构钢共分为 31 个牌号，由平炉、氧气碱性转炉和电弧炉冶炼，除 3 个牌号是沸腾钢外，其余都是镇静钢。

按其含碳量的多少划分钢号，并按锰含量不同划分为普通含锰钢和较高含锰钢两组。含锰量为 0.35％～0.80％的钢为普通含锰钢，含锰量为 0.70％～1.20％的钢为较高含锰钢。钢号用平均含碳量的百分数的近似值表示，如为较高含锰钢，在钢号后面加"锰"字（或代号 Mn），例如 20Mn，表示为含碳量为 0.20％的高含锰量钢。

（2）性能。优质碳素结构钢有 31 个牌号，它们的化学成分各不相同，其力学性能也不相同。桥梁工程中常用的几个牌号钢的化学成分和力学性能，分别见表 2 - 7 和表 2 - 8。

表 2-7　　　　优质碳素结构钢的化学成分（GB/T 699—1999）

牌号	化学成分（质量分数,%）							
	C	Si	Mn	P	S	Ni	Cr	Cu
				≤				
30Mn	0.27～0.34	0.17～0.37						
35Mn	0.32～0.39							
40Mn	0.37～0.44		0.70～1.00	0.035	0.035	0.30	0.25	0.25
45Mn	0.42～0.50	0.17～0.37						
60Mn	0.57～0.65							
65Mn	0.62～0.70		0.90～1.20					

表 2-8　　　　优质碳素结构钢的力学性能（GB/T 699—1999）

牌号	力学性能				
	屈服点（MPa）	抗拉强度（MPa）	伸长率（%）	断面收缩率（%）	冲击吸收功（J）
	≥				
30Mn	315	490	20	45	63
35Mn	335	530	18	45	55
40Mn	355	570	17	45	47
45Mn	375	600	15	40	39
60Mn	410	695	11	35	—
65Mn	430	735	9	30	—

（3）应用。优质碳素结构钢一般适用于热处理后使用，有时也可不经热处理而直接使用。这种钢在建筑上应用很少，一般常用 30、35、40 和 45 钢作高强度螺栓，45 钢用作预应力钢筋的锚具，60、70、75 和 80 钢可用于生产预应力混凝土用的碳素钢丝、刻痕钢丝和钢绞线。

3. 低合金高强度结构钢（high strength low alloy structural steel）

低合金高强度钢是普通低合金高强度结构钢的简称，一般是在普通碳素钢的基础上，添加少量的一种或几种合金元素而成。合金元素有锰、硅、钒、钛、铌、铬、镍及稀土元素。加入合金元素后，可使其强度、耐腐蚀性、耐磨性、低温冲击韧性等性能得到显著提高和改善。

（1）低合金高强度钢的牌号。根据《低合金高强度结构钢》（GB/T 1591—2008）的规定，低合金高强度结构钢可分为 8 个牌号（即 Q345、Q390、Q420、Q460、Q500、Q550、Q620 和 Q690），每个牌号又根据其所含硫、磷等有害物质的含量，分为 A、B、C、D、E 5 个等级。

低合金高强度结构钢的牌号由下列三个要素表示：

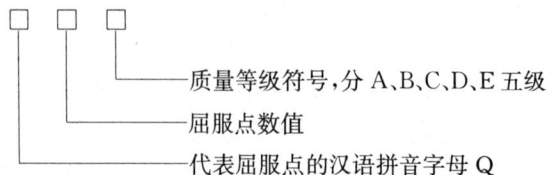

质量等级符号,分 A,B,C,D,E 五级
屈服点数值
代表屈服点的汉语拼音字母 Q

（2）技术要求。根据《低合金高强度结构钢》（GB/T 1591—2008）的规定，低合金高

强度结构钢的化学成分、力学性能、工艺性能见表 2-9~表 2-12。

表 2-9   低合金高强度结构钢的化学成分（GB/T 1591—2008）

牌号	质量等级	化学成分[①]（质量分数,%）														
		C	Si	Mn	P	S	Nb	V	Ti	Cr	Ni	Cu	N	Mo	B	Al
		≤														≥
Q345	A	0.20	0.50	1.70	0.035	0.035	0.07	0.15	0.20	0.30	0.50	0.30	0.012	0.10	—	—
	B				0.035	0.035										
	C				0.030	0.030										
	D	0.18			0.030	0.025										0.015
	E				0.025	0.020										
Q390	A	0.20	0.50	1.70	0.035	0.035	0.07	0.20	0.20	0.30	0.50	0.30	0.015	0.10	—	—
	B				0.035	0.035										
	C				0.030	0.030										
	D				0.030	0.025										0.015
	E				0.025	0.020										
Q420	A	0.20	0.50	1.70	0.035	0.035	0.07	0.20	0.20	0.30	0.80	0.30	0.015	0.20	—	—
	B				0.035	0.035										
	C				0.030	0.030										
	D				0.030	0.025										0.015
	E				0.025	0.020										
Q460	C	0.20	0.60	1.80	0.030	0.030	0.11	0.20	0.20	0.30	0.80	0.55	0.015	0.20	0.004	0.015
	D				0.030	0.025										
	E				0.025	0.020										
Q500	C	0.18	0.60	1.80	0.030	0.030	0.11	0.12	0.20	0.60	0.80	0.55	0.015	0.20	0.004	0.015
	D				0.030	0.025										
	E				0.025	0.020										
Q550	C	0.18	0.60	2.00	0.030	0.030	0.11	0.12	0.20	0.80	0.80	0.80	0.015	0.30	0.004	0.015
	D				0.030	0.025										
	E				0.025	0.020										
Q620	C	0.18	0.60	2.00	0.030	0.030	0.11	0.12	0.20	1.00	0.80	0.80	0.015	0.30	0.004	0.015
	D				0.030	0.025										
	E				0.025	0.020										
Q62	C	0.18	0.60	2.00	0.030	0.030	0.11	0.12	0.20	1.00	0.80	0.80	0.015	0.30	0.004	0.015
	D				0.030	0.025										
	E				0.025	0.020										

① 表中的 Al 为全铝含量；型材及棒材 P、S 质量分数可提高 0.005%，其中 A 级钢上限质量分数可为 0.045%。当细化晶粒元素组合加入时，20（Nb+V+Ti）≤0.22%，20（Mo+Cr）≤0.30%。

表 2 - 10　　　　　低合金高强度结构钢的力学性能（GB/T 1591—2008）

牌号	质量等级	拉伸试验[1]											
		公称厚度（直径、边长）（mm）											
		屈服点强度 σ_s（MPa）≥					抗拉强度 σ_b（MPa）				断后伸长率（%）≥		
		≤16	>16~40	>40~63	>63~80	>80~100	≤40	>40~63	>63~80	>80~100	≤40	>40~63	>63~100
Q345	A、B	345	335	325	315	305	470~630				20	19	19
	C、D、E										20	20	20
Q390	A、B	390	370	350	330	330	490~650				20	19	19
	C、D、E												
Q420	A、B	420	400	380	360	360	520~680				19	18	18
	C、D、E												
Q460	C、D、E	460	440	420	400	400	550~720				17	16	16
Q500	C、D、E	500	480	470	450	440	610~770	600~760	590~750	540~730	17	17	17
Q550	C、D、E	550	530	520	500	490	670~830	620~810	600~790	590~780	16	16	16
Q620	C、D、E	620	600	590	570	—	710~880	690~880	670~860		15	15	15
Q690	C、D、E	690	670	660	640	—	770~940	750~920	730~900		14	14	14

① 当屈服不明显时，可测量 $\sigma_{0.2}$ 代替下屈服强度；宽度不小于 600mm 扁平材，拉伸试验取横向试样；宽度小于 600mm 的扁平材、型材及棒材取纵向试样，断后伸长率最小值相应提高 1%（绝对值）；厚度为 250~400mm 的数值适用于扁平材。

表 2 - 11　　　低合金高强度结构钢冲击试验的试验温度和冲击吸收能量（GB/T 1591—2008）

牌　号	质量等级	试验温度（℃）	冲击吸收功 A_K（J）		
			公称厚度（直径、边长）（mm）		
			12~150	>150~250	>250~400
Q345	B	20	≥34	≥27	—
	C	0			
	D	-20			≥27
	E	-40			
Q390	B	20	≥34	—	—
	C	0			
	D	-20			
	E	-40			
Q420	B	20	≥34	—	—
	C	0			
	D	-20			
	E	-40			

续表

牌　号	质量等级	试验温度（℃）	冲击吸收功 A_K （J）		
			公称厚度（直径、边长）（mm）		
			12～150	>150～250	>250～400
Q460	C	0	≥34	—	—
	D	−20			
	E	−40			
Q500、Q550、Q620、Q690	C	0	≥55	—	—
	D	−20	≥47		
	E	−40	≥31		

注　冲击试验取纵向试样。

表 2 - 12　　　　　低合金高强度结构钢的弯曲试验（GB/T 1591—2008）

牌　号	试样方向	180°弯曲试验	
		d——弯心直径；a——试样厚度（直径）	
		钢材厚度（直径、边长）（mm）	
		≤16	>16～100
Q345、Q390 Q420、Q460	宽度不小于 600mm 扁平材，拉伸试验取横向试样。宽度小于 600mm 的扁平材、型材及棒材取纵向试样	2a	3a

　　由于低合金钢中的合金元素起了细晶强化和固溶强化等作用，使低合金钢不但具有较高的强度，而且也具有较好的塑性、韧性和焊接性能。因此，它是综合性能较好的建筑钢材，尤其是在大跨度、承受动荷载和冲击荷载的结构物中更为适用。

2.6.2　常用建筑钢材

1. 钢筋（steel bar）

钢筋要用于钢筋混凝土和预应力混凝土的配筋，是土木工程中用量最大的钢材之一，主要品种有以下几种：

（1）低碳钢热轧圆盘条（hot rolled low carbon steel wire rod）。建筑用的低碳钢热轧圆盘条由碳素结构钢经热轧而成。低碳钢热轧圆盘条化学成分应符合表 2 - 13 的规定。

表 2 - 13　　　　　低碳钢热轧圆盘条化学成分（GB/T 701—2008）

牌　号	化学成分（质量分数，%）				
	C	Mn	Si	S	P
			≤		
Q195	≤0.12	0.25～0.50	0.30	0.040	0.035
Q215	0.09～0.15	0.25～0.60			
Q235	0.12～0.20	0.30～0.70	0.30	0.045	0.045
Q275	0.14～0.22	0.40～1.00			

　　低碳钢热轧圆盘条的力学性能和工艺性能见表 2 - 14 的规定。经供需双方协商并在合同中注明，可做冷弯性能试验。直径大于 12mm 的盘条，冷弯性能指标由供需双方协商确定。

表 2-14 　　　　低碳热轧圆盘条的力学性能和工艺性能（GB/T 701—2008）

牌　号	力　学　性　能		冷弯试验180° d——弯心直径； a——试样直径
	抗拉强度 σ_b（N/mm²） ≤	断后伸长率 δ_{10}（%） ≥	
Q195	410	30	$d=0$
Q215	435	28	$d=0$
Q235	500	23	$d=0.5a$
Q275	540	21	$d=0.5a$

　　从表 2-14 中可见，低碳钢热轧圆盘条的强度较低，但塑性好，伸长率高，便于弯折成形、容易焊接等特点；可用作中、小型钢筋混凝土结构的受力钢筋或箍筋，以及作为冷加工（冷拉、冷拔、冷轧）的原料。

　　（2）热轧钢筋（hot rolled bar）。混凝土结构用热轧钢筋应具有较高的强度，具有一定的塑性、韧性、冷弯和焊接性。热轧钢筋分热轧光圆钢筋和热轧带肋钢筋，根据《钢筋混凝土用钢　第 1 部分：热轧光圆钢筋》（GB 1499.1—2008）的规定，钢筋牌号有 HPB235、HPB300 两种；按《钢筋混凝土用钢　第 2 部分：热轧带肋钢筋》（GB 1499.2—2007）的规定，热轧带肋钢筋分为普通型和细晶粒型两种，各有 3 个牌号，分别为 HRB335、HRB400、HRBF400 和 HRBF335、HRB500、HRBF500。其中"H"表示"热轧（hot rolled）"，"P"表示"光面（plain）"，"R"表示"带肋（ribbed）"，"B"表示"钢筋（bars）"，"F"表示"细晶（fine grains）"，后面数值表示屈服强度值。

　　热轧光圆钢筋是由碳素结构钢轧制而成，表面光圆。钢筋的公称直径范围为 6～22mm，常用钢筋公称直径为 6、8、10、12、16、20mm。热轧光圆钢筋的化学成分、力学性能、工艺性能应符合《钢筋混凝土用钢　第 1 部分：热轧光圆钢筋》（GB 1499.1—2008）的规定，见表 2-15 和表 2-16。

表 2-15 　　　　热轧光圆钢筋化学成分（GB 1499.1—2008）

牌　号	化学成分（质量分数,%）≤				
	C	Si	Mn	P	S
HPB235	0.22	0.30	0.65	0.045	0.050
HPB300	0.25	0.55	1.50		

表 2-16 　　　　热轧光圆钢筋力学性能和工艺性能（GB 1499.1—2008）

牌　号	屈服强度（N/mm²）	抗拉强度（N/mm²）	断后伸长率 δ（%）	最大力总伸长率 δ_{gt}（%）	冷弯试验180° d——弯心直径； a——钢筋公称直径
	≥				
HPB235	235	370	25.0	10.0	$d=a$
HPB300	300	420			

　　注　伸长率类型未经协议确定，则伸长率采用断后伸长率，仲裁检验时采用最大力总伸长率。

　　钢筋混凝土用热轧带肋钢筋采用低合金钢热轧而成，横截面通常为圆形，且表面带有两条纵肋和沿长度方向均匀分布的横肋。其碳的质量分数为 0.17%～0.25%，主要合金元素有硅、锰、钒、铌、钛等，有害元素硫和磷的质量分数应控制在 0.045% 以下。其牌号有 335、400、500 三种，钢筋的化学成分和碳当量应符合表 2-17 的规定。热轧带肋钢筋力学性能和工艺性能见表 2-18。

碳当量 C_E（%）值可以按式（2-7）计算，即

$$C_E = C + Mn/6 + (Cr + V + Mo)/5 + (Cu + Ni)/15 \tag{2-7}$$

表 2-17　　　　　热轧带肋钢筋化学成分和碳当量 C_E（GB 1499.2—2007）

牌号	化学成分（质量分数，%）					≤
	C	Si	Mn	P	S	C_E
HRB335 HRBF335						0.52
HRB400 HRBF400	0.25	0.80	1.60	0.045	0.045	0.54
HRB500 HRBF500						0.55

注　1. 牌号中 HRB 后面的数字为屈服强度值。HRBF 在热轧带肋钢筋的英文缩写后加"细"的英文（Fine）首位字母。

　　2. 公称直径为与钢筋公称横截面面积相等的圆的直径。

表 2-18　　　　　热轧带肋钢筋力学性能和工艺性能（GB 1499.2—2007）

牌　号	公称直径 d（mm）	弯芯直径（mm）	屈服强度（N/mm²）	抗拉强度（N/mm²）	断后伸长率 δ（%）	最大力总伸长率 δ_{gt}（%）
			≥			
HRB335 HRBF335	6～25	3d	335	455	17	
	28～40	4d				
	>40～50	5d				
HRB400 HRBF400	6～25	4d	400	540	16	7.5
	28～40	5d				
	>40～50	6d				
HRB500 HRBF500	6～25	6d	500	630	15	
	28～40	7d				
	>40～50	8d				

热轧光圆钢筋的强度较低，但塑性、焊接性能较好，便于冷加工，广泛用于普通钢筋混凝土工程中。热轧带肋钢筋具有较高的强度，塑性和焊接性能也较好。钢筋表面带有纵肋和横肋；从而加强了钢筋与混凝土之间的握裹力，可用于钢筋混凝土结构的受力钢筋，以及预应力钢筋。

（3）冷轧带肋钢筋（cold rolled ribbed steel wire and bar）。冷轧带肋钢筋是用低碳钢热轧圆盘条经冷轧而成，表面带有沿长度方向均匀分布的两面或三面月牙肋的钢筋。《冷轧带肋钢筋》（GB 13788—2008）规定，其牌号由 CRB 和钢筋的抗拉强度最小值构成，C、R、B 分别为冷轧（cold rolled）、带肋（ribbed）、钢筋（bars）三个词的英文首位字母。冷轧带

肋钢筋分为 CRB550、CRB650、CRB800、CRB970 四个牌号，其中 CRB550 为普通钢筋混凝土用钢筋，其他牌号为预应力混凝土用钢筋。CRB550 钢筋的公称直径范围为 4～12mm，CRB650 及以上牌号钢筋的公称直径为 4、5、6mm。

冷轧带肋钢筋的力学性能和工艺性能应符合表 2-19 的规定。

表 2-19　　　　　　　　　　冷轧带肋钢筋的力学性能和工艺性能

级别代号	$\sigma_{0.2}$ (N/mm^2) $\geqslant$	σ_b (N/mm^2) $\geqslant$	伸长率（%）$\geqslant$		冷弯试验 180°	反复弯曲次数	应力松弛 初始应力应相当于抗拉强度的 70% 1000h 松弛率（%）$\leqslant$
			$\delta_{11.3}$	δ_{100}			
CRB550	500	550	8.0	—	$D=3d$	—	—
CRB650	585	650	—	4.0		3	8
CRB800	720	800	—	4.0		3	8
CRB970	875	970	—	4.0		3	8

现代建筑趋向于大跨度和重荷载，结构配筋密集，难以施工的矛盾日益突出。应用冷轧带肋钢筋焊接网这一新型、高性能钢材，带来了一种新的高效施工工艺。焊接网通常采用强度为 550MPa 的冷轧带肋钢筋或强度不低于 510MPa 的冷拔光面钢筋为基材，使用专业设备按规定的网格尺寸进行电阻焊制成。焊接网主要用于钢筋混凝土结构构件，特别是面积较大的板类、墙体构件的受力主筋，以及高速公路、大桥、核电站等重点工程。

冷轧带肋钢筋是采用冷加工方法强化的典型产品，冷轧后钢筋的握裹力提高，强度明显提高，但塑性也随之降低，使屈强比变小，但其屈强比 $\sigma_b/\sigma_{0.2}$ 不得小于 1.03。这种钢筋可广泛用于中、小预应力混凝土结构构件和普通钢筋混凝土结构构件，也可用于焊接钢筋网。

（4）预应力混凝土用钢棒（steel bars prestressed concrete）。预应力混凝土用钢棒是指用低合金钢热轧圆盘条经冷加工后（或不经冷加工）淬火和回火调质处理所得，代号为 PCB。按钢棒表面形状分为光圆钢棒（代号 P）、螺旋槽钢棒（代号 HG）、螺旋肋钢棒（代号 HR）和带肋钢棒（代号 R）四种。根据《预应力混凝土用钢棒》（GB/T 5223.3—2005）的规定，通常光圆钢棒的直径有 6、7、8、10、11、12、13、14、16mm 九种规格，螺旋槽钢棒的直径有 7.1、9、10.7、12.6mm 四种规格，螺旋肋钢棒的直径有 6、7、8、10、12mm 和 14mm 六种规格，带肋钢棒的直径有 6、8、10、12、14mm 和 16mm 六种规格。抗拉强度不低于 1080、1230、1420MPa 和 1570MPa；规定非比例延伸强度（屈服强度）不小于 930、1080、1280MPa 和 1420MPa。

预应力混凝土用钢棒目前主要用于预应力混凝土轨枕，用以代替高强度钢丝，其配筋根数少，制作方便，锚固性能好，建立的预应力稳定；也用于预应力混凝土板、梁和吊车梁，使用效果良好。

（5）预应力混凝土用钢丝与钢绞线（steel wire and strand for prestressed concrete）。

1）预应力混凝土用钢丝（steel wire for prestressed concrete）。预应力混凝土用钢丝是高碳钢盘条经淬火、酸洗、冷拔等工艺加工而成的高强度钢丝。钢丝强度高、柔性好，可适用于大型构件等，可节省钢材，且施工方便、安全可靠，但成本较高。预应力混凝土用钢丝按加工状态分为冷拉钢丝（cold drawn wire）及消除应力钢丝（stress-relieved wire）两类；按外形可分为光面钢丝（代号 P）、螺旋肋钢丝（helical rib wire）（代号 H）和刻痕钢丝（indented wire）（代号 I）三种。冷拉钢丝代号为 WCD、低松弛级钢丝代号为 WLR。经低温回火消除应力后钢丝的塑性比冷拉钢丝要高，刻痕钢丝是经压痕轧制而成，刻痕后与混凝土的握裹力增大，可减少混凝土裂缝。根据《预应力混凝土用钢丝》（GB/T 5223—2014），上述钢丝应符合表 2-20 中所要求的力学性能。

表 2-20　　　　　　　　　　消除应力光圆及螺旋肋钢丝的力学性能

公称直径 d_n (mm)	公称抗拉强度 R_m (MPa)	最大力的特征值 F_m (kN)	最大力的最大值 $F_{m,max}$ (kN)	0.2%屈服力 $F_{p0.2}$ (kN)	最大力总伸长率 ($L_0=200mm$) A_{gt} (%) ≥	反复弯曲性能		应力松弛性能	
						弯曲次数 (次/180°) ≥	弯曲半径 R (mm)	初始力相当于实际最大力的百分数 (%)	1000h 应力松弛率 r ≤
4.00		18.48	20.99	16.22		3	10		
4.80		26.61	30.23	23.35		4	15		
5.00		28.86	32.78	25.32		4	15		
6.00		41.56	47.21	36.47		4	15		
6.25		45.10	51.24	39.58		4	20		
7.00		56.57	64.26	49.64		4	20		
7.50	1470	64.94	73.78	56.99		4	20		
8.00		73.88	83.93	64.84		4	20		
9.00		93.52	106.25	82.07		4	25		
9.50		104.19	118.37	91.44		4	25		
10.00		115.45	131.16	101.32		4	25		
11.00		139.69	158.70	122.59		—	—		
12.00		166.26	188.88	145.90	3.5	—	—		
4.00		19.73	22.24	17.37		3	10		
4.80		28.41	32.03	25.00		4	15		
5.00		30.82	34.75	27.12		4	15		
6.00		44.38	50.03	39.06		4	15		
6.25		48.17	54.31	42.39		4	20		
7.00		60.41	68.11	53.16		4	20		
7.50	1570	69.36	78.20	61.04		4	20	70	2.5
8.00		78.91	88.96	69.44		4	20		
9.00		99.88	112.60	87.89		4	25		
9.50		111.28	125.46	97.93		4	25		
10.00		123.31	139.02	108.51		4	25	80	4.5
11.00		149.20	168.21	131.30		—	—		
12.00		177.57	200.19	156.26		—	—		

续表

公称直径 d_n (mm)	公称抗拉强度 R_m(MPa)	最大力的特征值 F_m(kN)	最大力的最大值 $F_{m,max}$(kN)	0.2%屈服力 $F_{p0.2}$(kN)	最大力总伸长率 $(L_0=200mm)$ $A_{gt}(\%)\geqslant$	反复弯曲性能		应力松弛性能	
						弯曲次数 (次/180°) $\geqslant$	弯曲半径 R (mm)	初始力相当于实际最大力的百分数 (%)	1000h 应力松弛率 $r\leqslant$
4.00		20.99	23.50	18.47		3	10		
5.00		32.78	36.71	28.85		4	15		
6.00		47.21	52.86	41.54		4	15		
6.25	1670	51.24	57.38	45.09		4	20		
7.00		64.26	71.96	56.55		4	20		
7.50		73.78	82.62	64.93		4	20		
8.00		83.93	93.98	73.86		4	20		
9.00		106.25	118.97	93.50	3.5	4	25		
4.00		22.25	24.76	19.58		3	10		
5.00		34.75	38.68	30.58		4	15		
6.00	1770	50.04	55.69	44.03		4	15		
7.00		68.11	75.81	59.94		4	20		
7.50		78.20	87.04	68.81		4	20		
4.00		23.38	25.89	20.57		3	10		
5.00		36.51	40.44	32.13		4	15		
6.00		52.58	58.23	46.27		4	15		
7.00		71.57	79.27	62.98		4	20		

预应力混凝土用钢丝主要用于大跨度屋架及薄腹梁、大跨度吊车梁、桥梁、电杆和轨枕等预应力构件。

2) 预应力混凝土用钢绞线 (steel strand for prestressed concrete)。预应力混凝土用钢绞线是以数根优质碳素结构钢丝经绞捻和消除内应力的热处理而制成的。在《预应力混凝土用钢绞线》(GB/T 5224—2014) 中,钢绞线按结构分为 8 类:用 2 根钢丝捻制的钢绞线 (结构代号为 1×2)、用 3 根钢丝捻制的钢绞线 (结构代号为 1×3)、用 3 根刻痕钢丝捻制的钢绞线 (结构代号为 1×3 I)、用 7 根钢丝捻制的标准钢绞线 (结构代号为 1×7)、用 6 根刻痕钢丝和 1 根光圆中心钢丝捻制的钢绞线 (结构代号为 1×7 I)、用 7 根钢丝捻制又经模拔的钢绞线 [结构代号为 (1×7) C]、用 19 根钢丝捻制的 1+9+9 西鲁式钢绞线 (结构代号为 1×19 S)、用 19 根钢丝捻制的 1+6+6/6 瓦林吞式钢绞线 (结构代号为 1×19 W)。

按《预应力混凝土用钢绞线》(GB/T 5224—2014) 规定,预应力钢绞线的力学性能要求见表 2-21～表 2-24。

表 2 - 21　　　　　　　　　　1×2 结构钢绞线力学性能

钢绞线结构	公称直径 D_n(mm)	公称抗拉强度 R_m（MPa）	整根钢绞线最大力 F_m（kN）≥	整根钢绞线最大力的最大值 $F_{m,max}$（kN）≤	0.2%屈服力 $F_{p0.2}$(kN)≥	最大力总伸长率（L_0≥200mm）A_{gt}(%)≥	应力松弛性能	
							初始负荷相当于实际最大力的百分数（%）	1000h 应力松弛率 ≤
1×2	8.00	1470	36.9	41.9	32.5	对所有规格	对所有规格	对所有规格
	10.00		57.8	65.6	50.9			
	12.00		83.1	94.4	73.1			
	5.00	1570	15.4	17.4	13.6	3.5	70	2.5
	5.80		20.7	23.4	18.2			
	8.00		39.4	44.4	34.7			
	10.00		61.7	69.6	54.3			
	12.00		88.7	100	78.1			
	5.00	1720	16.9	18.9	14.9			
	5.80		22.7	25.3	20.0			
	8.00		43.2	48.2	38.0			
	10.00		67.6	75.5	59.5			
	12.00		97.2	108	85.5			
	5.00	1860	18.3	20.2	16.1		80	4.5
	5.80		24.6	27.2	21.6			
	8.00		46.7	51.7	41.1			
	10.00		73.1	81.0	64.3			
	12.00		105	116	92.5			
	5.00	1960	19.2	21.2	16.9			
	5.80		25.9	28.5	22.8			
	8.00		49.2	54.2	43.3			
	10.00		77.0	84.9	67.8			

表 2 - 22　　　　　　　　　　1×3 结构钢绞线力学性能

钢绞线结构	公称直径 D_n(mm)	公称抗拉强度 R_m（MPa）	整根钢绞线最大力 F_m（kN）≥	整根钢绞线最大力的最大值 $F_{m,max}$（kN）≤	0.2%屈服力 $F_{p0.2}$(kN)≥	最大力总伸长率（L_0≥200mm）A_{gt}(%)≥	应力松弛性能	
							初始负荷相当于实际最大力的百分数（%）	1000h 应力松弛率 ≤
1×3	8.60	1470	55.4	63.0	48.8	对所有规格	对所有规格	对所有规格
	10.80		86.6	98.4	76.2			
	12.90		125	142	110			
	6.20	1570	31.1	35.0	27.4	3.5		
	6.50		33.3	37.5	29.3			
	8.60		59.2	66.7	52.1			
	8.74		60.6	68.3	53.3			
	10.80		92.5	104	81.4			
	12.90		133	150	117			
	8.74	1670	64.5	72.2	56.8			

续表

钢绞线结构	公称直径 D_n (mm)	公称抗拉强度 R_m (MPa)	整根钢绞线最大力 F_m (kN) ≥	整根钢绞线最大力的最大值 $F_{m,max}$ (kN) ≤	0.2% 屈服力 $F_{p0.2}$ (kN) ≥	最大力总伸长率 (L_0≥200mm) A_{gt}(%) ≥	应力松弛性能	
							初始负荷相当于实际最大力的百分数（%）	1000h 应力松弛率 r ≤
1×3	6.20	1720	34.1	38.0	30.0		70	2.5
	6.50		36.5	40.7	32.1			
	8.60		64.8	72.4	57.0		80	4.5
	10.80		101	113	88.9			
	12.90		146	163	128			
	6.20	1860	36.8	40.8	32.4	3.5		
	6.50		39.4	43.7	34.7			
	8.60		70.1	77.7	61.7			
	8.74		71.8	79.5	63.2			
	10.80		110	121	96.8			
	12.90		158	175	139			
	6.20	1960	38.8	42.8	34.1			
	6.50		41.6	45.8	36.6			
	8.60		73.9	81.4	65.0			
	10.80		115	127	101			
	12.90		166	183	146			
1×3I	8.70	1570	60.4	68.1	53.2			
		1720	66.2	73.9	58.3			
		1860	71.6	79.3	63.0			

表 2 - 23　　　　　　　　　1×7 结构钢绞线力学性能

钢绞线结构	公称直径 D_n (mm)	公称抗拉强度 R_m (MPa)	整根钢绞线最大力 F_m (kN) ≥	整根钢绞线最大力的最大值 $F_{m,max}$ (kN) ≤	0.2% 屈服力 $F_{p0.2}$ (kN) ≥	最大力总伸长率 (L_0≥200mm) A_{gt}(%) ≥	应力松弛性能	
							初始负荷相当于实际最大力的百分数（%）	1000h 应力松弛率 r ≤
1×7	15.20 (15.24)	1470	206	234	181		对所有规格	对所有规格
		1570	220	248	194		对所有规格	
		1670	234	262	206			
	9.50 (9.53)	1720	94.2	105	83.0	3.5		
	11.10 (11.11)		128	142	113			

钢绞线结构	公称直径 D_n(mm)	公称抗拉强度 R_m(MPa)	整根钢绞线最大力 F_m (kN) ≥	整根钢绞线最大力的最大值 $F_{m,max}$ (kN) ≤	0.2%屈服力 $F_{p0.2}$ (kN) ≥	最大力总伸长率 (L_0≥200mm) A_{gt} (%) ≥	应力松弛性能	
							初始负荷相当于实际最大力的百分数（%）	1000h应力松弛率 r≤
1×7	12.70	1720	170	190	150	3.5	70	2.5
	15.20 (15.24)		241	269	212			
	17.80 (17.78)		327	365	288			
	18.90	1820	400	444	352		80	4.5
	15.70	1770	266	296	234			
	21.60		504	561	444			
	9.50 (9.53)	1860	102	113	89.8			
	11.10 (11.11)		138	153	121			
	12.70		184	203	162			
	15.20 (15.24)		260	288	229			
	15.70		279	309	246			
	17.80 (17.78)		355	391	311			
	18.90		409	453	360			
	21.60		530	587	466			
	9.50 (9.53)	1960	107	118	94.2			
	11.10 (11.11)		145	160	128			
	12.70		193	213	170			
	15.20 (15.24)		274	302	241			
1×7I	12.70	1860	184	203	162			
	15.20 (15.24)		260	288	229			
(1×7) C	12.70	1860	208	231	183			
	15.20 (15.24)	1820	300	333	264			
	18.00	1720	384	428	338			

表 2-24 1×19 结构钢绞线力学性能

钢绞线结构	公称直径 D_n(mm)	公称抗拉强度 R_m (MPa)	整根钢绞线最大力 F_m (kN) ≥	整根钢绞线最大力的最大值 $F_{m,max}$ (kN) ≤	0.2%屈服力 $F_{p0.2}$ (kN) ≥	最大力总伸长率(L_0≥200mm)A_{gt}(%) ≥	应力松弛性能	
							初始负荷相当于实际最大力的百分数(%)	1000h应力松弛率 ≤
1×19S (1+9+9)	28.6	1720	915	1021	805	对所有规格	对所有规格	对所有规格
	17.8	1770	368	410	334			
	19.3		431	481	379			
	20.3		480	534	422			
	21.8		554	617	488			
	28.6		942	1048	829	3.5	70	2.5
	20.3	1810	491	545	432			
	21.8		567	629	499			
	17.8	1860	387	428	341		80	4.5
	19.3		454	503	400			
	20.3		504	558	444			
	21.8		583	645	513			
1×19W (1+6+6/6)	28.6	1720	915	1021	805			
		1770	942	1048	829			
		1860	990	1096	854			

预应力混凝土用钢绞线具有强度高、柔性好、无接头、节约钢材,且不需冷拉、质量稳定和施工方便等优点,使用时按要求的长度切割,主要作为大跨度、大负荷的后张法预应力屋架、桥梁和薄腹板等结构的预应力筋。

2. 型钢(shaped steel)

钢结构构件一般应直接选用各种型钢。型钢之间可直接连接或附加连接钢板进行连接。连接方式可铆接、螺栓连接或焊接。所以钢结构所用钢材主要是型钢和钢板。型钢有热轧及冷成形两种,钢板也有热轧和冷轧两种。

(1)热轧型钢(hot rolled section steel)。常用的热轧型钢有角钢(等边和不等边)、工字钢、槽钢、T形钢、H形钢、Z形钢等。

钢结构用的钢种和钢号,主要根据结构与构件的重要性、荷载的性质(静荷载或动荷载)、连接方法(焊接、铆接或螺栓连接)、工作条件(环境温度及介质)等因素予以选择。对于承受动荷载的结构和处于低温环境的结构,应选择韧性好、脆性临界温度低、疲劳极限较高的钢材。对于焊接结构,应选择可焊性较好的钢材。

我国建筑用热轧型钢主要采用碳素结构钢和低合金钢。在碳素结构钢中主要采用 Q235A(碳的质量分数为 0.14%~0.22%),其强度较适中,塑性和焊接性能较好,而且冶炼容易、成本低廉,适合土木工程使用。在低合金钢中主要采用 Q345 及 Q390,可用于大跨度、承受动荷载的钢结构中。

（2）冷弯薄壁型钢（cold-formed thin-wall steel）。冷弯薄壁型钢通常用2～6mm薄钢板冷弯或模压而成，有角钢、槽钢等开口薄壁型钢及方形、矩形等空心薄壁型钢；可用于轻型钢结构。

（3）钢板和压型钢板（steel plate and profiled steel sheet）。用光面轧辊轧制而成的扁平钢材称为钢板。按轧制温度的不同，钢板又可分热轧和冷轧两类。土木工程用钢板的钢种主要是碳素结构钢，某些重型结构、大跨度桥梁等也采用低合金钢。

根据《建筑结构用钢板》（GB/T 19879—2005）的规定：钢板的牌号由代表屈服强度的汉语拼音字母（Q）、屈服强度、代表高性能建筑结构用钢的汉语拼音字母（GJ）、质量等级（B、C、D、E）组成，如Q345GJC；对于厚度方向性能钢板，在质量等级后加上厚度方向性能级别（Z15、Z25或Z35），如Q345GJCZ25。钢板的力学性能和工艺性能见表2-25。

表 2 - 25　　　　　　　　　钢板的力学性能和工艺性能

牌号	质量等级	屈服强度（N/mm²）钢板厚度（mm）				抗拉强度（N/mm²）	伸长率A(%)	冲击功（纵向）Akv（J）温度（℃）	不小于	180°弯曲试验 d=弯心直径 a=试样厚度 钢板厚度 ≤16	>16	屈强比，不大于
		6～16	16～35	35～50	50～100							
Q235GJ	B	≥235	235～355	225～345	215～335	400～510	≥23	20	34	d=2a	d=3a	0.8
	C							0				
	D							−20				
	E							−40				
Q345GJ	B	≥345	345～465	335～455	325～445	490～610	≥22	20	34	d=2a	d=3a	0.83
	C							0				
	D							−20				
	E							−40				
Q390	C	≥390	390～510	380～500	370～490	490～650	≥20	0	34	d=2a	d=3a	0.85
	D							−20				
	E							−40				
Q420GJ	C	≥420	420～550	410～540	400～530	520～680	≥19	0	34	d=2a	d=3a	0.85
	D							−20				
	E							−40				
Q460GJ	C	≥460	460～600	450～590	440～580	550～720	≥17	0	34	d=2a	d=3a	0.85
	D							−20				
	E							−40				

按厚度来分，热轧钢板可分为厚板（厚度大于4mm）和薄板（厚度为0.35～4mm）两种；冷轧钢板只有薄板（厚度为0.2～0.4mm）。厚板可用于型钢的连接与焊接，组成钢结构承力构件，薄板可用作屋面或墙面等围护结构，或作为薄壁型钢的原料。

薄钢板经辊压或冷弯可制成截面呈 V 形、U 形、梯形或类似形状的波纹，并可采用有机涂层、镀锌等表面保护层的钢板，称压型钢板，在建筑上常用作屋面板、楼板、墙板及装饰板等；还可将其与保温材料等复合，制成复合墙板等，用途十分广泛。

✒【案例分析 2-4】高强度螺栓拉断

概况：广东某国际展览中心包括展厅、会议中心和一栋 16 层的酒店，总建筑面积 42 000m²，1989 年建成投入使用。1992 年降大暴雨，其中 4 号展厅网架倒塌。在倒塌现场发现大量高强度螺栓被拉断或折断，部分杆件有明显压屈，但未发现杆件拉断及明显颈缩现象，也未发现杆件焊缝拉开。另外，网架建成后多次发现积水现象，事故现场两排水口表面均有堵塞。

分析讨论：首先是由于 4 号展厅除承担本身雨水外，还要承担会议中心屋面流下来的雨水。由于溢水口、雨水斗设置不合理，未能有效排水导致网架积水超载。在此情况下，高强度螺栓超过极限承载力而被拉断，高强度螺栓安全度低于杆件安全度，其安全度不足。

✒【案例分析 2-5】北海油田平台倾覆

概况：1980 年 3 月 27 日，北海爱科菲斯科油田 A. L. 基儿兰德号平台突然从水下深部传来一次地震，紧接着一声巨响，平台立即倾斜，短时间内翻入海中，致使 123 人丧生，造成巨大的经济损失。

分析讨论：现代海洋钢结构如移动式钻井平台，特别是固定式桩基平台，在恶劣的海洋环境中受风浪和海流的长期反复作用和冲击振动；在严寒海域长期受流冰等随海潮对平台的冲击碰撞；另外，低温作用及海水腐蚀介质的作用等都给钢结构平台带来极为不利的影响。突出的问题就是海洋钢结构的脆性断裂和疲劳破坏。事故调查分析显示，事故原因是撑竿中水声器支座疲劳裂纹萌生、扩展，导致撑竿迅速断裂。由于撑竿断裂，使相邻 5 个支杆过载而破坏，接着所有支撑的承重脚柱破坏，使平台 20min 内全部倾覆。

✒【案例分析 2-6】广东某斜拉桥拉索腐蚀失效

概况：广东某斜拉桥竣工于 1989 年。1995 年 5 月其中一条拉索突然坠落，经检验确认其他拉索的钢丝已有不同程度的腐蚀，该桥最后全部更换新拉索。

分析讨论：对坠落的拉索进行研究，钢丝的腐蚀程度由下而上逐渐增加，且与所灌注的水泥浆体的情况有明显的对应关系。其中锈蚀严重部分钢丝的表面多已不存在镀锌层，露出了钢基体，有明显的点腐蚀形貌。该部分水泥浆体未凝结。拉索钢丝所受的腐蚀原因是灌注的水泥浆体不凝结，产生电化学腐蚀；而水泥浆体所含一定量的 Cl^- 及钢丝在拉应力的作用下更加速了此锈蚀过程。水泥浆体不凝结的原因是：该拉索所灌注的水泥浆产生离析，含一定浓度 FDN 减水剂的大水灰比水泥浆体富集于拉索上部，在密闭的条件下，造成浆体长时间不凝结。

💡复习思考题

2-1 判断题

(1) 在结构设计时，屈服点是确定钢材强度取值的依据。　　　　　　　　　(　　)

(2) 钢材的品种相同时，其伸长率 $\delta_{10} > \delta_5$。　　　　　　　　　　　(　　)

(3) 钢材的屈强比越大，表示使用时的安全度越低。　　　　　　　　　　(　　)

(4) 碳素钢的牌号越大，其强度越高，塑性越好。 （　　　）

(5) 对钢材冷拉处理，其强度提高，而塑性和韧性降低。 （　　　）

(6) 所有钢材都会出现屈服现象。 （　　　）

(7) 屈服强度的大小表明钢材塑性变形能力。 （　　　）

(8) 根据有害杂质的不同，将钢材可分为镇静钢、沸腾钢及特殊镇静钢。 （　　　）

(9) 所有钢材都是韧性材料。 （　　　）

(10) 硬钢无明显屈服点，因此无法确定其屈服强度大小。 （　　　）

(11) 与伸长率一样，冷弯性能也可以表明钢材的塑性大小。 （　　　）

(12) 碳素钢中含碳量越高，强度越高，塑性越差。 （　　　）

2-2　选择题

(1) 钢的碳的质量分数应小于（　　　）。

A. 1% 　　　　B. 1.5% 　　　　C. 2.0% 　　　　D. 2.5%

(2) 钢材按化学成分可分为（　　　）。

Ⅰ. 碳素钢　　　Ⅱ. 结构钢　　　Ⅲ. 镇静钢　　　Ⅳ. 锰钢　　　Ⅴ. 合金钢

A. Ⅰ、Ⅲ、Ⅳ　　　　　　　　B. Ⅰ、Ⅳ、Ⅴ

C. Ⅰ、Ⅲ、Ⅳ、Ⅴ　　　　　　D. Ⅰ、Ⅴ

(3) 反映钢材工艺性能的指标有（　　　）。

Ⅰ. 抗拉强度　　Ⅱ. 冷弯性能　　Ⅲ. 冲击韧性　　Ⅳ. 硬度　　Ⅴ. 焊接性能

A. Ⅰ、Ⅱ、Ⅲ　B. Ⅱ、Ⅲ、Ⅳ　C. Ⅱ、Ⅴ　　D. Ⅰ、Ⅱ、Ⅲ、Ⅳ

(4) 下列关于钢材性质的叙述，不正确的有（　　　）。

A. 使钢材产生热脆性的有害元素是硫；使钢材产生冷脆性的有害元素是磷

B. 钢结构设计时，碳素结构钢以屈服强度作为设计计算的依据

C. 碳素结构钢分为四个牌号：Q195、Q215、Q235、Q275，牌号越大含碳量越多，钢的强度与硬度越高，但塑性和韧性越低

D. 检测碳素结构钢时，必须做拉伸、冲击、冷弯及硬度试验

(5) 钢材经冷加工时效处理后，会产生的结果有（　　　）。

A. 弹性模量提高　　　　　　　　B. 屈服点大幅度提高

C. 冲击韧性提高　　　　　　　　D. 塑性提高

(6) 钢筋混凝土结构中，要防止钢筋生锈，下列措施错误的有（　　　）。

A. 严格控制钢筋、钢丝的质量　　B. 确保足够的保护厚度

C. 增加氯盐的掺量　　　　　　　D. 掺入亚硝酸盐

(7) 下列关于冷加工与热处理的叙述，错误的有（　　　）。

A. 钢材经冷拉、冷拔等冷加工后，屈服强度提高、塑性增大，钢材变硬、变脆

B. 钢筋经冷拉后，再放置一段时间（"自然时效"处理），钢筋的屈服点明显提高，抗拉强度也有提高，塑性和韧性降低较大，弹性模量基本不变

C. 在正火、淬火、回火、退火热处理方法中，淬火可使钢材表面硬度大大提高

D. 冷拔低碳钢丝是用碳素结构钢热轧盘条经冷拔工艺拔制成的，强度较高，可自行加工成材，成本较低，适宜用于中小型预应力构件

(8) 钢的化学成分除铁、碳外，下列元素中属于有害杂质的有（　　　）。

Ⅰ.磷　　　　　　　Ⅱ.锰　　　　　　　Ⅲ.硫　　　　　　　Ⅳ.氧

A.Ⅰ、Ⅱ、Ⅲ　　　B.Ⅱ、Ⅲ、Ⅳ　　　C.Ⅰ、Ⅲ、Ⅳ　　　D.Ⅰ、Ⅱ、Ⅳ

2-3　问答题

(1) 金属晶体结构中的微观缺陷有哪几种? 它们对金属的力学性能会有何影响?

(2) 钢材有哪些主要力学性能? 试述它们的定义及测定方法。

(3) 钢材中碳原子与铁原子之间结合的基本方式有哪三种? 碳素钢在常温下的铁-碳基本组织有哪三种? 它们各自的性质特点如何?

(4) 试述钢的主要化学成分,并说明钢中主要元素对性能的影响。

(5) 钢中的主要有害元素有哪些? 它们造成危害的原因是什么?

(6) 何谓钢材的屈强比? 其大小对使用性能有何影响?

(7) 钢材的伸长率与试件标距有何关系? 为什么?

(8) 金属材料有哪些强化方法? 并说明其强化机理。

(9) 钢材的冲击韧性与哪些因素有关? 何谓冷脆临界温度和时效敏感性?

(10) 钢材的冷加工对力学性能有何影响?

(11) 试述钢材锈蚀的原因与防锈的措施。

2-4　计算题

从新进货的一批钢筋中抽样,并截取两根钢筋做拉伸试验,测得如下结果:屈服下限荷载分别为 27.8、26.8kN;抗拉极限荷载分别为 44.4、43.8kN,钢筋公称直径为 12mm,标距为 60mm,拉断时长度分别为 67.0,66.0mm。分别计算这两根钢筋的屈服强度、极限抗拉强度、屈强比及断后伸长率 δ_5。(强度精确到 0.1MPa,伸长率精确到 0.1%)。

第3章 无机胶凝材料

本章概述了石灰、石膏和水玻璃气硬性胶凝材料的特性、技术性质和应用；以硅酸盐水泥为重点，阐述了常用六种水泥的组成、特性、质量标准和使用范围；并简要介绍了几种特性水泥和专业水泥。

通过本章学习，要求掌握石灰、石膏和水玻璃的硬化机理及使用要点，熟悉其主要用途；熟悉硅酸盐水泥的矿物组成，了解其硬化机理，掌握硅酸盐水泥等几种通用水泥的性能特点；了解特性水泥和专用水泥的主要性能和使用特点。

胶凝材料（cementitious materials）是指经过自身的一系列物理、化学作用，能由液体、固体（或固体泥膏状）变为坚硬的固体，并能把散粒状或块状材料黏结成整体的材料。

胶凝材料根据其化学组成，一般可分为无机胶凝材料（inorganic gelling materials）和有机胶凝材料（organic gelling materials）两大类。有机胶凝材料以天然的或合成的有机高分子化合物为基本成分，常用的有沥青、各种合成树脂等。无机胶凝材料则以无机化合物为基本成分，常用的有石灰、石膏、各种水泥等。无机胶凝材料按照硬化条件，又可分为气硬性胶凝材料（air-hardening cementitious materials）和水硬性胶凝材料（hydraulic cementitious materials）。

3.1 气硬性胶凝材料

气硬性胶凝材料只能在空气中（干燥条件下）硬化，也只能在空气中保持或继续发展其强度，一般只适用于地上或干燥环境中，而不宜用于潮湿环境中，更不可用于水中，常用的有石灰、石膏和水玻璃。

3.1.1 石灰

石灰（lime）是土木工程上使用最早的一种气硬性无机胶凝材料，石灰的原料分布广，生产工艺简单，成本低廉，在土木工程中应用很广。

1. 石灰的生产

生产石灰的原料有石灰石、白云石、白垩、贝壳等。它们的主要成分是碳酸钙，经煅烧后，碳酸钙分解，释放出 CO_2，得到以 CaO 为主要成分的生石灰，即

$$CaCO_3 \xrightarrow{900 \sim 1000℃} CaO + CO_2 \uparrow$$

在实际生产中，为加快分解过程，煅烧温度通常提高到 $1000 \sim 1100℃$。生石灰（quick lime）是一种白色或灰色的块状物质，生石灰粉（ground quick lime）是将块状生石灰磨细而成，消石灰粉（slaked lime）和石灰膏（lime plaster）则是生石灰加水消解而成。

2. 石灰的熟化

实际工程中，使用石灰前，一般先加水，使之消解为熟石灰，其主要成分为$Ca(OH)_2$，这个过程称为石灰的熟化或消化，即

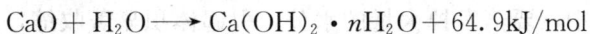

$$CaO + H_2O \longrightarrow Ca(OH)_2 \cdot nH_2O + 64.9kJ/mol$$

石灰的熟化为放热反应，熟化时体积增大 1～2.5 倍。

按石灰的用途，石灰熟化的方法有两种：生石灰膏法和消石灰粉法。

（1）生石灰膏法。将生石灰在化灰池中用过量的水（为生石灰体积的 3～4 倍）熟化成石灰浆后，通过筛网流入储灰坑，石灰浆在储灰坑中沉淀并除去上层水分即可得到石灰膏。

生石灰中常含有欠火石灰和过火石灰。欠火石灰降低石灰的利用率；过火石灰表面常被黏土杂质融化形成的玻璃釉状物包裹，熟化较慢。当石灰已经硬化后，其中的过火颗粒才开始熟化，体积膨胀，引起隆起和开裂。为消除过火石灰的危害，石灰膏应在储灰坑中存放两星期以上，这个过程称为石灰的"陈伏"。"陈伏"期间，石灰浆表面应保持有一层水，使之与空气隔绝，避免碳化。

石灰膏表观密度为 1300～1400kg/m³。它是土木工程中砌筑砂浆和抹面砂浆常用的材料之一。

（2）消石灰粉法。这种方法是将生石灰加适量的水熟化成消石灰粉。生石灰熟化成消石灰粉理论需水量为生石灰质量的 32.1%，由于部分水分消耗于蒸发，实际加水量较多（生石灰质量的 60%～80%），应以能使生石灰充分熟化而又不过湿成团为度。工地上常采用分层喷淋等方法进行消化。人工消化石灰，劳动强度大，效率低，质量不稳定。目前多在工厂中用机械加工方法将生石灰熟化成消石灰粉，供应使用。

消石灰粉主要用来拌制石灰土（石灰、黏土）、三合土（石灰、黏土、砂石或矿渣等）。

3. 石灰的硬化

石灰浆体在空气中逐渐硬化，是由下面两个同时进行的过程来完成的。

（1）结晶作用。石灰浆在使用过程中，游离水分蒸发和被砌体吸收，引起溶液某种程度的过饱和，使氢氧化钙逐渐结晶析出，促进石灰浆体的硬化。

（2）碳化作用。氢氧化钙与空气中的二氧化碳作用，生成不溶解于水的碳酸钙晶体，析出水分并蒸发，即

$$Ca(OH)_2 + CO_2 + nH_2O \longrightarrow CaCO_3 + (n+1)H_2O$$

这个过程称为碳化，形成的碳酸钙晶体，使硬化石灰浆体结构致密，强度提高。

石灰硬化是个相当缓慢的过程。原因是：碳化作用实际是二氧化碳与水生成碳酸，然后与氢氧化钙反应生成碳酸钙，所以这个过程不能在没有水分的全干状态下进行。而且，空气中二氧化碳含量少，碳化作用主要发生在与空气接触的表层，表层生成的致密的碳酸钙膜层又阻碍了空气中二氧化碳进一步的渗入；同时，也阻碍了内部水分的蒸发，使氢氧化钙结晶作用变慢，随着时间的推移，表层碳酸钙厚度的增加，阻碍作用随之增大。所以，在相当长的时间内，仍然是表层为碳酸钙，内部为氢氧化钙。

4. 石灰的技术性质

（1）可塑性和保水性。生石灰熟化为石灰浆时，能自动形成颗粒极细的（直径约为 1μm）的呈胶体分散状态的氢氧化钙，表面吸附一层水膜。因此用石灰调成的石灰砂浆具有良好的可塑性，在水泥砂浆中掺入石灰浆，可显著提高砂浆的可塑性和保水性。

（2）硬化和硬化后的特性。从石灰的硬化过程可以看出，石灰是一种硬化缓慢的气硬性胶凝材料，硬化后的强度不高，又因硬化过程要依靠水分蒸发促使氢氧化钙结晶及碳化作用，同时氢氧化钙易溶于水，所以在潮湿环境下强度会更低，遇水还会溶解溃散。因此，石灰不宜在潮湿环境下使用，也不宜单独用于建筑物基础。

石灰在硬化过程中，要蒸发掉大量的水分，引起体积显著收缩，易出现干缩裂缝。所

以，除制成石灰乳作薄层粉刷外，常在其中掺入砂、纸筋等以限制其收缩，并能节约石灰。

（3）存储与运输。块状生石灰放置太久，会吸收空气中的水分自动熟化成消石灰粉，再与空气中的二氧化碳作用而还原为无胶凝能力的碳酸钙粉末，使石灰失去胶结能力。所以，在储存石灰时，要防止受潮，且不宜长期储存，最好运到后即熟化成石灰浆，将储存期变为陈伏期。由于生石灰熟化时放出大量的热，而且体积膨胀，所以，运输生石灰时不准与易燃、易爆和液体物品混装，以确保安全。

（4）技术标准。建筑工程中所用的石灰，有建筑生石灰、建筑生石灰粉和建筑消石灰粉三类。石灰的质量要求有氧化钙和氧化镁（CaO、MgO）含量、细度、二氧化碳含量、生石灰产浆量、未消化残渣量和体积安定性等，建筑生石灰的分类见表 3-1，其化学成分及物理性质见表 3-2；建筑消石灰的分类见表 3-3，其化学成分及物理性质见表 3-4。值得注意的是，石灰石的氧化钙分为"结合氧化钙"和"游离氧化钙"两类，结合氧化钙是在煅烧过程中生成的钙盐，如硅酸钙、铝酸钙和铁酸钙，在石灰中不起胶凝作用。游离氧化钙是石灰中的胶结成分，它又分为"活性"和"非活性"两种，非活性氧化钙是由石灰过烧造成的，可通过粉碎变成活性氧化钙，活性氧化钙是主要胶结成分。通常优等品、一等品适用于饰面层和中间涂层，合格品仅用于砌筑。

表 3-1   建筑生石灰的分类（JC/T 479—2013）

类别	名称	代号
钙质石灰	钙质石灰 90	CL90
	钙质石灰 85	CL85
	钙质石灰 75	CL75
镁质石灰	镁质石灰 85	ML85
	镁质石灰 80	ML80

注　CL—钙质石灰；90—（CaO＋MgO）百分含量。

表 3-2   生石灰化学成分及物理性质（JC/T 479—2013）

名称	氧化钙＋氧化镁（CaO＋MgO）（%）	氧化镁（MgO）（%）	二氧化碳（CO_2）（%）	三氧化硫（SO_3）（%）	产浆量（$dm^3 \cdot 10kg^{-1}$）	细度（%）	
						0.2mm 筛余量	90μm 筛余量
CL 90-Q CL 90-QP	≥90	≤5	≤4	≤2	≥26 —	— ≤2	— ≤7
CL 85-Q CL 85-QP	≥85	≤5	≤7	≤2	≥26 —	— ≤2	— ≤7
CL 75-Q CL 75-QP	≥75	≤5	≤12	≤2	≥26 —	— ≤2	— ≤7
ML 85-Q ML 85-QP	≥85	>5	≤7	≤2	—	— ≤2	— ≤7
ML 80-Q ML 80-QP	≥80	>5	≤7	≤2	—	— ≤7	— ≤2

注　Q—生石灰块状；QP—粉状。

表 3-3 建筑消石灰粉的分类 (JC/T 481—2013)

类别	名称	代号
钙质消石灰	钙质消石灰 90	HCL90
	钙质消石灰 85	HCL85
	钙质消石灰 75	HCL75
镁质消石灰	镁质消石灰 85	HML85
	镁质消石灰 80	HML80

注　建筑消石灰分类按扣除游离水和结合水后（CaO+MgO）百分含量加以分类。

表 3-4 消石灰化学成分及物理性质 (JC/T 481—2013) (%)

名称	氧化钙+氧化镁 (CaO+MgO) (%)	氧化镁 (MgO) (%)	三氧化硫 (SO₃) (%)	游离水	安定性	细度（%）	
						0.2mm 筛余量	90μm 筛余量
HCL 90	≥90	≤5	≤2	≤2	合格	≤2	≤7
HCL 85	≥85	≤5	≤2	≤2	合格	≤2	≤7
HCL 75	≥75	≤5	≤2	≤2	合格	≤2	≤7
HML 85	≥85	>5	≤2	≤2	合格	≤2	≤7
HML 80	≥80	>5	≤2	≤2	合格	≤2	≤2

5. 石灰的应用

（1）石灰砂浆。石灰膏和消石灰粉可以单独或与水泥配制成石灰砂浆或混合砂浆，可用于墙体砌筑或抹面工程，也可掺入纸筋、麻刀等制成石灰浆，用于内墙或顶棚抹面。

（2）石灰土和三合土。熟石灰粉与黏土按一定比例配合称为灰土，再加入煤渣、炉渣、砂等，即为三合土，主要用于建筑物基础和地面的垫层。另外，石灰与粉煤灰、碎石拌制的"三渣"也是目前道路工程中经常使用的材料之一。

（3）硅酸盐制品。以磨细生石灰（或消石灰粉）与硅质材料（如粉煤灰、粒化高炉矿渣、浮石、砂等）加水拌和，必要时加入少量石膏，经成形、蒸养或蒸压养护等工序而成的建筑材料，统称为硅酸盐制品。

硅酸盐制品的主要水化产物是水化硅酸钙，即

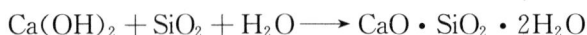

$$Ca(OH)_2 + SiO_2 + H_2O \longrightarrow CaO \cdot SiO_2 \cdot 2H_2O$$

硅酸盐制品按其密度可分为密实（有骨料）和多孔（加气）两类，前者可生产墙板、砌块及砌墙砖（如灰砂砖），后者用于生产加气混凝土制品，如轻质墙板、砌块及各种隔热保温制品。常用的硅酸盐制品有蒸压灰砂砖、蒸压加气混凝土砌块或板材等。

（4）碳化石灰板。将磨细生石灰、纤维状填料或轻质骨料混合后搅拌成形，然后通入高浓度 CO_2 进行人工碳化（12～24h）制成的一种轻质板材，可用作非承重内隔墙板、天花板等。

（5）石灰还可配制无熟料水泥，如石灰矿渣水泥、石灰粉煤灰水泥等。

【案例分析 3-1】 石灰砂浆层拱起开裂现象

（1）工程概况。某住宅使用石灰厂处理的下脚石灰进行粉刷，数月后粉刷层多处向外拱

起，还看见一些裂缝，请分析原因。

（2）原因分析。石灰厂处理的下脚石灰往往含有过烧的 CaO 或较高的 MgO，其水化速度慢于正常的石灰，这些过烧的 CaO 或 MgO 在已经水化硬化的石灰砂浆中缓慢水化，体积膨胀，就会导致砂浆层拱起和开裂。

3.1.2 石膏

石膏（gypsum）是一种以硫酸钙为主要成分的气硬性胶凝材料，具有良好的建筑性能，天然石膏矿在我国分布广、储量大，所以石膏在我国得到广泛的应用。石膏胶凝材料品种很多，主要有建筑石膏（construction gypsum）、高强石膏、无水石膏、高温煅烧石膏等。

1. 建筑石膏的生产

天然石膏矿有天然二水石膏（$CaSO_4 \cdot 2H_2O$）及天然无水石膏（$CaSO_4$）。天然二水石膏质地较软，称为软石膏；天然无水石膏质地较硬，称为硬石膏。生产石膏胶凝材料的主要原料是软石膏，以及二水碳酸钙或二水碳酸钙与硫酸钙的混合物的化工副产品及废渣，如磷石膏、氟石膏、硼石膏等。生产石膏胶凝材料的主要工序是破碎、加热与磨细。由于加热方式和温度不同，可生产出不同性质的石膏胶凝材料品种。

将二水石膏在常压非密闭状态下加热至 107～170℃ 时，二水石膏脱水可得到 β 型半水石膏。建筑石膏是以 β 型半水石膏为主要成分，不预加任何外加剂的粉状胶结料，主要用于制作石膏制品。建筑石膏色白，杂质含量很少，粒度很细，也称模型石膏，是制作装饰制品的主要原料。

2. 建筑石膏的凝结硬化

建筑石膏与适量的水混合，最初成为可塑的浆体，但很快失去塑性，尚无强度，这个过程称为凝结；以后浆体逐渐变成具有一定强度的固体，这个过程称为硬化。

建筑石膏的凝结和硬化主要是半水石膏与水相互作用，还原成二水石膏，即

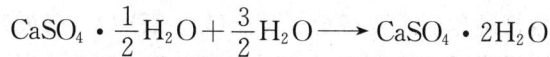

$$CaSO_4 \cdot \frac{1}{2}H_2O + \frac{3}{2}H_2O \longrightarrow CaSO_4 \cdot 2H_2O$$

半水石膏加水后首先进行的是溶解，然后产生上述的水化反应，生成二水石膏。由于二水石膏在水中的溶解度（20℃ 为 2.05g/L）比半水石膏在水中的溶解度（20℃ 为 8.16g/L）小得多，所以二水石膏不断从过饱和溶液中沉淀而析出胶体微粒。二水石膏析出，破坏了原有半水石膏的平衡浓度，这时半水石膏会进一步溶解来补充溶液浓度。如此不断循环进行半水石膏的溶解和二水石膏的析出，直到半水石膏完全转化为二水石膏为止。这一过程进行的较快，为 7～12min。

随着水化的进行，二水石膏胶体微粒的数量不断增多，它比原来的半水石膏颗粒细得多，即总表面积增大，因而可吸附更多的水分；同时因水分的蒸发和部分水分参与水化反应而成为化合水，致使自由水减少。由于上述原因使得浆体变稠而失去可塑性，这就是初凝过程。

在浆体变稠的同时，二水石膏胶体微粒逐渐变为晶体，晶体逐渐长大，共生和相互交错，使凝结的浆体逐渐产生强度，表现为终凝。随着干燥，内部自由水排出，晶体之间的摩擦力、黏结力逐渐增大，浆体强度也随之增加，一直发展到最大值，这就是硬化过程（如图 3-1 所示）。直至剩余水分完全蒸发后，强度才停止发展。

3. 建筑石膏的技术性质

建筑石膏与其他无机胶凝材料比较在性质上有如下的特点：

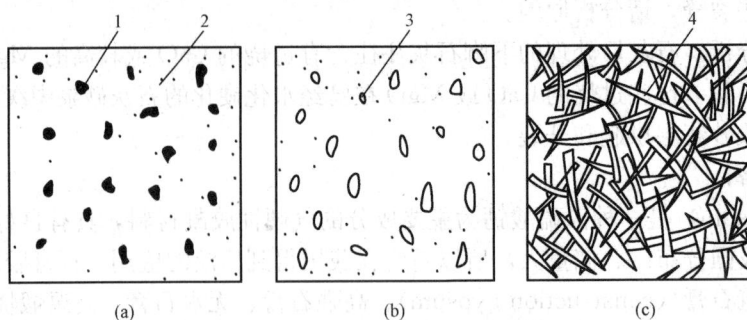

图 3-1　建筑石膏凝结硬化示意图

（a）胶化；（b）结晶开始；（c）结晶长大与交错

1—半水石膏；2—二水石膏胶体微粒；3—二水石膏晶体；4—交错的晶体

（1）凝结硬化快。建筑石膏加水拌和后的浆体初凝时间不小于 3min，终凝时间不早于 30min，7d 左右完全硬化。初凝时间较短使施工成形困难，为延缓其凝结时间，可以掺入缓凝剂，使半水石膏溶解度降低或者降低其溶解速度，使水化速度减慢。常用的缓凝剂有 0.1～0.2% 动物胶、1% 的亚硫酸盐酒精废液，还有硼砂、柠檬酸等。

（2）硬化初期有微膨胀性。其他胶凝材料硬化过程中往往产生收缩，而石膏却略有膨胀，而且不开裂，膨胀率为 0.05%～0.15%。这一性质使得石膏可以单独使用，尤其在装饰材料中，利用其微膨胀性塑造的各种建筑装饰制品，形体饱满密实，表面光滑细腻，干燥时不开裂。

（3）孔隙率高。石膏水化的理论需水量约为 18.61%，为使石膏浆体具有可塑性，常要加入 50%～70% 的水，这些多余的自由水蒸发后留下许多孔隙，使石膏制品具有多孔性，其孔隙率达 40%～60%，因此，石膏制品重力密度小、隔热保温性能好、吸声性强。但因石膏制品的吸水率大，其耐水性、抗渗性和抗冻性差。

（4）防火性较好。石膏硬化后主要成分是 $CaSO_4 \cdot 2H_2O$，遇火时，石膏中的结晶水蒸发。蒸发的水蒸气吸收热量降低表面温度，并形成蒸汽幕，脱水后的无水石膏又是良好的绝热体，因而可阻止火势蔓延，起到防火作用。

（5）储存和保质期。建筑石膏在储存中，需要注意防潮，储存期一般不超过 3 个月，过期或受潮都会使石膏制品强度显著降低。

（6）技术标准。根据《建筑石膏》（GB/T 9776—2008），建筑石膏组成中 β 型半水硫酸钙的含量（质量分数）应不小于 60.0%。按原材料种类分为天然建筑石膏（代号 N）、脱硫建筑石膏（代号 S）和磷建筑石膏（代号 P）三类。按 2h 强度（抗折）分为 3.0、2.0、1.6 三个等级。建筑石膏的物理力学性能应符合表 3-5 的要求。

表 3-5　　　　　　　　　　　建筑石膏的物理力学性能

等　　级	细度（0.2mm 方孔筛筛余）（%）	凝结时间（min）		2h 强度（MPa）	
		初凝	终凝	抗折	抗压
3.0				≥3.0	≥6.0
2.0	≤10	≥3	≤30	≥2.0	≥4.0
1.6				≥1.6	≥3.0

建筑石膏按产品名称、代号、等级及标准编号的顺序标记，例如：等级为 2.0 的天然建

筑石膏标记为"建筑石膏 N2.0 GB/T 9776—2008"。

4. 建筑石膏的应用

建筑石膏常用于室内抹灰、粉刷、油漆打底层，也可制作各种建筑装饰制件和石膏板等。

石膏板具有轻质、隔热保温、吸声、不燃及施工方便等性能，是一种有发展前途的新型材料，我国目前生产的石膏板，主要有纸面石膏板、石膏空心条板、石膏装饰板、纤维石膏板。

（1）纸面石膏板。以建筑石膏为主要原料，加入少量外加材料如填充料、发泡剂、缓凝剂等加水搅拌、浇筑、辊压，以石膏作芯、两面用纸作护面，经切断、烘干制成纸面石膏板，主要用于内墙、隔墙、天花板等处。

（2）石膏装饰板。以建筑石膏为主要原料，加入少量纤维增强材料及外加剂，加水搅拌成均匀料浆，浇筑成形、脱模修边、干燥制成；有平板、多孔板、花纹板及浮雕板等；造型美观，品种多样，主要用于公共建筑的内墙及天花板。

（3）纤维石膏板。纤维石膏板是以建筑石膏为主要原料，掺加适量纤维增强材料而制成。这种板的抗弯强度和弹性模量高，可用于内墙和隔墙，也可用来代替木材制作家具。

（4）石膏空心条板。是以建筑石膏为主要原料，掺加适量轻质填充料或少量纤维材料，以提高板的抗折强度和减轻自重，加水搅拌、振动、成形、抽芯、脱模、烘干而成。这种石膏板不用纸，工艺简单，施工方便，不用龙骨，强度较高，可用作内墙或隔墙。

此外，还有石膏蜂窝板、石膏矿棉复合板、防潮石膏板等，分别用作绝热板、吸声板、内墙和隔墙板、天花板等。

3.1.3 水玻璃

水玻璃（sodium silicate）俗称泡花碱，是一种能溶于水的硅酸盐，由不同比例的碱金属和二氧化硅所组成。最常用的是硅酸钠水玻璃（$Na_2O \cdot nSiO_2$），还有硅酸钾水玻璃（$K_2O \cdot nSiO_2$）等。

生产水玻璃的方法有湿法和干法两种。湿法生产是将石英砂和苛性钠溶液在釜（2～3个大气压）内用蒸汽加热，并加以搅拌，溶解而制成水玻璃溶液。干法是以纯碱和石英砂为原料，将其磨细拌匀后，在 1300～1400℃ 的熔炉内熔融，经冷却后生成块状或粒状的固体水玻璃，其反应式如下

$$Na_2CO_3 + nSiO_2 \longrightarrow Na_2O \cdot nSiO_2 + CO_2 \uparrow$$

将固体水玻璃加水溶解，可得到液体水玻璃，其在水中溶解的难易随水玻璃模数 n（SiO_2 与 Na_2O 分子数比）的大小而异。n 大，水玻璃黏度大，较难溶于水，但较易硬化。建筑上常用的水玻璃的模数为 2.6～2.8，密度为 $1.36～1.50g/cm^3$。

1. 水玻璃的硬化

水玻璃在空气中吸收二氧化碳，形成硅酸凝胶，并逐渐干燥而硬化。为了加速硬化，常加入固化剂氟硅酸钠（Na_2SiF_6），掺量为水玻璃质量的 12%～15%，即

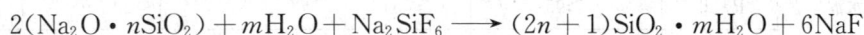

$$Na_2O \cdot nSiO_2 + CO_2 + mH_2O \longrightarrow Na_2CO_3 + nSiO_2 \cdot mH_2O$$

$$2(Na_2O \cdot nSiO_2) + mH_2O + Na_2SiF_6 \longrightarrow (2n+1)SiO_2 \cdot mH_2O + 6NaF$$

2. 水玻璃的技术性质

水玻璃的黏结性好，硬化时析出的硅酸凝胶有堵塞毛细孔隙而防止水渗透的作用。硬化

后，水玻璃有较高的强度，在高温下水玻璃不燃烧，强度也不降低，甚至有所增加。水玻璃具有高度的耐酸性能，能够抵抗大多数无机酸和有机酸的侵蚀。

3. 水玻璃的应用

水玻璃由于具有以上性能，在土木工程中主要有以下几种用途：

（1）耐酸材料。水玻璃硬化后主要成分是硅酸凝胶，除氢氟酸、过热磷酸等少数酸外，几乎在所有的酸性介质中都有较高的稳定性。可用水玻璃配制耐酸胶泥、砂浆及混凝土，广泛用于防腐工程。

（2）耐热材料。水玻璃硬化后形成硅酸凝胶空间网状骨架，因此具有良好的耐热性。采用耐热的砂、石，可配制成水玻璃耐热混凝土，耐热温度达 1200℃。

（3）涂料。用于涂刷建筑材料（天然石材、混凝土及硅酸盐制品）表面，可提高材料的密实度、强度和抗风化能力。注意水玻璃不能涂刷石膏制品，因为硅酸钠与硫酸钙发生反应生成硫酸钠，在制品孔隙中结晶，体积显著膨胀，会导致制品破坏。

（4）灌浆材料。用水玻璃和氯化钙水溶液交替灌入土壤中，两种溶液反应生成硅酸凝胶，为一种吸水膨胀的冻状凝胶，可加固土壤，提高抗渗性。

（5）保温绝热材料。以水玻璃为胶结材料，膨胀珍珠岩或膨胀蛭石为骨料，加入一定赤泥或氟硅酸钠，经配料、搅拌、成形、干燥、焙烧而成的制品，具有良好的绝热性能。

3.2　硅 酸 盐 水 泥

通用硅酸盐水泥（common portland cement）是指以硅酸盐水泥熟料和适量的石膏及规定的混合材料制成的水硬性胶凝材料。

水泥呈粉末状，与水混合后，经过物理化学反应过程能由可塑性浆体变成坚硬的石状体，并能将散粒状材料胶结成为整体，所以水泥是一种良好的矿物胶凝材料。就硬化条件而言，水泥浆体不但能在空气中硬化，还能更好地在水中硬化，保持并继续增长其强度，故水泥属于水硬性胶凝材料。

根据《通用硅酸盐水泥》（GB 175—2007/XG2—2015）的规定，通用硅酸盐水泥按混合材料的品种和掺量分为硅酸盐水泥（portland cement）、普通硅酸盐水泥（ordinary portland cement）、矿渣硅酸盐水泥（portland slag cement）、火山灰质硅酸盐水泥（portland pozzolan cement）、粉煤灰硅酸盐水泥（portland fly ash cement）和复合硅酸盐水泥（portland composite cement），通用硅酸盐水泥的组分应符合表 3 - 6 的规定。这里将较详细地介绍硅酸盐水泥，其他几种通用水泥将在后续各节介绍。

表 3 - 6　　　　　　　　　　通用硅酸盐水泥的组分　　　　　　　　　　　%

品种	代号	组分（质量分数）				
		熟料＋石膏	粒化高炉矿渣	火山灰质混合材料	粉煤灰	石灰石
硅酸盐水泥	P·Ⅰ	100	—	—	—	—
	P·Ⅱ	≥95	≤5	—	—	—
	P·Ⅱ	≥95	—	—	—	≤5
普通硅酸盐水泥	P·O	≥80 且 <95	5＜ 且 ≤20①			—

续表

品种	代号	组分（质量分数）				
		熟料＋石膏	粒化高炉矿渣	火山灰质混合材料	粉煤灰	石灰石
矿渣硅酸盐水泥	P·S·A	≥50 且＜80	≥20 且＜50②	—	—	—
	P·S·B	≥30 且＜50	≥50 且＜70②	—	—	—
火山灰质硅酸盐水泥	P·P	≥60 且＜80	—	≥20 且＜40③	—	—
粉煤灰硅酸盐水泥	P·F	≥60 且＜80	—	—	≥20 且＜40④	—
复合硅酸盐水泥	P·C	≥50 且＜80	≥20 且＜50⑤			

① 本组分材料为符合 GB 175—2007/XG2—2015 中第 5.2.3 的活性混合材料，其中允许用不超过水泥质量 8%且符合该标准第 5.2.4 条的非活性混合材料或不超过水泥质量 5%或符合该标准第 5.2.5 条的窑灰代替。

② 本组分材料为符合 GB/T 203 或 GB/T 10846 的活性混合材料，其中允许用不超过水泥质量 8%且符合 GB 175—2007/XG2—2015 标准第 5.2.3 的活性混合材料或第 5.2.4 条的非活性混合材料或符合第 5.2.5 条的窑灰中的任一种材料代替。

③ 本组分材料为符合 GB/T 2847 的活性混合材料。

④ 本组分材料为符合 GB/T 1596 的活性混合材料。

⑤ 本组分材料为由两种（含）以上符合 GB 175—2007/XG2—2015 中第 5.2.3 的活性混合材料或/和符合该标准第 5.2.4 条的非活性混合材料组成，其中允许用不超过水泥质量 8%且符合该标准第 5.2.5 条的窑灰代替，掺矿渣时混合材料掺量不得与矿渣硅酸盐水泥重复。

3.2.1 硅酸盐水泥的生产和矿物组成

凡由硅酸盐水泥熟料、适量石膏、0～5%粒化高炉矿渣或石灰石磨细制成的水硬性胶凝材料，称为硅酸盐水泥（波特兰水泥）。硅酸盐水泥分两种类型，不掺加混合材料的称Ⅰ型硅酸盐水泥，其代号为 P·Ⅰ。在硅酸盐水泥熟料粉磨时掺加不超过水泥质量 5%的石灰石或粒化高炉矿渣混合材料的称Ⅱ型硅酸盐水泥，其代号为 P·Ⅱ。

1. 硅酸盐水泥生产

硅酸盐水泥的原料主要是石灰质原料和黏土质原料两类。石灰质原料主要提供氧化钙，它可以采用石灰石、白垩、石灰质凝灰岩等。黏土质原料主要提供二氧化硅、三氧化铝及少量三氧化二铁，它可以采用黏土、黄土等。如果所选用的石灰质原料和黏土质原料按一定比例配合不能满足化学组成要求时，则要掺加相应的校正原料。校正原料有铁质校正原料和硅质校正原料。铁质校正原料主要补充三氧化二铁，它可采用铁矿粉、黄铁矿渣等；硅质校正原料主要补充二氧化硅，它可采用砂岩、粉砂岩等。此外，为了改善煅烧条件，常常加入少量的矿化剂、晶种等。

硅酸盐水泥生产的大致步骤是：先把几种原材料按适当比例配合后在磨机中磨成生料；然后将制得的生料入窑进行煅烧；再把烧好的熟料配以适当的石膏（和混合材料）在磨机中磨成细粉，即得到水泥。

水泥生料在窑内的煅烧过程，虽方法各异，但都要经历干燥、预热、分解、熟料烧成及冷却等几个阶段。其中，熟料烧成是水泥生产的关键，必须有足够的时间，以保证水泥熟料的质量。

2. 水泥熟料矿物组成

硅酸盐水泥主要熟料矿物的名称和含量范围如下：

硅酸三钙 $3CaO \cdot SiO_2$，简写为 C_3S，含量为 $37\% \sim 60\%$；

硅酸二钙 $2CaO \cdot SiO_2$，简写为 C_2S，含量为 $15\% \sim 37\%$；

铝酸三钙 $3CaO \cdot Al_2O_3$，简写为 C_3A，含量为 $7\% \sim 15\%$；

铁铝酸四钙 $4CaO \cdot Al_2O_3 \cdot Fe_2O_3$，简写为 C_4AF，含量为 $10\% \sim 18\%$。

在以上的主要熟料矿物中，硅酸三钙和硅酸二钙的总含量在 70% 以上，铝酸三钙和铁铝酸四钙的含量在 25% 左右，故称为硅酸盐水泥。除主要熟料矿物外，水泥中还含有少量游离氧化钙、游离氧化镁和碱，但其总含量一般不超过水泥量的 10%。

3.2.2　硅酸盐水泥的特性

1. 硅酸盐水泥的水化

硅酸盐水泥的性能是由其组成矿物的性能决定的，水泥具有许多优良的技术性能，主要是水泥熟料中几种主要矿物水化作用的结果。

熟料矿物与水发生的水解或水化作用统称为水化，熟料矿物与水发生水化反应，生成水化产物，并放出一定的热量。水泥矿物水化的反应式如下

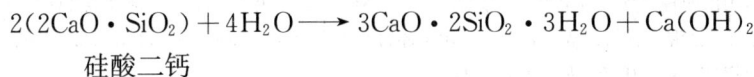

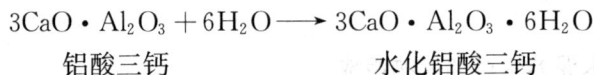

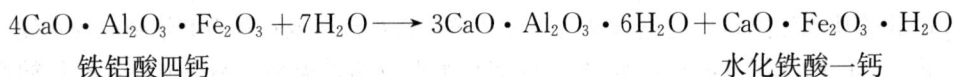

$$2(3CaO \cdot SiO_2) + 6H_2O \longrightarrow 3CaO \cdot 2SiO_2 \cdot 3H_2O + 3Ca(OH)_2$$
　　　硅酸三钙　　　　　　　水化硅酸钙　　　　　氢氧化钙

$$2(2CaO \cdot SiO_2) + 4H_2O \longrightarrow 3CaO \cdot 2SiO_2 \cdot 3H_2O + Ca(OH)_2$$
　　　硅酸二钙

$$3CaO \cdot Al_2O_3 + 6H_2O \longrightarrow 3CaO \cdot Al_2O_3 \cdot 6H_2O$$
　　　铝酸三钙　　　　　　　　水化铝酸三钙

$$4CaO \cdot Al_2O_3 \cdot Fe_2O_3 + 7H_2O \longrightarrow 3CaO \cdot Al_2O_3 \cdot 6H_2O + CaO \cdot Fe_2O_3 \cdot H_2O$$
　　　铁铝酸四钙　　　　　　　　　　　　　水化铁酸一钙

硅酸三钙和硅酸二钙水化生成的水化硅酸钙不溶于水，以胶体微粒析出，并逐渐凝聚成凝胶体（C—S—H 凝胶）；生成的氢氧化钙在溶液中的浓度很快达到饱和，呈六方晶体析出。铝酸三钙和铁铝酸四钙水化生成的水化铝酸钙为立方体晶体，在氢氧化钙饱和溶液中，还能与氢氧化钙进一步反应，生成六方晶体的水化铝酸四钙。在有石膏存在时，水化铝酸钙会与石膏反应，生成高硫型水化硫铝酸钙（$3CaO \cdot Al_2O_3 \cdot 3CaSO_4 \cdot 32H_2O$）针状晶体，也称钙矾石（Ettringite）或 AFt。当石膏消耗完后，部分钙矾石将转变为单硫型水化硫铝酸钙（$3CaO \cdot Al_2O_3 \cdot 3CaSO_4 \cdot 12H_2O$）晶体（简写式为 AFm）。

四种熟料矿物的水化特性各不相同，对水泥的强度、凝结硬化速度及水化放热等的影响也不相同。各种水泥熟料矿物水化所表现的特性见表 3-7。水泥是几种熟料矿物的混合物，改变熟料矿物成分间的比例时，水泥的性质即发生相应的变化，例如提高硅酸三钙的含量，可以制得高强度水泥；又如降低铁铝酸四钙和硅酸三钙含量，提高硅酸二钙含量，可制得水化热低的水泥，如大坝水泥。

表 3-7　　　　　　　　　各种熟料矿物单独与水作用时表现出的特性

名称	硅酸三钙	硅酸二钙	铝酸三钙	铁铝酸四钙
凝结硬化速度	快	慢	最快	快
28d 水化放热量	多	少	最多	中
强度	高	早期低、后期高	低	低

硅酸盐水泥是多矿物、多组分的物质，它和水拌和后，就立即发生化学反应。硅酸盐水泥加水后，铝酸三钙立即发生反应，硅酸三钙和铁铝酸四钙也很快水化，而硅酸二钙则水化较慢。如果忽略一些次要的和少量的成分，则硅酸盐水泥与水作用后，生成的主要水化物有：水化硅酸钙和水化铁铝酸钙凝胶、氢氧化钙、水化铝酸钙和水化硫铝酸钙晶体。在充分水化的水泥石中，C—S—H凝胶约占70%，$Ca(OH)_2$约占20%，钙矾石和单硫型水化硫铝酸钙约占7%。

2. 硅酸盐水泥的凝结硬化

水泥加水拌和后，成为可塑的水泥浆，水泥浆逐渐变稠失去塑性，但尚不具有强度的过程，称为水泥的"凝结"。随后产生明显的强度并逐渐发展而成为坚强的人造石——水泥石，这一过程称为水泥的"硬化"。凝结和硬化是人为划分的，实际上是一个连续的复杂的物理化学变化过程。

硅酸盐水泥的凝结硬化过程，自从1882年雷·查特理（Le Chatelier）首先提出一种解释理论以来，至今仍在继续研究。下面按照当前一般的看法作简要介绍。

水泥加水拌和，未水化的水泥颗粒分散在水中，成为水泥浆体〔见图3-2（a）〕。

水泥颗粒的水化从其表面开始。水和水泥一接触，水泥颗粒表面的水泥熟料先溶解于水，然后与水反应，或水泥熟料在固态直接与水反应，形成相应的水化物，水化物溶解于水。由于各种水化物的溶解度很小，水化物的生成速度大于水化物向溶液中扩散的速度，一般在几分钟内，水泥颗粒周围的溶液成为水化物的过饱和溶液，先后析出水化硅酸钙凝胶、水化硫铝酸钙、氢氧化钙和水化铝酸钙晶体等水化产物，包在水泥颗粒表面。在水化初期，水化物不多，包有水化物膜层的水泥颗粒之间还是分离的，水泥浆具有可塑性〔见图3-2（b）〕。

水泥颗粒不断变化，随着时间的推移，新生水化物增多，使包在水泥颗粒表面的水化物膜层增厚，颗粒间的空隙逐渐缩小，而包有凝胶体的水泥颗粒则逐渐接近，以致相互接触，在接触点借助于范德华力，凝结成多孔的空间网络，形成凝聚结构〔见图3-2（c）〕。这种结构在振动的作用下可以破坏。凝聚结构的形成，使水泥浆开始失去可塑性，也就是水泥的初凝，但这时还不具有强度。

随着以上过程的不断进行，固态的水化物不断增多，颗粒间的接触点数目增加，结晶体和凝胶体互相贯穿形成的凝聚——结晶网状结构不断加强。而固相颗粒之间的空隙（毛细孔）不断减小，结构逐渐紧密，使水泥浆体完全失去可塑性，达到能负担一定荷载的强度，水泥表现为终凝，并开始进入硬化阶段〔见图3-2（d）〕。水泥进入硬化期后，水化速度逐渐减慢，水化物随时间的增长而逐渐增加，扩展到毛细孔中，使结构更趋致密，强度相应提高。

根据水化反应速度和物理化学的主要变化，可将水泥的凝结硬化分为表3-8所列的几个阶段。

表3-8　　　　　　　　　　水泥凝结硬化时的几个划分阶段

凝结硬化阶段	一般的放热反应速度	一般的持续时间	主要的物理化学变化
初始反应期	168J/(g·h)	5～10min	初始溶解和水化
潜伏期	4.2J/(g·h)	1h	凝胶体膜层围绕水泥颗粒成长
凝结期	在6h内逐渐增加到21J/(g·h)	6h	膜层增厚，水泥颗粒进一步水化
硬化期	在24h内逐渐降低到4.2J/(g·h)	6h至若干年	凝胶体填充毛细孔

注 初始反应期和潜伏期也可合称为诱导期。

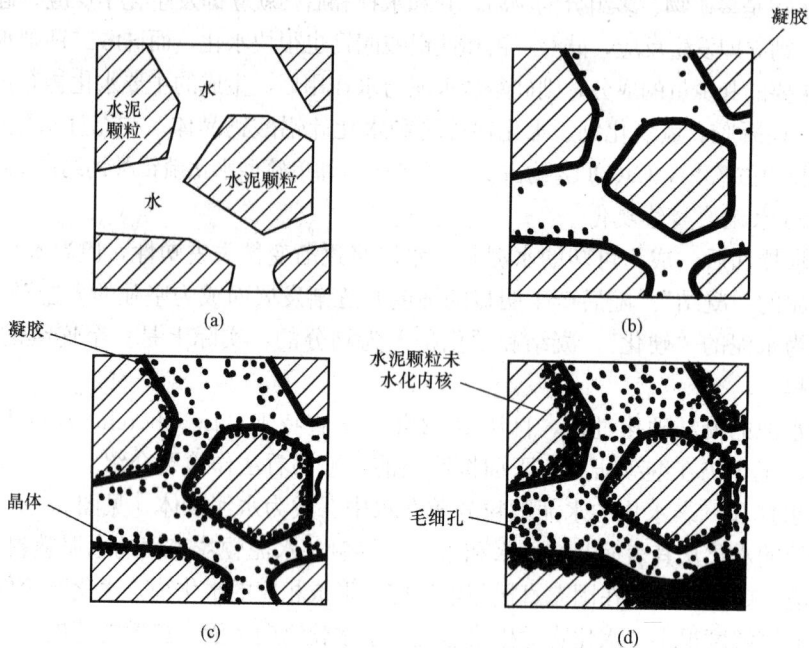

图 3-2　水泥凝结硬化过程示意
（a）分散在水中的水泥颗粒；（b）在水泥颗粒表面形成水化物膜层；
（c）膜层长大并互相连接（凝结）；（d）水化物进一步发展，填充毛细孔（硬化）

水泥的水化和凝结硬化是从水泥颗粒表面开始，逐渐往水泥颗粒的内核深入进行。开始时水化速度较快，水泥的强度增长快；但由于水化不断进行，堆积在水泥颗粒周围的水化物不断增多，阻碍水和水泥未水化部分的接触，水化减慢，强度增长也逐渐减慢，但无论时间多久，水泥颗粒的内核很难完全水化。因此，在硬化水泥石中，同时包含有水泥熟料矿物水化的凝胶体和结晶体、未水化的水泥颗粒、水（自由水和吸附水）和孔隙（毛细孔和凝胶孔），它们在不同时期相对数量的变化，使水泥石的性质随之改变。

3. 影响水泥凝结硬化的因素

水泥的凝结硬化过程，也就是水泥强度发展的过程。为了正确使用水泥，并能在生产中采取有效措施，调节水泥的性能，必须了解水泥水化硬化的影响因素。

影响水泥水化凝结硬化的因素，除矿物成分、细度、用水量外，还有养护时间、环境的温湿度及石膏掺量等。

（1）养护时间。水泥的水化是从表面开始向内部逐渐深入进行的，随着时间的延续，水泥的水化程度在不断增大，水化产物也不断地增加并填充毛细孔，使毛细孔孔隙率减小，凝胶孔孔隙率相应增大。水泥加水拌和后的前 28d 的水化速度较快，强度发展也快，28d 之后显著减慢。但是，只要维持适当的温度和湿度，水泥的水化将不断进行，其强度在几个月、几年，甚至几十年后还会继续增长。

（2）温度和湿度。温度对水泥的凝结硬化有明显影响。当温度升高时，水化反应加快，水泥强度增加也较快；而当温度降低时，水化作用则减慢，强度增加缓慢。当温度低于 5℃时，水化硬化大大减慢，当温度低于 0℃时，水化反应基本停止。同时，由于温度低于 0℃，当水结成冰时，还会破坏水泥石结构。

潮湿环境下的水泥石，能保持有足够的水分进行水化和凝结硬化，生成的水化物进一步填充毛细孔，促进水泥石的强度发展。

保持环境的温度和湿度，使水泥石强度不断增长的措施，称为养护。在测定水泥强度时，必须在规定的标准温度和湿度环境中养护至规定的龄期。

（3）石膏掺量。水泥中掺入适量石膏，可调节水泥的凝结硬化速度。在水泥粉磨时，若不掺入石膏或石膏掺量不足，水泥会发生瞬凝现象；这是由于铝酸三钙在溶液中电离出三价离子（Al^{3+}），它与硅酸钙凝胶的电荷相反，促使胶体凝聚。加入石膏后，石膏与水化铝酸钙作用，生成钙矾石，难溶于水，沉淀在水泥颗粒表面上形成保护膜，降低了溶液中 Al^{3+} 的浓度，并阻碍了铝酸三钙的水化，延缓了水泥的凝结。但如果石膏掺量过多，则会促使水泥凝结加快。同时，还会在后期引起水泥石的膨胀而开裂破坏。

需要说明的是，瞬凝俗称急凝，是不正常的凝结现象。其特征是：水泥加水后，水泥浆很快凝结成为一种很粗糙、非塑性的混合物，并放出大量的热量。它主要是由于熟料中 C_3A 含量高，水泥中未掺石膏或石膏掺量不足引起的。

3.2.3 硅酸盐水泥的技术要求

根据《通用硅酸盐水泥》（GB 175—2007/XG2—2015），对硅酸盐水泥的技术要求有化学指标、碱含量、物理指标（凝结时间、安定性）、强度和细度。

1. 化学指标

通用硅酸盐水泥的化学指标应符合表 3-9 的规定。

表 3-9　　　　　通用硅酸盐水泥的化学指标　　　　　%

品种	代号	不溶物（质量分数）	烧失量（质量分数）	三氧化硫（质量分数）	氧化镁（质量分数）	氯离子（质量分数）
硅酸盐水泥	P·Ⅰ	≤0.75	≤3.0	≤3.5	≤5.0①	≤0.06③
	P·Ⅱ	≤1.5	≤3.5			
普通硅酸盐水泥	P·O	—	≤5.0			
矿渣硅酸盐水泥	P·S·A	—	—	≤4.0	≤6.0②	
	P·S·B	—	—		—	
火山灰质硅酸盐水泥	P·P					
粉煤灰硅酸盐水泥	P·F			≤3.5	≤6.0②	
复合硅酸盐水泥	P·C					

① 如果水泥压蒸试验合格，则水泥中氧化镁含量（质量分数）允许放宽至 6.0%。

② 如果水泥中氧化镁含量（质量分数）大于 6.0% 时，需要进行水泥压蒸安定性试验并合格。

③ 当有更低要求时，该指标由买卖双方确定。

2. 细度（fineness）（选择性指标）

水泥颗粒的粗细对水泥的性质有很大的影响。水泥颗粒粒径一般在 $7\sim200\mu m$（$0.007\sim0.2mm$）范围内，颗粒越细，与水起反应的表面积就越大，因而水泥颗粒较细水化就较快而且较完全，早期强度和后期强度也都较高，但在空气中的硬化收缩会较大，成本也较高。如水泥颗粒过粗则不利于水泥活性的发挥。一般认为水泥颗粒小于 $40\mu m$（$0.04mm$）时，才具有较高的活性，大于 $100\mu m$（$0.1mm$）活性就很小了。在国家标准中规定水泥的细度可用筛分法和比表面积法检验。

筛分法是采用边长为 $80\mu m$ 或 $45\mu m$ 的方孔筛对水泥试样进行筛分试验，用筛余质量百分数表示水泥的细度。

比表面积法是根据一定量空气通过一定空隙率和厚度的水泥层时，所受阻力不同而引起流速的变化来测定水泥的比表面积（单位质量的粉末所具有的总表面积），以 m^2/kg 表示。

按照《通用硅酸盐水泥》（GB 175—2007/XG2—2015）的规定，硅酸盐水泥以比表面积表示水泥的细度，比表面积应不小于 $300 m^2/kg$。

3. 凝结时间（setting time）

凝结时间分初凝（initial setting）和终凝（final setting）。初凝为水泥加水拌和起至标准稠度净浆开始失去可塑性所需的时间；终凝为水泥加水拌和起至标准稠度净浆完全失去可塑性并开始产生强度所需的时间。为使混凝土和砂浆有充分的时间进行搅拌、运输、浇捣和砌筑，水泥初凝时间不能过短。当施工完毕后，则要求尽快硬化，具有强度，故终凝时间不能太长。

《通用硅酸盐水泥》（GB 175—2007/XG2—2015）规定，水泥的凝结时间是以标准稠度的水泥净浆，在规定温度及湿度环境下用水泥净浆凝结时间测定仪测定。硅酸盐水泥初凝时间不得早于 45min，终凝时间不得迟于 6.5h。

水泥凝结时间的影响因素很多：①熟料中铝酸三钙含量高，石膏掺量不足，水泥会发生快凝；②水泥的细度越细，水化作用越快，凝结就会越快；③水灰比越小，凝结时的温度越高，凝结会越快；④混合材料掺量大，水泥过粗，都会使水泥凝结缓慢。

4. 体积安定性（soundness）

如果在水泥已经硬化后，产生不均匀的体积变化，即所谓体积安定性不良，就会使构件产生膨胀性裂缝，降低建筑物质量，甚至引起严重事故。体积安定性不良的原因，一般是由于熟料中所含的游离氧化钙过多；也可能是由于熟料中所含的游离氧化镁过多或掺入的石膏过多。熟料中所含的游离氧化钙或氧化镁都是过烧的，熟化很慢，在水泥已经硬化后才进行熟化，即

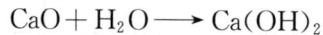

$$CaO + H_2O \longrightarrow Ca(OH)_2$$

$$MgO + H_2O \longrightarrow Mg(OH)_2$$

这时体积膨胀，引起不均匀的体积变化，使水泥石开裂。当石膏掺量过多时，在水泥硬化后，它还会继续与固态的水化铝酸钙反应生成高硫型水化硫铝酸钙，体积约增大 1.5 倍，也会引起水泥石开裂。

《通用硅酸盐水泥》（GB 175—2007/XG2—2015）规定，用沸煮法检验水泥的体积安定性。测试方法可以用试饼法，也可用雷氏法。有争端时以雷氏法为准。试饼法是观察水泥净浆试饼沸煮（3h）后的外形变化来检验水泥的体积安定性，雷氏法是测定水泥净浆在雷氏夹中沸煮（3h）后的膨胀值。沸煮法起加速氧化钙熟化的作用，所以只能检查游离氧化钙的水泥体积安定性。由于游离氧化镁在压蒸下才加速熟化，石膏的危害则需长期在常温水中才能发现，两者均不便于快速检验。所以，《通用硅酸盐水泥》（GB 175—2007/XG2—2015）规定，水泥熟料中游离氧化镁含量不得超过 5.0%，水泥中三氧化硫含量不得超过 3.5%，以控制水泥的体积安定性。

5. 强度及强度等级

水泥的强度是水泥的重要技术指标，根据《通用硅酸盐水泥》（GB 175—2007/XG2—2015）和《水泥胶砂强度检验方法（ISO 法）》（GB/T 17671—1999）的规定，硅酸盐水泥和标准砂按 1:3 混合，用 0.5 的水灰比，按规定的方法制成试件，在标准温度（20℃±1℃）的水中养护，测定 3d 和 28d 的强度。根据测定结果，将硅酸盐水泥分为 42.5、42.5R、52.5、52.5R、62.5 和 62.5R 六个强度等级。其中代号 R 表示早强型水泥。硅酸盐水泥各龄期强度不得低于表 3-10 中的数值；初凝时间不得早于 45min，终凝时间不得迟于 6.5h。

表 3-10　　硅酸盐水泥各龄期的强度要求（GB 175—2007/XG2—2015）

强度等级	抗压强度（MPa）		抗折强度（MPa）	
	3d	28d	3d	28d
42.5	≥17.0	≥42.5	≥3.5	≥6.5
42.5R	≥22.0		≥4.0	
52.5	≥23.0	≥52.5	≥4.0	≥7.0
52.5R	≥27.0		≥5.0	
62.5	≥28.0	≥62.5	≥5.0	≥8.0
62.5R	≥32.0		≥5.5	

6. 碱含量

水泥中的碱含量按 $Na_2O + 0.658K_2O$ 计算值来表示。若使用活性骨料，碱含量过高将引起碱骨料反应，用户要求提供低碱水泥时，水泥中碱含量不得大于 0.60%，或由买卖双方协商确定。

7. 水化热

水泥在水化过程中放出的热称为水化热。水化放热量和放热速度不仅取决于水泥的矿物成分，而且还与水泥细度、水泥中掺混合材料及外加剂的品种、数量等有关。水泥矿物进行水化时，铝酸三钙放热量最大，速度也快，硅酸三钙放热量稍低，硅酸二钙放热量最低，速度也慢。水泥细度越细，水化反应就比较容易进行，因此，水化放热量就越大，放热速度也越快。

大型基础、水坝、桥墩等大体积混凝土构筑物，由于水化热积聚在内部不易散失，内部温度常上升到 50～60℃以上，内外温度差所引起的应力，可使混凝土产生裂缝，因此水化热对大体积混凝土是有害因素。

在进行混凝土配合比计算和水泥储运时，需要知道水泥的密度和堆积密度，硅酸盐水泥的密度为 $3.0～3.15g/cm^3$，平均可取为 $3.10g/cm^3$。其堆积密度按松紧程度在 $1000～1600kg/m^3$ 之间。

3.2.4　水泥石的腐蚀与防止

硅酸盐水泥硬化以后，在通常使用条件下，有较好的耐久性。但在某些腐蚀性介质的作用下，会逐渐受到损害，性能改变，强度降低，严重时会引起整个过程结构的破坏。

引起水泥石腐蚀的原因很多，腐蚀是一个相当复杂的过程，下面介绍几种典型的水泥石腐蚀。

1. 软水腐蚀（溶出性侵蚀）

软水是不含或仅含少量钙、镁等可溶性盐的水。雨水、雪水、蒸馏水、工厂冷凝水及含重碳酸盐甚少的河水与湖水等都属于软水。各种水化产物与软水作用时，因为氢氧化钙溶解度最大，所以首先被溶出。在水量不多或无水压的静水情况下，由于周围的水迅速被溶出的氢氧化钙所饱和，溶出作用很快就中止，破坏作用仅发生在水泥石的表层，危害不大。但在流水及压力水作用下，氢氧化钙就会不断地被溶出，同时由于氢氧化钙的溶出使水泥石中石灰浓度降低，还会引起其他水化产物的分解溶蚀，使水泥石的密实度降低，破坏了水泥石的结构。软水能使水泥水化产物中的氢氧化钙溶解，并促使水泥石中其他水化产物发生分解，故软水腐蚀又称为"溶出性侵蚀"。

2. 酸类腐蚀（溶解性侵蚀）

硅酸盐水泥水化产物呈碱性，其中含有较多的氢氧化钙，当遇到酸类或酸性水时就会发生中和反应，生产比氢氧化钙溶解度大的盐类，导致水泥石受损破坏。

（1）碳酸的腐蚀。在工业污水、地下水中常溶解有较多的二氧化碳，这种碳酸水对水泥石的腐蚀作用如下

$$Ca(OH)_2 + CO_2 + H_2O = CaCO_3 + 2H_2O$$

最初生成的碳酸钙溶解度不大，但如果继续处于浓度较高的碳酸水中，则碳酸钙与碳酸水会进一步发生反应，即

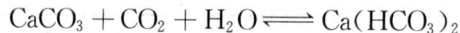
$$CaCO_3 + CO_2 + H_2O \rightleftharpoons Ca(HCO_3)_2$$

此反应为可逆反应，当水中溶有较多的二氧化碳时，则上述反应向右进行，所生成的碳酸氢钙溶解度大，因此水泥石中的氢氧化钙通过转变为易溶的碳酸氢钙而溶失。氢氧化钙浓度降低，还会导致水泥石中其他水化物的分解，使腐蚀作用进一步加剧。

（2）一般酸的腐蚀。工业废水、地下水、沼泽水中常含有多种无机酸、有机酸。工业窑炉的烟气中常含有二氧化硫，遇水后即生成亚硫酸。各种酸类都会对水泥石造成不同程度的腐蚀，它们与水泥石中的氢氧化钙作用后生成的化合物，或者易溶于水，或者体积膨胀，在水泥石内产生内应力而导致破坏。无机酸中的盐酸、氢氟酸、硝酸、硫酸和有机酸中的醋酸、乳酸的腐蚀作用最为明显。

盐酸与水泥石中的氢氧化钙的作用如下

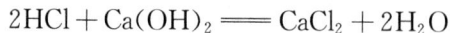
$$2HCl + Ca(OH)_2 = CaCl_2 + 2H_2O$$

生成的氯化钙易溶于水。

硫酸与水泥石中的氢氧化钙作用如下

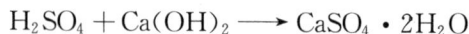
$$H_2SO_4 + Ca(OH)_2 \longrightarrow CaSO_4 \cdot 2H_2O$$

生成的二水石膏或者直接在水泥石孔隙中结晶产生膨胀，或者再与水泥石中的水化铝酸钙作用，生成高硫型水化硫铝酸钙，其破坏性更大。

酸性水对水泥石腐蚀的强弱取决于水中氢离子浓度，pH 值越小，氢离子越多，腐蚀就越强烈。

3. 盐类腐蚀

（1）硫酸盐的腐蚀（膨胀型腐蚀）。在一些湖水、海水、沼泽水、地下水及一些工业污水中常含钠、钾、铵等的硫酸盐，它们会先与硬化的水泥石中的氢氧化钙发生置换反应，生成硫酸钙。硫酸钙再与水泥石中的水化铝酸钙起反应，生成高硫型水化硫铝酸钙，其反应方

程式如下

$$3CaO \cdot Al_2O_3 \cdot 6H_2O + 3(CaSO_4 \cdot 2H_2O) + 20H_2O = 3CaO \cdot Al_2O_3 \cdot 3CaSO_4 \cdot 32H_2O$$

生成的高硫型水化硫铝酸钙含有大量结晶水，比原有体积增加 1.5 倍以上，由于是在已经固化的水泥石中产生上述反应，因此对水泥石起极大的破坏作用。高硫型水化硫铝酸钙呈针状晶体，俗称"水泥杆菌"。

当水中硫酸盐浓度较高时，硫酸钙会在孔隙中直接结晶成二水石膏，造成膨胀压力，从而导致水泥石破坏。

（2）镁盐的腐蚀（双重腐蚀）。在海水及地下水中，常含有大量的镁盐，主要是硫酸镁和氯化镁。它们与水泥石中的氢氧化钙起复分解反应，即

$$MgSO_4 + Ca(OH)_2 + 2H_2O = CaSO_4 \cdot 2H_2O + Mg(OH)_2$$

$$MgCl_2 + Ca(OH)_2 = CaCl_2 + Mg(OH)_2$$

生成的氢氧化镁松软而无胶凝能力，氯化钙易溶于水，二水石膏则引起硫酸盐的破坏作用。因此，镁盐腐蚀属于双重腐蚀，腐蚀特别严重。

4. 强碱腐蚀

硅酸盐水泥水化产物呈碱性，一般碱类溶液浓度不大时是不会发生明显腐蚀的。但铝酸盐（如铝酸三钙）含量较高的硅酸盐水泥遇到强碱（如氢氧化钠）会发生腐蚀，生成铝酸钠，易溶于水。其反应如下

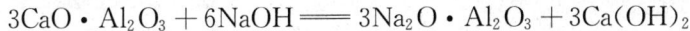

$$3CaO \cdot Al_2O_3 + 6NaOH = 3Na_2O \cdot Al_2O_3 + 3Ca(OH)_2$$

当水泥石被氢氧化钠浸透后又在空气中干燥，则溶于水的铝酸钠会与空气中的二氧化碳反应生成碳酸钠。由于水分失去，碳酸钠在水泥石毛细管中结晶膨胀，引起水泥石疏松、开裂而破坏。

除上述四种腐蚀类型外，对水泥石有腐蚀作用的还有糖类、酒精、氨盐和含环烷酸的石油产品等。

实际上水泥石的腐蚀往往是多种腐蚀同时存在的一个极为复杂的物理化学作用过程。但产生水泥腐蚀的基本原因有两个：①水泥石中含有易引起腐蚀的组分氢氧化钙和水化铝酸钙；②水泥石本身不密实。水泥水化反应理论需水量仅为水泥质量的23%，而实际应用时拌和用水量多为40%～70%，多余水分会形成毛细管和孔隙存在于水泥石中，侵蚀性介质不仅在水泥石表面发生反应，而且容易进入水泥石内部引起严重破坏。

由于硅酸盐水泥的水化产物中，氢氧化钙和水化铝酸钙的含量相对较多，所以其耐侵蚀性比其他水泥差。而掺混合材料的水泥水化反应生成物中氢氧化钙含量明显减少，故其耐侵蚀性比硅酸盐水泥有明显改善。

5. 防止水泥石腐蚀的措施

根据以上腐蚀原因的分析，可以采取下列措施来防止水泥石的腐蚀。

（1）根据侵蚀环境的特点，合理选用水泥的品种。当水泥石遭受软水等侵蚀时，可选用水化产物中氢氧化钙含量较少的水泥。而当水泥石处在硫酸盐的腐蚀环境中，可采用铝酸三钙含量较低的抗硫酸盐水泥。在硅酸盐水泥熟料中掺入某些人工的或天然的矿物材料（混合材料），可提高水泥的抗腐蚀能力。

（2）提高水泥石的密实度。水泥石中的毛细管、孔隙是引起水泥石腐蚀加剧的内在原因之一。因此，采取适当技术措施，如强制搅拌、振动成形、真空吸水、掺加外加剂等，在满足施工

操作的前提下，努力降低水灰比，提高水泥石的密实度，都将使水泥石的耐腐蚀性得到改善。

（3）水泥石表面加做保护层。当侵蚀作用较强时，可在水泥制品的表面加做保护层，一般常用的保护层材料有耐酸石料、耐酸陶瓷、玻璃、塑料、沥青等。

3.2.5　硅酸盐水泥的特性及应用

1. 强度高

硅酸盐水泥凝结硬化快，强度高，尤其是早期强度增长率大，特别适合早期强度要求高的工程、高强度混凝土结构和预应力混凝土工程。

2. 水化热高

硅酸盐水泥中硅酸三钙和铝酸三钙含量高，使早期放热量大，放热速度快，用于冬期施工常可避免冻害。但高放热量对大体积混凝土工程不利，如无可靠的降温措施，不宜用于大体积混凝土工程。

3. 抗冻性好

硅酸盐水泥拌和物不易发生泌水，硬化后水泥石密实度较大，所以抗冻性优于其他通用水泥，适用于严寒地区受反复冻融作用的混凝土工程。

4. 碱度高、抗碳化能力强

硅酸盐水泥的碱度强且密实度高，碳化反应不容易进行，故抗碳化能力强，所以特别适用于重要的钢筋混凝土结构和预应力混凝土工程。

5. 干缩小

硅酸盐水泥在硬化过程中，形成大量的水化硅酸钙胶体，使水泥石密实，游离水分少，不易产生干缩裂纹，可用于干燥环境的混凝土工程。

6. 耐磨性好

硅酸盐水泥强度高，耐磨性好，且干缩小，可用于路面与地面工程。

7. 耐腐蚀性差

硅酸盐水泥石中含有大量的氢氧化钙和水化铝酸钙，容易引起软水、酸类和盐类的腐蚀，所以不宜用于受流动水、压力水、酸类和硫酸盐侵蚀的工程。

8. 耐热性差

硅酸盐水泥在温度为 250℃时水化物开始脱水，水泥石强度降低，当受热 700℃以上时将遭破坏，所以硅酸盐水泥不宜用于耐热混凝土工程。

9. 湿热养护效果差

硅酸盐水泥在常规养护条件下硬化快、强度高。但经蒸汽养护后，再经自然养护至 28d 测得的抗压强度往往低于未经蒸汽养护的 28d 抗压强度。

3.2.6　硅酸盐水泥的储运及验收

《通用硅酸盐水泥》（GB 175—2007/XG2—2015）规定：水泥检验结果符合化学指标、凝结时间、安定性、强度的规定为合格品，检验结果不符合以上任何一项技术要求为不合格品。

水泥储运方式，主要有散装和袋装。散装水泥从出厂、运输、储存到使用，直接通过专用工具进行。发展散装水泥具有较好的经济和社会效益。中国目前袋装水泥一般采用 50kg 包装袋的形式。

水泥在运输和保管时，不得混入杂物。不同品种、强度等级及出厂日期的水泥，应分别储存，并加以标志，不得混杂。散装水泥应分库存放。袋装水泥堆放时应考虑防水防潮，堆置高度一般不宜超过 10 袋，每平方米可堆放 1t 左右，使用时应考虑先存先用的原则。存放期一般不应超过 3 个月。即使在储存良好的条件下，因为水泥会吸收空气中的水分缓慢水化而丧失强度。袋装水泥储存 3 个月后，强度降低 10%～20%；6 个月后，强度降低 15%～30%；1 年后，强度降低 25%～40%。

水泥进场以后，应立即进行检验，为确保工程质量，应严格贯彻先检验后使用的原则。水泥检验的周期较长，一般要 1 个月。

3.3　掺混合材料的硅酸盐水泥

掺混合材料的硅酸盐水泥是由硅酸盐水泥熟料，加入适量混合材料及石膏共同磨细而制成的水硬性胶凝材料。

3.3.1　水泥混合材料

在生产水泥时，加到水泥中去的人工或天然矿物材料，称为水泥混合材料。水泥混合材料通常分为活性混合材料和非活性混合材料两大类。

1. 活性混合材料

常温下能与氢氧化钙和水发生反应，生成水硬性水化产物，并能逐渐凝结硬化产生强度的混合材料称为活性混合材料。活性混合材料的主要作用是改善水泥的某些性能，还具有扩大水泥强度等级范围、降低水化热、增加产量和降低成本的作用。属于这类性质的混合材料有粒化高炉矿渣、火山灰质混合材料和粉煤灰。

(1) 粒化高炉矿渣。粒化高炉矿渣是将炼铁高炉的熔融矿渣，经急速冷却而成的质地疏松、多孔的粒状物，颗粒直径一般为 0.5～5mm。急冷一般用水淬方法进行，故又称水淬高炉矿渣。成粒的目的在于阻止结晶，使其绝大部分成为不稳定的玻璃体，储有较高的化学潜能，从而有较高的潜在活性。

粒化高炉矿渣中的化学成分与硅酸盐水泥熟料相近，差别在于氧化钙含量比熟料低，氧化硅含量较高。粒化高炉矿渣中氧化铝和氧化钙含量越高，氧化硅含量越低，则矿渣活性越高，所配置的矿渣水泥强度也就越高。

(2) 火山灰质混合材料。火山喷发时，随同熔岩一起喷发的大量碎屑沉积在地面或水中成为松软物质，称为火山灰。由于喷出后即遭急冷，因此含有一定量的玻璃体，这些玻璃体是火山灰活性的主要来源，它的成分主要是活性氧化硅和活性氧化铝。火山灰质混合材料是泛指火山灰一类的物质，按其化学成分与矿物结构可分为含水硅酸质、铝硅玻璃质、烧黏土质等。

含水硅酸质混合材料有硅藻土、硅藻石、蛋白石和硅质渣等。其活性成分以氧化硅为主。

铝硅玻璃质混合材料有火山灰、凝灰岩、浮石和某些工业废渣。其活性成分为氧化钙和氧化铝。

烧黏土质混合材料有烧黏土、煤渣、煅烧的煤矸石等。其活性成分以氧化铝为主。

(3) 粉煤灰。粉煤灰是煤粉锅炉吸尘器所吸收的微细粉尘。它的颗粒直径一般为 0.001～0.05mm，呈玻璃态实心或空心的球状颗粒，表面致密性较好。粉煤灰的活性主要取决于玻璃体含量，粉煤灰的成分主要是活性氧化硅和活性氧化铝。

2. 非活性混合材料

常温下不能与氢氧化钙和水发生反应或反应其微，也不能产生凝结硬化的混合材料称为非活性混合材料。非活性混合材料掺入硅酸盐水泥中主要起填充的作用，可以提高水泥产量和扩大水泥强度等级的范围，降低水化热，增加产量，降低成本等。

3.3.2　普通硅酸盐水泥

凡由硅酸盐水泥熟料、适量石膏、6%～20%混合材料磨细制成的水硬性胶凝材料，称为普通硅酸盐水泥（ordinary portland cement）（简称普通水泥），代号为 P·O。掺加的活性混合材料允许用不超过水泥质量8%的非活性混合材料或不超过水泥质量5%的窑灰代替。

普通水泥按照《通用硅酸盐水泥》（GB 175—2007/XG2—2015）的规定分为 42.5、42.5R、52.5 和 52.5R 四个强度等级。普通水泥各龄期强度不得低于表 3-11 中的数值；普通水泥的细度以比表面积表示，不小于 $300m^2/kg$；普通水泥的初凝时间不得早于 45min，终凝时间不得迟于 10h。

表 3-11　　　　普通硅酸盐水泥各龄期的强度要求（GB 175—2007/XG2—2015）

强度等级	抗压强度（MPa）		抗折强度（MPa）	
	3d	28d	3d	28d
42.5	≥17.0	≥42.5	≥3.5	≥6.5
42.5R	≥22.0		≥4.0	
52.5	≥23.0	≥52.5	≥4.0	≥7.0
52.5R	≥27.0		≥5.0	

普通硅酸盐水泥的体积安定性及氧化镁、三氧化硫含量等其他技术要求与硅酸盐水泥相同。但由于掺入了少量混合材料，与硅酸盐水泥相比，早期硬化速度较慢，抗冻性、耐磨性及抗碳化性能也略差；而耐腐蚀性略好，水化热略有降低。在应用方面，与硅酸盐水泥也相近，广泛用于各种混凝土或钢筋混凝土工程，是中国的主要水泥品种之一。

3.3.3　矿渣硅酸盐水泥

凡由硅酸盐水泥熟料、适量石膏、一定量的粒化高炉矿渣磨细制成的水硬性胶凝材料，称为矿渣硅酸盐水泥（slag portland cement）（简称矿渣水泥）。根据掺入的粒化高炉矿渣含量，矿渣水泥又分为 P·S·A 和 P·S·B 型。其组分含量和化学指标见表 3-6 和表 3-9。

矿渣硅酸盐水泥的强度按照《通用硅酸盐水泥》（GB 175—2007/XG2—2015）规定分为 32.5、32.5R、42.5、42.5R、52.5、52.5R 六个等级，各龄期强度不得低于表3-12中的数值。水泥的细度以筛余质量百分数表示，80μm 方孔筛筛余不大于 10% 或 45μm 方孔筛筛余不大于 30%。水泥的凝结时间及沸煮安定性要求与普通硅酸盐水泥相同。矿渣水泥的密度通常为 2.8～3.1g/cm³，堆积密度为 1000～1200kg/m³。

矿渣水泥的凝结硬化和性能，相对于硅酸盐水泥来说有如下特点：

（1）矿渣水泥中熟料矿物较少而活性混合材料（粒化高炉矿渣）较多，就局部而言，其水化反应是分两步进行的。首先是熟料矿物水化，此时所生成的水化产物与硅酸盐水泥基本相同。随后是熟料矿物水化析出的氢氧化钙和掺入水泥中的石膏分别作为矿渣的碱性激发剂和硫酸盐激发剂，与矿渣中的活性氧化硅、活性氧化铝发生二次水化反应，生成水化硅酸钙、水化铝酸钙或水化铁铝酸钙，有时还可能生成水化铝硅酸钙等水化产物。而凝结硬化过程基本上与硅酸盐水泥相同。水泥熟料矿物水化后的产物又与活性氧化物进行反应，生成新的水化产物，称二次水化反应或二次反应。

表 3 - 12 矿渣水泥、火山灰水泥、粉煤灰水泥及复合水泥各龄期
的强度要求（GB 175—2007/XG2—2015）

强度等级	抗压强度（MPa）		抗折强度（MPa）	
	3d	28d	3d	28d
32.5	≥10.0	≥32.5	≥2.5	≥5.5
32.5R	≥15.0		≥3.0	
42.5	≥15.0	≥42.5	≥3.0	≥6.5
42.5R	≥19.0		≥4.0	
52.5	≥21.0	≥52.5	≥4.0	≥7.0
52.5R	≥23.0		≥4.5	

（2）因为矿渣水泥中熟料矿物含量比硅酸盐水泥少得多，而且混合材料中的活性氧化硅、活性氧化铝与氢氧化钙、石膏的作用在常温下进行缓慢，故凝结硬化稍慢，早期（3d、7d）强度较低。但在硬化后期（28d 以后），由于水化硅酸钙凝胶数量增多，使水泥石强度不断增长，最后甚至超过同强度等级普通硅酸盐水泥，如图 3-3 所示。

还应注意，矿渣水泥二次反应对环境的温湿度条件较为敏感，为保证矿渣水泥强度的稳步增长，需要较长时间的养护。若采用蒸汽养

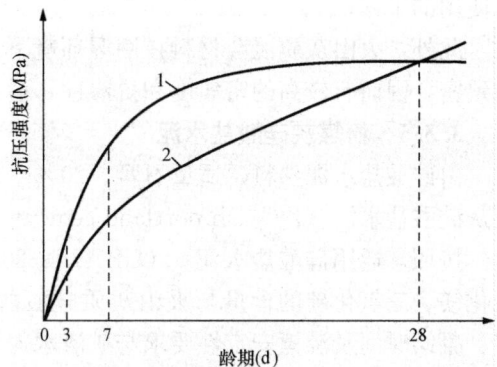

图 3 - 3 矿渣水泥与普通水泥强度增长情况的比较
1—普通水泥；2—矿渣水泥

护或压蒸养护等湿热处理方法，则能显著加快硬化速度，并且在处理完毕后不影响其后期的强度增长。

（3）矿渣水泥水化所析出的氢氧化钙较少，而且在与活性混合材料作用时，又消耗大量的氢氧化钙，水泥石中剩余的氢氧化钙就更少了。因此这种水泥抵抗软水、海水和硫酸盐腐蚀的能力较强，宜用于水工和海港工程。

（4）矿渣水泥还具有一定的耐热性，因此可用于耐热混凝土工程，如制作冶炼车间、锅炉房等高温车间的受热构件和窑炉外壳等。但这种水泥硬化后碱度较低，故抗碳化能力较差。

（5）矿渣水泥中混合材料掺量较多，且磨细粒化高炉矿渣有尖锐棱角，所以矿渣水泥的标准稠度需水量较大，但保持水分的能力较差，泌水性较大，故矿渣水泥的干缩性较大。如养护不当，就易产生裂纹。使用这种水泥，容易析出多余水分，形成毛细管通路或粗大孔隙，降低水泥石的匀质性，因此矿渣水泥的抗冻性、抗渗性和抵抗干湿交替循环的性能均不及普通水泥。

矿渣水泥应用较广泛，也是中国水泥产量最大的品种之一。

3.3.4 火山灰质硅酸盐水泥

由硅酸盐水泥熟料、适量石膏、20％～40％火山灰质混合材料磨细制成的水硬性胶凝材

料，称为火山灰质硅酸盐水泥（Portland pozzolan cement）（简称火山灰水泥），代号为P·P。

按照《通用硅酸盐水泥》（GB 175—2007/XG2—2015）的规定，其组分含量和化学指标见表3-6和表3-9。

火山灰质硅酸盐水泥的强度等级、细度、凝结时间及沸煮安定性要求与矿渣水泥相同。火山灰质硅酸盐水泥的密度通常为 $2.8\sim3.1\mathrm{g/cm^3}$，堆积密度为 $900\sim1000\mathrm{kg/m^3}$。

火山灰质硅酸盐水泥凝结硬化与矿渣水泥大致相同。首先是水泥熟料矿物水化，所生成的氢氧化钙再与混合材料中的活性氧化物进行二次水化反应，形成以水化硅酸钙为主的水化产物，其他还有水化硫铝酸钙、水化铝酸钙。特别要指出的是，火山灰质硅酸盐水泥的水化产物和水化速度常常由于具体的混合材料、熟料矿物及硬化环境的不同而有所变化。

火山灰质硅酸盐水泥的凝结硬化特性、水化放热、强度发展、碳化等性能，都与矿渣水泥基本相同。但火山灰质硅酸盐水泥的抗冻性和耐磨性比矿渣水泥差，干燥收缩较大，在干热条件下会产生起粉现象。因此，火山灰质硅酸盐水泥不宜用于有抗冻、耐磨要求和干热环境使用的工程。

此外，火山灰质混合材料在潮湿环境下，会吸收石灰而产生膨胀胶化作用，使水泥石结构致密，因而有较高的密实度和抗渗性，适宜用于抗渗要求较高的工程。

3.3.5　粉煤灰硅酸盐水泥

由硅酸盐水泥熟料、适量石膏、20％～40％粉煤灰磨细制成的水硬性胶凝材料，称为粉煤灰硅酸盐水泥（fly-ash portland cement）（简称粉煤灰水泥），代号为P·F。

按照《通用硅酸盐水泥》（GB 175—2007/XG2—2015）的规定，粉煤灰硅酸盐水泥中氧化镁、三氧化硫的含量与火山灰质硅酸盐水泥相同。粉煤灰硅酸盐水泥的强度等级、细度、凝结时间及沸煮安定性要求与矿渣水泥相同。

粉煤灰硅酸盐水泥的凝结硬化与火山灰质硅酸盐水泥很相近，主要是水泥熟料矿物水化，所生成的氢氧化钙通过液相扩散到粉煤灰球形玻璃体的表面，与活性氧化物发生作用（或称为吸附和侵蚀），生成水化硅酸钙和水化铝酸钙；当有石膏存在时，随即生成水化硫铝酸钙晶体。

粉煤灰硅酸盐水泥的主要技术性能与矿渣水泥和火山灰硅酸盐水泥相似。由于粉煤灰的颗粒多呈球形微粒，内比表面积较小，吸附水的能力较小，因而粉煤灰硅酸盐水泥的干燥收缩小，抗裂性较好。同时，拌制的混凝土和易性较好。

3.3.6　复合硅酸盐水泥

由硅酸盐水泥熟料、适量石膏、20％～50％两种或两种以上规定的混合材料磨细制成的水硬性胶凝材料，称为复合硅酸盐水泥（composite portland cement）（简称复合水泥），代号为P·C。

按照《通用硅酸盐水泥》（GB 175—2007/XG2—2015）的规定，复合硅酸盐水泥中氧化镁、三氧化硫的含量与火山灰质硅酸盐水泥相同。复合硅酸盐水泥的强度等级、细度、凝结时间及沸煮安定性要求与矿渣硅酸盐水泥相同。

复合硅酸盐水泥的特性取决于所掺两种混合材料的种类、掺量及相对比例，与矿渣硅酸盐水泥、火山灰质硅酸盐水泥、粉煤灰硅酸盐水泥有不同程度的相似，其使用应根据所掺入的混合材料种类，参照其他掺混合材料水泥的适用范围和工程实践经验选用。

为了便于识别，硅酸盐水泥和普通硅酸盐水泥包装袋上要求用红色字印刷水泥名称和强度等级，矿渣硅酸盐水泥采用绿色字印刷；火山灰质硅酸盐水泥、粉煤灰硅酸盐水泥和复合硅酸盐水泥采用黑色或蓝色字印刷。

目前，硅酸盐水泥、普通硅酸盐水泥、火山灰质硅酸盐水泥、粉煤灰硅酸盐水泥、矿渣硅酸盐水泥和复合硅酸盐水泥这六大通用水泥在我国被广泛地使用。在混凝土结构工程中，这些水泥的使用可参照表 3-13 来进行选择。

表 3 - 13　　　　　　　　　　通用硅酸盐水泥的选用

混凝土工程特点或所处环境条件		优先选用	可以使用	不宜使用
普通混凝土	1. 在普通气候环境中的混凝土	普通硅酸盐水泥	矿渣硅酸盐水泥、火山灰质硅酸盐水泥、粉煤灰硅酸盐水泥、复合硅酸盐水泥	
	2. 在干燥环境中的混凝土	普通硅酸盐水泥	矿渣硅酸盐水泥	火山灰硅酸盐水泥、粉煤灰硅酸盐水泥
	3. 在高湿度环境中或永远处在水下的混凝土	火山灰质硅酸盐水泥、粉煤灰硅酸盐水泥	普通硅酸盐水泥、复合硅酸盐水泥	矿渣硅酸盐水泥
	4. 厚大体积的混凝土	粉煤灰硅酸盐水泥、矿渣硅酸盐水泥、火山灰质硅酸盐水泥、复合硅酸盐水泥	普通硅酸盐水泥	硅酸盐水泥、快硬硅酸盐水泥
有特殊要求的混凝土	1. 要求快硬的混凝土	快硬硅酸盐水泥、硅酸盐水泥	普通硅酸盐水泥	矿渣硅酸盐水泥、火山灰质硅酸盐水泥、粉煤灰硅酸盐水泥、复合硅酸盐水泥
	2. 高强（大于 C40 级）的混凝土	硅酸盐水泥、普通硅酸盐水泥	普通硅酸盐水泥、矿渣硅酸盐水泥	火山灰质硅酸盐水泥、粉煤灰硅酸盐水泥
	3. 严寒地区的露天混凝土，寒冷地区的处在水位升降范围内的混凝土	普通硅酸盐水泥	矿渣硅酸盐水泥	火山灰质硅酸盐水泥、粉煤灰硅酸盐水泥
	4. 严寒地区处在水位升降范围内的混凝土	普通硅酸盐水泥		火山灰质硅酸盐水泥、矿渣硅酸盐水泥、粉煤灰硅酸盐水泥、复合硅酸盐水泥

续表

混凝土工程特点或所处环境条件		优先选用	可以使用	不宜使用
有特殊要求的混凝土	5. 有抗渗要求的混凝土	普通硅酸盐水泥、火山灰质硅酸盐水泥		矿渣硅酸盐水泥
	6. 有耐磨性要求的混凝土	硅酸盐水泥、普通硅酸盐水泥	矿渣硅酸盐水泥	火山灰质硅酸盐水泥、粉煤灰硅酸盐水泥

注　蒸汽养护时用的水泥品种，宜根据具体条件通过试验确定。

3.4　特性水泥和专用水泥

3.4.1　快硬水泥（early strength cement）

1. 铝酸盐水泥（aluminate cement）

凡以铝酸钙为主的铝酸钙水泥熟料，磨细制成的水硬性胶凝材料称为铝酸盐水泥，代号为 CA，根据需要也可在磨制 Al_2O_3 含量大于 68% 的水泥时掺加适量的 α - Al_2O_3 粉。

铝酸盐水泥的主要矿物成分为铝酸一钙（$CaO \cdot Al_2O_3$，简称 CA）。铝酸盐水泥常为黄褐色，也有呈灰色的。铝酸盐水泥的密度和堆积密度与普通硅酸盐水泥相近。按照《铝酸盐水泥》（GB 201—2000），铝酸盐水泥根据 Al_2O_3 的含量百分数分为 CA—50（50%≤Al_2O_3＜60%）、CA—60（60%≤Al_2O_3＜68%）、CA—70（68%≤Al_2O_3＜77%）和 CA—80（77%≤Al_2O_3）四类。对其物理性能的要求是：

（1）细度：比表面积不小于 300m^2/kg 或 0.045mm 筛余不大于 20%。

（2）凝结时间：CA—50、CA—70、CA—80 的胶砂初凝时间不得早于 30min，终凝时间不得迟于 6h；CA—60 的胶砂初凝时间不得早于 60min，终凝时间不得迟于 18h。

（3）强度：各类型水泥各龄期的强度值不得低于表 3 - 14 所列数值。

表 3 - 14　　　　　　　　　　铝酸盐水泥各龄期强度要求

水泥类型	抗压强度（MPa）				抗折强度（MPa）			
	6h	1d	3d	28d	6h	1d	3d	28d
CA—60	20	40	50	—	3.0	5.5	6.5	—
CA—60	—	20	45	80	—	2.5	5.0	10.0
CA—60		30	40			5.0	6.0	
CA—60		25	30			4.0	5.0	

铝酸盐水泥具有快凝、早强、高强、低收缩、耐热性好和耐硫酸盐腐蚀性强的特点，可用于工期紧急的工程、抢修工程和冬季施工的工程，以及配制耐热混凝土和耐硫酸盐混凝土。但铝酸盐水泥的水化热大、耐碱性差、长期强度会降低，使用时应予以注意。

铝酸盐水泥运输和储存时应特别注意防潮和不与其他品种水泥混杂。

2. 快硬硫铝酸盐水泥（rapid hardening sulphoaluminate cement）

以适当成分的生料，经煅烧所得以无水硫铝酸钙和硅酸二钙为主要矿物成分的水泥熟料和石灰石、适量石膏共同磨细制成的，具有早期强度高的水硬性胶凝材料，代号为 R·FAC。

根据《快硬硫铝酸盐水泥、快硬铁铝酸盐水泥》（JC 933—2003），快硬硫铝酸盐水泥以 3d 抗压强度划分为 42.5、52.5、62.5、72.5 四个等级。各龄期强度均不得低于表 3-15 的数值，水泥中不允许出现游离的氧化钙，比表面积不得低于 350m²/kg，初凝时间不早于 25min，终凝时间不迟于 180min。

快硬硫铝酸盐水泥具有快凝、早强、不收缩的特点，适宜用于配制早强、抗渗和抗硫酸盐侵蚀的混凝土，冬期施工，浆锚、喷锚支护、抢修、堵漏工程等。但由于快硬硫铝酸盐水泥碱度低，使用时应注意钢筋锈蚀问题。

表 3-15   快硬硫铝酸盐水泥各龄期强度要求

强度等级	抗压强度（MPa）			抗折强度（MPa）		
	1d	3d	28d	1d	3d	28d
42.5	33.0	42.5	45.0	6.0	6.5	7.0
52.5	42.0	52.5	55.0	6.5	7.0	7.5
62.5	50.0	62.5	65.0	7.0	7.5	8.0
72.5	56.0	72.5	75.0	7.5	8.0	8.5

3.4.2 膨胀水泥 （expanding cement）

普通硅酸盐水泥在空气中硬化时，通常都表现为收缩，收缩的数值随水泥的品种、熟料的矿物组成、水泥的细度、石膏的加入量及用水量的多少而定。由于收缩，水泥混凝土制品内部会产生微裂缝，这样，不但使水泥混凝土的整体性被破坏，而且会使混凝土的一系列性能劣化。例如，抗渗性和抗冻性下降，使外部侵蚀性介质（腐蚀性气体、水汽）透入。总之，使混凝土的耐久性下降。

膨胀水泥是对应在空气中产生收缩的一般水泥而言的。膨胀水泥和水混合硬化后，体积不但不收缩反而有所膨胀，当用膨胀水泥配制混凝土时，硬化过程中产生一定数值的膨胀，可以克服或改善普通混凝土所产生的缺点。

按基本组成，膨胀水泥可以分为以下几种。

1. 硅酸盐膨胀水泥

以硅酸盐水泥为主，外加高铝水泥和石膏组成。

2. 铝酸盐膨胀水泥

以高铝水泥为主，外加石膏组成。

3. 硫铝酸盐膨胀水泥

以无水硫铝酸钙和硅酸二钙为主要矿物，外加石膏组成。

4. 铁铝酸钙膨胀水泥

以铁相、无水硫铝酸钙和硅酸二钙为主要矿物，加石膏制成。

调整各种组成的配合比例，可以得到不同膨胀值的水泥。根据膨胀值的大小不同，可分为膨胀水泥和自应力水泥。

膨胀水泥的线膨胀率一般在 1% 以下，相当于或稍大于普通水泥的收缩率。膨胀水泥适用于补偿收缩混凝土，用作防渗混凝土；填灌混凝土结构或构件的接缝及管道接头，结构的加固与修补，浇筑机器底座及固结地脚螺栓等。

自应力水泥的线膨胀率一般为 1‰～3‰，所以膨胀结果不仅使水泥避免收缩，而且尚有一定的最后线膨胀值，在限制的条件下，则可使水泥混凝土受到压应力，从而达到了预应力的目的。自应力水泥适用于制造自应力钢筋混凝土压力管及其配件。

3.4.3 白色和彩色硅酸盐水泥

凡以适当成分的生料烧至部分熔融，得到以硅酸钙为主要成分、氧化铁含量很小的白色硅酸盐水泥熟料，加入适量石膏及 0～10% 的混合材料（石灰石或窑灰），共同磨细制成的水硬性胶凝材料称为白色硅酸盐水泥（white portland cement），简称白水泥，代号为 P·W。按照《白色硅酸盐水泥》（GB/T 2015—2005）规定，白色硅酸盐水泥分为 32.5、42.5 和 52.5 三个强度等级，水泥中三氧化硫的含量应不超过 3.5%，$80\mu m$ 方孔筛筛余应不超过 10%，初凝时间应不早于 45min，终凝时间应不迟于 10h，沸煮安定性检验必须合格，水泥白度值应不低于 87。

白色硅酸盐水泥熟料、石膏和耐碱矿物颜料共同磨细，可制成彩色硅酸盐水泥（colored portland cement）。《彩色硅酸盐水泥》（JC/T 870—2000）规定，彩色硅酸盐水泥分为 27.5、32.5 和 42.5 三个强度等级，基本色有红色、黄色、蓝色、绿色、棕色和黑色等，主要用于建筑物的内外装饰工程。

3.4.4 道路硅酸盐水泥

1. 定义和性能

道路硅酸盐水泥（portland cement for road）是指由较高铁铝酸钙含量的硅酸盐道路水泥熟料、0～10% 活性混合材料和适量石膏磨细制成的水硬性胶凝材料，简称道路水泥。

对道路水泥的性能要求：耐磨性好、收缩小、抗冻性好、抗冲击性好，有较高的抗折强度和良好的耐久性。道路水泥的上述特性，主要依靠改变水泥熟料的矿物组成、粉磨细度、石膏加入量及外加剂来达到。

2. 技术要求

《道路硅酸盐水泥》（GB 13693—2005）规定：道路水泥中氧化镁含量应不大于 5.0%；三氧化硫含量应不大于 3.5%；烧失量应不大于 3.0%；比表面积为 300～450 m^2/kg；初凝时间不得早于 1.5h，终凝时间不得迟于 10h；沸煮安定性必须合格；28d 干缩率应不大于 0.1%；28d 磨耗量应不大于 3.0kg/m^2；碱含量由供需双方商定；水泥的强度等级按规定龄期的抗压和抗折强度来划分，3d 和 28d 龄期的抗压强度和抗折强度不低于表 3-16 所示的数值。

表 3-16　　　　　　　　　　道路水泥的等级与各龄期强度表

水泥强度等级	抗压强度（MPa）		抗折强度（MPa）	
	3d	28d	3d	28d
32.5	16.0	32.5	3.5	6.5
42.5	21.0	42.5	4.0	7.0
52.5	26.0	52.5	5.0	7.5

道路水泥主要用于公路路面、机场道面及要求较高的工厂地面和停车场等工程。

【案例分析 3-2】

概况：某大体积的混凝土工程，浇筑两周后拆模，发现挡墙有多道贯穿型的纵向裂缝，试分析其原因。经测定，工程所用 42.5 Ⅱ 型硅酸盐水泥熟料的矿物组成见表 3-17。

表 3-17　　　　　工程所用 42.5 Ⅱ 型硅酸盐水泥熟料的矿物组成　　　　　%

熟料矿物	C_3S	C_2S	C_3A	C_4AF
含量	61	14	14	11

原因分析：从熟料矿物成分含量来看，C_3S 的含量明显高于一般水平，且 C_3S 的水化反应速度快，水化放热量大。从工程情况来看，该项目是大体积的混凝土工程，会导致内部温度过高。综上，该裂缝由温度变形产生。为了解决这一问题，可以在该项目所用混凝土中掺入适量的矿物掺和料，或更换水泥品种，使用矿渣水泥、火山灰水泥、粉煤灰水泥等掺大量混合材料的水泥来改善这一情况。

复习思考题

3-1　名词解释

(1) 硬石膏；(2) 过火石灰；(3) 陈伏；(4) 水玻璃的模数；(5) 活性混合材；(6) 体积安定性；(7) 硫酸盐腐蚀。

3-2　选择题

(1) (　　) 浆体在凝结硬化过程中，体积发生微小膨胀。

A. 石膏　　　　　B. 石灰　　　　　C. 菱苦土　　　　　D. 水玻璃

(2) 石灰硬化过程实际上是 (　　) 过程。

A. 水化、结晶　　B. 水化、碳化　　C. 结晶、碳化　　D. 陈伏、碳化

(3) 水玻璃在空气中硬化很慢，通常一定要加入促硬剂才能正常硬化，其用的促硬剂是 (　　)。

A. NaF　　　　　B. NaSO$_4$　　　　C. Na$_2$SiF$_6$　　　D. NaCl

(4) 石灰与纤维材料共同使用，目的在于 (　　)。

A. 提高抗压强度　　　　　　　B. 克服过火石灰的危害

C. 加快硬化速度　　　　　　　D. 提高抗裂能力

(5) 土木工程中，可以用来配制耐酸混凝土的气硬性胶凝材料是 (　　)。

A. 石灰　　　　　B. 水玻璃　　　　C. 石膏　　　　　D. 氯氧镁水泥

(6) 硅酸盐水泥熟料中，(　　) 矿物含量最高。

A. C_3S　　　　　B. C_2S　　　　　C. C_3A　　　　　D. C_4AF

(7) 引起硅酸盐水泥体积安定性不良的原因之一是水泥熟料中 (　　) 含量过多。

A. C_3S　　　　　B. CaO　　　　　C. Ca(OH)$_2$　　　　D. C_3A

(8) 欲制得低热水泥，应限制硅酸盐水泥熟料中 (　　)、(　　) 的矿物含量。

A. C_3S　　　　　B. C_2S　　　　　C. C_3A　　　　　D. C_4AF

(9) 高层建筑基础工程的混凝土宜优先选用 (　　)。

A. 普通水泥　　　B. 矿渣水泥　　　C. 火山灰水泥

(10) 水泥 (　　) 检验不合格时，需作废品处理。

A. 强度　　　　　B. 初凝时间　　　C. 终凝时间

(11) 道路硅酸盐水泥的熟料矿物组成特点是 (　　)。

A. C_3A 多，C_4AF 少　　　　　　　B. C_3S 多，C_4AF 少

C. C_3A 少，C_4AF 多　　　　　　　D. C_3A 多，C_4AF 多

3-3　判断题

(1) 气硬性胶凝材料只能在空气中硬化，而水硬性胶凝材料只能在水中硬化。　(　　)

(2) 建筑石膏的最突出的技术性质是凝结硬化快，并且在硬化时体积略有膨胀。(　　)

(3) 石灰砂浆抹面出现开裂现象，一定是过火石灰产生的膨胀导致。　　　　(　　)

(4) 水玻璃硬化后耐水性好，因此可以涂刷在石膏制品的表面，以提高石膏的耐水性。

　　　　　　　　　　　　　　　　　　　　　　　　　　　　　　　　　(　　)

(5) 抗渗性要求较高的混凝土工程，不宜选用矿渣硅酸盐水泥。　　　　　(　　)

(6) 火山灰水泥耐软水侵蚀性好，而且抗渗性好，故中国北方寒冷地区修建大坝宜选用火山灰水泥。　　　　　　　　　　　　　　　　　　　　　　　　　　　(　　)

(7) 水泥水化过程中产生的 $Ca(OH)_2$ 和 $3CaO \cdot Al_2O_3 \cdot 6H_2O$ 是引起水泥石腐蚀的内因。　　　　　　　　　　　　　　　　　　　　　　　　　　　　　(　　)

(8) 生产水泥时，掺入石膏的目的是提高水泥的强度。　　　　　　　　　(　　)

(9) 生产混合材水泥的主要原因在于增加产量和降低成本。　　　　　　　(　　)

(10) 高铝水泥的水化热大，所以不宜采用蒸汽养护。　　　　　　　　　(　　)

3-4　问答题

(1) 过火石灰、欠火石灰对石灰的性能有什么影响？如何消除？

(2) 建筑石膏及其制品为什么适用于室内，而不适用于室外？

(3) 硅酸盐水泥由哪些矿物成分所组成？这些矿物成分对水泥的性质有什么影响？

(4) 道路水泥在矿物组成上有什么特点？在技术性质方面有些什么特殊要求？

(5) 什么是水泥的体积安定性？产生安定性不良的原因是什么？

(6) 为什么生产硅酸盐水泥时掺适量石膏对水泥不起破坏作用，而硬化水泥石遇到有硫酸盐溶液的环境，生产出石膏时就有破坏作用？

(7) 什么是水泥的混合材料？在硅酸盐水泥中掺混合材料起什么作用？

(8) 水泥石易受腐蚀的基本原因是什么？防止腐蚀的措施有哪些？

(9) 现有建筑石膏、白色硅酸盐水泥、生石灰粉、白色石灰石粉四种白色粉末，请用所学知识加以鉴别（化学分析方法除外）。

(10) 高强度混凝土工程、水下混凝土工程、厚大体积混凝土工程、冬期混凝土工程、有抗渗（防水）要求的混凝土工程应优先选用哪种水泥？说明理由。

第4章 水泥混凝土与砂浆

水泥混凝土和砂浆是现代土木工程最主要的结构材料，通过本章的学习，应系统地掌握水泥混凝土和砂浆的配制及其主要性能，为结构设计和工程施工打下坚实的基础。

通过本章的学习，重点掌握水泥混凝土和砂浆的原材料要求、主要技术性能及影响因素、配合比设计方法及常用外加剂的性能和应用场合；了解混凝土和砂浆的施工工艺、质量检测及适应特殊工程的特种混凝土和砂浆的性能。

混凝土（concrete）是由胶凝材料、水和（粗、细）骨料及具有特定性能的外加剂或混合材料按适当比例配合、拌制成拌和物，并经一定时间硬化而成具有一定强度的人造石材。

水泥混凝土自从1824年问世以来，现已发展成一种应用最广泛、用量最大的工程材料。其主要原因是混凝土具有以下几方面优点：

（1）抗压强度高。现投入工程使用的已有抗压强度达到135MPa的混凝土，而试验室内可以配制出抗压强度超过300MPa的混凝土，能满足现代土木工程对材料的要求。

（2）可根据不同要求配制各种不同性质的混凝土。在一定范围内，通过调整混凝土的配合比，可以很方便地配制出具有不同强度、流动性、抗渗性、抗冻性等性能的混凝土。

（3）凝结前具有良好的可塑性。可以浇筑成各种形状和尺寸的构件或结构物，与现代施工机械及施工工艺具有较好的适应性。

（4）与钢筋有牢固的黏结力。能制成坚固耐久的钢筋混凝土构件，进一步扩大了水泥混凝土的使用范围。

（5）符合就地取材和经济性原则。水泥混凝土组成材料中，砂石等地方材料占80%以上。

但混凝土也存在一些缺点，如抗拉强度低，受拉时因变形能力小而容易开裂；普通混凝土自重大等。

混凝土常按照表观密度的大小分类，一般可分为以下几类：

（1）重混凝土（heavy concrete）。表观密度大于$2600kg/m^3$。重混凝土是采用密度比较大的骨料配制而成的，如重晶石混凝土、钢屑混凝土、铁矿石混凝土等，此类混凝土具有不透X射线和γ射线的性能。

（2）普通混凝土（ordinary concrete）。表观密度为$1950\sim2500kg/m^3$。普通混凝土是用天然的砂、石作骨料配制成的。这类混凝土在土木工程中最常用，如房屋及桥梁等承重结构、道路建筑中的路面等。

（3）轻混凝土（light concrete）。表观密度小于$1950kg/m^3$。轻混凝土又可以分为三类：

1）轻骨料混凝土，其表观密度范围是$800\sim1950kg/m^3$，是用轻骨料如浮石、火山渣、陶粒、膨胀珍珠岩、膨胀矿渣、煤渣等配制成。

2）多孔混凝土（泡沫混凝土、加气混凝土）。其表现密度范围是$300\sim1000kg/m^3$。泡沫混凝土是由水泥浆或水泥砂浆与稳定的泡沫制成的。加气混凝土是由水泥、水与发气剂配制成的。

3）大孔混凝土（普通大孔混凝土、轻骨料大孔混凝土），其组成中无细骨料。普通大孔混凝土的表现密度范围为 $1500\sim1900\mathrm{kg/m^3}$，是用碎石、卵石、重矿渣作骨料配制成的。

混凝土还可按其功能和用途分类，如结构混凝土、防水混凝土、耐热混凝土、耐酸混凝土和修补混凝土等。

在土木工程中使用的混凝土，一般对其性能的基本要求是：具有方便施工的和易性；具有符合设计要求的强度；具有与工程环境相适应的耐久性。

4.1 普通混凝土的组成材料

组成普通水泥混凝土的原材料主要包括水泥、水、粗骨料、细骨料和外加剂五种。五种原材料的各自种类和比例不同，所配制出的水泥混凝土性能也相应地有所不同。

4.1.1 水泥

水泥（cement）是混凝土中很重要的组分，其合理选用包括以下两个方面。

1. 水泥品种的选择

配制混凝土时，应根据工程性质、部位、施工条件、环境状况等，按各种水泥的特性合理选择水泥的品种。六大常用水泥的选用原则，见表 3-13。

2. 水泥强度等级的选择

水泥的强度等级的选择，应与要求配制的混凝土强度等级相适应。原则上是配制高强度等级的混凝土，选用高强度等级水泥；配制低强度等级的混凝土，选用低强度等级水泥。

根据经验，配制普通混凝土时，水泥强度为混凝土抗压强度的 1.5～2.0 倍为宜；配制高强度混凝土时，为混凝土抗压强度的 0.9～1.5 倍为宜。但是，随着混凝土强度等级不断提高，以及采用了新的工艺和外加剂，高强度和高性能混凝土并不受此比例的约束。

4.1.2 骨料

普通混凝土所用骨料为颗粒状材料，按大小分为两种，粒径小于 4.75mm 的骨料为细骨料（fine aggregate）（砂），粒径大于 4.75mm 的骨料为粗骨料（coarse aggregate）（石子）。

普通混凝土中所用细骨料，一般是由天然岩石长期风化等自然条件形成的天然砂，根据产源不同，天然砂（natural sand）可分为河砂、海砂和山砂。此外，还可用岩石经除土、开采、机械破碎、筛分而成的人工砂（manufa ctured sand），以及由天然砂和人工砂按一定比例混合而成的混合砂。

普通混凝土常用的粗骨料有碎石和卵石。岩石由于自然条件作用而形成的颗粒，称为卵石；天然岩石或卵石经破碎、筛分而得的岩石颗粒，称为碎石。

骨料的体积一般占混凝土体积的 70%～80%，骨料的质量优劣将直接影响混凝土各项性能的好坏。下面概括介绍对配制混凝土用砂、石子的质量要求。

1. 有害物质

砂、石子中常含有一些有害物质，如云母、黏土、淤泥、粉砂等。这些有害物质黏附在砂、石子表面，妨碍水泥与砂、石子的黏结，降低混凝土强度；同时，还会增加混凝土的用水量，加大混凝土的收缩，降低混凝土的抗冻性能和抗渗性能。另外，一些有机杂质、硫化物和硫酸盐会对水泥有腐蚀作用。按《普通混凝土用砂石质量与检验方法标准》（JGJ 52—2006）规定，砂、石子中有害物质的含量应符合表 4-1 的规定。

表 4 - 1　　　　　　　　砂、石子中杂质含量及石子中针、片状颗粒含量

项　　目		质　量　标　准		
		≥C60	C55～C30	≤C25
含泥量,按质量计(%)	砂	≤2.0	≤3.0	≤5.0
	碎石或卵石	≤0.5	≤1.0	≤2.0
泥块含量,按质量计(%)	砂	≤0.5	≤1.0	≤2.0
	碎石或卵石	≤0.2	≤0.5	≤0.7
硫化物和硫酸盐含量(折算为 SO_3) 按质量计(%)	砂	≤1.0		
	碎石或卵石	≤1.0		
有机物含量(用比色法试验)	砂	颜色不应深于标准色,如深于标准色,则应按水泥胶砂强度试验方法进行强度对比试验,抗压强度比不应低于0.95		
	卵石	颜色不应深于标准色,如深于标准色,则应配制成混凝土进行强度对比试验,抗压强度比不应低于0.95		
云母含量,按质量计(%)	砂	≤2.0		
轻物质含量,按质量计(%)	砂	≤1.0		
针、片状颗粒含量,按质量计(%)	碎石或卵石	≤8	≤15	≤25

2. 碱活性

砂、石子中若含有活性氧化硅或含有黏土的白云石质石灰石,在一定的条件下会与水泥中的碱发生碱-骨料反应(alkali-aggregate reaction),体积膨胀导致混凝土开裂。因此,当用于重要结构混凝土或对砂、石子有怀疑时,须按标准规定,应首先采用岩相法检验碱活性骨料的品种、类型和数量,然后按砂浆长度法或岩石柱法进行碱活性检验。

3. 坚固性

按《普通混凝土用砂石质量与检验方法标准》(JGJ 52—2006)规定,骨料的坚固性(soundness)用硫酸钠溶液检验,试样经五次循环后其质量损失符合表 4 - 2 的规定。

表 4 - 2　　　　　　　　砂、石坚固性指标

混凝土所处环境条件及其性能要求		循环后的质量损失(%)
在严寒及寒冷地区使用,并经常处于潮湿或干湿交替状态下的混凝土;有腐蚀性介质作用或经常处于水位变化区的地下结构或有抗疲劳、耐磨、抗冲击等要求的混凝土	砂	≤8
	石	≤8
其他条件下使用的混凝土	砂	≤10
	石	≤12

4. 骨料的形状与表面特征

粗骨料的颗粒形状及表面特征会影响其与水泥的黏结及混凝土拌和物的流动性。碎石具有棱角,表面粗糙,与水泥黏结较好,而卵石多为球形,表面光滑,与水泥的黏结较差,在水泥用量和水用量相同的情况下,碎石拌制的混凝土流动性较差,但强度较高,而卵石拌制的混凝土则流动性较好,但强度较低。

砂的颗粒较小，一般较少考虑其形貌，可是粗骨料就必须考虑其针状（颗粒长度大于该颗粒所属粒级的平均粒径的 2.4 倍）和片状（厚度小于平均粒径的 0.4 倍）的含量，这种针、片状颗粒过多，会使混凝土强度降低。对针、片状颗粒含量的限值要求见表 4 - 1。

5. 级配和粗细程度

砂、石的级配（size grading）是指砂、石中不同粒径颗粒的分布情况。良好的级配应能使砂、石的空隙率和总表面积均较小，以达到节约水泥、提高混凝土密实性及其强度的目的。若砂、石的粒径分布在同一尺寸范围内，则会产生很大的空隙率 [见图 4 - 1 （a）]；若砂石的粒径在两种尺寸范围内，空隙率就减小 [见图 4 - 1 （b）]；若砂、石的粒径分布在更多的尺寸范围内，则空隙率就更小了 [见图 4 - 1 （c）]。由此可见，只有适宜的砂、石粒径分布，才能达到良好的级配要求。

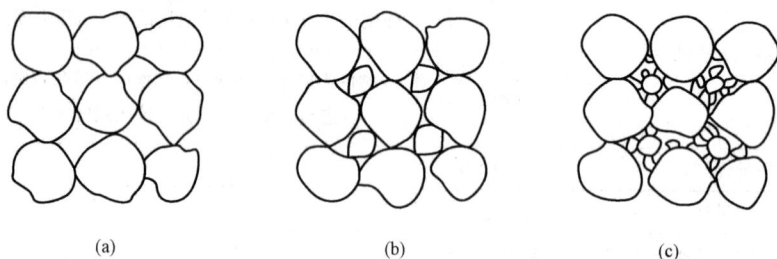

(a)　　　　　　　　(b)　　　　　　　　(c)

图 4 - 1　骨料颗粒级配

砂、石的粗细程度是指不同粒径的颗粒混在一起后的总体粗细程度。相同质量的砂、石，粒径越小，总表面积越大。在混凝土中，砂、石表面需要水泥浆包裹，砂、石的总表面积越大，则需要包裹砂、石的水泥浆就越多。

因此，在拌制混凝土时，骨料的颗粒级配和粗细程度应同时考虑。当骨料中含有较多的粗粒径骨料，并以适当的中粒径骨料及少量细粒径骨料填充其空隙，则可达到空隙率和总表面积均较小，不仅水泥浆用量较少，而且还可提高混凝土的密实性和强度。可见，控制骨料的颗粒级配和粗细程度有很大的技术经济意义，因而它们是评定骨料质量的重要指标。

（1）砂的颗粒级配和粗细程度。砂的颗粒级配和粗细程度，常用筛分方法进行测定。用级配区表示砂的颗粒级配，用细度模数表示砂的粗细。筛分方法，是用一套孔径为 4.75、2.36、1.18mm 和 600、300、150μm 的方孔标准筛，将抽样所得 500g 干砂，由粗到细依次过筛，然后称得留在各筛上砂的质量，并计算出各筛上的分计筛余百分率 a_1、a_2、a_3、a_4、a_5 和 a_6（各筛上的筛余量占砂样总质量的百分率）及累计筛余百分率 A_1、A_2、A_3、A_4、A_5 和 A_6（各筛与比该筛粗的所有筛的分计筛余百分率之和）。累计筛余与分计筛余的关系见表 4 - 3。任意一组累计筛余（$A_1 \sim A_6$）则表征了一个级配。

表 4 - 3　　　　　　　　　　　　　　**累计筛余与分计筛余的关系**

筛孔尺寸	分计筛余（%）	累计筛余（%）
4.75mm	a_1	$A_1 = a_1$
2.36mm	a_2	$A_2 = a_1 + a_2$
1.18mm	a_3	$A_3 = a_1 + a_2 + a_3$

续表

筛孔尺寸	分计筛余（%）	累计筛余（%）
600μm	a_4	$A_4 = a_1 + a_2 + a_3 + a_4$
300μm	a_5	$A_5 = a_1 + a_2 + a_3 + a_4 + a_5$
150μm	a_6	$A_6 = a_1 + a_2 + a_3 + a_4 + a_5 + a_6$

标准规定，砂按 600μm 筛孔的累计筛余百分率计，分成三个级配区，见表 4-4。砂的实际粒级配与表 4-3 中所示累计筛余百分率相比，除 4.75mm 和 600μm 筛号外，允许稍超出分区界线，但其总量百分率不应大于 5%。以累计筛余百分率为纵坐标，以筛孔尺寸为横坐标，根据表 4-4 的规定数值可以画出砂的 I、II、III 级配区上下限的筛分曲线，如图 4-2 所示。配制混凝土时宜优先选用 II 区砂；当采用 I 区砂时，应提高砂率，并保持足够的水泥用量，以满足混凝土的和易性；当采用 III 区砂时，宜适当降低砂率，以保证混凝土强度。

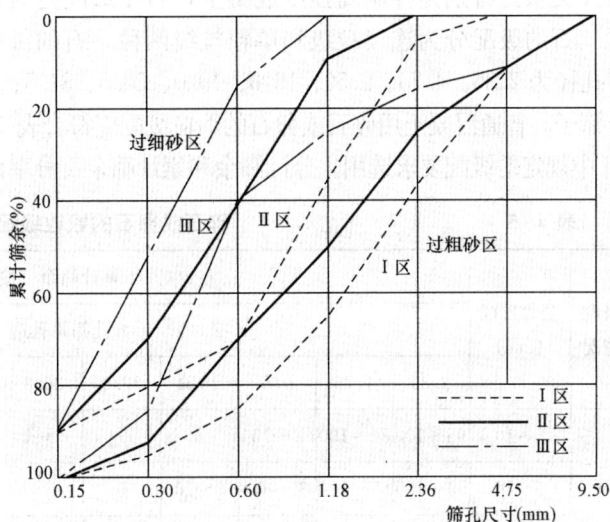

图 4-2　砂的 I、II、III 级配区曲线

表 4-4　　　　　　　　　　　　　砂 的 颗 粒 级 配 区

筛孔尺寸	级 配 区		
	I 区	II 区	III 区
	累计筛余（%）		
4.75mm	10～0	10～0	10～0
2.26mm	35～5	25～0	15～0
1.18mm	65～35	50～10	25～0
600μm	85～71	70～41	40～16
300μm	95～80	92～70	85～55
150μm	100～90	100～90	100～90

砂的粗细程度用细度模数表示，细度模数（μ_f）按式（4-1）计算，即

$$\mu_f = \frac{(A_2 + A_3 + A_4 + A_5 + A_6) - 5A_1}{100 - A_1} \qquad (4-1)$$

细度模数 μ_f 越大，表示砂越粗。普通混凝土用砂的细度模数范围一般为 3.7～1.6，其

中 μ_f 在 3.7~3.1 之间为粗砂,μ_f 在 3.0~2.3 之间为中砂,μ_f 在 2.2~1.6 之间为细砂,配制混凝土时宜优先选用中砂。μ_f 在 1.5~0.7 之间为特细砂,用于配制混凝土时要作特殊考虑。

应当注意,砂的细度模数并不能反映其级配的优劣,细度模数相同的砂,级配可以很不相同。所以,配制混凝土时必须同时考虑砂的颗粒级配和细度模数。

(2)石的颗粒级配和最大粒径。石子级配好坏对节约水泥和保证新拌混凝土的和易性有很大关系。特别是拌制高强度混凝土,石子级配更为重要。

石的级配分为连续粒级和单粒粒级两种。石的级配也通过筛分试验确定,石子的标准筛有孔径为 2.36、4.75、9.50、16.0、19.0、26.5、31.5、37.5、53.0、63.0、75.0、90.0mm 共 12 个筛子。普通混凝土用碎石或卵石的颗粒级配应符合表 4-5 的规定,试样筛分所需筛号应按表 4-5 中规定的级配要求选用。分计筛余和累计筛余百分率计算方法均与砂的相同。

表 4-5　碎石或卵石的颗粒级配范围

级配情况	公称粒级 (mm)	累计筛余 (按质量计,%)											
		方孔筛筛孔边长尺寸 (mm)											
		2.36	4.75	9.5	16.0	19.0	26.5	31.5	37.5	53.0	63.0	75.0	90.0
连续粒级	5~10	95~100	80~100	0~15	0	—	—	—	—	—	—	—	—
	5~16	95~100	85~100	30~60	0~10	0	—	—	—	—	—	—	—
	5~20	95~100	90~100	40~80	—	0~10	0	—	—	—	—	—	—
	5~25	95~100	90~100	—	30~70	—	0~5	0	—	—	—	—	—
	5~31.5	95~100	90~100	70~90	—	15~45	—	0~5	0	0	—	—	—
	5~40	—	95~100	70~90	—	30~65	—	—	0~5	0	—	—	—
单粒粒级	10~20	—	95~100	85~100	—	0~15	0	—	—	—	—	—	—
	6~31.5	—	95~100	—	85~100	—	—	0~10	0	—	—	—	—
	20~40	—	—	95~100	—	80~100	—	—	0~10	0	—	—	—
	31.5~63	—	—	—	95~100	—	75~100	45~75	—	0~10	0	—	—
	40~80	—	—	—	—	95~100	—	—	70~100	—	30~60	0~10	0

粗骨料中公称直径的上限称为该骨料的最大粒径。当骨料粒径增大时,其比表面积随之减小,包裹其表面所需的水泥浆或砂浆的数量相应减少,可节约水泥,所以在条件许可的情况下,粗骨料最大粒径应尽量用得大些。但在普通混凝土中,骨料粒径大于 37.5mm 时,有可能造成混凝土强度下降。同时,骨料最大粒径还受到结构形式和配筋疏密的限制。一般情况下,混凝土粗骨料的最大粒径不得超过结构截面最小尺寸的 1/4,且不得大于钢筋间最小净距的 3/4。

石子粒径过大,对运输和搅拌都不方便。对于泵送混凝土,为防止混凝土泵送时管道堵塞,其粗骨料的最大粒径与输送管的管径之比,应符合表 4-6 的要求。

表 4-6 　　　　　　　　　　　　　碎石或卵石最大粒径与输送管内径之比

石子种类	泵送高度（m）	粗骨料最大粒径与输送管内径之比
碎石	<50	≤1：3.0
	50～100	≤1：4.0
	>100	≤1：5.0
卵石	<50	≤1：2.5
	50～100	≤1：3.0
	>100	≤1：4.0

6. 骨料的含水状态

骨料的含水状态可分为干燥状态、气干状态、饱和面干状态和湿润状态四种，如图 4-3 所示。干燥状态时，含水率等于或接近于零；气干状态时，含水率与大气湿度相平衡；饱和面干状态时，骨料表面干燥而内部孔隙含水达饱和；湿润状态时，骨料不仅内部孔隙充满水，而且表面还附有一层表面水。

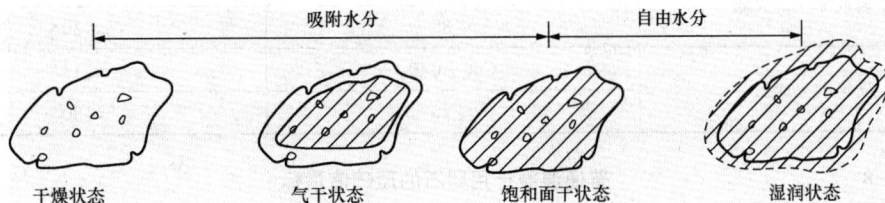

图 4-3　骨料的不同含水状态示意

在拌制混凝土时，由于骨料含水状态的不同，将影响混凝土的用水量和骨料用量。骨料在饱和面干状态时的含水率，称为饱和面干吸水率。在计算混凝土中各项材料的配合比时，如以饱和面干骨料为基准，则不会影响混凝土的用水量和骨料用量，因为饱和面干骨料既不从混凝土中吸取水分，也不向混凝土拌和物中释放水分。因此一些大型水利工程常以饱和面干状态骨料为基准，这样混凝土的用水量和骨料用量的控制就较准确。而在一般工业与民用建筑工程中混凝土配合比设计，常以干燥状态骨料为基准。这是因为坚固的骨料其饱和面干吸水率一般不超过 2％，而且在工程施工中，必须经常测定骨料的含水率，以及时调整混凝土组成材料实际用量的比例，从而保证混凝土的质量。当细骨料被水湿润有表面水膜时，常会出现砂的堆积体积增大的现象。砂的这种性质在验收材料和配制混凝土按体积定量配料时具有重要意义。

7. 强度

为保证混凝土的强度要求，粗骨料都必须是质地致密、具有足够的强度。碎石的强度用抗压强度和压碎值指标表示，卵石的强度用压碎值指标表示。

碎石的抗压强度，根据《普通混凝土用砂、石质量及检验方法标准》（JGJ 52—2006）中规定，是将岩石制成边长为 50mm 的立方体（或直径与高均为 50mm 的圆柱体）试件，在水饱和状态下测定其极限抗压强度值。碎石抗压强度一般在配制混凝土强度等级大于或等于 C60 时才检验，其他情况如有必要时也可进行抗压强度检验。通常，要求岩石抗压强度与混凝土强度等级之比不应小于 1.5。火成岩强度不宜低于 80MPa，变质岩不宜低于

60MPa，水成岩不宜低于 45MPa。

碎石和卵石的压碎值指标，根据《普通混凝土用砂、石质量及检验方法标准》（JGJ 52—2006）中规定，是将一定量气干状态的粒径为 10～20mm 的石子装入标准筒内，按规定的加荷速度，加荷至 200kN，卸荷后称取试样质量（m_0），再用孔径为 2.36mm 的筛筛除被压碎的细粒，称取试样的筛余量（m_1），则

$$压碎值指标(\delta_a) = \frac{m_0 - m_1}{m_0} \times 100\%$$

压碎值指标表示石子抵抗压碎的能力，其值越小，说明石子抵抗受压破碎能力越强。碎石和卵石的压碎值指标应分别符合表 4 - 7 和表 4 - 8 的规定。

表 4 - 7　　　　　　　　　　普通混凝土用碎石的压碎值指标

岩 石 品 种	混凝土强度等级	碎石压碎值指标（％）
沉积岩	C60～C40	≤10
	≤35	≤16
变质岩或深成的火成岩	C60～C40	≤12
	≤35	≤20
喷出的火成岩	C60～C40	≤13
	≤35	≤30

表 4 - 8　　　　　　　　　　普通混凝土用卵石的压碎值指标

混凝土强度等级	C60～C40	≤35
压碎值指标（％）	≤12	≤16

4.1.3　混凝土用水

混凝土拌和用水及养护用水应符合《混凝土用水标准》（JGJ 63—2006）的规定。混凝土用水包括饮用水、地表水、地下水、再生水、混凝土企业设备洗涮水和海水等。其中，再生水是指污水经适当再生工艺处理后具有使用功能的水。

1. 混凝土拌和用水

（1）混凝土拌和用水水质应符合表 4 - 9 的规定。对于设计使用年限为 100 年的结构混凝土，氯离子含量不得超过 500mg/L；对使用钢丝或轻热处理钢筋的预应力混凝土，氯离子含量不得超过 350mg/L。

表 4 - 9　　　　　　　　　　混凝土拌和用水水质要求

项　目	预应力混凝土	钢筋混凝土	素混凝土
pH 值	≥5.0	≥4.5	≥4.5
不溶物（mg/L）	≤2000	≤2000	≤5000
可溶物（mg/L）	≤2000	≤5000	≤10 000
氯离子（mg/L）	≤500	≤1000	≤3500
硫酸根离子（mg/L）	≤600	≤2000	≤2700
碱含量（mg/L）	≤1500	≤1500	≤1500

注　碱含量按 $Na_2O + 0.658K_2O$ 计算值来表示。采用非碱活性骨料时，可不检验碱含量。

（2）地表水、地下水、再生水的放射性应符合《生活饮用水卫生标准》（GB 5749—2006）的规定。

（3）被检验水样应与饮用水样进行水泥凝结时间对比试验。对比试验的水泥初凝时间差及终凝时间差均不应大于 30min；同时，初凝和终凝时间应符合《通用硅酸盐水泥》（GB 175—2007）的规定。

（4）被检测水样应与饮用水进行水泥胶砂强度对比试验，被检验水样配置的水泥胶砂 3d 和 28d 强度应不低于饮用水配制的水泥胶砂 3d 和 28d 强度的 90%。

（5）混凝土拌和用水不应有漂浮的油脂和泡沫，不应有明显的颜色和异味。

（6）混凝土企业设备洗涮水不宜用于预应力混凝土、装饰混凝土、加气混凝土和暴露于腐蚀环境的混凝土，不得用于使用碱活性或潜在碱活性骨料的混凝土。

（7）未经处理的海水严禁用于钢筋混凝土和预应力混凝土。

（8）在无法获得水源的情况下，海水也可用于素混凝土，但不宜用于装饰混凝土。

2. 混凝土养护用水

（1）混凝土养护用水可不检验不溶物和可溶物，其他检验项目应符合混凝土拌和用水的水质技术要求和放射性技术要求的规定。

（2）混凝土养护用水可不检验水泥凝结时间和水泥胶砂强度。

4.1.4　外加剂

混凝土外加剂（admixture）是指在混凝土搅拌之前或拌制过程中掺入的用以改善混凝土性能的物质。混凝土外加剂可改善新拌混凝土的和易性、调节凝结时间、改善可泵性、改变硬化混凝土强度发展速率、提高耐久性。随着土木工程材料技术的发展，外加剂已成为除水泥、砂、石和水以外的混凝土第五种必不可少的组分。

1. 分类

根据《混凝土外加剂定义、分类、命名与术语》（GB/T 8075—2005）的规定，混凝土外加剂按其主要使用功能分为四类。

（1）改善混凝土拌和物流变性能的外加剂，包括各种减水剂和泵送剂等。

（2）调节混凝土凝结时间、硬化性能的外加剂，包括缓凝剂、促凝剂和速凝剂等。

（3）改善混凝土耐久性的外加剂，包括引气剂、防水剂、阻锈剂和矿物外加剂等。

（4）改善混凝土其他性能的外加剂，包括膨胀剂、防冻剂、着色剂等。除具有上述四类使用功能的外加剂外，通过它们合理搭配还可形成各种多功能外加剂，如引气减水剂、缓凝减水剂、早强减水剂等，它们能改善新拌和硬化混凝土两种或两种以上的性能。

另外，按传统习惯，外加剂又可分为化学外加剂和矿物外加剂。以上所述的外加剂均为化学外加剂，矿物外加剂主要有粉煤灰、硅粉、磨细矿渣粉等，也常被称为混凝土掺和料。

2. 常用的化学外加剂

根据《混凝土外加剂应用技术规范》（GB 50119—2013），混凝土外加剂主要有普通减水剂、高效减水剂、引气剂、引气减水剂、缓凝剂、缓凝减水剂、缓凝高效减水剂、早强剂、早强减水剂、防冻剂、膨胀剂、泵送剂、防水剂及速凝剂 14 种。下面介绍土木工程中最常用的几种混凝土外加剂。

（1）普通减水剂及高效减水剂。减水剂（water reducing admixture）是指在混凝土拌和物坍落度基本相同的条件下，能减少拌和用水量的外加剂。混凝土掺入减水剂后，若不减少拌和用水量，能明显提高拌和物的流动性；当减水而不减少水泥用量时，则能提高混凝土强度；若减水，同时适当减少水泥，则能节约水泥用量。

减水剂是一种表面活性剂，即其分子是由亲水基团和憎水基团两部分构成。当水泥加水拌和后，若无减水剂，则由于水泥颗粒之间分子凝聚力的作用，使水泥浆形成絮凝结构，如图 4-4（a）所示，将一部分拌和用水（游离水）包裹在水泥颗粒的絮凝结构内，从而降低混凝土拌和物的流动性。如在水泥浆中加入减水剂，则减水剂的憎水基团定向吸附于水泥颗粒表面，使水泥颗粒表面带有相同的电荷，在电性斥力作用下，使水泥颗粒分开，如图 4-4（b）所示，从而将絮凝结构内的游离水释放出来。减水剂的分散和湿润—润滑作用使混凝土拌和物在不增加用水量的情况下，增加了流动性。另外，减水剂还能在水泥颗粒表面形成一层溶剂水膜，如图 4-4（c）所示，在水泥颗粒间起到很好的润滑作用。

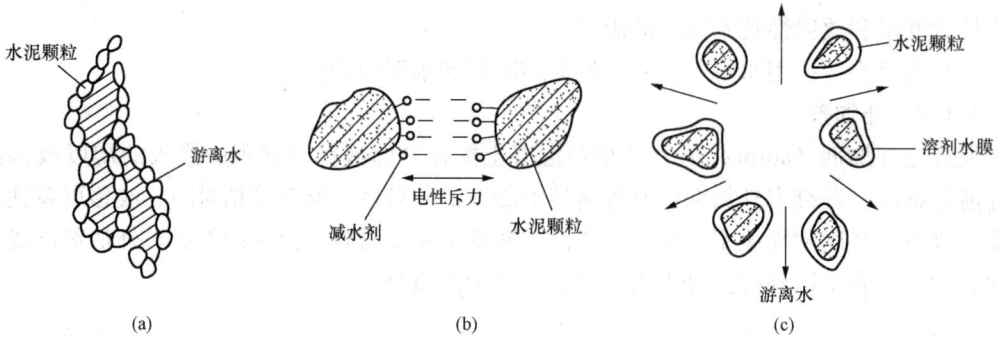

图 4-4　水泥浆的絮凝结构和减水剂作用示意图

普通减水剂主要有木质素磺酸盐类，包括木质素磺酸钙、木质素磺酸钠、木质素磺酸镁及丹宁等。

高效减水剂主要有以下几类：

1）多环芳香族磺酸盐类。萘和萘的同系磺化物与甲醛缩合的盐类、胺基磺酸盐等。

2）水溶性树脂磺酸盐类。磺化三聚氰胺树脂、磺化古码隆树脂等。

3）脂肪族类。聚羧酸盐类、聚丙烯酸盐类、脂肪族羟甲基磺酸盐高缩物等。

4）其他。改性木质素磺酸钙、改性丹宁等。

普通减水剂及高效减水剂可用于素混凝土、钢筋混凝土、预应力混凝土，并可制备高强高性能混凝土。普通减水剂宜用于日最低气温 5℃以上施工的混凝土，不宜单独用于蒸养混凝土；高效减水剂宜用于日最低气温 0℃以上施工的混凝土。

（2）引气剂及引气减水剂。引气剂（air entraining admixture）是一种在搅拌混凝土过程中能引入大量均匀分布、稳定而封闭的微小气泡的外加剂。混凝土工程中也可采用由引气剂与减水剂复合而成的引气减水剂。引气剂对混凝土性能的影响如下：

1）改善混凝土拌和物的和易性。引气剂的掺入使混凝土拌和物内形成大量微小气泡，相对增加了水泥浆体积，这些微气泡又如同滚珠一样，减小骨料颗粒间的摩擦阻力，使混凝土拌和物的流动性增加。由于水分均匀分布在大量气泡的表面，使混凝土拌和物中能够自由移动的水量减少，拌和物的泌水量因此减少，而保水性、黏聚性提高。

2）提高混凝土的抗渗性、抗冻性。混凝土拌和物中大量微气泡的存在，堵塞或隔断了混凝土中毛细管渗水通道，改变了混凝土的孔结构，使混凝土抗渗性显著提高。此外，气泡有较大的弹性变形能力，对由水结冰所产生的膨胀应力有一定的缓冲作用，因而可提高混凝土的抗冻性。

3）降低混凝土强度。一般来说，当水灰比固定时，空气量（体积）增加1%，混凝土抗压强度降低4%～5%，抗折强度降低2%～3%，所以引气剂的掺量必须适当。

引气剂均属表面活性剂，但其作用机理与减水剂有所不同。减水剂的作用主要发生在水—固界面，而引气剂的作用则发生在气—液界面。引气剂能显著降低混凝土拌和物中水的表面张力，使水在搅拌作用下，容易引入空气并形成大量微小的气泡。同时，由于引气剂分子定向排列在气泡表面，使气泡坚固而不易破裂。气泡形成的数量和尺寸与加入的引气剂种类和数量有关。

混凝土工程中常采用的引气剂有以下几类：

1）松香树脂类。松香热聚物、松香皂类等。

2）烷基和烷基芳烃磺酸盐类。十二烷基磺酸盐、烷基苯磺酸盐、烷基苯酚聚氧乙烯醚等。

3）脂肪醇磺酸盐类。脂肪醇聚氧乙烯醚、脂肪醇聚氧乙烯磺酸钠、脂肪醇硫酸钠等。

4）皂甙类。三萜皂甙等。

5）其他。蛋白质盐、石油磺酸盐等。

引气剂及引气减水剂，可用于抗冻混凝土、抗渗混凝土、抗硫酸盐混凝土、泌水严重的混凝土、贫混凝土、轻骨料混凝土、人工骨料配制的普通混凝土、高性能混凝土及有饰面要求的混凝土。引气剂、引气减水剂不宜用于蒸养混凝土及预应力混凝土，必要时，应以试验确定。

掺引气剂混凝土的含气量与骨料粒径有关，振捣后含气量会减少，表4-10为美国推荐的混凝土含气量，可供使用时参考。

表4-10 美国推荐的混凝土含气量

骨料最大粒径（mm）	拌和后的含气量（%）	振捣后含气量（%）	不含引气剂的含气量（%）
10	8.0	7.0	3.0
15	7.0	6.0	2.5
20	6.0	5.0	2.0
25	5.0	4.5	1.5
40	4.5	4.0	1.0
50	4.0	3.5	0.5
80	3.5	3.0	0.3
150	3.0	2.5	0.2

　　引气剂及引气减水剂，宜以溶液掺加，使用时加入拌和水中，溶液中的水量应从拌和水中扣除。

　　（3）早强剂及早强减水剂。早强剂（hardening accelerating admixture）是指能加速混凝土早期强度发展的外加剂。混凝土工程中常采用由早强剂与减水剂复合而成的早强减水剂。

　　混凝土工程中可采用下列早强剂：

　　1）强电解质无机盐类早强剂。包括硫酸盐、硫酸复盐、硝酸盐、亚硝酸盐、氯盐等。

　　2）水溶性有机化合物。包括三乙醇胺、甲酸盐、乙酸盐、丙酸盐等。

　　3）其他。包括有机化合物、无机盐复合物。

　　各类早强剂均可加速混凝土硬化过程，明显提高混凝土的早期强度，多用于冬期施工和抢修工程，或用于加快模板的周转率。炎热环境条件下不宜使用早强剂、早强减水剂。

　　不同种类早强剂作用机理各不相同，具体如下：

　　1）氯化钙早强作用机理。氯化钙水溶液与水泥中铝酸三钙反应生成水化氯铝酸钙（$3CaO \cdot Al_2O_3 \cdot 3CaCl_2 \cdot 32H_2O$），同时还与氢氧化钙作用生成氧氯化钙［$CaCl_2 \cdot 3Ca(OH)_2 \cdot 12H_2O$ 和 $CaCl_2 \cdot Ca(OH)_2 \cdot H_2O$］。氯铝酸钙为不溶性复盐，氧氯化钙也不溶，因此增加了水泥浆中固相的比例，形成坚强的骨架，有助于水泥浆结构的形成。最终表现为硬化快、早期强度高。

　　2）硫酸钠早强作用机理。硫酸钠掺入混凝土中后会迅速与水泥水化生成的氢氧化钙发生反应，即

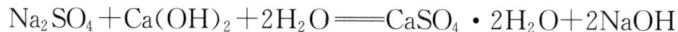

$$Na_2SO_4 + Ca(OH)_2 + 2H_2O =\!=\!= CaSO_4 \cdot 2H_2O + 2NaOH$$

　　此时生成的二水石膏呈高度分散性，均匀分布于混凝土中，它与铝酸三钙的反应比外掺石膏更快，能更迅速生成水化硫铝酸钙，大大加快了混凝土的硬化过程，起早强作用。

　　3）三乙醇胺类早强作用机理。三乙醇胺是一种较好的络合剂。在水泥水化的碱性溶液中，能与 Fe^{3+} 和 Al^{3+} 等离子形成比较稳定的络离子，这种络离子与水泥水化物作用形成结构复杂、溶解度小的络盐，使水泥石中固相比例增加，提高了早期强度。

　　常用早强剂掺量应符合表 4-11 中的规定。

表 4-11　　　　　　　　　　常用早强剂掺量限值

混凝土种类	使用环境	早强剂名称	掺量限值（占水泥质量，%）≤
预应力混凝土	干燥环境	三乙醇胺	0.05
		硫酸钠	1.0
钢筋混凝土	干燥环境	氯离子［Cl^-］	0.6
		硫酸钠	2.0
		与缓凝减水剂复合的硫酸钠	3.0
		三乙醇胺	0.05
	潮湿环境	硫酸钠	1.5
		三乙醇胺	0.05
有饰面要求的混凝土	—	硫酸钠	0.8
素混凝土	—	氯离子［Cl^-］	1.8

　　注　预应力混凝土及潮湿环境中使用的钢筋混凝土中不得掺氯盐早强剂。

粉剂早强剂和早强减水剂直接掺入混凝土干料中应延长搅拌时间 30s。

（4）缓凝剂、缓凝减水剂及缓凝高效减水剂。缓凝剂（set retarder）是指能延缓混凝土凝结时间，而不显著影响混凝土后期强度的外加剂。混凝土工程中常采用由缓凝剂与高效减水剂复合而成的缓凝高效减水剂。

缓凝剂的主要作用是延缓混凝土凝结时间和水泥水化热释放速度，有机类缓凝剂大多是表面活性剂，吸附于水泥颗粒及水化产物新相颗粒表面，延缓了水泥的水化和浆体结构的形成。无机类缓凝剂往往是在水泥颗粒表面形成一层难溶的薄膜，对水泥颗粒的水化起屏障作用，阻碍了水泥的正常水化。

混凝土工程中可采用下列缓凝剂及缓凝减水剂：

1）糖类。包括糖钙、葡萄糖酸盐等。

2）木质素磺酸盐类。包括木质素磺酸钙、木质素磺酸钠等。

3）羟基羧酸及其盐类。包括柠檬酸、酒石酸钾钠等。

4）无机盐类。包括锌盐、磷酸盐等。

5）其他。包括胺盐及其衍生物、纤维素醚等。

缓凝剂、缓凝减水剂及缓凝高效减水剂可用于大体积混凝土、碾压混凝土、炎热气候条件下施工的混凝土、大面积浇筑的混凝土、避免冷缝产生的混凝土、需较长时间停放或长距离运输的混凝土、自流平免振混凝土、滑模施工或拉模施工的混凝土及其他需要延缓凝结时间的混凝土。缓凝高效减水剂也可制备高强高性能混凝土。

缓凝剂、缓凝减水剂及缓凝高效减水剂以溶液掺加时计量必须正确，使用时加入拌和水中，溶液中的水量应从拌和水中扣除。难溶和不溶物较多的应采用干掺法并延长混凝土搅拌时间 30s。

4.1.5　常用的矿物掺和料

矿物掺和料（mineral admixture）是指在混凝土拌和物中，为了节约水泥，改善混凝土性能加入的具有一定细度的天然或者人造的矿物粉体材料，以硅、铝、钙等一种或多种氧化物为主要成分，也称为矿物外加剂，是混凝土的第六组分。

1. 粉煤灰

粉煤灰（fly ash）是由电厂煤粉炉烟道气体中收集到的粉末，其颗粒多呈球形，表面光滑。

粉煤灰按品种分为 F 类和 C 类，由褐煤燃烧形成的粉煤灰，呈褐黄色，称为 C 类粉煤灰，其氧化钙含量一般大于 10%，具有一定的水硬性；由烟煤和无烟煤燃烧形成的粉煤灰，呈灰色或深灰色，称为 F 类粉煤灰，具有火山灰活性。

粉煤灰在混凝土中，具有火山灰活性作用，它的活性成分二氧化硅和三氧化二铝与水泥水化产物氢氧化钙反应，生成水化硅酸钙和水化铝酸钙，成为胶凝材料的一部分，具有增大混凝土（砂浆）的流动性，减少泌水、改善和易性的作用；若保持流动性不变，则可起到减水作用；其微细颗粒均匀分布在水泥浆中，填充孔隙，改善混凝土孔结构，提高混凝土密实度，从而使混凝土的耐久性得到提高；同时还可降低水化热、抑制碱-骨料反应。

按《用于水泥和混凝土中的粉煤灰》（GB/T 1596—2005）规定，粉煤灰分为三个等级，拌制混凝土和砂浆用粉煤灰的技术要求见表 4-12。

表 4 - 12　　　　　　　　　　拌制混凝土和砂浆用粉煤灰的技术要求

项　目		技 术 要 求		
		Ⅰ级	Ⅱ级	Ⅲ级
细度（45μm 方孔筛的筛余量，%）≤	F 类粉煤灰	12.0	25.0	45.0
	C 类粉煤灰			
需水量比（%）　　　　　　　　≤	F 类粉煤灰	95	105	115
	C 类粉煤灰			
烧失量（%）　　　　　　　　　≤	F 类粉煤灰	5.0	8.0	15.0
	C 类粉煤灰			
含水量（%）　　　　　　　　　≤	F 类粉煤灰	1.0		
	C 类粉煤灰			
三氧化硫（%）　　　　　　　　≤	F 类粉煤灰	3.0		
	C 类粉煤灰			
游离氧化钙（%）　　　　　　　≤	F 类粉煤灰	1.0		
	C 类粉煤灰	4.0		
安定性，雷氏夹沸煮后增加距离（mm）≤	C 类粉煤灰	5.0		

　　另外，粉煤灰中的碱含量按 $Na_2O+0.658K_2O$ 计算值表示，当粉煤灰用于活性骨料混凝土，要限制掺和料的碱含量时，由买卖双方协商确定；均匀性以细度（45μm 方孔筛筛余）为考核依据，单一样品的细度不应超过前 10 个样品细度平均值的最大偏差，最大偏差范围由买卖双方协商确定；粉煤灰的放射性检验必须合格。

　　按《粉煤灰混凝土应用技术规范》（GBJ 50146—2014）规定：预应力混凝土宜掺用Ⅰ级 F 类粉煤灰，掺用Ⅱ级 F 类粉煤灰时应经过试验论证；其他混凝土宜掺用Ⅰ、Ⅱ级粉煤灰，掺用Ⅲ级粉煤灰时应经过试验论证。粉煤灰在混凝土中掺量应通过试验确定，最大掺量宜符合表 4 - 13 的规定。

表 4 - 13　　　　　　　　　　　粉煤灰的最大掺量　　　　　　　　　　　　　　%

混凝土种类	硅酸盐水泥		普通硅酸盐水泥	
	水胶比≤0.4	水胶比>0.4	水胶比≤0.4	水胶比>0.4
预应力混凝土	30	25	25	15
钢筋混凝土	40	35	35	30
素混凝土	55		45	
碾压混凝土	70		65	

　　注　1. 对浇筑量比较大的基础钢筋混凝土，粉煤灰最大掺量可增加 5%～10%。

　　　　2. 当粉煤灰掺量超过本表规定时，应进行试验论证。

　　混凝土中掺入粉煤灰的方法有等量取代法、超量取代法和外加法。

　　等量取代法是指以等质量粉煤灰取代混凝土中的水泥。可节约水泥并减少混凝土发热量，改善混凝土和易性，提高混凝土抗渗性。

　　超量取代法是指掺入的粉煤灰量超过取代的水泥量，超出的粉煤灰取代同体积的砂，其超量系数按规定选用。其目的是保持混凝土 28d 强度及和易性不变。

外加法是指在保持混凝土中水泥用量不变的情况下，外掺一定数量的粉煤灰。其目的只是改善混凝土拌和物的和易性。

2. 硅灰

硅灰（Silica fume）又称硅粉或硅烟灰，是在冶炼硅铁合金或工业硅时，通过烟道排出的硅蒸气氧化后，经收尘器收集得到的以无定形二氧化硅为主要成分的产品，色呈淡灰到深灰。硅灰的颗粒是微细的玻璃球体，其粒径为 $0.1 \sim 1.0 \mu m$，是水泥颗粒粒径的 $1/50 \sim 1/100$，比表面积为 $18.5 \sim 20 m^2/g$。硅灰有很高的火山灰活性，可配制高强、超高强混凝土，其掺量一般为水泥用量的 5%～10%，在配制超高强混凝土时，掺量可达 20%～30%。

由于硅灰具有高比表面积，因而其需水量很大，将其作为混凝土掺和料需配以减水剂方可保证混凝土的和易性。

硅灰用作混凝土掺和料有以下几方面效果：

（1）改善混凝土拌和物的黏聚性和保水性。在混凝土中掺入硅粉的同时又掺用了高效减水剂，在保证了混凝土拌和物必须具有的流动性的情况下，由于硅粉的掺入，会显著改善混凝土拌和物的黏聚性和保水性，故适宜配制高流态混凝土、泵送混凝土及水下灌注混凝土。

（2）提高混凝土强度。普通硅酸盐水泥水化后生成的氢氧化钙约占其体积的 29%，硅灰能与该部分氢氧化钙反应生成水化硅酸钙，均匀分布于水泥颗粒之间，形成密实的结构。掺入水泥质量 5%～10% 的硅灰可配制出抗压强度达 100MPa 以上的超高强混凝土。

（3）改善混凝土的孔结构，提高混凝土抗渗性、抗冻性及抗腐蚀性。掺入硅灰的混凝土，其总孔隙率虽变化不大，但其毛细孔会相应变小，大于 $0.1 \mu m$ 的大孔几乎不存在。因而掺入硅灰的混凝土抗渗性明显提高，抗硫酸盐腐蚀性也相应提高。

（4）抑制碱骨料反应。

3. 磨细矿渣

磨细矿渣（ground granulated slag）是由粒状高炉矿渣经干燥、粉磨等工艺达到规定细度的产品，又称粒化高炉矿渣粉，《用于水泥和混凝上中的粒化高炉矿渣粉》（GB/T 18046—2008）规定，粒化高炉矿渣粉分为 S105、S95 和 S75 三个级别，表 4-14 列出了对各级别的技术要求。

表 4-14　　　　　　　　　　　粒化高炉矿渣粉的技术要求

项　　　目		级　　别		
		S105	S95	S75
密度（g/cm³）	≥	2.8		
比表面积（m²/g）	≥	350		
活性指数（%）　　　≥	7d	95	75	55
	28d	105	95	75
流动度比（%）	≥	85	90	95
含水量（%）	≤	1.0		
三氧化硫（%）	≤	4.0		
氯离子（%）	≤	0.02		
烧失量（%）	≤	3.0		

4. 沸石粉

沸石粉（ground pumice powder）是天然的沸石岩磨细而成的，颜色为白色。沸石岩是经天然煅烧后的火山灰质铝硅酸盐矿物，含有一定量活性二氧化硅和三氧化铝，能与水泥水化析出的氢氧化钙作用，生成胶凝物质。沸石粉具有很大的内表面积和开放性结构，其细度为 0.08mm 筛筛余小于 5%，平均粒径为 5.0～6.5μm。

沸石粉用作混凝土掺和料主要有以下两方面效果：

（1）提高混凝土强度，配制高强混凝土。沸石粉与高效减水剂配合使用，可显著提高混凝土强度。

（2）改善混凝土和易性，配制流态混凝土及泵送混凝土。沸石粉与其他矿物掺和料一样，具有改善混凝土和易性及可泵性的功能。

沸石粉的适宜掺量是根据所需达到的目的而定。配制高强混凝土时的掺量通常为 10%～15%，以高等级水泥配制低强度等级混凝土时掺量可达 40%～50%，置换水泥 30%～40%，配制普通混凝土时掺量为 10%～27%，可置换水泥 10%～20%。

【案例分析 4-1】 集料杂质多降低混凝土强度

（1）工程概况。某中学一栋砖混结构教学楼，在结构完工，进行屋面施工时，屋面局部倒塌。审查设计方面，未发现任何问题。对施工方面审查发现：所设计为 C20 的混凝土，施工时未留试块，事后鉴定其强度仅为 C7.5 左右，在断口处可清楚看出砂石未洗净，集料中混有鹅蛋大小的黏土块和树叶杂质等。

（2）原因分析。集料的杂质对混凝土强度有很大的影响，必须严格控制杂质含量。树叶等杂质固然会影响混凝土的强度，而泥黏附在集料的表面，妨碍水泥石与集料的黏结，黏土块自身强度低，降低混凝土强度，还会增加拌和水量，加大混凝土的干缩，降低抗渗性和抗冻性。

【案例分析 4-2】 氯盐防冻剂锈蚀钢筋

（1）工程概况。北京某旅馆的一层钢筋混凝土工程在冬期施工，在浇筑混凝土时掺入水泥用量 3% 的氯盐防冻剂。建成使用两年后，在 A 柱柱顶附近掉下一块直径约为 40mm 的混凝土碎块。

（2）原因分析。检查事故原因发现，除设计有失误外，其中一项重要的原因是在浇筑混凝土时掺加了氯盐防冻剂，混凝土中氯离子浓度高于临界值时将破坏钢筋表面钝化膜，使该处的 pH 值迅速降低，造成钢筋锈蚀破坏。观察底层柱破坏处钢筋，纵向钢筋及箍筋均已生锈，原直径为 6mm 的钢筋锈蚀后仅为 5.2mm 左右。锈蚀后较细及稀的箍筋难以承受柱端截面上纵向筋侧向压屈所产生的横拉力，使得箍筋在最薄弱处断裂，钢筋断裂后的混凝土保护层易剥落，混凝土碎块掉下。因此，施工时加氯盐防冻，应同时对钢筋采取相应的阻锈措施。

【案例分析 4-3】 掺和料

（1）工程概况。2006 年 5 月 20 日 14 时，三峡坝顶上激动的建设者们见证了大坝最后一方混凝土浇筑的历史性时刻。至此，世界规模最大的混凝土大坝终于在中国长江西陵峡全线建成。三峡大坝是钢筋混凝土重力坝，一共用了 1600 多万 m³ 的水泥砂石料，若按 1m³ 的体积排列，可绕地球赤道三圈多。三峡大坝是三峡水利枢纽工程的核心，最后海拔高程为

185m，总浇筑时间为 3080d。建设者在施工中综合运用了世界上最先进的施工技术，高峰期创下日均浇筑 20 000m³ 混凝土的世界纪录。如此巨型的混凝土工程在浇筑过程中控制内部温度，必须加入适量的掺和料，掺和料的合理选择直接影响了混凝土的多方面性能和工程质量。

（2）原因分析。在大坝混凝土中掺加适量的掺和料，可以增加混凝土胶凝组分含量，提高混凝土后期强度增进率；降低水化放热和绝热温升，有利于降低大坝混凝土的温差，在一定程度上减轻开裂。当前最常用的掺和料是矿渣和粉煤灰，其中矿渣往往以混合材料掺入水泥中，磨细矿渣也可以在混凝土搅拌时掺入，粉煤灰则往往在现场混凝土搅拌时掺入。粉煤灰的品质对大坝混凝土性能的影响很大。Ⅰ级粉煤灰在混凝土中可以起到形态效应、活化效应和微集料效应。它的需水量比值较小，具有减水作用，三峡大坝所用的Ⅰ级粉煤灰减水率达到 10%~15%。研究发现，Ⅰ级粉煤灰有改善骨料与浆体界面的作用，并降低水化热。用优质粉煤灰等量取代水泥后，混凝土的收缩值减小，可以显著降低混凝土的透水性。掺加粉煤灰将使混凝土的抗冻性能降低，但是引入适量气泡，可以使其抗冻性提高到与不掺粉煤灰的混凝土相同。但如果掺加量过高，有可能造成混凝土的贫钙现象，即混凝土中胶凝材料水化物内 $Ca(OH)_2$ 数量不足甚至没有，$C-S-H$ 凝胶的 Ca 与 Si 的比值下降，从而造成混凝土抵抗风化和水溶蚀的能力减弱。试验测试，用中热水泥掺Ⅰ级粉煤灰配制的三峡大坝混凝土中，$Ca(OH)_2$ 数量随粉煤灰掺加量（50℃养护半年）的变化规律是：粉煤灰取代中热水泥数量每增加 10%，单位体积中 $Ca(OH)_2$ 数量减少 1/3。因此，当粉煤灰取代 50% 以上中热水泥时，混凝土中的 $Ca(OH)_2$ 数量将非常少。考虑部分 $Ca(OH)_2$ 会与拌和水中的 CO_2 反应，实际存在的 $Ca(OH)_2$ 数量将更少。因此，粉煤灰掺量以在 45% 以下为宜。

4.2　普通混凝土的主要技术性质

新拌混凝土（fresh concrete）是由混凝土的组成材料拌和而成的尚未凝结硬化的混合物，也称为混凝土拌和物。新拌混凝土必须具有良好的和易性，以获得质量均匀、成形密实的混凝土；同时，混凝土拌和物凝结硬化后，应具有足够的强度、变形能力和必要的耐久性能，以满足结构功能的要求。

4.2.1　新拌混凝土的和易性

1. 和易性的概念

新拌混凝土的和易性（也称工作性）（work ability），是指混凝土拌和物易于施工操作（拌和、运输、浇筑、振捣），并获得质量均匀、成形密实混凝土的性能。混凝土拌和物的和易性是一项综合技术性质，它包括流动性、黏聚性和保水性三项性能。流动性（fluidity or mobility）是指混凝土拌和物在自重或机械（振捣）力作用下，能产生流动并均匀密实地填满模板的性能。黏聚性（cohesiveness）是指混凝土拌和物各组成材料之间有一定的黏聚力，不致在施工过程中产生分层和离析的现象。保水性（water retentivity）是指混凝土拌和物具有一定的保水能力，不致在施工过程中出现严重的泌水现象。

2. 和易性的测定方法

目前，尚没有能全面反映混凝土拌和物和易性的测定方法。通常是测定混凝土拌和物的流动性，辅以其他方法或直观经验评定混凝土拌和物的黏聚性和保水性。

测定流动性的方法目前有数十种，最常用的有坍落度和维勃稠度试验方法。

（1）坍落度测定。将搅拌好的混凝土拌和物按一定方法装入标准圆锥形坍落度筒（无底）内，并按一定方式插捣，待装满刮平后，垂直平稳地向上提起坍落度筒，量测筒高与坍落后混凝土试体顶点之间的高度差（mm），即为该混凝土拌和物的坍落度值，如图 4-5 所示。坍落度值越大表示流动性越大。

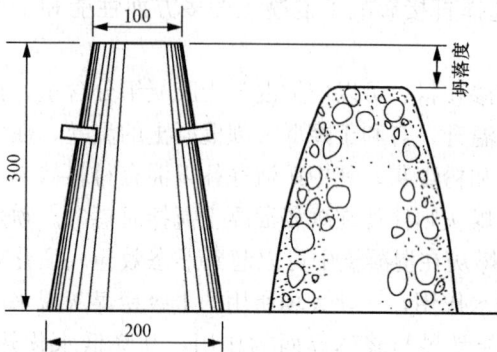

图 4-5　混凝土拌和物坍落度的测定

进行坍落度试验时应同时考察混凝土的黏聚性及保水性。黏聚性的检查方法是用捣棒在已坍落的混凝土锥体侧面轻轻敲打，此时如果锥体逐渐下沉，则表示黏聚性良好，如果锥体倒塌、部分崩裂或出现离析现象，则表示黏聚性不好。保水性是以混凝土拌和物中稀浆析出的程度来评定，坍落度筒提起后，如有较多的稀浆从底部析出，锥体部分的混凝土因失浆而使骨料外露，则表明此混凝土拌和物的保水性不好；若无稀浆或仅有少量稀浆自底部析出，则表示此混凝土拌和物保水性良好。

根据坍落度的不同，按《混凝土质量控制标准》（GB 50164—2014），将混凝土拌和物分为 5 级，见表 4-15。

表 4-15　　　　　　　　　　混凝土拌和物的坍落度和维勃稠度等级划分

级别	坍落度（mm）	级别	维勃稠度（s）
S1	10～40	V0	≥31
S2	50～90	V1	30～21
S3	100～150	V2	20～11
S4	160～210	V3	10～6
S5	≥220	V4	5～3

其中坍落度不低于 100mm 并用泵送的混凝土，则称为泵送混凝土。坍落度试验只适用骨料最大粒径不大于 40mm，坍落度值不小于 10mm 的混凝土拌和物。

（2）维勃稠度测定。坍落度小于 10mm 的干硬混凝土拌和物的流动性要用维勃稠度指标来表示。其测试方法是将混凝土拌和物按一定方法装入坍落度筒内，按一定方式捣实，装满刮平后，将坍落度筒垂直向上提起，把透明圆盘转到混凝土圆台体顶面，开启振动台，并同时用秒表计时，当振动到圆盘底面布满水泥浆的瞬间停表计时，所读秒数即为该混凝土拌和物的维勃稠度值。此方法适用于骨料最大粒径不超过 40mm，维勃稠度在 5～30s 之间的混凝土拌和物的稠度测定。

根据维勃稠度的大小，混凝土拌和物也分为 5 级，见表 4-15。

3. 影响和易性的主要因素

（1）水泥浆的数量和水胶比的影响。混凝土拌和物的流动性是水泥浆所赋予的，因此在水胶比（water-binder ratio）不变的情况下，单位体积拌和物内，水泥浆越多，拌和物的流动性也越大。但若水泥浆过多，将会出现流浆现象；若水泥浆过少，则骨料之间缺少黏结物质，易使拌和物发生离析和崩坍。

在水泥用量、骨料用量均不变的情况下，水胶比增大，水泥浆自身流动性增加，故拌和物流动性增大；反之，则减小。但水胶比过大，会造成拌和物黏聚性和保水性不良；水胶比过小，会使拌和物流动性过低，影响施工。故水胶比不能过大或过小，一般应根据混凝土强度和耐久性要求合理地选用。应当注意到，无论是水泥浆数量影响还是水胶比影响，实际上都是用水量的影响。因此，影响新拌混凝土和易性的决定性因素是单位体积用水量多少。

（2）砂率的影响。砂率（sand ratio）是指细骨料含量占骨料总量的质量百分率。试验证明，砂率对拌和物的和易性有很大影响，如图 4-6 所示。

砂影响混凝土拌和物流动性的原因有两个方面：一方面是砂形成的砂浆可减少粗骨料之间的摩擦力，在拌和物中起润滑作用，所以在一定的砂率范围内随砂率增大，润滑作用越加显著，流动性可以提高；另一方面在砂率增大的同时，骨料的总表面积必随之增大，需要润湿的水分增多，

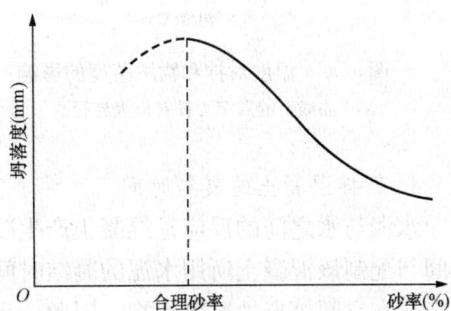

图 4-6　坍落度与砂率的关系
（水和水泥用量一定）

在一定用水量的条件下，拌和物流动性降低，所以当砂率增大超过一定范围后，流动性反而随砂率增加而降低。另外，砂率不宜过小，否则还会使拌和物黏聚性和保水性变差，产生离析、流浆现象。因此，应在用水量和水泥用量不变的情况下，选取可使拌和物获得所要求的流动性和良好的黏聚性与保水性的合理砂率。

（3）组成材料性质的影响。

1）水泥。水泥对拌和物和易性的影响主要是水泥品种和水泥细度的影响。需水性大的水泥比需水性小的水泥配制的拌和物，在其他条件相同的情况下，流动性变小，但其黏聚性和保水性较好。

2）骨料。骨料对拌和物和易性的影响主要包括骨料级配、颗粒形状、表面特征及粒径。一般来说，级配好的骨料，其拌和物流动性较大，黏聚性与保水性较好；表面光滑的骨料，如河砂、卵石，其拌和物流动性较大；骨料的粒径增大，总表面积减小，拌和物流动性就增大。

3）外加剂。外加剂对拌和物的和易性有较大影响。加入减水剂或引气剂可明显提高拌和物的流动性，引气剂还可有效地改善拌和物的黏聚性和保水性。

4）温度和时间的影响。混凝土拌和物的流动性随温度的升高而降低，如图 4-7 所示。这是由于温度升高可加速水泥的水化，增加水分的蒸发，所以夏期施工时，为了保持一定的流动性应当提高拌和物的用水量。

混凝土拌和物随时间的延长而变干稠，流动性降低，这是由于拌和物中一些水分被骨料吸收，一些水分蒸发，一些水分与水泥水化反应变成水化产物结合水。如图 4-8 所示为拌和物坍落度随时间变化的关系。

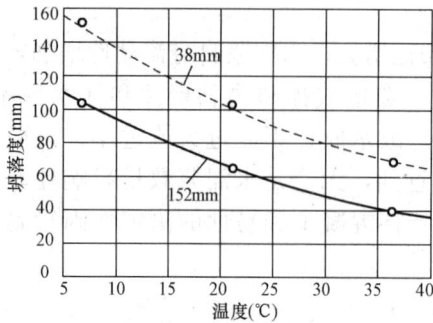

图 4 - 7　温度对拌和物坍落度的影响
（曲线上的数字为骨料最大粒径）

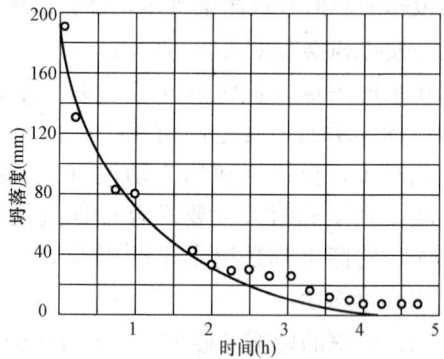

图 4 - 8　拌和物坍落度随时间变化的关系
（拌和物配比 1：2：4，$W/C=0.775$）

4. 新拌混凝土的凝结时间

水泥与水之间的反应是混凝土产生凝结的主要原因，但是由于各种因素，混凝土的凝结时间与配制该混凝土所用水泥的凝结时间并不一致，因为水泥浆体的凝结和硬化过程受到水化产物在空间填充情况的影响。因此，水灰比的大小会明显影响凝结时间，而配制混凝土的水灰比与测定水泥凝结时间规定的水灰比不同，故两者的凝结时间不同。一般情况下，水灰比越大，凝结时间越长。而且水泥的组成、环境温度和缓凝剂等都会对凝结时间产生影响，例如当混凝土拌和物在 10℃拌制和养护时，其初凝和终凝时间要比 23℃时分别延缓约 4h 和 7h。

通常采用贯入阻力仪测定混凝土的凝结时间，但此凝结时间并不标志着混凝土中水泥浆体物理化学特征的某一特定的变化，仅只是从实用意义的角度，人为确定的两个特定点。初凝时间表示施工时间极限，终凝时间表示混凝土力学强度的开始发展。具体测定凝结时间时，先用 5mm 筛从拌和物中筛取砂浆，按一定方法装入特定容器中，然后每隔一定时间测定砂浆贯入一定深度时的贯入阻力，绘制时间与贯入阻力关系曲线图。以贯入阻力为 3.5MPa 和 28MPa 划两条平行时间坐标的直线，直线与曲线交点的时间即分别为混凝土的初凝时间和终凝时间。

4.2.2　混凝土的强度

1. 混凝土的抗压强度与强度等级

中国把立方体强度值作为混凝土强度的基本指标，并把立方体抗压强度（cubic compressive strength）作为评定混凝土强度等级的标准。《普通混凝土力学性能试验方法标准》（GB/T 50081—2002）规定，以边长为 150mm 的立方体为标准试件，标准立方体试件在 20℃±2℃和相对湿度在 95％以上的潮湿空气中养护 28d，按照标准试验方法测得的抗压强度作为混凝土的立方体抗压强度，单位为 N/mm²。另外，对非标准尺寸（边长为 100mm 或 200mm）的立方体试件，可采用折算系数折算成标准试件的强度值。边长为 100mm 的立方体试件的折算系数为 0.95；边长为 200mm 的立方体试件折算系数为 1.05，这是因为试件尺寸越大，测得的抗压强度值越小。

《混凝土结构设计规范》（GB 50010—2010）规定，混凝土强度等级（strength grade of concrete）应按立方体抗压强度标准值确定，用符号 $f_{cu,k}$ 表示，即用上述标准试验方法测得的具有 95％保证率的立方体抗压强度作为混凝土的强度等级。规范规定的混凝土强度等级有 C15、C20、C25、C30、C35、C40、C45、C50、C55、C60、C65、C70、C75 和 C80，共 14 个等级。

混凝土的抗压强度与试件的形状有关，采用棱柱体比立方体能更好地反映混凝土结构的实际抗压能力。用混凝土棱柱体试件测得的抗压强度称轴心抗压强度（axial compressive strength of concrete）。

《混凝土结构设计规范》（GB 50010—2010）规定：以 150mm×150mm×300mm 的棱柱体作为混凝土轴心抗压强度试验的标准试件，棱柱体试件与立方体试件的制作条件相同，试件上下表面不涂润滑剂。《混凝土结构设计规范》（GB 50010—2010）规定，以上述棱柱体试件试验测得的具有 95％保证率的抗压强度为混凝土轴心抗压强度标准值，用符号 $f_{c,k}$ 表示。

如图 4-9 所示，是根据中国所做的混凝土棱柱体与立方体抗压强度对比试验的结果。由图可以看到，试验值 f_c^0 和 f_{cu}^0 的统计平均值大致成一条直线，它们的比值大致在 0.70～0.92 的范围内变化，强度大的比值大些。

考虑实际结构构件制作、养护和受力情况，实际构件强度与试件强度之间存在的差异，《混凝土结构设计规范》（GB 50010—2010）基于安全取偏低值，轴心抗压强度标准值与立方体抗压强度标准值的关系按式（4-2）确定，即

$$f_{ck} = 0.88\alpha_{c1}\alpha_{c2}f_{cu,k} \qquad (4-2)$$

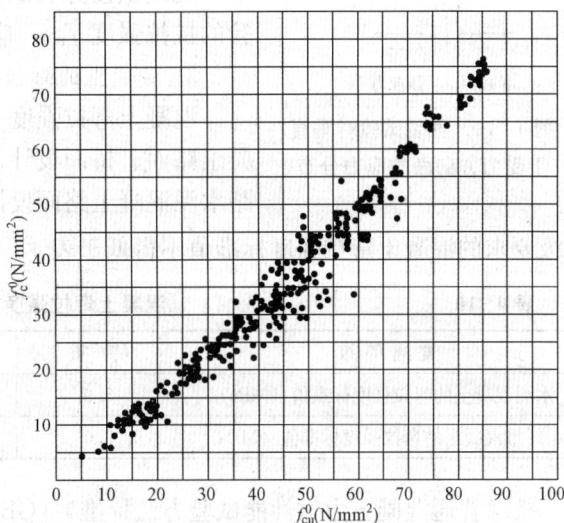

图 4-9 混凝土轴心抗压强度与立方体抗压强度的关系

式中　α_{c1}——棱柱体强度与立方体强度之比，对混凝土强度等级为 C50 及以下取 $\alpha_{c1}=0.76$，对 C80 取 $\alpha_{c1}=0.82$，两者之间按直线规律变化取值。

α_{c2}——高强度混凝土的脆性折减系数，对 C40 及以下取 $\alpha_{c2}=1.00$，对 C80 取 $\alpha_{c2}=0.87$，中间按直线规律变化取值。0.88 为考虑实际构件与试件混凝土强度之间的差异而取用的折减系数。

2. 混凝土的轴心抗拉强度

抗拉强度是混凝土的基本力学指标之一，也可用它间接地衡量混凝土的冲切强度等其他力学性能。混凝土的轴心抗拉强度（axial tensile strength of concrete）可以采用直接轴心受拉的试验方法来测定。但是，由于混凝土内部的不均匀性，加之安装试件的偏差等原因，准确测定抗拉强度是很困难的。所以中国采用立方体（国际上多用圆柱体）的劈裂抗拉试验来测定混凝土的抗拉强度，称为劈裂抗拉强度（splitting tensile strength of concrete），用符号 $f_{t,s}$ 表示。该方法的原理是在试件的两个相对的表面竖线上，作用均匀分布的压力，这样就能够在外力作用的竖向平面内产生均布拉伸应力，如图 4-10 所示，这个拉伸应力可以根据

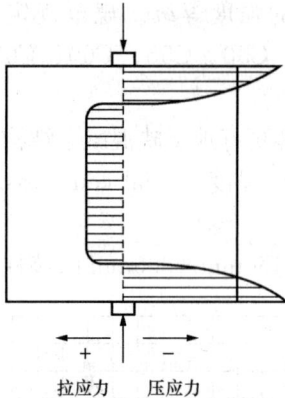

拉应力 压应力

图 4 - 10 劈裂试验时垂直
于受力方向面的应力分布

弹性理论计算得出。

混凝土劈裂抗拉强度可按式（4 - 3）计算，即

$$f_{t,s} = \frac{2P}{\pi A}$$　　　　　　（4 - 3）

式中　$f_{t,s}$——混凝土劈裂抗拉强度，MPa；

　　　　P——破坏荷载，N；

　　　　A——试件劈裂面面积，mm^2。

混凝土按劈裂试验所得的抗拉强度 $f_{t,s}$ 换算成轴心受拉试验的抗拉强度 $f_{t,k}$，应乘以换算系数，该系数可由试验确定。

3. 混凝土的弯拉强度

混凝土弯拉强度（flexural strength of concrete）是进行混凝土路面、桥面设计及其配合比设计的主要强度指标。据《公路水泥混凝土路面设计规范》（JTG D40—2011）规定，各交通等级要求的混凝土弯拉强度标准值不得低于表 4 - 16 的限值。

表 4 - 16　　　　　　　　　　　混凝土弯拉强度标准值

交 通 等 级	特 重	重	中 等	轻
水泥混凝土的弯拉强度标准值（MPa）	5.0	5.0	4.5	4.0
钢纤维混凝土的弯拉强度标准值（MPa）	6.0	6.0	5.5	5.0

按《普通混凝土力学性能试验方法标准》（GB/T 50081—2002）规定，测得混凝土的弯拉强度采用 150mm×150mm×600mm（或 550mm）小梁作为标准试件，在标准条件下养护 28d，按三分点加荷方式测得其弯拉强度，按式（4 - 4）计算，即

$$f_{cf} = \frac{PL}{bh^2}$$　　　　　　（4 - 4）

式中　f_{cf}——混凝土抗折强度，MPa；

　　　　P——破坏荷载，N；

　　　　L——支座间距即跨度，mm；

　　　　b——试件截面宽度，mm；

　　　　h——试件截面高度，mm。

当采用 100mm×100mm×400mm 非标准试件时，取得的弯拉强度应乘以尺寸换算系数 0.85。

4. 影响混凝土强度的因素

混凝土的强度与胶砂强度、水胶比有很大关系，骨料的性质、混凝土的级配、混凝土成形方法、硬化时的环境条件及混凝土的龄期等也不同程度地影响混凝土的强度。

（1）水泥和矿物掺和料是混凝土中的胶凝成分。胶凝材料的胶砂强度和水胶比是影响混凝土抗压强度的最主要因素，也可以说是决定因素。水胶比不变时，胶凝材料胶砂强度越高，混凝土中的硬化水泥石强度越高，对骨料的胶结能力越强，配制得到的混凝土强度越高。在胶凝材料胶砂强度相同的条件下，混凝土的强度则主要取决于水胶比（W / B）。理论上，水泥水化时所需的结合水仅为水泥质量的 23% 左右，但在实际工程中拌制混凝土拌

和物时，为获得施工要求的和易性，常需要加入较多水，如普通混凝土的 W/B 通常为
0.40～0.70。混凝土硬化后，多余水分残留于混凝土中形成水泡，其中的水分蒸发后则形成气孔，大大减小了混凝土抵抗荷载的有效截面面积，并在气孔周围存在应力集中现象，从而影响混凝土强度。因此，在胶砂强度相同情况下，混凝土的水胶比越小，硬化水泥石的强度越高，与骨料的胶结力也越大，混凝土不易被振捣密实，易出现较多蜂窝、孔洞，反而导致混凝土强度下降。混凝土强度与水胶比的关系见图 4-11。

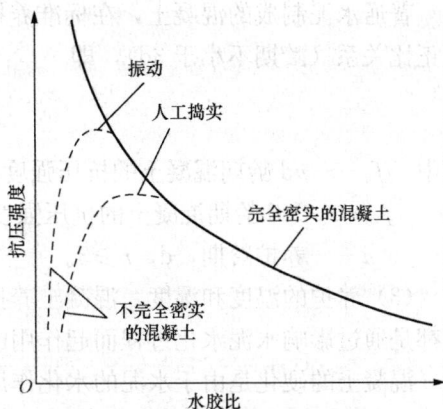

图 4-11　混凝土强度与水胶比的关系

根据混凝土试验研究和工程实践经验，四组分的混凝土强度与水灰比、水泥实际强度三者之间的关系，可用式（4-5）表示，即

$$f_{\mathrm{cu},28} = \alpha_{\mathrm{a}} f_{\mathrm{ce}} \left(\frac{C}{W} - \alpha_{\mathrm{b}} \right) \tag{4-5}$$

式中　$f_{\mathrm{cu},28}$——混凝土 28d 龄期的立方体抗压强度，MPa；

$\quad\quad f_{\mathrm{ce}}$——水泥 28d 胶砂抗压强度实测值，MPa，当水泥 28d 胶砂抗压强度无实测值时，可按 $f_{\mathrm{ce}} = \gamma_{\mathrm{c}} f_{\mathrm{ce,g}}$ 计算，其中 f_{ce} 为水泥强度等级值，MPa，γ_{c} 为水泥强度等级富余系数，可按实际统计资料确定，当缺乏实际统计资料时，可按表 4-24 选用；

$\quad\quad \dfrac{C}{W}$——灰水比；

$\quad\quad \alpha_{\mathrm{a}}、\alpha_{\mathrm{b}}$——回归系数，与集料品种有关，采用碎石：$\alpha_{\mathrm{a}} = 0.53$、$\alpha_{\mathrm{b}} = 0.20$；采用卵石：$\alpha_{\mathrm{a}} = 0.49$、$\alpha_{\mathrm{b}} = 0.13$。

现代混凝土以六组分为特征，在四组分的基础上掺入了矿物掺和料和外加剂，胶凝材料不再是单一的水泥，而是以水泥、掺和料组成的复合胶凝体系，水胶比取代了水灰比的说法，《普通混凝土配合比设计规程》（JGJ 55—2011）对原有的强度公式进行了修订，见式（4-6）

$$f_{\mathrm{cu},28} = \alpha_{\mathrm{a}} f_{\mathrm{b}} \left(\frac{B}{W} - \alpha_{\mathrm{b}} \right) \tag{4-6}$$

式中　$f_{\mathrm{cu},28}$——混凝土 28d 龄期的立方体抗压强度，MPa；

$\quad\quad f_{\mathrm{b}}$——胶凝材料 28d 胶砂抗压强度实测值，MPa，无实测值时，按 $f_{\mathrm{b}} = \gamma_{\mathrm{f}} \gamma_{\mathrm{s}} f_{\mathrm{ce}}$ 计算其中 f_{ce} 为水泥 28d 胶砂抗压强度实测值，获得方法如上式，γ_{f}、γ_{s} 为粉煤灰影响系数和粒化高炉矿渣粉影响系数，可按表 4-23 选用；

$\quad\quad \dfrac{B}{W}$——胶水比；

$\quad\quad \alpha_{\mathrm{a}}、\alpha_{\mathrm{b}}$——意义同前。

（2）龄期（age）。混凝土在正常养护条件下，其强度将随着龄期的增加而增长。最初 7～14d 内，强度增长较快，28d 以后增长缓慢。但龄期延续很久其强度仍有所增长。不同龄期混凝土强度的增长情况如图 4-12 所示。因此，在一定条件下养护的混凝土，可根据其

早期强度大致地估计 28d 的强度。

普通水泥制成的混凝土，在标准养护条件下，混凝土强度的发展，大致与其龄期的对数成正比关系（龄期不小于 3d），即

$$f_n = f_{28} \frac{\lg n}{\lg 28} \qquad\qquad (4-7)$$

式中　f_n——nd 龄期混凝土的抗压强度，MPa；

　　　f_{28}——28d 龄期混凝土的抗压强度，MPa；

　　　n——养护龄期，d，$n \geqslant 3$。

(3) 养护的温度和湿度。混凝土养护的温度和湿度是影响其强度的主要因素，温度和湿度都是通过影响水泥水化过程而起作用的。

混凝土的硬化是由于水泥的水化作用。水泥的水化是在充水的毛细孔空间发生，所以应创造条件防止水分自毛细管中蒸发而失去，同时大量的自由水会被水泥水化产物结合或吸附，也需要水分的提供以保证水泥水化的正常进行。如图 4-13 所示，是保持不同潮湿养护时间对混凝土强度的影响。

从图 4-13 可看出，养护湿度对混凝土强度的影响十分显著，只有在保证足够的潮湿养护时间，混凝土才能达到应有的强度，如果养护时间过短，混凝土强度将明显下降。所以混凝土在浇筑后的一定时间内必须维持一定的潮湿环境。实际工程中，使用硅酸盐水泥、普通水泥和矿渣水泥时，在混凝土凝结后，用草袋等覆盖其表面并浇水，浇水时间不少于 7d；使用火山灰水泥和粉煤灰水泥时，应不少于 14d；对掺有缓凝型外加剂或有抗渗要求的混凝土，也不应少于 14d。在夏期应特别注意浇水，保持必要的湿度。

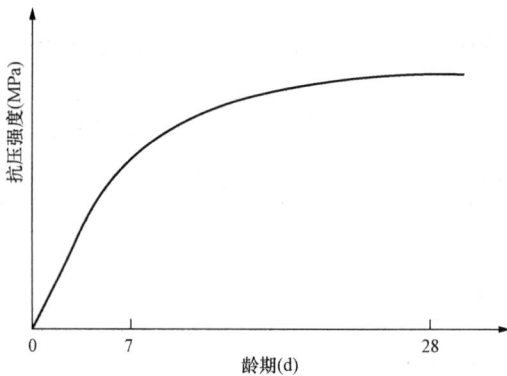

图 4-12　混凝土强度增长曲线

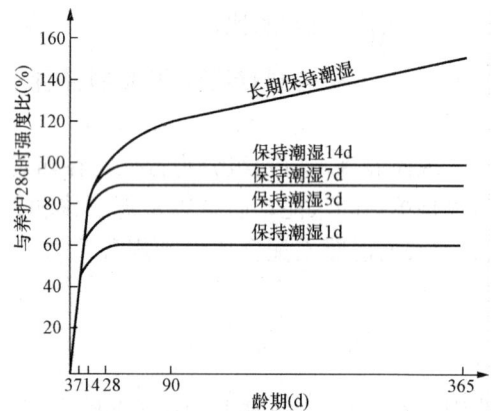

图 4-13　混凝土强度与保持潮湿日期的关系

周围环境的温度对水化作用进行的速度有显著的影响，如图 4-14 所示。由图 4-14 可看出，养护温度高可以增大初期水泥水化速度，混凝土强度也高。但急速的初期水化会导致水化物分布不均匀，水化物稠密程度低的区域将成为水泥石中的薄弱点，从而降低整体的强度；水化物稠密程度高的区域，水化物包裹在水泥粒子的周围，会妨碍水化反应的继续进行，对后期强度的发展不利。而在养护温度较低的情况下，由于水化缓慢，具有充分的扩散时间，从而使水化物在水泥石中均匀分布，有利于后期强度的发展。

4.2.3 混凝土的变形性能

硬化混凝土除了受荷载作用产生变形外，由于各种物理的或化学的因素也会引起局部或整体的体积变化。

1. 化学收缩（chemical shrinkage）

由于水泥水化物的固体体积小于水化前反应物（水和水泥）的总体积，混凝土的这种体积收缩是由水泥的水化反应所产生的固有收缩，也称为化学减缩。混凝土的这一体积收缩变形是不能恢复的，其收缩量随混凝土的龄期延长而增加，但是观察到的收缩率很小。因此，在结构设计中考虑限制应力作用时，就不把它从较大的干燥收

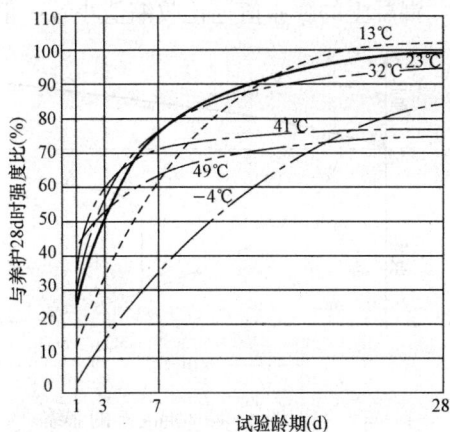

图 4-14 养护温度对混凝土强度的影响

缩率中区分出来处理，而是一并在干燥收缩中一起计算。研究进一步表明，虽然化学减缩率很小，在限制应力下不会对结构物产生破坏作用，但其收缩过程中在混凝土内部还是会产生微细裂缝，这些微细裂缝可能会影响到混凝土的受载性能和耐久性能。

2. 温度变形（temperature deformation）

混凝土与通常固体材料一样呈现热胀冷缩。一般室温变化对于混凝土没有什么大影响，但是温度变化很大时，就会对混凝土产生重要影响。混凝土与温度变化有关的变形除取决于温度升高或降低的程度外，还取决于其组成的热膨胀系数。

在温度降低时，对于抗拉强度低的混凝土来说，体积发生冷缩应变造成的影响较大。例如，混凝土通常膨胀系数为 $(6\sim12)\times10^{-6}/℃$，设取 $10\times10^{-6}/℃$，则温度下降 15℃造成的冷收缩量达 150×10^{-6}。如果混凝土的弹性模量为 21GPa，不考虑徐变等产生的应力松弛，该冷收缩受到完全约束所产生的弹性拉应力为 3.1MPa。因此，在结构设计中必须考虑到该冷收缩造成的不利影响。

混凝土温度变形稳定性，除由于降温或升温影响外，还有混凝土内部与外部的温差对体积稳定性产生的影响，即大体积混凝土存在的温度变形问题。大体积混凝土内部温度上升，主要是由于水泥水化热蓄积造成的。水泥水化会产生大量水化热，经验表明，1m³ 混凝土中每增加 10kg 水泥，所产生的水化热能使混凝土内部温度升高 1℃。由于混凝土的导热能力很低，水泥水化发出的热量聚集在混凝土内部长期不易散失，大体积混凝土表面散热快、温度较低，内部散热慢、温度较高，就会造成表面和内部热变形不一致。这样，在内部约束应力和外部约束应力作用下就可能产生裂缝。因此，对大体积混凝土工程，必须尽量设法减少混凝土发热量，如采用低热水泥、减少水泥用量、采取人工降温等措施。

另外，当温度变化引起的骨料颗粒体积变化与水泥石体积变化相差很大，或者骨料颗粒之间的膨胀系数有很大差别时，都会产生有破坏性的内应力。许多混凝土的裂缝与剥落实例都与此有关。

3. 混凝土的干缩湿胀（wet deformation）

处于空气中的混凝土当水分散失时，会引起体积收缩，称为干燥收缩，简称干缩。但受潮后体积又会膨胀，即为湿胀。这种干湿变形取决于周围环境的湿度变化。

混凝土的膨胀值远比收缩值小，一般没有破坏作用。在一般条件下混凝土的极限收缩值为 $(50\sim90)\times10^{-5}$ mm/mm。收缩受到约束时往往引起混凝土开裂，所以施工时应予以注意。通过大量的试验得知以下情况：

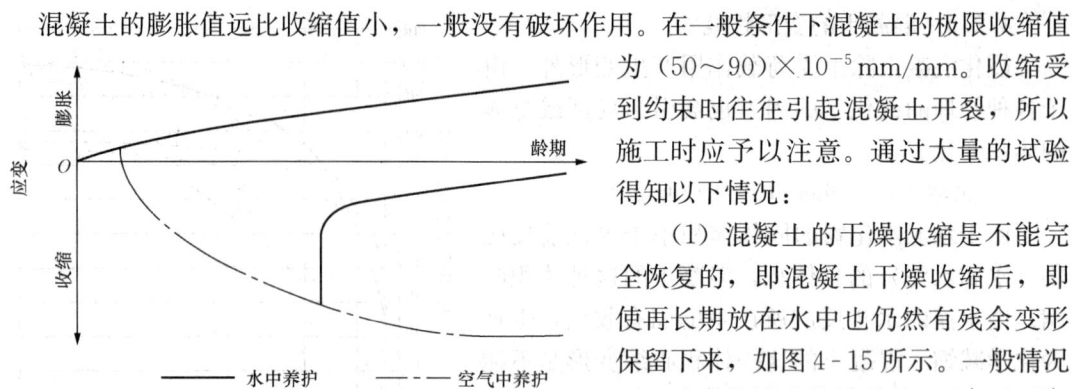

图 4 - 15   混凝土的胀缩

（1）混凝土的干燥收缩是不能完全恢复的，即混凝土干燥收缩后，即使再长期放在水中也仍然有残余变形保留下来，如图 4 - 15 所示。一般情况下，残余收缩为收缩量的 30%～60%。

（2）混凝土的干燥收缩与水泥品种、水泥用量和用水量有关。采用矿渣硅酸盐水泥比采用普通硅酸盐水泥的收缩大；采用高强度等级水泥，由于颗粒较细，混凝土收缩也较大；水泥用量多或水灰比大者，收缩量也较大。

（3）骨料的弹性模量越高，混凝土的收缩越小，所以轻骨料混凝土的收缩一般来说比普通混凝土大得多。

（4）在水中养护或在潮湿环境下养护可大大减少混凝土的收缩。采用普通蒸养可减少混凝土的收缩，压蒸养护效果更显著。

4. 受力变形（mechanical deformation）

混凝土在一次短期加荷、多次重复加荷和荷载长期作用下会产生变形，这类变形称为受力变形。

（1）短期荷载作用下的变形。

1）混凝土的弹塑性变形（elastic-plastic deformation）。混凝土是由砂石骨料、水泥石（水泥石中又存在着凝胶、晶体和未水化的水泥颗粒）、游离水分和气泡组成的不均匀体。它是一种弹塑性体，而不是完全的弹性体。所以在受力时，它既会产生可以恢复的弹性变形，又会产生不可恢复的塑性变形，其应力与应变关系是非线性的，如图 4 - 16 所示。

在静力试验的加荷过程中，若加荷至应力为 σ、应变为 ε 的 A 点，然后将荷载逐渐卸去，则卸荷时的应力-应变曲线如 AC 所示。卸荷后能恢复的应变 $\varepsilon_{弹}$ 是由混凝土的弹性作用引起的，称为弹性应变；剩余的不能恢复的应变 $\varepsilon_{塑}$ 则是由于混凝土的塑性性质引起的，称为塑性应变。

在重复荷载作用下的应力-应变曲线，因作用力的大小而有不同的形式。当应力小于 $(0.3\sim0.5)f_c$ 时，每次卸荷都残留一部分塑性变形（$\varepsilon_{塑}$），但随着重复次数的增加，$\varepsilon_{塑}$ 的增量逐渐减小，最后曲线稳定于 $A'C'$ 线。它与初始原点切线大致平行，如图 4 - 17 所示。若所加应力 σ 在 $(0.5\sim0.7)f_c$ 以上重复时，随着重复次数的增加，塑性应变逐渐增加，将导致混凝土疲劳破坏。

2）混凝土的变形模量（deformation modulus）。在应力-应变曲线上任一点的应力 σ 与其应变 ε 的比值，叫做混凝土在该应力下的变形模量。它反映混凝土所受应力与所产生应变之间的关系，适用于计算钢筋混凝土的变形、裂缝开展及大体积混凝土的温度应力中。

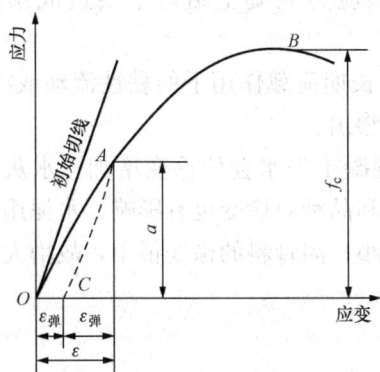

图4-16 混凝土在压力作用下的
应力-应变曲线

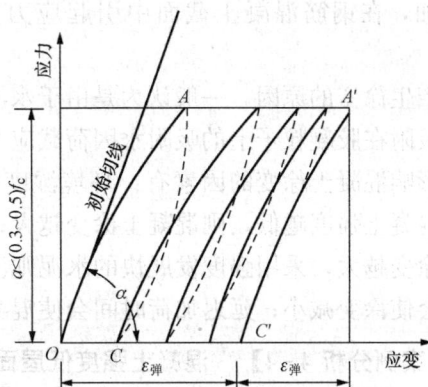

图4-17 低应力下重复荷载的
应力-应变曲线

3）混凝土的弹性模量（elastic modulus）。在应力-应变曲线的原点作一切线，其斜率为混凝土的原点模量，称为弹性模量，以 E_c 表示，即

$$E_c = \tan\alpha_0 \qquad\qquad (4-8)$$

在静力受压弹性模量试验中，使混凝土的应力在 $0.5f_c$ 水平下经过 $5\sim10$ 次反复加卸荷，最后所得应力-应变曲线与初始切线平行，该直线的斜率即定为混凝土的弹性模量。

混凝土的强度越高，则弹性模量越高，两者存在一定的相关性。当混凝土的强度等级由 C15 增高到 C80 时，其弹性模量相应的也会由 2.2×10^4 MPa 增至 3.8×10^4 MPa。

混凝土的弹性模量随其骨料与水泥石的弹性模量的不同而不同。由于水泥石的弹性模量一般低于骨料的弹性模量，所以混凝土的弹性模量一般略低于其骨料的弹性模量。在材料质量不变的条件下，混凝土的骨料含量较多、水胶比较小、养护较好及龄期较长的混凝土的弹性模量较大。

（2）长期荷载作用下的变形——徐变（creep）。结构或材料承受的荷载或应力不变，而应变或变形随时间的增长而变大的现象称为徐变。混凝土的徐变特性主要与时间参数有关。混凝土的典型徐变曲线，如图4-18所示。可以看出，混凝土徐变在加荷早期增长较快，然后逐渐减慢，当混凝土卸荷后，一部分变形瞬时恢复，还有部分要过段时间才恢复，称徐变恢复。剩余不可恢复部分，称残余变形。

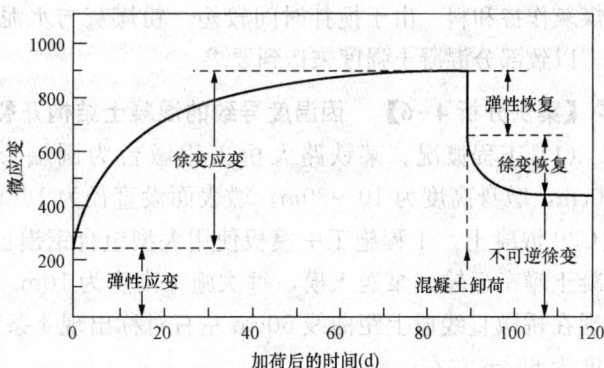

图4-18 混凝土的典型徐变曲线

混凝土的徐变对混凝土及钢筋混凝土结构物的应力和应变状态有很大影响。徐变可能超过弹性变形，甚至达到弹性变形的 $2\sim4$ 倍。徐变应变一般可达 $3\times10^{-4}\sim15\times10^{-4}$。

徐变对混凝土结构和构件的工作性能有很大的影响。由于混凝土的徐变，会使构件变形增加，在钢筋混凝土截面中引起应力重分布，在预应力混凝土结构中会造成预应力损失。

产生徐变的原因，一般认为是由于水泥石胶凝体在长期荷载作用下的黏性流动或滑移，同时吸附在胶凝粒子上的吸附水因荷载应力而向毛细管渗出。

影响混凝土徐变的因素有：环境湿度减小，由于混凝土失水会使徐变增加；水灰比越大，混凝土强度越低，则混凝土徐变越大；水泥的用量和品种对徐变也有影响，水泥用量越多，徐变越大，采用强度发展快的水泥则混凝土徐变减小；因骨料的徐变很小，故增大骨料含量会使徐变减小；延迟加荷时间会使混凝土徐变减小。

【案例分析 4-4】　混凝土强度低屋面倒塌

（1）工程概况。某小学于 1988 年建砖混结构校舍，11 月中旬气温已达零下十几度，因人工搅拌振捣，故把混凝土拌得很稀，木模板缝隙又较大，漏浆严重，至 12 月 9 日，施工者准备室内粉刷，拆去支柱，在屋面上用手推车推卸灰炉渣以铺设保温层，大梁突然断裂，屋面塌落，并砸死室内两名取暖的女小学生。

（2）原因分析。该工程为私人挂靠施工，施工个体户在施工中，没有机械设备，采用人工搅拌，人工振捣。浇筑大梁时，已是当年 11 月中旬，气温已达零下十几度，施工中没有任何防冻措施，为保证施工，水灰比很大，木模板漏浆，致使混凝土离析严重，从大梁断裂的截面看，上部只剩下砂和少量水泥，下部全是卵石，梁的受压区强度被严重削弱。经现场回弹检测，仅达到设计强度的 50%，致使屋面因混凝土强度低而倒塌。

【案例分析 4-5】　掺和料搅拌不均致使混凝土强度低

（1）工程概况。某工程使用等量的 42.5 级普通硅酸盐水泥和粉煤灰配置 C25 混凝土，施工采用现场搅拌，为赶进度搅拌时间较短。拆模后检测，发现所浇筑的混凝土强度波动大，部分低于所要求的混凝土强度指标。

（2）原因分析。该混凝土强度等级较低，而选用的水泥强度等级较高，故使用了较多的粉煤灰作掺和料。由于搅拌时间较短，粉煤灰与水泥搅拌不够均匀，导致混凝土强度波动大，以致部分混凝土强度未达到要求。

【案例分析 4-6】　因温度导致的混凝土结构开裂

（1）工程概况。某铁路大桥工程墩台为圆端形实体墩，桥墩截面尺寸为 880cm×220cm，墩身高度为 10～30m。墩表面设直径为 16mm 的钢筋网，桥墩台混凝土强度等级为 C30 混凝土。工程施工中模板使用大型组合钢模板，混凝土搅拌站自动计量集中拌和，混凝土罐车运输，泵送入模，每次施工高度为 10m。开始施工后在混凝土浇筑 3d 后拆模，发现在桥墩直线段上距曲线 50cm 左右对称出现 4 条竖向裂缝，裂缝宽度为 0.1～0.2mm，深度为 60cm 左右。

（2）原因分析。经过墩身混凝土强度回弹，混凝土 3d 强度基本达到设计强度等级 C30。检测原材料均合格，调查施工过程及混凝土拌和物性能均正常。对混凝土及环境温度检测结果如下，混凝土内部温度为 64℃，混凝土表面温度为 40℃，环境气温白天为 24～34℃，晚上温度在 10～20℃之间。经综合分析，该混凝土表面裂缝主要是混凝土水化热引起温升大，再加上昼夜环境温度差大，引起混凝土中心温度到环境气温温度梯度大，混凝土收缩与膨胀引起应力差造成的温度裂缝。

4.2.4　混凝土的耐久性

混凝土除应具有设计要求的强度,以保证其能安全地承受设计荷载外,还应具有要求的耐久性,即要求混凝土在长期使用环境条件下保持性能稳定。混凝土抵抗环境介质作用保持其形状、质量和使用性能的能力称为耐久性(durability)。混凝土的耐久性对延长结构使用寿命,减少维修保养费用等具有重要意义。由于引起混凝土性能不稳定的因素很多,混凝土耐久性包含的面也就很广,下面讨论一些常见的耐久性问题。

1. 抗渗性(impermeability)

混凝土的抗渗性是指抵抗水、油等液体在压力作用下渗透的性能。它对混凝土的耐久性起着重要作用,因为环境中各种侵蚀介质均要通过渗透才能进入混凝土内部。混凝土的抗渗性主要与混凝土的密实度和孔隙率及孔隙结构有关。混凝土中相互连通的孔隙越多、孔径越大,则混凝土的抗渗性越差。

混凝土的抗渗性以抗渗等级来表示。采用标准养护 28d 的标准试件,按规定的方法进行试验,以其所能承受的最大水压力(MPa)来计其抗渗等级。如 P_2、P_4、P_8 等,即分别表示能抵抗 0.2、0.4、0.8MPa 的水压力而不渗水。

提高混凝土抗渗性的措施有:降低水胶比、采用减水剂、掺加引气剂、防止离析及泌水的发生、加强养护及防止出现施工缺陷等。

2. 抗冻性(forstre sistance)

混凝土的抗冻性是指混凝土抵抗冻融循环作用的能力。混凝土的冻融破坏,是指混凝土中的水结冰后体积膨胀,使混凝土产生微细裂缝,反复冻融使裂缝扩展,导致混凝土由表及里剥落破坏的现象。

混凝土的抗冻性以抗冻等级来表示。抗冻等级是以龄期 28d 的试块的吸水饱和后承受(-15~-20)℃到(15~20)℃反复冻融循环,以同时满足抗压强度下降不超过 25% 和质量损失不超过 5% 时所能承受的最大冻融循环次数来确定。混凝土可划分为九个抗冻等级:F10、F15、F25、F50、F100、F150、F200、F250 和 F300,分别表示混凝土能够承受反复冻融循环次数为 10、15、25、50、100、150、200、250 次和 300 次。

影响混凝土抗冻性的因素有混凝土内部因素和环境外部因素两方面。外部因素包括向混凝土提供水分和冻融条件,气干状态的混凝土较少发生冻融破坏,一直处于冻结状态的混凝土也较少发生冻融破坏;混凝土内部因素包括组成材料性质及含量、养护龄期及掺加的引气剂等。采用质量好的原材料、小水胶比、延长冻结前的养护时间、掺加引气剂、尽量减少施工缺陷等措施可提高混凝土的抗冻性。其中掺加引气剂,可在混凝土中形成均匀分布的不相连微孔,可以缓冲因水冻结而产生的挤压力,对改善混凝土抗冻性有显著效果。

3. 抗侵蚀性(corrosion resistance)

环境介质对混凝土的化学侵蚀有淡水的侵蚀、硫酸盐侵蚀、海水侵蚀、酸碱侵蚀等,其侵蚀机理与水泥石化学侵蚀相同。其中海水侵蚀除了硫酸盐侵蚀外,还有反复干湿作用、盐分在混凝土内的结晶与聚集、海浪的冲击磨损、海水中氯离子对钢筋的锈蚀作用等,同样会使混凝土受到侵蚀而破坏。

对以上各类侵蚀难以有共同的防止措施,一般是设法提高混凝土的密实度,改善混凝土的孔隙结构,以使环境侵蚀介质不易渗入混凝土内部,或者采用外部保护措施以隔离侵蚀介质不与混凝土相接触, 如对酸的侵蚀。

【案例分析 4-7】 除冰盐的使用致混凝土结构破坏

(1) 工程概况。我国寒冷地区某钢筋混凝土公路桥, 自 1990 年左右建成投入使用, 约经 5 年, 混凝土保护层大片脱落, 钢筋严重锈蚀, 不得不停止使用。

(2) 原因分析。该桥梁钢筋混凝土腐蚀破坏的原因主要是由于冬季为了及时除去冰雪, 保证交通顺畅, 采用撒除冰盐的方式融化路面冰雪, 使得桥梁混凝土结构出现较严重的破坏。

除冰盐的使用会产生混凝土表面剥蚀破坏, 并从表面逐步向内部发展, 使表面砂浆层剥落, 集料暴露, 导致表面凹凸不平。另外, 融化的雪水沿着桥面流淌到桥梁底板, 氯盐入侵底板混凝土, 使钢筋周围氯离子含量超过导致钢筋锈蚀的界限值, 而锈蚀会使混凝土膨胀开裂, 以致脱落, 又进一步加剧了钢筋的锈蚀。

4. 碳化 (carbonization of concrete)

混凝土的碳化是指环境中的二氧化碳在有水存在的条件下, 与水泥石中的氢氧化钙发生反应, 生成碳酸钙和水, 使混凝土的碱度降低的现象。碳化对混凝土的物理力学性能有明显作用, 会使混凝土出现碳化收缩, 强度下降, 还会使混凝土中的钢筋因失去碱性保护而锈蚀。碳化对混凝土的性能也有有利的影响, 如表层混凝土碳化时生成的碳酸钙, 可减少水泥石的孔隙, 对防止有害介质的侵入具有一定的缓冲作用。

影响混凝土碳化的因素有以下几种。

(1) 水泥品种。使用普通硅酸盐水泥要比使用早强硅酸盐水泥碳化稍快些, 而使用掺混合料的水泥则比普通硅酸盐水泥要快。

(2) 水胶比。水胶比越低, 碳化速度越慢, 而当水胶比固定时, 碳化深度则会随水泥用量的提高而减小。

(3) 环境条件。常置于水中的混凝土, 碳化会停止, 常处于干燥环境的混凝土, 碳化也会停止, 相对湿度在 50%～75% 时, 碳化速度最快。

检查碳化的简易方法是凿下一部分混凝土, 除去微粉末, 滴以酚酞酒精溶液 (浓度为 1%), 碳化部分不会变色, 而碱性部分则呈红紫色。

5. 碱-骨料反应 (alkali-aggregate reaction, AAR)

混凝土中的碱-骨料反应包括碱-硅酸反应和碱-碳酸盐反应。前者指混凝土中含有活性氧化硅的骨料与所用水泥或其他材料中的碱 (氧化钠和氧化钾) 发生化学反应, 形成复杂的碱-硅酸凝胶, 此凝胶吸水膨胀, 可导致混凝土胀裂。后者是指混凝土中含有的碳酸盐岩石 (主要是含有黏土的白云石质石灰石) 与所用水泥或其他材料中的碱 (氧化钠和氧化钾) 发生反应, 引起膨胀, 也可导致混凝土胀裂。

当骨料被认为有潜在碱-骨料反应危害时, 可采用低碱水泥或适量添加些能抑制碱-骨料反应的化学外加剂及矿物掺和料等措施, 当在混凝土中掺加外加剂时, 必须严格控制其含碱量以免增加混凝土的总含碱量。

4.3 混凝土质量控制

混凝土质量控制的目标是要生产出质量合格的混凝土, 即所生产的混凝土应能按规定的保证率满足设计要求的技术性质。混凝土质量控制包括初步控制、生产控制和合格控制。其中，初步控制主要包括人员配备、设备调试、组成材料的检验及配合比的确定与调整等内容；生产控制包括控制称量、搅拌、运输、浇筑、振捣及养护等内容；合格控制包括批量划分，确定批取样数，确定检测方法和验收界限等内容。

在以上过程的任一步骤中（如原材料质量、施工作业、试验条件等），都存在着质量的随机波动。故进行混凝土质量控制时，应采用数理统计方法进行质量评定。在混凝土生产质量管理中，由于混凝土的抗压强度与其他性能有较好的相关性，能较好地反映混凝土整体的质量情况，因此，工程中通常以混凝土抗压强度作为评定和控制其质量的主要指标。

4.3.1 混凝土强度的波动规律

对同一种混凝土进行系统的随机抽样，测试结果表明，其强度的波动规律符合正态分布。该分布如图 4-19 所示，可用两个特征统计量——强度平均值（$m_{f_{cu}}$）和强度标准差（σ）作出描述。

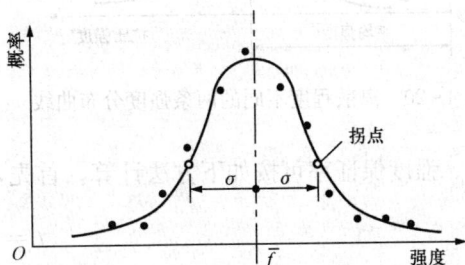

图 4-19 混凝土强度的正态分布曲线

强度平均值按式（4-9）计算，即

$$m_{f_{cu}} = \frac{1}{n}\sum_{i=1}^{n} f_{cu,k} \qquad (4-9)$$

强度标准差（又称均方差）按式（4-10）计算，即

$$\sigma = \sqrt{\frac{\sum_{i=1}^{n}(f_{cu,i}-m_{f_{cu}})^2}{n-1}} = \sqrt{\frac{\sum_{i=1}^{n}f_{cu,i}^2 - nm_{f_{cu}}^2}{n-1}} \qquad (4-10)$$

式中 n——试验组数（$n\geqslant25$）；

$f_{cu,i}$——第 i 组试件的抗压强度，MPa；

$m_{f_{cu}}$——n 组试件抗压强度的算术平均值，MPa；

σ——n 组抗压强度的标准差，MPa。

强度平均值对应于正态分布曲线中的概率密度峰值处的强度值，即曲线的对称轴所在之处。所以强度平均值反映了混凝土总体强度的平均水平，但不能反映混凝土强度的波动情况。强度标准差是正态分布曲线上两侧的拐点离于强度平均值处对称轴的距离，它反映了强度离散性（即波动）的情况。如图 4-20 所示，σ 值越大，强度分布曲线越宽，说明强度的离散程度越大，反映了生产管理水平低下，强度质量不稳定。

在相同生产管理水平下，混凝土的强度标准差会随平均强度水平的提高而增大。所以平均强度水平不同的混凝土之间质量稳定性的比较，可用变异系数 c_v 表征，c_v 可按式（4-11）计算，即

$$c_v = \frac{\sigma}{m_{f_{cu}}} \qquad (4-11)$$

c_v 值越小，混凝土强度质量越稳定。

4.3.2 混凝土强度保证率

在混凝土强度质量控制中，除了须考虑所生产的混凝土强度质量的稳定性之外，还必须考虑符合设计要求的强度等级的合格率，此即强度保证率。它是指在混凝土强度总体中，不小于设计要求的强度等级标准值（$f_{cu,k}$）的概率 $P(\%)$。如图 4-21 所示，强度正态分布曲

线下的面积为概率的总和，等于100%。

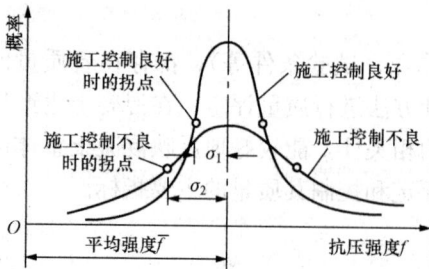

图4-20 离散程度不同的两条强度分布曲线

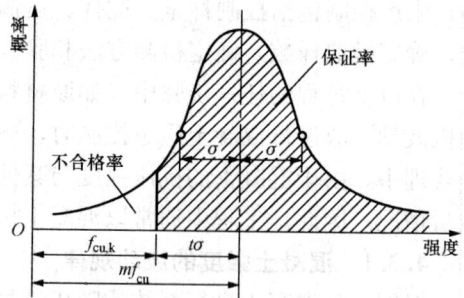

图4-21 混凝土强度保证率

强度保证率可按如下方法计算。首先，计算出概率度 t，即

$$t = \frac{m_{f_{cu}} - f_{cu,k}}{\sigma} \tag{4-12}$$

$$t = \frac{m_{f_{cu}} - f_{cu,k}}{c_v m_{f_{cu}}} \tag{4-13}$$

再根据 t 值，由表4-17查得保证率 $P(\%)$。

表 4-17 不同 t 值的保证率 P

t	0.00	−0.50	−0.84	−1.00	−1.20	−1.28	−1.40	−1.60
$P(\%)$	50.0	69.2	80.0	84.1	88.5	90.0	91.9	94.5
t	−1.645	−1.70	−1.81	−1.88	−2.0	−2.05	−2.33	−3.00
$P(\%)$	95.0	95.5	96.5	97.0	97.7	99.0	99.4	99.87

工程中 $P(\%)$ 值可根据统计用期内，混凝土试件强度不低于要求强度等级标准值的组数 N_0 与试件总数 $N(N \geqslant 25)$ 之比求得，即

$$P = \frac{N_0}{N} \times 100\% \tag{4-14}$$

《混凝土强度检验评定标准》（GB 50107—2010）规定，根据统计周期内混凝土强度的 σ 值和保证率 $P(\%)$，可将混凝土生产单位的生产管理水平划分为优良、一般和差三个等级，见表4-18。

表 4-18 混凝土生产管理水平

评定指标	生产管理水平 / 混凝土强度等级 / 生产单位	优良		一般		差	
		<C20	≥C20	<C20	≥C20	<C20	≥C20
混凝土强度标准差（MPa）	预拌混凝土和预制混凝土构件厂	≤3.0	≤3.5	≤4.0	≤5.0	>5.0	>5.0
	集中搅拌混凝土的施工现场	≤3.5	≤4.0	≤4.5	≤5.5	>4.5	>5.5

续表

生产管理水平		优良		一般		差	
混凝土强度等级		<C20	≥C20	<C20	≥C20	<C20	≥C20
评定指标 ＼ 生产单位							
强度等于和高于要求强度等级的百分率 $P(\%)$	预拌混凝土厂和预制混凝土构件厂及集中搅拌混凝土的施工现场	≥95		>85		≤85	

4.3.3　混凝土强度的检验评定

当混凝土的生产条件在较长时间内能保持一致，且同一品种混凝土的强度变异性能保持稳定时，样本容量应为连续的三组试件，其强度应同时满足式（4-15）、式（4-16）的要求

$$m_{f_{cu}} \geqslant f_{cu,k} + 0.7\sigma_0 \qquad (4-15)$$

$$f_{cu,min} \geqslant f_{cu,k} - 0.7\sigma_0 \qquad (4-16)$$

当混凝土强度等级不高于 C20 时，其强度的最小值尚应满足式（4-17）的要求

$$f_{cu,min} \geqslant 0.85 f_{cu,k} \qquad (4-17)$$

当混凝土强度等级高于 C20 时，其强度的最小值尚应满足式（4-18）的要求

$$f_{cu,min} \geqslant 0.9 f_{cu,k} \qquad (4-18)$$

式中　$m_{f_{cu}}$——同一验收批混凝土立方体抗压强度的平均值，MPa；

　　　$f_{cu,k}$——混凝土立方体抗压强度标准值，MPa；

　　　σ_0——验收批混凝土立方体抗压强度的标准差，MPa；

　　　$f_{cu,min}$——同一验收批混凝土立方体抗压强度的最小值，MPa。

验收批混凝土立方体抗压强度的标准差，应根据前一个检验期内同一品种混凝土试件的强度数据，按式（4-19）确定，即

$$\sigma_0 = \sqrt{\frac{\sum_{i=1}^{n} f_{cu,i}^2 - n m_{f_{cu}}^2}{n-1}} \qquad (4-19)$$

式中　$f_{cu,i}$——前一检验期内第 i 组混凝土试件的抗压强度代表值，MPa；

　　　n——前一检验期内的样本容量；

　　　$m_{f_{cu}}$——前一检验期内混凝土强度的平均值。

（注：在确定混凝土强度标准差时，其检验期间不应少于 60d，也不宜超过 90d，且在该期间内样本容量不应小于 45。当前一检验期强度标准差 σ_0 计算值小于 2.5MPa 时，应取 2.5MPa）

对大批量连续生产的混凝土，样本容量应不少于 10 组混凝土试件，其强度应同时满足式（4-20）、式（4-21）的要求

$$m_{f_{cu}} - \lambda_1 S_{f_{cu}} \geqslant f_{cu,k} \qquad (4-20)$$

$$f_{cu,min} \geqslant \lambda_2 f_{cu,k} \qquad (4-21)$$

式中　$S_{f_{cu}}$——同一验收批混凝土样本立方体抗压强度的标准差，MPa；

　　　λ_1、λ_2——合格判定系数，按表 4-19 取用。

（注：本条中验收批的强度标准差 $S_{f_{cu}}$ 不应小于 2.5MPa）

表 4 - 19   混凝土强度的合格判定系数

试件组数	10~14	15~19	≥20
λ_1	1.15	1.05	0.95
λ_2	0.90	0.85	

混凝土样本立方体抗压强度的标准差 $S_{f_{cu}}$ 可按式 (4 - 22) 计算，即

$$S_{f_{cu}} = \sqrt{\frac{\sum_{i=1}^{n} f_{cu,i}^2 - n m_{f_{cu}}^2}{n-1}} \tag{4 - 22}$$

式中 $f_{cu,i}$——第 i 组混凝土样本试件的立方体抗压强度值，MPa；

n——混凝土试件的样本组数。

以上为按统计方法评定混凝土强度。若按非统计方法评定混凝土强度，其强度应同时满足式 (4 - 23)、式 (4 - 24) 的要求

$$m_{f_{cu}} \geq \lambda_3 f_{cu,k} \tag{4 - 23}$$
$$f_{cu,min} \geq \lambda_4 f_{cu,k} \tag{4 - 24}$$

式中 λ_3、λ_4——合格判定系数，按表 4 - 20 取用。

当检验结果不能满足上述规定时，该批混凝土强度判为不合格。由不合格批混凝土制成的结构或构件，应进行鉴定。对不合格的混凝土可采用从结构或构件中钻取试件的方法或采用非破损检验方法，对混凝土的强度进行检测，作为混凝土强度处理的依据。

表 4 - 20   混凝土强度合格判定系数

混凝土强度等级	<C60	≥C60
λ_3	1.15	1.10
λ_4	0.95	

【例 4 - 1】   现场集中搅拌混凝土，强度等级为 C30，其同批强度列于表 4 - 21，试评定该批混凝土是否合格。

表 4 - 21   检验批混凝土立方体抗压强度值

$f_{cu,i}$ (MPa)									
36.5	38.4	33.6	40.2	33.8	37.2	38.2	39.4	40.2	38.4
38.6	32.4	35.8	35.6	40.8	30.6	32.4	38.6	30.4	38.8

$$n = 20,\ m_{f_{cu}} = 36.5 \text{MPa}$$

解   (1) 计算该批混凝土强度标准差

$$S_{f_{cu}} = \sqrt{\frac{\sum_{i=1}^{n} f_{cu,i}^2 - n m_{f_{cu}}^2}{n-1}} = \sqrt{\frac{\sum_{i=1}^{20} f_{cu,i}^2 - 20 \times 36.5^2}{20-1}} = 3.20 \text{MPa}$$

(2) 计算验收界限

$$[m_{f_{cu}}] = f_{cu,k} + \lambda_1 S_{f_{cu}} = 30 + 0.95 \times 3.20 = 33.0 \text{MPa}$$
$$[m_{f_{cu,min}}] = \lambda_2 \times f_{cu,k} 0.85 \times 30 = 25.5 \text{MPa}$$

(3) 评定该批混凝土强度

因 $m_{f_{cu}} = 36.3\text{MPa} > [m_{f_{cu}}] = 33.0\text{MPa}$

且 $f_{cu,min} = 30.4\text{MPa} > [f_{cu,min}] = 25.5\text{MPa}$

所以该批混凝土应评为合格。

4.4 普通混凝土的配合比设计

混凝土配合比（mix proportion）是指混凝土中各组成材料数量之间的比例关系。常用的表示方法有两种：一种是以每立方米混凝土中各项材料的质量表示，如水泥 300kg、水 180kg、砂 720kg、石子 1200kg，每立方米混凝土总质量为 2400kg；另一种表示方法是以各项材料相互间的质量比来表示（以水泥质量为 1），将上例换算成质量比，水泥：砂：石等于 1：2.4：4，水胶比为 0.6。

4.4.1 混凝土配合比设计的基本要点

确定配合比的工作称为配合比设计。配合比设计优劣直接影响到新拌混凝土的各项工作性能及硬化后混凝土的强度和抗渗、抗冻等各项耐久性能。

1. 混凝土配合比设计的基本要求

（1）满足结构设计要求的混凝土强度等级。

（2）满足施工要求的混凝土拌和物的和易性。

（3）满足环境和使用要求的混凝土耐久性。

（4）在满足上述要求的前提下降低混凝土的成本。

2. 混凝土配合比设计的任务

从现象上看，混凝土配合比设计只是通过计算确定各种组成材料的用量，而实质上是根据组成材料的情况，确定胶凝材料、水、细骨料和粗骨料这四项基本组成材料用量之间的三个比例关系。

（1）水与胶凝材料之间的比例关系，常用水胶比表示；

（2）砂与石子之间的比例关系，常用砂率表示；

（3）水泥浆与骨料之间的比例关系，常用单位用水量来反映。

水胶比、砂率、单位用水量是混凝土配合比的三个重要参数，因为这三个参数与混凝土的各项性能之间有着密切的关系。在组成材料一定的情况下，水胶比对混凝土的强度和耐久性起关键性作用；在水胶比一定的条件下，单位用水量是控制混凝土拌和物流动性的主要因素；砂率对混凝土拌和物和易性，特别是其中的黏聚性和保水性有很大影响。在配合比设计中正确地确定这三个参数，就能使混凝土满足上述四项基本要求。

3. 混凝土配合比设计的骨料基准

计算时，以干燥状态时骨料的质量为基准。所谓干燥状态，指细骨料含水率小于 0.5%，粗骨料含水率小于 0.2%。如需以饱和面干骨料为基准进行计算，则应作相应的修改。

4.4.2 普通混凝土配合比设计的步骤

进行配合比设计时，首先要正确选定原材料品种、检验原材料质量，然后按照混凝土技术要求进行初步计算，得出"计算配合比"；经试验室试拌调整，得出"基准配合比"；经强度复核（如有其他性能要求，则须作相应的检验项目）定出"试验室配合比"；最后以现场原材料实际情况（如砂、石含水等）修正"试验室配合比"，从而得出"施工配合比"。

1. 计算配合比

（1）确定配制强度 $f_{cu,0}$。为了使混凝土的强度具有要求的保证率，在设计混凝土配合比时，必须使混凝土的配制强度高于所设计的强度等级值。当混凝土强度保证率要求达到 95％时，可采用式（4-25）计算（当混凝土设计强度等级小于 C60 时）

$$f_{cu,0} = f_{cu,k} + 1.645\sigma \qquad (4-25)$$

式中　$f_{cu,0}$——混凝土配制强度，MPa；

　　　$f_{cu,k}$——混凝土抗压强度标准值，这里取混凝土的设计强度等级值，MPa；

　　　σ——混凝土强度标准差，MPa。

当设计强度等级不小于 C60 时，配制强度应按式（4-26）确定

$$f_{cu,0} \geqslant 1.15 f_{cu,k} \qquad (4-26)$$

（2）计算混凝土强度等级标准差。混凝土强度等级标准差应按下列规定确定。

1）当具有 1～3 个月的同一品种、同一强度等级混凝土的强度资料，且试件组数不小于 30 时，其混凝土强度标准差 σ 应按式（4-27）计算，即

$$\sigma = \sqrt{\dfrac{\sum\limits_{i=1}^{n} f_i^2 - n\overline{f_n^2}}{n-1}} \qquad (4-27)$$

式中　n——同一品种混凝土试件的组数；

　　　f_i——第 i 组试件的强度值，MPa；

　　　$\overline{f_n}$——n 组试件强度的平均值，MPa。

当混凝土强度等级不大于 C30 的混凝土，其强度标准差计算值低于 3.0MPa 时，计算配制强度用的标准差应取用 3.0MPa；当强度等级大于 C30 且小于 C60 的混凝土，其强度标准差计算值低于 4.0MPa 时，计算配制强度用的标准差应取用 4.0MPa。

2）如施工单位不具有近期的同一品种混凝土强度资料，其混凝土强度标准差 σ 可按表 4-22 取用。

表 4-22　　　　　　　　　　　　　　σ 取 值 表

混凝土强度等级	≤C20	C25～C45	C50～C55
σ（MPa）	4.0	5.0	6.0

（3）初步确定水胶比。《混凝土配合比设计规程》（JGJ 55—2011）规定，当混凝土强度等级小于 C60 时，混凝土水胶比宜按式（4-28）计算，即

$$W/B = \dfrac{\alpha_a f_b}{f_{cu,0} + \alpha_a \alpha_b f_b} \qquad (4-28)$$

式中　α_a、α_b——回归系数，应根据工程所使用的水泥、骨料，通过试验，由建立的水胶比与混凝土强度关系式确定，当不具备上述试验统计资料时，可取碎石：$\alpha_a = 0.53$，$\alpha_b = 0.20$，卵石：$\alpha_a = 0.49$，$\alpha_b = 0.13$。

　　　f_b——胶凝材料 28d 胶砂抗压强度，MPa。

胶凝材料 28d 胶砂抗压强度（f_b）按下列规定确定：

1）按《水泥胶砂强度检验方法（ISO 法）》（GB/T 17671）实测胶凝材料 8d 胶砂抗压强度。

2）当胶凝材料 28d 胶砂抗压强度无实测值时，可按式（4-29）计算，即

$$f_b = \gamma_f \gamma_s f_{ce} \tag{4-29}$$

式中　γ_f、γ_s——粉煤灰影响系数和粒化高炉矿渣粉影响系数，可按表 4-23 取用；

　　　f_{ce}——水泥 28d 胶砂抗压强度，MPa，可实测，当无实测值时，可按式（4-30）计算，即

$$f_{ce} = \gamma_c f_{ce,g} \tag{4-30}$$

式中　γ_c——水泥强度等级值的富余系数，可按实际统计资料确定，当缺乏实际统计资料时，可按表 4-24 选用；

　　　$f_{ce,g}$——水泥强度等级值，MPa。

表 4-23　　　　　粉煤灰影响系数（γ_f）和粒化高炉矿渣粉影响系数（γ_s）

掺量（%）＼种类	碎石	卵石
0	1.00	1.00
10	0.90~0.95	1.00
20	0.80~0.85	0.95~1.00
30	0.70~0.75	0.90~1.00
40	0.60~0.65	0.80~0.90
50	—	0.70~0.85

表 4-24　　　　　　　　水泥强度等级的富余系数（γ_c）

水泥强度等级	32.5	42.5	52.5
富余系数	1.12	1.16	1.10

为了保证混凝土必要的耐久性，水胶比还不得大于表 4-25 中规定的最大水胶比值，若计算所得的水胶比大于规定的最大水胶比值，应取规定的最大水胶比值。

表 4-25　　　　　　　混凝土的最大水胶比要求（GB 50010—2010）

环境类别	条件	最大水胶比	最低强度等级	最大 Cl⁻含量（%）	最大碱含量（kg/m³）
一	室内干燥环境、无侵蚀性静水浸没环境	0.60	C20	0.30	无限制
二 a	室内潮湿环境、非严寒和非寒冷地区的露天环境、非严寒和非寒冷地区与无侵蚀性的水或土壤直接接触的环境、严寒和寒冷地区的冰冻线以下与无侵蚀性的水或土壤直接接触的环境	0.55	C25	0.20	3.0
二 b	干湿交替环境、水位频繁变动环境、严寒和寒冷地区的露天环境、严寒和寒冷地区冰冻线以上与无侵蚀性水或土壤直接接触的环境	0.50（0.55）	C30（C25）	0.15	
三 a	严寒和寒冷地区冬季水位变动区环境、受除冰盐影响环境、海风环境	0.45（0.50）	C35（C30）	0.15	
三 b	盐渍土环境、受除冰盐作用环境、海岸环境	0.40	C40	0.10	

续表

环境类别	条件	最大水胶比	最低强度等级	最大Cl⁻含量（%）	最大碱含量（kg/m³）
四	海水环境	—	—	—	—
五	受人为或自然的侵蚀性物质影响的环境	—	—	—	—

注　1. 室内潮湿环境是指构件表面经常处于结露或湿润状态的环境。

2. 严寒和寒冷地区的划分应符合《民用建筑热工设计规范》（GB 50176）的相关规定。

3. 海岸环境和海风环境宜根据当地情况，考虑主导风向以及结构所处迎风、背风部位等因素的影响，由调查研究和工程经验确定。

4. 受除冰盐影响环境是指受到除冰盐盐雾影响的环境；受除冰盐作用环境是指被除冰盐溶液溅射的环境以及使用除冰盐地区的洗车房、停车楼等建筑。

5. 暴露的环境是指混凝土结构表面所处的环境。

6. Cl⁻含量是指Cl⁻占胶凝材料总量的百分比。

7. 预应力构件混凝土中最大Cl⁻含量为0.06%，最低混凝土强度等级宜按表中规定提高两个等级。

8. 素混凝土构件的水胶比及最低强度等级的要求可适当放松。

9. 有可靠工程经验时，二类环境中的最低混凝土强度等级可降低一个等级。

10. 处于严寒和寒冷地区二b、三a类环境中的混凝土应使用引气剂，并可采用括号内的有关参数。

11. 当使用非碱活性骨料时，对混凝土中的碱含量可不作限制。

（4）选用每立方米混凝土的用水量。

1）干硬性和塑性混凝土用水量的确定。

a. 首先根据施工条件按表4-26选用适宜的坍落度。

b. 水胶比在0.40～0.80时，根据所要求的混凝土坍落度值及骨料种类、粒径，按表4-27选定每立方米混凝土用水量。

表 4 - 26　　　　　　　　　　　混凝土浇筑时的坍落度

结 构 种 类	坍 落 度（mm）
基础或地面等的垫层、无配筋的大体积结构（挡土墙、基础等）或配筋稀疏的结构	10～30
板、梁和大型及中型截面的柱子等	30～50
配筋密列的结构（薄壁、斗仓、筒仓、细柱等）	50～70
配筋特密的结构	70～90

注　1. 本表系采用机械振捣混凝土时的坍落度，当采用人工捣实混凝土时其值可适当增大。

2. 当需要配制大坍落度混凝土时应掺用外加剂。

3. 曲面或斜面结构混凝土的坍落度应根据实际需要另行选定。

4. 泵送混凝土的坍落度不应低于100mm。

表 4 - 27　　　　　　　　　　　混凝土单位用水量选用表

项目	指标	卵石最大粒径（mm）				碎石最大粒径（mm）			
		10	20	31.5	40	16	20	31.5	40
坍落度（mm）	10～30	190	170	160	150	200	185	175	165
	35～50	200	180	170	160	210	195	185	175
	55～70	210	190	180	170	220	205	195	185
	75～90	215	195	185	175	230	215	205	195

续表

项目	指标	卵石最大粒径（mm）				碎石最大粒径（mm）			
		10	20	31.5	40	16	20	31.5	40
维勃稠度（s）	16～20	175	160		145	180	170		155
	11～15	180	165		150	185	175	—	160
	5～10	185	170		155	190	180		165

注　1. 本表用水量采用中砂时的平均取值。采用细砂时每立方米混凝土用水可增加 5～10kg；采用粗砂时则可减少 5～10kg。

　　2. 掺用各种外加剂或掺和料时，用水量应相应调整。

　　3. 水胶比小于 0.40 的混凝土，可通过试验确定。

2）流动性和大流动性混凝土的用水量宜以表 4 - 27 中坍落度 90mm 的用水量为基础，按坍落度每增大 20mm 用水量增加 5kg 计算出未掺外加剂时的混凝土的用水量。

3）掺外加剂时的混凝土用水量可按式（4 - 31）计算，即

$$m_{wa} = m_{w0}(1-\beta) \tag{4 - 31}$$

式中　m_{wa}——每立方米掺外加剂混凝土的用水量，kg；

　　　　m_{w0}——每立方米未掺外加剂混凝土的用水量，kg；

　　　　β——外加剂的减水率，%。

（5）计算每立方米混凝土的胶凝材料用量（m_{c0}）。根据已选定的每立方米混凝土用水量（%）和得出的水胶比（W/B）值，可求出胶凝材料用量（m_{c0}），即

$$m_{c0} = \frac{m_{w0}}{W/B} \tag{4 - 32}$$

为保证混凝土的耐久性，由式（4 - 32）计算得出的胶凝材料用量，还要满足表 4 - 28 中规定的最小胶凝材料用量的要求，如计算得出的胶凝材料用量小于规定的最小胶凝材料用量，则应取规定的最小胶凝材料用量。

表 4 - 28　　　　　　　　　混凝土的最小胶凝材料用量

最大水胶比（W/B）	最小胶凝材料用量（kg/m³）		
	素混凝土	钢筋混凝土	预应力混凝土
0.60	250	280	300
0.55	280	300	300
0.50	320		
≤0.45	330		

注　配制 C15 及其以下强度等级的混凝土除外。

然后根据掺和料掺量要求（β_f）分别计算掺和料用量 m_{f0} 和水泥用量 m_{c0}，即

$$m_{f0} = m_{b0}\beta_f \tag{4 - 33}$$

$$m_{c0} = m_{b0} - m_{f0} \tag{4 - 34}$$

（6）计算减水剂掺量（m_J）。减水剂掺量按混凝土胶凝材料用量的百分数进行计算，即

$$m_J = m_{b0}J \tag{4 - 35}$$

式中　J——减水剂的掺量百分数，%。

（7）选用合理的砂率值（β_s）。砂率值主要应根据混凝土拌和物的坍落度、黏聚性及保水性等要求来确定，一般应通过试验找出合理砂率。如无使用经验，坍落度为 $10\sim60\text{mm}$ 的混凝土砂率，可按骨料种类、粒径及水灰比，参照表 4-29 选用。

表 4-29　　　　　　　　　混 凝 土 的 砂 率

水胶比	卵石最大粒径（mm）			碎石最大粒径（mm）		
（W/B）	10	20	40	16	20	40
0.4	26~32	25~31	24~30	30~35	29~34	27~32
0.5	30~35	29~34	28~33	33~38	32~37	30~35
0.6	33~38	32~37	31~36	36~41	35~40	33~38
0.7	36~41	35~40	34~39	39~44	38~43	36~41

注　1. 本表数值系中砂的选用砂率，对细砂或粗砂，可相应地减少或增大砂率。

2. 只用一个单粒级粗骨料配制混凝土时，砂率应适当增大。

3. 对薄壁构件，砂率取偏大值。

4. 本表中的砂率系指砂与骨料总量的质量比。

坍落度大于 60mm 的混凝土砂率，可经试验确定，也可在表 4-29 的基础上，按坍落度每增大 20mm，砂率增大 1% 的幅度予以调整。

坍落度小于 10mm 的混凝土，其砂率应经试验确定。

另外，砂率也可根据以砂填充石子空隙并稍有富余，以拨开石子的原则来确定。根据此原则可列出砂率计算公式如下，即

$$\beta_s = \frac{m_{s0}}{m_{s0} + m_{g0}} \tag{4-36}$$

$$v_{0s} = v_{0g}P' \tag{4-37}$$

$$\beta_s = \lambda \frac{m_{s0}}{m_{s0} + m_{g0}} = \lambda \frac{\rho'_{0s} v_{0s}}{\rho'_{0s} v_{0s} + \rho'_{0g} v_{0g}}$$
$$= \lambda \frac{\rho'_{0s} v_{0g}P'}{\rho'_{0s} v_{0g}P' + \rho'_{0g} v_{0g}} = \lambda \frac{\rho'_{0s} P'}{\rho'_{0s}P' + \rho'_{0g}} \tag{4-38}$$

式中　β_s——砂率，%；

m_{s0}、m_{g0}——每立方米混凝土中砂及石子用量，kg；

v_{0s}、v_{0g}——每立方米混凝土中砂及石子的松散体积，m^3；

ρ'_{0s}、ρ'_{0g}——砂和石子的堆积密度，kg/m^3；

P'——石子空隙率，%；

λ——砂剩余系数，又称拨开系数，一般取 $1.1\sim1.4$。

（8）计算粗、细骨料的用量（m_{g0}、m_{s0}）。计算粗、细骨料用量的方法有质量法和体积法两种。当采用质量法时，应按式（4-39）计算，即

$$m_{f0} + m_{c0} + m_{g0} + m_{s0} + m_{w0} = m_{cp} \tag{4-39}$$

其中

$$\beta_s = \frac{m_{s0}}{m_{s0} + m_{g0}} \times 100\%$$

式中　m_{f0}——每立方米混凝土的矿物掺和料用量，kg/m^3；

m_{c0}——每立方米混凝土的水泥用量，kg；

m_{g0}——每立方米混凝土的粗骨料用量，kg；

m_{s0}——每立方米混凝土的细骨料用量，kg；

m_{w0}——每立方米混凝土的用水量，kg；

β_s——砂率，%；

m_{cp}——每立方米混凝土拌和物的假定质量，kg/m³，可根据骨料的表观密度、粒径及混凝土强度等级，在 2350～2450kg/m³ 范围内选定。

采用体积法时，按式（4 - 40）计算，即

$$\frac{m_{c0}}{\rho_c}+\frac{m_{f0}}{\rho_f}+\frac{m_{g0}}{\rho_g}+\frac{m_{s0}}{\rho_s}+\frac{m_{w0}}{\rho_w}+0.01\alpha=1 \qquad (4 - 40)$$

$$\beta_s=\frac{m_s}{m_s+m_g}\times100\%$$

式中　ρ_c——水泥密度，kg/m³；

ρ_f——矿物掺和料的密度，kg/m³；

ρ_g、ρ_s——粗骨料、细骨料的表观密度，kg/m³；

ρ_w——水的密度，kg/m³，可取 1000kg/m³；

α——混凝土的含气量百分数，%，在不使用引气剂或引气型外加剂时，α 可取为 1。

2. 基准配合比的确定

通过以上计算得到的每立方米混凝土各材料的用量，即为计算配合比。因为此配合比是利用经验公式或经验资料获得的，因而由此配成的混凝土有可能不符合实际的要求，所以须对比进行试配、调整与确定。

先按计算配合比进行试拌，检查该混凝土拌和物的和易性是否符合要求。若流动性太大，可在砂率不变的条件下，适当增加砂、石；若流动性太小，可保持水胶比不变，增加适量的水和胶凝材料；若黏聚性和保水性不良，可适当增加砂率，直到和易性满足要求为止，调整和易性后提出的配合比，即是可供混凝土强度试验用的基准配合比。

3. 试验室配合比的确定

由基准配合比配制的混凝土虽满足了和易性要求，但是否满足强度要求尚未可知。检验强度时至少用三个不同的配合比，其中一个是基准配合比，另外两个配合比的水胶比可比基准配合比分别增加和减少 0.05，其用水量与基准配合比相同，砂率可分别增加或减小 1%。制作混凝土强度试件时，应检验相应配合比的拌和物性能（和易性和表观密度）以作备用，每个配合比至少按标准方法制作一组试件，标准养护 28d 试压。然后通过将所测混凝土强度与相应的水胶比作图或计算，求出混凝土配制强度（$f_{cu,0}$）相对应的水胶比。最后按以下法则确定每立方米各材料用量。

用水量（m_w）和外加剂用量（m_a）应根据确定的水胶比作调整；

胶凝材料用量（m_c）以用水量乘以选定的水胶比计算确定；

粗、细骨料用量（m_g、m_s）取基准配合比的粗、细骨料用量基础上，按选定的水胶比和用水量作适当调整后确定。

至此得到的配合比，还应根据实测的混凝土拌和物的表观密度（$\rho_{c,t}$）作校正，以确定每立方米混凝土拌和物的各材料用量。为此，先按式（4 - 41）计算出混凝土拌和物的计算表观密度

（$\rho_{c,c}$），即

$$\rho_{c,c} = m_c + m_g + m_s + m_w \qquad\qquad (4-41)$$

再计算出校正系数 δ 为

$$\delta = \frac{\rho_{c,t}}{\rho_{c,c}} \qquad\qquad (4-42)$$

当混凝土表观密度实测值与计算值之差的绝对值不超过计算值的 2% 时，则按上述方法计算确定的配合比为确定的设计配合比，当两者之差超过 2% 时，应将配合比中每项材料用量均乘以系数 δ 值，即为确定的设计配合比。

最后按式（4-43）计算出试验室配合比，即

$$\left.\begin{array}{l} m_{c,sh} = m_c \delta \\ m_{w,sh} = m_w \delta \\ m_{s,sh} = m_s \delta \\ m_{g,sh} = m_g \delta \end{array}\right\} \qquad\qquad (4-43)$$

配合比调整后，还应测定拌和物水溶性氯离子含量；对耐久性有设计要求的混凝土还应进行相关耐久性试验验证。

4. 混凝土的施工配合比

试验室得出的配合比是以干燥材料为基准的，而施工工地存放的砂、石材料都含有一定的水分。所以现场材料的实际称量应按工地砂、石的含水情况进行修正，修正后的配合比称为施工配合比。

设工地测出砂的含水率为 a、石子的含水率为 b，则上述试验室配合比换算为施工配合比为

$$\left.\begin{array}{l} m_c' = m_c \\ m_s' = m_s(1+a) \\ m_g' = m_g(1+b) \\ m_w' = m_w - m_s a - m_g b \end{array}\right\} \qquad\qquad (4-44)$$

4.4.3 泵送混凝土配合比设计

泵送混凝土（pumped concrete）配合比除必须满足混凝土设计强度和耐久性要求外，还需满足可泵性要求。泵送混凝土除按普通混凝土配合比设计计算与试配规定进行外，还应符合以下规定：

（1）泵送混凝土的用水量与水泥和矿物掺和料的总量之比不宜小于 0.60。

（2）泵送混凝土的水泥和矿物掺和料的总量不宜小于 300kg/m³。

（3）泵送混凝土的砂率宜为 35%～45%。

（4）掺用引气型外加剂时，其混凝土含气量不宜大于 4%。

（5）泵送混凝土所采用的原材料应符合下列规定：

1）泵送混凝土应选用硅酸盐水泥、普通硅酸盐水泥、矿渣硅酸盐水泥，不宜采用火山灰质硅酸盐水泥。

2）粗骨料宜采用连续级配，其针片状颗粒不宜大 10%；粗骨料的最大粒径与输送管径之比宜符合表 4-30 的规定。

表 4-30 粗骨料的最大粒径与输送管径之比

石子品种	泵送高度（m）	粗骨料最大粒径比与输送管径比
碎石	<50	≤1:3.0
	50~100	≤1:4.0
	>100	≤1:5.0
卵石	<50	≤1:2.5
	50~100	≤1:3.0
	>100	≤1:4.0

3）泵送混凝土宜采用中砂，其通过 0.315mm 筛孔的颗粒含量不应少于 15%。

4）泵送混凝土应掺用泵送剂或减水剂，并宜掺用粉煤灰或其他活性矿物掺和料，其质量应符合国家现行有关标准的规定。

（6）泵送混凝土试配时要求的坍落度值应按式（4-45）计算，即

$$T_t = T_p + \Delta T \tag{4-45}$$

式中　T_t——试配时要求的坍落度值；

　　　T_p——入泵时要求的坍落度值；

　　　ΔT——试验测得在预计时间内的坍落度经时损失值。

4.4.4 水泥混凝土路面配合比设计

水泥混凝土路面配合比，应保证混凝土的弯拉强度、工作性、耐久性的要求，兼顾经济性。

据《公路水泥混凝土路面施工技术细则》（JTG T F30—2014）规定，采用抗弯拉强度作为路面水泥混凝土配合比设计的强度指标。水泥混凝土路面配合比具体设计步骤如下：

1. 计算初步配合比

（1）配制强度（f_c）的确定

$$f_c = \frac{f_t}{1 - 1.04C_v} + tS \tag{4-46}$$

式中　f_c——混凝土的配制 28d 抗弯拉强度，MPa；

　　　f_t——混凝土设计抗弯拉强度，MPa；

　　　t——保证率系数；

　　　S——弯拉强度试验样本的标准差，MPa；

　　　C_v——弯拉强度变异系数。

（2）计算水灰比值$\left(\dfrac{W}{C}\right)$及水胶比$\left(\dfrac{W}{B}\right)$。二级及以下公路采用经验公式法，无掺和料时，根据混凝土粗骨料品种、水泥抗弯拉强度和混凝土抗弯拉强度等已知参数及经验公式，估算水灰比：

碎石或破碎卵石混凝土　　$\dfrac{W}{C} = 1.5684 / (f_c + 1.0097 - 0.3595 f_s) \tag{4-47}$

卵石混凝土　　$\dfrac{W}{C} = 1.2618 / (f_c + 1.5492 - 0.4709 f_s) \tag{4-48}$

式中　f_s——水泥实测 28d 抗折强度，MPa；

　　　f_c——混凝土配制抗弯拉强度，MPa。

　　掺用粉煤灰、硅灰、矿渣粉等掺和料时，应计入超量取代法中代替水泥的那一部分掺和料用量（代替砂的超量部分不计入）计算水胶比。

　　以上计算出的水胶比还必须满足耐久性要求的最大水胶（灰）比的规定。

　　（3）确定工作性。混凝土应具有与铺路机械适应的工作性，以保证施工要求。碎石混凝土滑模摊铺时的坍落度宜为 10～30mm，卵石混凝土宜为 5～20mm；三辊轴机组摊铺时，拌和物的现场坍落度宜为 20～40mm；小型机具摊铺时，拌和物的现场坍落度宜为 5～20mm。拌和楼（机）出口拌和物坍落度值，应根据不同工艺摊铺时的坍落度值加上运输过程中坍落度损失值确定。

　　（4）砂率的选择（S_p）。宜根据砂的细度模数和粗骨料种类，根据表 4 - 31 选取。软作抗滑槽时，砂率可在表 4 - 31 基础上增大 1%～2%。

表 4 - 31　　　　　　　　　　　　　　　　水泥混凝土的砂率

砂细度模数		2.2～2.5	2.5～2.8	2.8～3.1	3.1～3.4	3.4～3.7
砂率 S_p（%）	碎石	30～34	32～36	34～38	36～40	38～42
	卵石	28～32	30～34	32～36	34～38	36～40

　　注　1. 相同细度模数时，机制砂的砂率宜偏低限取用。

　　　　2. 破碎卵石可在碎石和卵石之间内插取值。

　　（5）计算单位用水量（m_{w0}）。根据粗骨料品种、拌和物的流动性、水灰比、砂率与拌和物每立方米用水量关系式计算用水量。当计算单位用水量大于表 4 - 32 最大用水量的规定时，应通过采用减水率更高的外加剂降低单位用水量。

　　碎石混凝土　　$m_{w0} = 104.97 + 0.309H + 11.27\dfrac{C}{W} + 0.61S_p$ 　　　　　　(4 - 49)

　　卵石混凝土　　$m_{w0} = 86.89 + 0.370H + 11.24\dfrac{C}{W} + 1.00S_p$ 　　　　　　(4 - 50)

　　掺外加剂的混凝土单位用水量　　$m_{wa} = w_{0w}\left(1 - \dfrac{\beta}{100}\right)$ 　　　　　　(4 - 51)

　　式中　　m_{w0}——不掺外加剂与掺和料每立方米混凝土的用水量，kg/m³；

　　　　　　m_{wa}——掺外加剂每立方米混凝土的用水量，kg/m³；

　　　　　　H——混凝土拌和物的坍落度，mm；

　　　　　　$\dfrac{C}{W}$——灰水比；

　　　　　　S_p——砂率，%；

　　　　　　β——所用外加剂剂量的实测减水率，%。

表 4 - 32　　　　　　　　　　面层水泥混凝土最大单位用水量　　　　　　　　　　　　kg/m³

施工工艺	碎石混凝土	卵石混凝土	施工工艺	碎石混凝土	卵石混凝土
滑模摊铺机摊铺	160	155	小型机具摊铺	150	145
三辊轴机组摊铺	153	148			

　　注　破碎卵石混凝土最大单位用水量可在碎石和卵石混凝土之间内插取值。

　　（6）计算单位水泥用量（m_{c0}）

$$m_{c0} = m_{w0} \times \frac{C}{W}$$

路面混凝土单位水泥用量需要符合《公路水泥混凝土路面施工技术细则》(JTGT F30—2014) 的最小单位水泥用量值。最大单位水泥用量不宜大于 420kg/m³；使用掺和料时，最大单位胶体材料用量不宜大于 450kg/m³。

(7) 计算粗、细骨料的用量。骨料用量可按密度法或体积法计算。按密度法计算时，混凝土单位质量可取 2400～2450kg/m³；按体积法计算时，应计入设计含气量。

(8) 经计算得到的配合比，应验算粗骨料填充体积率。粗骨料填充体积率不宜小于 70%。

2. 配合比的试配、调整与确定

道路路面混凝土配合比的试配，调整与设计配合比的确定方法基本与普通混凝土的方法相同，唯一不同之处是应检验混凝土的抗弯拉强度。为此，应同时配制和易性满足设计要求的比计算水灰比大 0.03 和小 0.03 的另外两组混凝土试件（试件尺寸为 150mm×150mm×550mm），以便最后选取符合抗弯拉强度要求的配合比。

3. 施工配合比

设计配合比中粗、细骨料是以饱和面干状态为基准，因此现场材料的实际称量应按现场粗、细骨料实际含水情况进行修正，修正后的配合比，称为施工配合比。施工配合比应通过拌和楼试拌确定拌和参数。

4.5 其他种类混凝土

4.5.1 轻混凝土

凡干表观密度小于 1950kg/m³ 的混凝土称为轻混凝土 (light-weight concrete)。轻混凝土因原材料与制造方法不同可分为轻骨料混凝土、多孔混凝土和无砂大孔混凝土。

1. 轻骨料混凝土

用轻粗骨料、轻细骨料（或普通砂）和水泥配制而成的混凝土，称为轻骨料混凝土 (light-weight aggregate concrete)。轻骨料混凝土按细骨种类又分为全轻混凝土（粗、细骨料均为轻骨料）和砂轻混凝土（细骨料全部或部分为普通砂）。轻骨料混凝土在组成材料上与普通混凝土的区别在于，其所用骨料孔隙率高，表观密度小，吸水率大，强度低。

轻骨料的来源有以下几方面：

(1) 天然多孔岩石加工而成的天然轻骨料，如浮石、火山渣等。

(2) 以地方材料为原料加工而成的人造轻骨料，如页岩陶粒、膨胀珍珠岩等。

(3) 以工业废渣为原料加工而成的工业废渣轻骨料，如粉煤灰陶粒、膨胀矿渣等。

轻骨料混凝土与普通混凝土相比较，特点有：表观密度较小；强度等级范围（CL5.0～CL50）稍低；弹性模量较小，收缩、徐变较大；热膨胀系数较小；抗渗、抗冻和耐火性能良好；保温性能优良。

轻骨料混凝土用途见表 4-33。

表 4 - 33　　　　　　　　　　　　　　　轻骨料混凝土用途

混凝土名称	用　　途	强度等级合理范围	密度等级合理范围(kg/m³)
保温轻骨料混凝土	主要用于保温的围护结构或热工构筑物	CL5.0	800
结构保温轻骨料混凝土	主要用于既承重又保温的圈护结构	CL5.0～CL15	800～1400
结构轻骨料混凝土	主要用作承重构件或构筑物	CL15～CL50	1400～1900

2. 多孔混凝土

多孔混凝土（porous concrete）是一种不含骨料且内部分布着大量细小封闭孔隙的轻混凝土。根据孔的生成方式，可分为加气混凝土和泡沫混凝土两种。

（1）加气混凝土。加气混凝土（aerated concrete）是用含钙材料（水泥、石灰）、含硅材料（石英砂、矿渣、粉煤灰等）和发气剂（铝粉）为原料，经磨细、配料、搅拌、浇筑、发泡、静停、切割和压蒸养护工序生产而成，一般预制成砌块或条板等制品。

加气混凝土的表观密度为 $300～1200kg/m^3$，抗压强度为 0.5～7.5MPa，导热系数为 $0.081～0.29W/(m \cdot K)$。

加气混凝土孔隙率大，吸水率高，强度较低，便于加工，保温性较好，常用作屋面板材料和墙体的砌筑材料。

（2）泡沫混凝土。泡沫混凝土（foam concrete）是由水泥浆和泡沫剂为主要原材料制成的一种多孔混凝土。其表观密度为 $300～500kg/m^3$，抗压强度为 0.5～0.7MPa，在性能和应用方面与相同表观密度的加气混凝土大致相同，还可现场直接用于屋面保温层。

3. 无砂大孔混凝土

无砂大孔混凝土（no-fines concrete）是由水泥、粗骨料和水拌制而成的一种不含砂的轻混凝土。由于其不含细骨料，仅有水泥浆把粗骨料胶结在一起，所以是一种大孔混凝土。根据无砂大孔混凝土所用骨料品种的不同，可将其分为普通骨料制成的普通大孔混凝土和轻骨料制成的轻骨料大孔混凝土。

普通大孔混凝土的表观密度为 $1500～1900kg/m^3$，抗压强度为 3.5～10MPa。而轻骨料大孔混凝土的表观密度为 $500～1500kg/m^3$，抗压强度为 1.5～7.5MPa。

大孔混凝土的导热系数小，保温性能好，吸湿性小，收缩比普通混凝土小 20%～50%，抗冻性可达 15～20 次冻融循环，适宜用作墙体材料。

4.5.2　纤维增强混凝土

由水泥、水、细骨料和粗骨料，以及各种有机、无机或金属的不连续短切纤维组成的材料称为纤维增强水泥基复合材料，也称为纤维增强混凝土（fiber reinforced concrete）。

在普通混凝土中掺入碳纤维、钢纤维、有机纤维等纤维，可提高混凝土的抗拉、韧性、抗裂、抗疲劳等性能。普通混凝土在受荷载之前内部已有大量微裂缝，在不断增加的外力作用下，这些微裂缝会逐渐扩展，并最终形成宏观裂缝，导致材料破坏。当普通混凝土中加入适量的纤维之后，纤维对微裂缝的扩展起阻止和抑制作用，材料的行为将会发生变化。在水泥基材料中应用的纤维按其材料性质可分为金属纤维（钢纤维和不锈钢纤维)、无机纤维和有机纤维;按纤维的弹性模量可分为高弹模纤维和低弹模纤维。

1. 高弹模纤维增强混凝土

高弹模纤维如钢纤维、碳纤维等的作用在于提高混凝土强度(特别是抗拉强度)、最大拉伸和弯曲破坏应变、断裂韧性、断裂能力和抗冲击能力。如图 4-22 所示为高弹模纤维增强混凝土受弯时典型的荷载-挠度曲线。当荷载达到 A 点时,基材出现开裂。通常,此值与未加纤维的基材的开裂应力大致相等。在开裂的截面上,基材不再能承受荷载,全部荷载由桥接着裂缝的纤维所承担。如果纤维的强度和数量恰当,随着荷载的进一步增加,纤维将通过其与基材的黏结力将增加的荷载传递给基材。若黏结应力不超过纤维与基材的黏结强度,基材中又会产生新的微裂缝(线段 AB),最大荷载(B 点)与纤维的强度、数量及几何形状有关。随后由于纤维局部脱黏的积累,导致纤维拔出或纤维的破坏,材料的承载力逐渐下降(线段 BC)。因此,通过纤维增强可使水泥基复合材料的性能得到改善,其改善的程度除了与基材性能有关之外,还与纤维的特性和掺量有关。

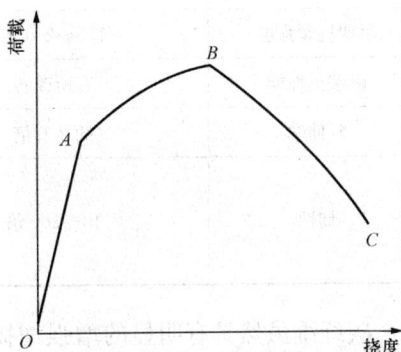

图 4-22　高弹模纤维增强混凝土
受弯时典型的荷载-挠度曲线

长期以来,由于加工工艺的原因,短切纤维在水泥基材料的增强中,通常掺量较小,体积掺量一般小于 2%。大量的试验研究表明,在普通的水泥基材料中加入少量的纤维对复合材料强度的改善并不十分明显,纤维主要是通过桥接宏观裂缝并减少其扩展来影响峰值荷载,产生基材的拉伸软化响应,从而提高其抗裂性能,并改善裂缝开展后的行为。

最常用的高弹模纤维为钢纤维。钢纤维的种类和特性见表 4-34。

表 4-34　　　　　　　　　　　　　　　钢纤维的种类和特性

钢纤维种类	特　性			
	断面形状	表面	防拔方法	其　他
切断钢纤维	圆形	冷拔表面	压痕折弯	强度高、表面处理容易
剪切钢纤维	正方形、长方形	压延面、切断面	压痕、折弯、扭曲	可使用不锈钢、脱脂
切削钢纤维	三角形	切断面皱纹状断面	扭曲	硬度大,可制细纤维、可用不锈钢
熔融抽丝钢纤维	月牙形	氧化皮膜	两端较粗	淬火或回火可用不锈钢

钢纤维以直径(或边长)0.3~0.6mm,长度不超过 40mm 为宜,过短会使钢纤维丧失增强的效果。长度为直径的 40~60 倍时,纤维易均匀分布于混凝土中。采用异型或使端部具有锚定效果的形状,可以提高钢纤维与混凝土的黏结强度。钢纤维既要有硬度又应有弹性,才能使钢纤维在拌和过程中,既较少发生弯曲也不致因过硬而折断。这样的钢纤维对混凝土性能的改善效果较好。

表 4-35 为钢纤维增强混凝土与普通混凝土性能的比较。可见,钢纤维混凝土除比普通

混凝土的抗拉、抗弯、抗冲击等力学强度均有很大提高外，还具有良好的韧性、抗冲磨性和耐久性能。

表 4-35　　　　　　　　　钢纤维增强混凝土与普通混凝土性能的比较

项　目	与普通混凝土比较	项　目	与普通混凝土比较
抗压强度	1.0～1.3 倍	抗剪强度	1.5～2.0 倍
抗拉强度和抗弯强度	1.5～1.8 倍	疲劳强度	有所改善
早期抗裂强度	1.5～2.0 倍	抗冲击强度	5～10 倍
耐破损性能	有所改善	耐热性能	显著改善
延伸率	约 2.0 倍	抗冻融性能	显著改善
韧性	40～200 倍	耐久性	密实性高，表面裂缝宽度不大于 0.08mm，耐久性有所改善，暴露于大气中的面层钢纤维产生锈斑

碳纤维虽然具有明显的增强增韧效果，但由于价格昂贵，限制了它在增强混凝土中的应用。

2. 低弹模纤维增强混凝土

(1) 低弹模纤维。低弹模纤维如尼龙、芳纶、聚乙烯、聚丙烯等，一般都具有很高的变形性，且抗拉强度比混凝土高。低弹模纤维可有效地控制由混凝土黏聚力产生的裂缝，使混凝土早期收缩裂缝减少 50%～90%，显著提高混凝土的抗渗性和耐久性，使混凝土内钢筋锈蚀时间推迟 2.5 倍。除抗裂外，低弹模纤维尚能提高混凝土的韧性、抗冻性和抗高温爆裂性。

低弹模纤维的性能，见表 4-36。

表 4-36　　　　　　　　　　　　低弹模纤维的性能

纤维种类	密度(g/cm³)	抗拉强度(×10³MPa)	弹性模量(×10³MPa)	断裂伸长率（%）
聚丙烯纤维	0.91	0.56～0.77	3.5	1.5～2.5
尼龙纤维	0.9～1.5	0.40～0.84	1.4～8.4	10～45
聚乙烯纤维	—	0.56～0.70	0.1～0.4	1.5～10.0
丙烯酸纤维	—	0.20～0.40	2.1	25～45
醇胺纤维	—	0.42～0.84	2.4	15～25

(2) 低弹模纤维增强混凝土。低弹模纤维混凝土的抗裂性除与纤维种类有关，还取决于纤维的长度和掺量，而纤维长度与骨料尺寸有关，砂浆和普通骨料混凝土，纤维长度一般取 2cm 为宜，大尺寸骨料应放大到 3～4cm。混凝土的抗裂性随纤维掺量的增加而提高，但其递增率并不呈线性关系，如综合考虑技术与经济性，对目前应用最多的聚丙烯纤维和尼龙纤维，纤维掺量为 600～900g/m³ 时，增强混凝土已有良好的抗裂性。

低弹模纤维能有效提高水泥基复合材料的断裂变形能力，从而增加其韧性。材料的韧性是指材料在破坏前吸收能量的能力，常用荷载-变形曲线下的面积来度量。无论使用何种纤维，纤维体积率的增加，韧化效果也提高。当然不同的纤维其韧化效果也不同，要获得较好的韧化效果，达到复合材料破坏时纤维是被拔出，而不是被拉断，这与纤维的种类和其几何形态（长度、表面形状、纤维轮廓等）有关。一般来说，与水泥基体黏结力高的纤维如三叶形截面的纤维、弹性模量高的纤维，韧化效果更好。

混凝土受到冻融作用后，往往出现两种形式的破坏：内部开裂与表面剥落，导致其动弹性模量与质量的下降。如0.5%（体积率）掺量的尼龙纤维混凝土和基准混凝土比较，300次冻融循环后，动弹性模量损失及质量损失分别为6.8%及0.6%和17.3%及2.1%；500次冻融循环后分别为10.8%及2.3%和47.7%及8.7%。

低弹模纤维混凝土在国外已广泛地应用于大面积薄构件，如地面、楼板、车道等的防裂，公路路面和桥面的修补，屋面、地下、游泳池等的刚性防水。

4.5.3 聚合物混凝土

在水泥基材料中加入有机聚合物已有较长的历史，早在20世纪40年代就出现了有关聚合物混凝土的报道，20世纪60年代后期得到了迅速发展。20世纪80年代初，英国的Birchll和其合作者研制了无宏观缺陷水泥（macro-defect-free cement，MDF），并用这种材料制成了世界上第一根水泥弹簧，在水泥基材料学术界引起了很大的震动，被认为是对水泥基材料研究开发的一个重大突破。

聚合物混凝土（polymer concrete）是一种在其中引入了聚合物的混凝土。按聚合物引入的方法不同，主要有聚合物浸渍混凝土和聚合物水泥混凝土。

1. 聚合物浸渍混凝土

聚合物浸渍混凝土（polymer impregnated concrete）是通过浸渍的方法将聚合物引入混凝土中的，即将干燥的硬化混凝土浸入有机单体中，再用加热或辐射的方法使渗入混凝土孔隙中的单体聚合，形成混凝土与聚合物为一体的聚合物浸渍混凝土。由于聚合物填充了混凝土内部的孔隙和微裂缝，提高了混凝土的密实度，所以聚合物浸渍混凝土的抗渗性、抗冻性、耐蚀性、耐磨性及强度均有明显提高，如抗压强度可达150MPa以上，抗拉强度可达24MPa。

聚合物浸渍混凝土因其造价高、工艺复杂，目前只是利用其高强和耐久性好的特性，应用于一些特殊场合，如隧道衬砌、海洋构筑物（如海上采油平台）、桥面板的制作。

2. 聚合物水泥混凝土

聚合物水泥混凝土（polymer cement concrete）和砂浆是用聚合物乳液和水拌和水泥，并掺入砂或其他骨料而制成的一种混凝土。它用聚醋酸乙烯、橡胶乳液、甲基纤维素等水溶性有机胶凝材料代替普通混凝土中的部分水泥而引入混凝土，使混凝土和砂浆的密实度得以提高。

聚合物水泥混凝土和砂浆的性能主要是受聚合物的种类、掺量的影响。聚合物水泥混凝土和砂浆具有较高的抗弯、抗拉强度，其抗拉弹性模量较低，收缩率较小，极限引伸率较大，抗裂性明显优于普通水泥混凝土和砂浆；且具有抗水和抗氯离子渗透、抗冻融等良好的耐久性，它是一种性能优异的新型补强加固材料。几种典型的聚合物水泥砂浆性能，见表4-37。

表4-37　　　　几种典型的聚合物水泥砂浆性能

砂浆种类	聚灰比（%）	强度（MPa）		抗弯黏结强度（MPa）	吸水率（%）	干燥收缩（×10⁻⁴）
		抗弯	抗压			
普通水泥砂浆	0	3～5	18～20	1～2	10～15	10～15

砂浆种类	聚灰比 (%)	强度 (MPa)		抗弯黏结强度 (MPa)	吸水率 (%)	干燥收缩 ($\times 10^{-4}$)
		抗弯	抗压			
丁腈胶乳砂浆	10	4~6	15~17	1.5~2.5	10~15	14~16
	20	2~3	4~5	2.5~3.0	10~15	18~20
氯丁胶乳砂浆	10	5~6	18~19	1.5~2.5	10~15	13~15
	20	9~10	31~34	2.5~3.0	5~7	7~9
丁苯胶乳砂浆	10	6~9	15~29	2.5~7.0	4~10	8~17
	20	7~12	17~32	2.0~7.0	2~5	5~17
聚丙烯酸酯乳液砂浆	10	6~8	16~18	4.5~8.0	4~10	8~11
	20	6~9	14~20	7.0~8.0	4~7	6~10
聚醋酸乙烯-乙烯共聚乳液砂浆	10	6~9	18~29	1.5~6.5	6~13	9~12
	20	6~11	19~32	3.0~7.0	3~13	8~16
聚醋酸乙烯乳液砂浆	10	6~7	16~17	1.5~2.5	10~15	9~11
	20	6~7	15~16	2.5~3.5	10~15	8~10

4.5.4　高性能混凝土

1. 高性能混凝土的定义

高性能混凝土 (high performance concrete) 是 20 世纪 90 年代提出的, 尽管当前对其定义尚未能看法一致, 但高性能混凝土必须具有高耐久性这一点是一致的。高性能混凝土是一种新型的高技术混凝土, 是在大幅度提高普通混凝土性能的基础上, 以耐久性为主要设计指标, 针对不同用途和要求, 采用现代技术制作的、低水胶比的混凝土。

2. 高性能混凝土的技术路线

高性能混凝土制作的主要技术途径是采用优质的化学外加剂和矿物外加剂, 前者改善工作性, 生产低水胶比的混凝土, 控制混凝土坍落度损失, 提高混凝土的致密性和抗渗性; 后者可参与水化, 起到胶凝材料的作用, 改善界面的微观结构, 堵塞混凝土内部孔隙, 提高混凝土耐久性。

3. 高性能混凝土的特性

(1) 自密实性。高性能混凝土的用水量较低, 流动性好, 抗离析性高, 从而具有较优异的填充性。因此, 配合比恰当的大流动性高性能混凝土有较好的自密实性。

(2) 体积稳定性。高性能混凝土的体积稳定性较高, 表现为具有高弹性模量、低收缩与徐变、低温度变形。普通强度混凝土的弹性模量为 20~25GPa, 采用适宜的材料与配合比的高性能混凝土, 其弹性模量可达 40~45GPa。采用高弹性模量、高强度的粗骨料并降低混凝土中水泥浆体的含量, 选用合理的配合比配制的高性能混凝土, 90d 龄期的干缩值低于 0.04%。

(3) 强度。高性能混凝土的抗压强度已超过 200MPa。目前, 28d 平均强度介于 100~120MPa 的高性能混凝土, 已在工程中应用。高性能混凝土抗拉强度与抗压强度之比较高强混凝土有明显增加, 高性能混凝土的早期强度发展较快, 而后期强度的增长率却低于普通混凝土。

（4）水化热。由于高性能混凝土的水灰比较低，会较早地终止水化反应，因此，水化热总量相应地降低。

（5）收缩和徐变。高性能混凝土的总收缩量与其强度成反比，强度越高总收缩量越小。但高性能混凝土的早期收缩率，随着早期强度的提高而增大。相对湿度和环境温度，仍然是影响高性能混凝土收缩性能的两个主要因素。

高性能混凝土的徐变显著地低于普通混凝土，在徐变总量（基本徐变与干燥徐变之和）中，干燥徐变值的减小更为显著，基本徐变略有降低。而干燥徐变与基本徐变的比值，则随着混凝土强度的提高而降低。

（6）耐久性。高性能混凝土除通常的抗冻性、抗渗性明显高于普通混凝土外，高性能混凝土的 Cl⁻ 渗透率明显低于普通混凝土。高性能混凝土由于具有较高的密实性和抗渗性，因此，其抗化学腐蚀性能也显著优于普通强度混凝土。

（7）耐火性。高性能混凝土在高温作用下，会产生爆裂、剥落。由于混凝土的高密实度使自由水不易很快地从毛细孔中排出，在受高温时其内部形成的蒸汽压力几乎可达到饱和蒸汽压力。如在 300℃ 温度下，蒸汽压力可达到 8MPa，而在 350℃ 温度下，蒸汽压力高达 17MPa，这样的内部压力可使混凝土中产生 5MPa 的拉应力，使混凝土发生爆炸性剥蚀和脱落。因此，高性能混凝土的耐高温性能是一个值得重视的问题。为克服这一性能缺陷，可在高性能与高强混凝土中掺入有机纤维，在高温下混凝土中的纤维能熔解、挥发，形成许多连通的孔隙，使高温作用产生的蒸汽压力得以释放，从而改善高性能混凝土的耐高温性能。

4. 高性能混凝土的国内外研究和应用水平

高性能混凝土在节能、节料、工程经济、劳动保护及环境保护等方面都具有重大意义，是国内外土木建筑界研究的热点。有关文献报道，用优质矿物骨料可生产出 230MPa 的超高强混凝土。如采用陶瓷代替矿物骨料可生产出抗压强度为 160MPa 的超高强混凝土。即使采用轻骨料也可生产出表观密度低于 1900kg/m³、强度高于 100MPa 的轻骨料混凝土，上述技术水平属于试验室研究报道。

当前，高性能混凝土在工程上的应用，在国内外仍处于发展阶段。近 10 年高性能混凝土的研究与应用获得了长足进展，其技术水平可归纳为四个档次，见表 4-38。

表 4-38　　　　　　　　　　　高强高性能混凝土技术水平

设计强度（MPa）	40～50	60	100	120
配合比强度（MPa）	60	80	120	140～150
水胶比（%）	30～35	25～30	20～25	<20
胶凝材料总量（kg/m³）	<500	<600	<700	<
应用状况	已有工程应用	已有工程应用	日、美有工程应用其他国家大都处于实验室研究阶段	试验室研究
备注	现行的材料及技术标准可生产和施工	可采用现行材料，但现行技术标准和质量标准值得研究，需使用矿物外加剂	现有材料及技术标准已不适合，必须加矿物外加剂	必须开发新型水泥、矿物外加剂、骨料及减水剂，也要求特殊的制造方法和养护方法

4.6 砂　　浆

砂浆（mortar）是由胶凝材料、细骨料、掺加料和水按适当比例配合、拌制并经硬化而成的土木工程材料，主要用于砌筑、抹面、修补、装饰工程。按所用的胶凝材料，可分为水泥砂浆、混合砂浆（由水泥和石灰作为胶结料）、石灰砂浆、聚合物砂浆等；按功能和用途，可分为砌筑砂浆、抹面砂浆、装饰砂浆、修补砂浆、绝热砂浆和防水砂浆等；按生产形式，可分为现场拌制砂浆和预拌砂浆，预拌砂浆按干湿状态，可分为预拌湿砂浆和预拌干砂浆。

4.6.1 砂浆的组成材料

1. 胶凝材料

胶凝材料在砂浆中起着胶结的作用，它是影响砂浆流动性、黏聚性和强度等技术性质的主要组分。

水泥是最常用的砂浆胶凝材料。配制砂浆可用普通硅酸盐水泥、矿渣硅酸盐水泥、火山灰质硅酸盐水泥，水泥等级应以砂浆强度等级的 4～5 倍为宜。由于砂浆强度不高，所以一般选用中、低等级的水泥即能满足要求。如水泥强度等级过高，可掺加矿物掺和料如粉煤灰等，以减少水泥用量，节约水泥。对于特殊用途的砂浆可用特种水泥（如膨胀水泥、快硬水泥）和有机胶凝材料（如合成树脂、合成橡胶等）。

石灰、石膏和黏土也可作为砂浆胶凝材料，与水泥混用配制混合砂浆，如水泥石灰砂浆、水泥黏土砂浆等，可以节约水泥并改善砂浆的和易性。

2. 细骨料

细骨料在砂浆中起着骨架和填充作用，对砂浆的流动性、黏聚性和强度等技术性能影响较大。性能良好的细骨料可提高砂浆的工作性和强度，尤其对砂浆的收缩开裂有较好的抑制作用。

（1）砂。砂浆中使用的细骨料，原则上应采用符合混凝土用砂技术要求的优质河砂。由于砂浆层往往较薄，故对砂子最大粒径有所限制。用于毛石砌体砂浆，砂子最大粒径应小于砂浆层厚度的 1/5～1/4；用于砖砌体的砂浆，宜用中砂，其最大粒径不大于 2.5mm；光滑表面的抹灰及勾缝砂浆，宜选用细砂，其最大粒径不大于 1.2mm。砂的含泥量对砂浆的水泥用量、和易性、强度、耐久性及收缩等性能均有影响，对强度等级大于或等于 M5.0 的砂浆，要求砂的含泥量不得超过 5.0%；对于强度等级小于 M5.0 的砂浆，要求砂的含泥量不得超过 10%。

（2）膨胀珍珠岩。膨胀珍珠岩主要用于保温砂浆。珍珠岩是一种火山玻璃质岩，在快速加热条件下它可膨胀成一种低重力密度、多孔状材料，称膨胀珍珠岩。由于其密度小、导热系数低、耐火和隔声性能好，且无毒、价格低廉等特点，故常作为保温砂浆的骨料。但由于大多数膨胀珍珠岩含硅量高（通常超过 70%），多孔并具有吸附性，对隔热保温极为不利，特别是在潮湿的地方膨胀珍珠岩制品容易吸水致使其导热系数急剧增大，高温时水分又易蒸发，带走大量的热，从而失去保温隔热性能。因此，如何防止膨胀珍珠岩制品的吸水和降低其吸附性，对其保温隔热性能的优劣极为重要。

从膨胀珍珠岩的结构特点和表面物理化学基础知识出发，目的在于降低其吸水率，提高隔热保温性能，对膨胀珍珠岩经过预处理。目前，球形闭孔膨胀珍珠岩和憎水膨胀珍珠岩得到广泛的应用。

3. 外加剂

(1) 现场拌制砂浆用外加剂。为了提高砂浆的和易性并节约石灰膏，可在水泥砂浆或混合砂浆中掺入无机塑化剂和符合质量要求的有机塑化剂，一般常用微沫剂和纤维素醚，但在水泥黏土砂浆中不宜使用。水泥石灰砂浆中掺微沫剂时，石灰膏用量可减少，但减少量不宜超过50%。微沫剂的掺量一般为水泥用量的0.005%~0.01%。纤维素醚类砂浆稠化剂可完全替代石灰膏，消除石灰陈伏时对环境产生的污染。砂浆中使用外加剂的品种和掺量应通过物理力学性能试验确定。

(2) 预拌砂浆用外加剂。

1) 塑化剂。建筑功能砂浆用塑化剂有普通塑化剂与高效塑化剂。塑化剂用于砂浆可改进工作性，提高其流动性和可浇筑性，也可使砂浆在相同流动性条件下，降低水灰比，提高强度。

普通塑化剂主要有木质素磺酸盐，木质素磺酸盐的原料是木质素，一般从针叶树材中提取。木质素磺酸盐除了可改进砂浆工作性外，增加木质素磺酸盐掺量还具有缓凝作用，可以降低砂浆的流动性损失，同时具有一定的引气性，但引入的气泡大小不均匀，无益于提高耐久性。典型的木质素磺酸盐塑化剂的减水率一般在5%~15%，加入0.25%~0.3%水泥质量的木质素磺酸盐，其水灰比降低接近10%。

高效塑化剂有缩聚物［包括甲醛缩聚物（BNS）、聚磺化三聚氰胺（PMS）］、氨基磺酸盐、脂肪族羟基磺酸盐、聚苯乙烯磺酸盐、丙烯酸接枝共聚物、聚羧酸盐（PCE）及小分子减水剂。

聚磺化三聚氰胺PMS是一种水溶性的聚合物树脂，属阴离子系早强、非引气型高效塑化剂，是由三聚氰胺、甲醛、亚硫酸氢钠按1：3：1的摩尔比，在一定反应条件下经磺化、缩聚而成。其特点是塑化效果好，坍落度损失小，碱含量低，能有效控制砂浆的离析泌水，无缓凝作用，耐温性好，且能显著减少砂浆的收缩而提高耐久性，特别具有砂浆硬化后表面光亮、平滑的特点；但存在着甲醛污染的问题。

聚羧酸盐系高效塑化剂是一类全新型的高性能塑化剂。该类高效塑化剂主要通过不饱和单体在引发剂作用下发生共聚，将带有活性基团的侧链接枝到聚合物的主链上，具有一系列独特的优点：低掺量，高减水率，分散性好，与不同的水泥具有相对较好的适应性，低坍落度损失，能更好地解决砂浆的引气、缓凝、泌水等问题，砂浆后期强度较高等。掺加量一般只是萘系的1/10~1/5，减水率可达到30%以上。由于掺量大幅度降低，一方面带入砂浆中的有害成分大幅度减少；另一方面单方砂浆中由高效塑化剂引入的成本增加完全可达到与萘系或与其他高效塑化剂相当。因而，该类产品完全具备取代萘系高效塑化剂的技术与经济条件。此类塑化剂特别适用于高性能砂浆。

2) 可再分散乳胶粉。可再分散乳胶粉是高分子聚合物乳液经喷雾干燥，以及后续处理而成的粉状热塑性树脂，主要应用于干粉砂浆，以增加其黏聚力和柔韧性。

可再分散乳胶粉通常为白色粉状。其成分包括以下几种：

a. 聚合物树脂。聚合物树脂位于胶粉颗粒的核心部分，也是可再分散乳胶粉发挥作用的主要成分，如醋酸乙烯酯-乙烯共聚树脂。

b. 内添加剂。内添加剂起到改性树脂的作用。例如，增塑剂可降低树脂成膜温度。通常醋酸乙烯酯-乙烯共聚树脂不需要添加增塑剂，也就是说，不是每一种乳胶粉都有内添加剂成分。

c. 保护胶体。保护胶体在可再分散乳胶粉颗粒的表面包裹一层亲水性的材料，绝大多数可再分散乳胶粉的保护胶体为聚乙烯醇。

d. 外添加剂。外添加剂为进一步扩展可再分散乳胶粉的性能而另外添加的材料，如在某些助流性的胶粉中添加高效塑化剂。与内添加的添加剂一样，不是每一种可再分散乳胶粉都含有外添加剂。

e. 抗结块剂。抗结块剂为细矿物填料，主要用于防止乳胶粉在储运过程中结块及便于胶粉流动（从纸袋或槽车中倾倒出来）。

3）纤维素醚。纤维素醚在干混砂浆产品中广泛应用。在干粉砂浆中，纤维素醚的添加量很低，但能显著改善湿砂浆的性能。纤维素醚为流变改性剂，用来调节新拌砂浆的流变性能。

纤维素醚的生产主要采用天然纤维通过碱溶、接枝反应（醚化）、水洗、干燥、研磨等工序加工而成。天然纤维作为主要原材料可分为棉花纤维、杉树纤维、榉木纤维等，它们的聚合度不同，会影响其产品的最终黏度。目前，主要的纤维素厂家都使用棉花纤维（硝化棉的副产物）作为主要原材料。

纤维素醚可分为离子型和非离子型。离子型主要有羧甲基纤维素盐，非离子型主要有甲基纤维素、甲基羟乙基（丙基）纤维素、羟乙基纤维素等。

4）其他外加剂。用于预拌砂浆的外加剂还有早强剂、引气剂、缓凝剂、速凝剂等。

4. 掺加料

在砂浆中，掺加料是为改善砂浆和易性而加入的无机材料，如石灰膏、粉煤灰、沸石粉等。

5. 纤维

合格的建筑砂浆除了具备应有的各种功能外，还必须具备抗裂、抗渗、抗爆裂、抗冻融、抗冲击，以及耐磨损、耐老化、耐紫外线等方面的功能。所以，在干粉砂浆中加入一定量的纤维，并具有良好的分散性。这些新型纤维可以是天然无机纤维或人造无机纤维，也可以是天然有机纤维或人造有机纤维，也可以是各种纤维混合复配的复合纤维。

用于干粉砂浆的常用纤维有以下几种：

（1）抗碱玻璃纤维。普通的玻璃纤维不能抵抗水泥材料的高碱性（pH 值大于 12.5）的侵蚀，不能用作干粉砂浆的抗裂和增强材料，原因在于硅酸盐水泥水化生成的氢氧化钙与普通玻璃纤维中的二氧化硅发生化学反应生成水化硅酸钙（这一反应是不可逆的），直至作为普通玻璃纤维骨架的二氧化硅被完全破坏，纤维的强度损耗殆尽而止，所以必须选用抗碱玻璃纤维。抗碱玻璃纤维是在普通玻璃纤维的生产过程中加入 16% 的氧化锆（ZrO_2），以提高玻璃纤维的抗碱性。

（2）维纶纤维。维纶纤维即维尼纶纤维（vinylon），化学名称为聚乙烯醇纤维或 PVA 纤维，该种纤维抗碱性强、亲水性好、可耐日光老化。

（3）腈纶纤维。腈纶纤维化学名称为聚丙烯腈纤维或称 PANF 纤维，腈纶纤维具有较好的耐碱性与耐酸性。

（4）丙纶纤维。化学名称为聚丙烯纤维或称 PP 纤维。丙纶纤维是合成纤维强度最小的一种，耐碱与耐酸性能好，且有较好的使用温度。

6. 拌和水

砂浆用水要求应与混凝土拌和用水要求相同。应选用洁净、无杂质的可饮用水来拌制砂浆。为节约用水，经化验分析或试拌验证合格的工业废水也可用于拌制砂浆。

4.6.2　砌筑砂浆

将砖、石及砌块黏结成为砌体的砂浆，称为砌筑砂浆（Masonry mortar）。它起着黏结砖、石及砌块构成砌体，传递荷载，协调变形的作用。因此，砌筑砂浆是砌体的重要组成部分。

1. 砌筑砂浆的技术要求

砂浆的技术性质主要是新拌砂浆的和易性和硬化砂浆的强度，其他还有砂浆的黏结力、变形性能和抗冻性等诸项内容。

（1）新拌砂浆的和易性。砂浆硬化前的重要性质是应具有良好的和易性。和易性包括流动性和保水性。

1）流动性。流动性（fluidity）是指砂浆在自重或外力的作用下产生流动的性质。砂浆的流动性可以用稠度来表示。无论是采用手工施工还是机械喷涂施工，都要求砂浆具有一定的流动性或稠度。

砂浆的流动性和许多因素有关，胶凝材料的用量、用水量、砂的质量，以及砂浆的搅拌时间、放置时间、环境的温度、湿度等均影响其流动性。

工程中砂浆的流动性可根据经验来评价、控制。试验室中可用砂浆稠度仪来测定其稠度值（沉入量），进而来评价控制其流动性。

砂浆流动性的选择与砌体材料的种类、施工时的气候条件和施工方法等情况有关。一般情况下多孔吸水的砌体材料和干热的天气，砂浆的流动性应大些；而密实不吸水的材料和湿冷的天气，其流动性应小些。砂浆稠度应符合《砌体结构工程施工质量验收规范》（GB 50203—2011）的规定，见表 4 - 39。

表 4 - 39　　　　　　　　　砌筑砂稠度的选择　　　　　　　　　mm

砌体种类	烧结普通砖砌体 蒸压粉煤灰砖砌体	混凝土实心砖、混凝土多孔砖砌体 普通混凝土小型空心砌块砌体 蒸压灰砂砖砌体	烧结多孔砖、空心砖砌体 轻骨料小型空心砌块砌体 蒸压加气混凝土砌块砌体	石砌体
砂浆稠度	70～90	50～70	60～80	30～50

2）保水性。保水性（water retentivity）是指新拌砂浆保持水分的能力。它也反映了砂浆中各组分材料不易分离的性质。在存放、运输和使用过程中，保水性良好的砂浆水分不易流失，易于摊铺成均匀的砂浆层，这样才能保证在砌体中形成均匀致密的砂浆缝，以保证砌体的质量。如果使用保水性不良的砂浆，在施工过程中，砂浆很容易出现泌水和分层离析现象，使流动性变差，不易铺成均匀的砂浆层，使砌体的砂浆饱满度降低。

同时，保水性不良的砂浆在砌筑时，水分容易被砖、石等砌体材料很快吸收，影响胶凝材料的正常硬化，不但降低砂浆本身的强度，而且使砂浆与砌体材料的黏结不牢，最终降低砌体的质量。

影响砂浆保水性的主要因素有胶凝材料的种类及用量、掺加料的种类及用量、砂的质量及外加剂的品种和掺量等。

砂浆的保水性可用分层度来检验和评定，用砂浆分层度测量仪测定。保水性良好的砂浆，其分层度值较小，一般砌筑砂浆的分层度值以 10～20mm 为宜。分层度值大于 30mm 的砂浆，保水性差，容易离析，不便于保证施工质量；分层度接近于零的砂浆，虽然保水性良好，无分层现象，但往往胶凝材料用量过多，或砂子过细，致使砂浆干缩较大，在砂浆硬化过程中容易发生干缩开裂。

（2）硬化砂浆的性质。

1）砂浆强度等级。砂浆的强度等级是以 70.7mm×70.7mm×70.7mm 的立方体试块，按标准养护条件养护至 28d 的抗压强度平均值而确定的。根据《砌筑砂浆配合比设计规程》（JGJ/T 98—2010）的规定，砂浆的强度等级分为 M5.0、M7.5、M10、M15、M20、M25 和 M307 个等级。

2）砂浆黏结力。砂浆的黏结力（cohesive force）是影响砌体抗剪强度、耐久性和稳定性，乃至建筑物抗震能力和抗裂性的基本因素之一。通常砂浆的抗压强度越高，黏结力越大。砂浆的黏结力还与基层材料的表面形状、清洁程度、润湿情况及施工养护等条件有关。在润湿的、粗糙的、清洁的表面上使用，且养护良好的砂浆与表面黏结较好。

3）砂浆的变形。砂浆在承受荷载或在温度条件变化时，均会产生变形，如果变形过大或者不均匀，将会降低砌体的质量引起砌体沉降或开裂。若使用轻骨料拌制砂浆或混合料掺量太多，也会引起砂浆收缩变形过大。

4）砂浆的耐久性。经常与水接触的水工砌体有抗渗及抗冻要求，所以水工砂浆应考虑抗渗、抗冻和抗侵蚀性。其影响因素与混凝土大致相同，但因砂浆一般不振捣，所以施工质量对其影响尤为明显。

2. 砌筑砂浆的配合比设计

（1）混合砂浆配合比计算。混合砂浆配合比的确定，应按下列步骤进行。

1）计算砂浆试配强度 $f_{m,0}$

$$f_{m,0} = kf_2 \tag{4-52}$$

$$\sigma = \sqrt{\frac{\sum\limits_{i=1}^{n} f_{m,i}^2 - N\mu_{fm}^2}{N-1}} \tag{4-53}$$

式中　$f_{m,0}$——砂浆的试配强度，MPa，精确至 0.1 MPa；

f_2——砂浆设计强度（即砂浆抗压强度平均值），MPa；

σ——砂浆现场强度标准差，精确至 0.01MPa；

k——系数，按表 4-40 取值。

$f_{m,i}$——统计周期内同一品种砂浆第 i 组试件的强度，MPa；

μ_{fm}——统计周期内同一品种砂浆第 N 组试件强度的平均值，MPa；

N——统计周期内同一品种砂浆试件的总组数，$N \geqslant 25$。

表 4 - 40				k 值				
施工水平	M5.0	M7.5	M10.0	M15.0	M20.0	M25.0	M30.0	k
优良	1.00	1.50	2.00	3.00	4.00	5.00	6.00	1.15
一般	1.25	1.88	2.50	3.75	5.00	6.25	7.50	1.20
较差	1.50	2.25	3.00	4.50	6.00	7.50	9.00	1.25

2）按《砌筑砂浆配合比设计规程》（JGJ/T 98—2010）中公式计算出每立方米砂浆中的水泥用量，即

$$Q_c = \frac{1000(f_{m,0} - \beta)}{\alpha f_{ce}} \qquad (4 - 54)$$

式中 Q_c——每立方米砂浆的水泥用量，kg；

$f_{m,0}$——砂浆的试配强度，MPa；

f_{ce}——水泥的实测强度，MPa，精确 0.1MPa；

α、β——砂浆的特征系数，其中，$\alpha = 3.03$，$\beta = -15.09$。

注：各地区也可用本地区试验资料确定 α、β 值，统计用的试验组数不得少于 30 组。无法取得水泥的实测强度时，可按下式计算 f_{ce}，即

$$f_{ce} = \gamma_c f_{ce,k} \qquad (4 - 55)$$

式中 $f_{ce,k}$——水泥强度等级对应的强度值；

γ_c——水泥强度等级值的富余系数，由实际统计资料确定，否则 γ_c 取 1.0。

当实际 Q_c 不足 200kg/m³ 时，应按 200kg/m³ 采用。

3）按水泥用量 Q_c 计算每立方米砂浆掺加料用量

$$Q_D = Q_A - Q_c \qquad (4 - 56)$$

式中 Q_D——每立方米砂浆的掺加料用量，kg，精确至 1kg，石灰膏、黏土膏使用时的稠度为 120mm±5mm；

Q_c——每立方米砂浆的水泥用量，kg，精确至 1kg；

Q_A——每立方米砂浆的胶结料和掺加料的总量，kg，精确至 1kg，可为 350kg。

4）确定每立方米砂浆砂用量 Q_s（kg）。每立方米砂浆中的砂子用量，应以干燥状态（含水率小于 0.5%）的堆积密度值作为计算值（kg）。

5）按砂浆稠度选用每立方米砂浆用水量 Q_w（kg）。每立方米砂浆中的用水量，根据砂浆稠度等的要求可选用 210～310kg。

在选用砂浆用水量时，特别要注意以下几点：①混合砂浆中的用水量，不包括石灰膏或黏土膏中的水；②当采用细砂或粗砂时，用水量分别取上限或下限；③当稠度小于或等于 70mm 时，用水量可小于下限；④施工现场气候炎热或干燥季节，可酌量增加用水量。

（2）水泥砂浆配合比确定。水泥砂浆材料用量可按表 4 - 41 选用。

表 4 - 41　　　　　　　　　　　　　每立方米水泥砂浆材料用量　　　　　　　　　　　　　kg/m³

强度等级	水泥	砂	用水量
M5.0	200～230		
M7.5	230～260		
M10.0	260～290		
M15.0	290～330	砂的堆积密度值	270～330
M20.0	340～400		
M25.0	360～410		
M30.0	430～480		

注　1. M15 及以下强度等级水泥砂浆，水泥强度等级为 32.5；M15 以上强度等级水泥砂浆，水泥强度等级为 42.5。

2. 当采用细砂或粗砂时，用水量分别取上限或下限。

3. 当稠度 70mm 时，用水量可小于下限。

4. 施工现场气候炎热或干燥季节可酌量增加用水量。

5. 试配强度应按《砌筑砂浆配合比设计规程》（JGJ/T 98—2010）计算。

（3）进行砂浆试配。采用工程中实际使用的材料和相同的搅拌方法，按计算配合比进行试拌，测定拌和物的稠度和分层度，当不能满足要求时应调整材料用量，直到符合要求为止。然后确定为试配时的砂浆基准配合比。

（4）配合比确定。试配时至少采用三个不同的配合比，其一为砂浆基准配合比，另外两个配合比的水泥用量按基准配合比分别增加及减少 10％，在保证稠度、分层度合格的条件下，可将用水量和掺加料用量作相应调整。然后按《砌筑砂浆基本性能试验方法》（JGJ 70—2009）的规定成形试件，测定砂浆强度等级，并选定符合强度要求且水泥用量最低的配合比作为砂浆配合比。

当原材料变更时，已确定的砂浆配合比必须重新通过试验确定。

【例 4 - 2】　某工程要求用于砌筑砖墙的砂浆是强度等级为 M7.5 的水泥石灰混合砂浆，砂浆稠度为 70～80mm。水泥采用 32.5 级的矿渣硅酸盐水泥；砂为中砂，含水率为 3％，堆积密度为 1450kg/m³；石灰膏稠度为 90mm；施工水平一般。

解　（1）确定砂浆的试配强度。该工程施工控制水平一般，查表 4 - 40，选 k 值为 1.2，则

$$f_{m,0} = kf_2 = 1.20 \times 7.5 = 9.0 (MPa)$$

（2）计算水泥用量 Q_c

$$Q_c = \frac{1000(f_{m,0} - B)}{Af_{ce}} = \frac{1000 \times (9.0 + 15.09)}{3.03 \times 32.5} = 245 (kg/m^3)$$

由于水泥为实测强度，上式 f_{ce} 按式 $f_{ce,k} = 1 \times 32.5 = 32.5 MPa$。

（3）计算石灰膏用量 Q_D

$$Q_D = Q_A - Q_c = 350 - 245 = 105 (kg/m^3)$$

式中取每立方米砂浆水泥浆和石灰膏总量取 350kg/m³，石灰膏稠度为 90mm，换算成 120mm，计算得

$$Q_D = 105 \times 0.95 = 100 (kg/m^3)$$

水泥石灰混合砂浆适配时的配合比为水泥∶石灰膏∶砂＝245∶100∶1494＝1∶0.41∶6.10。

4.6.3　抹面砂浆

凡粉刷在土木工程的建（构）筑物或构件表面的砂浆，统称为抹面砂浆。抹面砂浆按其功能的不同可分为普通抹面砂浆、装饰砂浆和具有特殊功能的抹面砂浆等。

对于抹面砂浆，要求既有良好的工作性，以易于抹成均匀平整的薄层，便于施工；又应有较高的黏结力，保证砂浆与底面牢固黏结。同时，还应变形较小，以防止其开裂脱落。

1. 抹面砂浆

抹面砂浆（plaster mortar）用于室外，对建筑物或墙体起保护作用。它可以抵抗风、雨、雪等自然因素及有害介质的侵蚀，提高建筑物或墙体的抗风化、防潮和保温隔热的能力；用于室内，可以改善建筑物的适用性，使表面平整、光洁、美观，具有装饰效果。

抹面砂浆通常分两层或三层施工。由于各层的功能不同，每层所选的砂浆性质也不同。底层抹灰的作用是使砂浆与底面能牢固地黏结，所以要求砂浆具有良好的工作性和黏结力，并要有较好的保水性，以防止水分被底面材料吸收而影响砂浆的黏结力。中层抹灰主要是为了找平，有时可省去不用。面层抹灰要达到平整美观的效果，要求砂浆细腻抗裂。

用于砖墙的底层抹灰，常用石灰砂浆或石灰灰浆，有防水、防潮要求时用水泥砂浆；用于板条墙或板条顶棚的底层抹灰常用麻刀石灰灰浆；混凝土墙面、柱面、梁的侧面、底面及顶棚表面等的底层抹灰，常用混合砂浆。中层抹灰常用混合砂浆或石灰砂浆。面层抹灰常用混合砂浆、麻刀石灰砂浆、纸筋石灰砂浆。

在潮湿或容易碰撞的地方，应采用水泥砂浆。如地面、墙裙、踢脚板、雨篷、窗台及水池、水井、地沟、厕所等处，要求砂浆具有较高的强度、耐水性和耐久性，工程上常用1：2.5 的水泥砂浆。

在加气混凝土砌块墙面上做抹面砂浆时，应采取特殊的抹灰施工方法，如在墙面上预先刮抹树脂胶、喷水润湿或在砂浆层中夹一层预先固定好的钢丝网层，以免日久发生砂浆剥离脱落现象。在轻骨料混凝土空心砌块墙面上做抹面砂浆时，应注意砂浆和轻骨料混凝土空心砌块的弹性模量尽量一致。否则，极易在抹面砂浆和砌块界面上开裂。普通抹面砂浆的参考配合比，见表 4 - 42。

表 4 - 42　　　　　　　　　　普通抹面砂浆的参考配合比

材料	体积配合比	主要用途
石灰：砂	1：3	用于干燥环境中的砖石墙面打底或找平
石灰：黏土：砂	1：1：6	用于干燥环境墙面
石灰：石膏：砂	1：0.6：3	用于不潮湿房间的墙及天花板
石灰：石膏：砂	1：2：3	用于不潮湿房间的线脚及其他装饰工程
石灰：水泥：砂	1：0.5：4.5	用于檐口、勒脚、女儿墙及比较潮湿的部位
水泥：砂	1：2.5	用于潮湿房间墙裙或地面基层
水泥：砂	1：1.5	用于地面、天棚或墙面
水泥：砂	1：1	用于混凝土地面压光
水泥：石膏：砂：锯末	1：1：3：5	用于吸声粉刷

材料	体积配合比	主要用途
水泥：白石子	1：1.5	用于水磨石
石灰膏：麻刀	1：2.5	用于板条天棚面层
石灰膏：麻刀	1：1.4（质量比）	用于板条天棚底层
石灰膏：纸筋	1m³ 灰膏掺 3.6kg 纸筋	较高级的墙面及顶棚
石灰膏：纸筋	100：3.8（质量比）	用于较高级墙板、天棚
石灰膏：纸筋	100：3.8（质量比）	用于板条天棚面层

2. 装饰砂浆

粉刷在建筑物内外表面，具有美化装饰、改善功能、保护建筑物的磨面砂浆称为装饰砂浆（decorative mortar）。装饰砂浆施工时，底层和中层的抹面砂浆与普通抹面砂浆基本相同，所不同的是装饰砂浆的面层，要求选用具有一定颜色的胶凝材料、骨料及采用特殊的施工操作工艺，使表面呈现不同的色彩、质地、花纹和图案等装饰效果。

装饰砂浆所采用的胶凝材料除普通水泥、矿渣水泥外，还可使用白色水泥、彩色水泥，或在常用水泥中掺加耐碱矿物颜料，配制成彩色水泥砂浆。装饰砂浆采用的骨料除普通河砂外，还可使用色彩鲜艳的花岗石、大理石等色石及细石渣，有时也可使用玻璃或陶瓷碎粒。

外墙面的装饰砂浆有以下几种常用的施工操作方法：

（1）拉毛。先用水泥砂浆做底层，再用水泥石灰砂浆做面层。在砂浆尚未凝结之前，用抹刀将表面拍拉成凹凸不平的形状。

（2）水刷石。将颗粒细小（约5mm）的石渣配置的砂浆做面层，在水泥终凝前，喷水冲刷表面，冲洗掉石渣表面的水泥浆，使石渣外露而不脱落。水刷石用于建筑物的外墙面，具有一定的质感，且经久耐用，不需维修。

（3）水磨石。用普通水泥、白水泥、彩色水泥或普通水泥加耐检验料拌和各种色彩的大理石石渣做面层，硬化后用机械反复打磨抛光表面而成。水磨石多用于地面、水池等工程部位。可事先设计图案色彩，打磨抛光后更具有艺术效果。另外，水磨石还可制成预制构件或预制块，作楼梯踏步、窗台板、柱面、台度、踢脚板、地面板等。

（4）干粘石。在抹灰水泥净浆表面黏结彩色石渣和彩色玻璃碎粒而成，是一种假石饰面。它分为人工黏结和机械喷粘两种，要求黏结牢固、不掉粒、不漏浆。其装饰效果与水刷石相同，但避免了喷水冲洗的湿作业，施工效率高，而且节省材料和水。干粘石在预制外墙板的生产中，有较多的应用。

（5）斩假石。斩假石也称剁假石或斧剁石，是一种假石饰面。原料和制作工艺与水磨石相同，但表面不打磨抛光，而是在水泥浆硬化后，用斧刀剁毛露出石渣。斩假石的装饰效果与粗面花岗岩相似。

4.6.4　干拌砂浆

干拌砂浆（dry-mixed mortar）是由水泥、钙质小石灰粉或有机胶凝材料、砂、掺和料和外加剂按一定比例混合干拌而成的混合物。

干拌砂浆的强度等级可分为 M_b5、M_b10、M_b15、M_b20、M_b25、M_b30。强度等级较高

的干拌砂浆多用于高强混凝土空心砌块的砌筑。施工时稠度可控制在 60～80mm，分层度在 10～20mm，和易性良好，可采用手工或机械施工。

干拌砂浆的特点是集中生产，施工方便，现场只需加水搅拌即可使用。干拌砂浆的技术性能稳定，品种多样，有砌筑砂浆、抹面砂浆和修补砂浆等。如混凝土空心砌块专用干拌砂浆，按规定加水拌和，黏聚性良好，强度稳定，使空心混凝土砌块砌体的竖缝砌筑质量容易保证，也能提高空心混凝土砌块砌体的抗剪强度。

干拌砂浆有整吨包装，也有小袋（50kg）分装，运输、储存和使用方便，储存期可达 3～6 个月。干拌砂浆的使用，有利于提高砌筑、抹灰、装饰、修补工程的施工质量，改善砂浆现场施工条件。

4.6.5　特种砂浆

1. 保温砂浆（绝热砂浆）

采用水泥、石灰、石膏等胶凝材料与膨胀珍珠岩、膨胀蛭石、陶粒、陶砂或聚苯乙烯泡沫颗粒等轻质多孔材料，按一定比例配制的砂浆称为保温砂浆（heat-proof mortar）。绝热砂浆具有质轻和良好的保温绝热性质，其导热系数为 0.07～0.10W/(m·K)，用于屋面绝热层、绝热墙壁及供热管道绝热层等处。

2. 吸声砂浆

吸声砂浆（sound-absorptive mortar）与绝热砂浆类似，由轻质多孔骨料配制而成的，有良好的吸声性能，用于室内墙壁和平顶吸声。可采用水泥、石膏、砂、锯末（体积比约为 1∶1∶3∶5）配制吸声砂浆；还可以在石灰、石膏砂浆中掺入玻璃纤维、矿物棉等松软纤维材料配制吸声砂浆。

3. 聚合物砂浆

聚合物砂浆（polymer mortar）是在水泥砂浆中加入有机物乳液配制而成的。聚合物砂浆一般具有黏结力强、干缩率小、脆性低等特性，适用于修补和防护工程。常用的聚合物乳液有氯丁橡胶乳液、丁苯橡胶乳液、丙烯酸树脂乳液等。

4. 耐酸砂浆

用水玻璃（硅酸钠）与氟硅酸钠为胶凝材料，加入石英石、花岗石、铸石等耐酸粉料和细骨料拌制成的耐酸砂浆（acid-proof mortar）。水玻璃硬化后具有很好的耐酸性能。耐酸砂浆多用于衬砌材料、耐酸地面、耐酸容器的内壁防护层等。在某些有酸雨腐蚀的地区，建筑物的外墙装修，也可采用耐酸砂浆，以提高建筑物的耐酸雨腐蚀作用。

5. 膨胀砂浆

在水泥砂浆中掺入膨胀剂，或使用膨胀水泥，可配成膨胀砂浆（expansive mortar）。膨胀砂浆具有一定的膨胀特性，可补偿水泥砂浆的收缩，防止干缩开裂。膨胀砂浆可用在修补工程及大板装配工程中，靠其膨胀作用填充缝隙，达到黏结密封作用。

6. 防射线砂浆

在水泥中掺入重晶石粉、砂可配制有防 X 射线和 γ 射线能力的砂浆，也称为防辐射砂浆（radiation protection mortar）。其配合比约为水泥∶晶石粉∶重晶石砂等于 1∶0.25∶(4～5)。如在水泥浆中掺入硼砂、硼酸等可配制有抗中子辐射能力的砂浆。此类防射线砂浆应用于射线防护工程中。

7. 自流平砂浆

自流平砂浆（self leveling mortar）是指在自重作用下能流平的砂浆。在现代施工技术条件下，地坪常采用自流平砂浆，从而使施工迅捷方便、质量优良。自流平砂浆中的关键性技术是掺用合适的化学外加剂；严格控制砂的级配、含泥量、颗粒形态；选择合适的水泥品种。良好的自流平砂浆可使地面平整光洁，强度高，无开裂，技术经济效果良好。

复习思考题

4-1　名词解释

（1）细度模数；　　（2）颗粒级配；　　（3）最佳砂率；　　（4）混凝土标准养护；

（5）碱-骨料反应；　（6）混凝土徐变；　（7）混合砂浆；　　（8）分层度。

4-2　判断题

（1）用高强度等级水泥配制低强度等级混凝土时，如果混凝土的强度刚好能得到保证，但混凝土的耐久性不好。　　　　　　　　　　　　　　　　　　　　　　　　　（　　）

（2）毛体积密度相同的骨料，级配好的比级配差的堆积密度小。　　　　　（　　）

（3）两种砂子的细度模数相同，它们的级配也一定相同。　　　　　　　　（　　）

（4）在结构尺寸及施工条件允许下，应尽可能选择较大粒径的粗骨料，这样可节约水泥。　　　　　　　　　　　　　　　　　　　　　　　　　　　　　　　　　　　（　　）

（5）在混凝土拌和物中，保持 W/B 不变增加水泥浆量，可增大拌和物流动性。（　　）

（6）当砂的细度模数较小时，混凝土的合理砂率值较大。　　　　　　　　（　　）

（7）当混凝土的水胶比较小时，其所采用的合理砂率值较小。　　　　　　（　　）

（8）水胶比很小的混凝土，其强度不一定很高。　　　　　　　　　　　　（　　）

（9）所有混凝土受力破坏时，都是沿石子和水泥石的黏结界面破坏的。　　（　　）

（10）混凝土的徐变对预应力混凝土是不利的。　　　　　　　　　　　　　（　　）

（11）砂浆的和易性包括流动性、黏聚性、保水性三方面的含义。　　　　　（　　）

（12）砌筑砂浆的强度，无论其底面是否吸水，砂浆的强度大小主要取决于水泥强度和水胶比。　　　　　　　　　　　　　　　　　　　　　　　　　　　　　　　　　　（　　）

4-3　问答题

（1）砂的级配与粗细程度有什么区别和联系？

（2）简述减水剂的作用机理，并讨论掺入减水剂可获得的技术经济效果。改善混凝土拌和物和易性的措施有哪些？

（3）对下列混凝土工程及制品采用哪一类外加剂较为合适，其理由何在？

①大体积混凝土；②高强混凝土；③现浇普通混凝土；④预制构件用混凝土；⑤抢修用混凝土；⑥有抗冻要求混凝土；⑦冬期施工用混凝土。

（4）粉煤灰用作混凝土掺和料，对其质量有哪些要求？粉煤灰掺入混凝土中，对混凝土产生什么效应？

（5）影响混凝土强度的主要因素是什么？

（6）混凝土配合比设计中的两个基准、三大参数和四项基本要求包含哪些内容？

（7）建筑砂浆有哪些基本性质？

(8) 如何配制砌筑砂浆？

4-4 计算题

(1) 某现浇钢筋混凝土柱，混凝土设计要求强度等级为 C25，坍落度要求为 30～50mm，使用环境为干燥的办公用房内。所用原材料情况如下：

水泥：强度等级为 42.5 的普通水泥，密度 $\rho_c=3.00\text{g/cm}^3$，强度等级富余系数为 1.05；

砂：$\mu_f=2.6$ 的中砂，为 II 区砂，表观密度 $\rho_s=2650\text{kg/m}^3$；

石子：5～40mm 碎石，表观密度 $\rho_s=2700\text{kg/m}^3$。

试求：

1) 混凝土的试验室配合比；

2) 若已知现场砂子含水率为 3%，石子含水率为 1%，试计算混凝土施工配合比。

(2) 某工地夏秋季需配制 M7.5 的水泥石灰混合砂浆砌筑砖墙，采用 42.5 级普通硅酸盐水泥，中砂（含水率 2%），砂的堆积密度为 1450kg/m^3，试求砂浆的配合比。

第5章 墙 体 材 料

　　墙体材料是建筑材料的重要组成部分，主要由砖、砌块、板材及砌筑石材构成。本章介绍了多种墙体材料的原材料、生产、性能、规格、质量标准和使用要求等。

　　通过本章的学习，要求熟练掌握烧结普通砖的性质与应用特点，掌握烧结多孔砖、烧结空心砖、蒸压蒸养砖、砌块的主要性质与应用特点，了解墙用板材和砌筑石材的性能和应用特点，能够合理选材。

　　墙体是建筑物的重要组成部分，占建筑物质量的1/2，用工量及造价的1/3左右，起着承重、围护和分隔的作用。墙体材料的选用直接影响到建筑物的自重、成本、建筑能耗及施工效率等。长期以来，我国墙体材料一直以小块实心烧结普通砖为主，由于烧结普通砖存在毁地取土、高能耗与严重污染环境等问题，我国提出了一系列限制烧结普通砖的使用，鼓励新型墙体材料发展的政策。经过十几年的发展，墙体材料革新取得了很大成就，新型墙体材料占墙体材料总量的比例大幅提高。墙体材料的种类繁多，可分为砖、砌块、板材和石材等。

5.1 砌 墙 砖

　　砖（brick）是指砌筑用的人造小型块材，外形多为直角六面体，其长度不超过365mm，宽度不超过240mm，高度不超过115mm。

　　砖按用途可分为承重砖和非承重砖；按原材料可分为黏土砖（N）、粉煤灰砖（F）、煤矸石砖（M）、页岩砖（Y）、灰砂砖（LSB）、煤（炉）渣砖（MZ）等；按孔洞率可分为实心砖、多孔砖和空心砖；根据形成条件，又分为烧结砖（fired brick）和非烧结砖（蒸压砖、蒸养砖、免烧砖）两大类。

5.1.1 烧结普通砖

　　经焙烧而制成的砖，常结合主要原料命名，如烧结黏土砖、烧结粉煤灰砖、烧结页岩砖等。在不致混淆的情况下，可省略烧结两字。

　　当以黏土为原料时，砖坯在氧化气氛中焙烧，黏土中的铁被氧化成呈红色的高价铁（Fe_2O_3），此时砖为红色，称红砖。若砖坯开始在氧化气氛中熔烧，当达到烧结温度后（1000℃左右）又处于还原气氛（如通入水蒸气）中继续焙烧，此时高价铁被还原成呈青灰色的低价铁（FeO），砖呈青灰色，称青砖。一般来说，青砖的强度比红砖高，耐久性比红砖强，但价格较贵，一般在小型的土窑内生产。

　　粉煤灰砖、煤矸石砖、页岩砖利用工业废料及地方性材料，其生产工艺与黏土砖相同，形状和尺寸规格、强度等级和产品等级的要求与黏土砖相同，均应符合《烧结普通砖》（GB 5101—2003）的要求。

　　1. 技术要求

　　(1) 尺寸偏差。为保证砌筑质量，烧结普通砖的尺寸偏差应符合尺寸允许偏差，应符合

《烧结普通砖》（GB 5101—2003）的规定。

（2）外观质量。砖的外观质量包括两条面高度差、弯曲、杂质突出高度、缺棱掉角、裂纹长度、完整面和颜色等项内容，应符合《烧结普通砖》（GB 5101—2003）的规定。

（3）强度。烧结普通砖按抗压强度分为五个等级：MU30、MU25、MU20、MU15、MU10，各强度等级的砖应符合表 5-1 的规定。

表 5-1　　　　　　　　　　　烧结普通砖的强度等级　　　　　　　　　　　MPa

强度等级	抗压强度平均值 $f \geqslant$	变异系数 $\delta \leqslant 0.21$	变异系数 $\delta > 0.21$
		强度标准值 $f_k \geqslant$	单块最小抗压强度值 $f_{min} \geqslant$
MU30	30.0	22.0	25.0
MU25	25.0	18.0	22.0
MU20	20.0	14.0	16.0
MU15	15.0	10.0	12.0
MU10	10.0	6.5	7.5

（4）抗风化性能。烧结普通砖的抗风化性是指能抵抗干湿变形、冻融变化等气候作用的性能。它是烧结普通砖的重要耐久性之一。对砖的抗风化性要求应根据各地区风化程度不同而定。我国风化区的划分，见表 5-2。

表 5-2　　　　　　　　　　　风 化 区 划 分

严 重 风 化 区		非 严 重 风 化 区	
1. 黑龙江省	11. 河北省	1. 山东省	11. 福建省
2. 吉林省	12. 北京市	2. 河南省	12. 台湾省
3. 辽宁省	13. 天津市	3. 安徽省	13. 广东省
4. 内蒙古自治区		4. 江苏省	14. 广西壮族自治区
5. 新疆维吾尔自治区		5. 湖北省	15. 海南省
6. 宁夏回族自治区		6. 江西省	16. 云南省
7. 甘肃省		7. 浙江省	17. 西藏自治区
8. 青海省		8. 四川省	18. 上海市
9. 陕西省		9. 贵州省	19. 重庆市
10. 山西省		10. 湖南省	

表 5-2 严重风化区中的 1、2、3、4、5 地区的砖必须进行冻融试验，其他地区砖的抗风化性能符合表 5-3 规定时可不做冻融试验，否则，必须进行冻融试验。

表 5-3　　　　　　　　　　　抗 风 化 性 能

砖种类	严重风化区				非严重风化区			
	5h 沸煮吸水率（%）≤		饱和系数　　≤		5h 沸煮吸水率（%）≤		饱和系数　　　≤	
	平均值	单块最大值	平均值	单块最大值	平均值	单块最大值	平均值	单块最大值
黏土砖	18	20	0.85	0.87	19	20	0.88	0.90
粉煤灰砖①	21	23			23	25		
页岩砖	16	18	0.74	0.77	18	20	0.78	0.80
煤矸石砖								

① 粉煤灰掺入量（体积比）小于 30% 时，按黏土砖规定判定。

冻融试验后，每块砖样不允许出现裂纹、分层、掉皮、缺棱、掉角等冻坏现象；质量损失不得大于 2%。

(5) 泛霜。泛霜是指黏土原料中的可溶性盐类，随着砖内水分蒸发而在砖表面产生的盐析现象，一般在砖表面形成絮团状斑点的白色粉末。轻微泛霜就能对清水墙建筑外观产生较大的影响。中等程度泛霜的砖用于建筑中的潮湿部位时，7～8 年后因盐析结晶膨胀将使砖体的表面产生粉化剥落，在干燥的环境中使用约 10 年后也将脱落。严重泛霜对建筑结构的破坏性更大。优等品无泛霜；一等品不允许出现中等泛霜；合格品不允许出现严重泛霜。

(6) 石灰爆裂。当生产黏土砖的原料含有石灰石时，则焙烧砖时石灰石会煅烧成生石灰留在砖内，这时的生石灰为过烧生石灰，这些生石灰在砖内会吸收外界的水分，消化并产生体积膨胀，导致砖发生膨胀性破坏，这种现象称为石灰爆裂。优等品：不允许出现最大破坏尺寸大于 2mm 的爆裂区域。一等品：最大破坏尺寸大于 2mm，且小于或等于 10mm 的爆裂区域，每组砖样不得多于 15 处，且不允许出现最大破坏尺寸大于 10mm 的爆裂区域。合格品：最大破坏尺寸大于 2mm，且小于或等于 15mm 的爆裂区域，每组砖样不得多于 15 处。其中大于 10mm 的不得多于 7 处，且不允许出现最大破坏尺寸大于 15mm 的爆裂区域。

(7) 产品中不允许有欠火砖、酥砖和螺旋纹砖。煅烧温度低或煅烧时间不足，形成欠火砖、砖色浅、敲击时声哑、孔隙率大、强度低、吸水率大、耐久性差；若煅烧温度过高，则出现过火砖，过火砖则色深、声清脆、孔隙率小、强度高、吸水率小、耐久性强，但砖变形大外观往往不合格，且热导率大。

2. 产品分类和产品标记

强度、抗风化性能和放射性物质合格的砖，根据尺寸偏差、外观质量、泛霜和石灰爆裂分为优等品（A）、一等品（B）、合格品（C）三个质量等级。

砖的产品标记按产品名称、类别、强度等级、质量等级和标准编号顺序编写。例如，烧结普通砖，强度等级 MU15，一等品的页岩砖，标记为

烧结普通砖 Y MU15 B GB/T 5101

3. 应用

烧结普通砖是传统的墙体材料，主要用于砌筑建筑的内外墙、柱、拱、烟囱和窑炉。烧结普通砖在应用时，应充分发挥其强度、耐久性和隔热性能均较高的特点。优等品适用于清

水墙和装饰墙，一等品、合格品可用于混水墙。中等泛霜的砖不能用于潮湿部位。

【案例分析 5 - 1】 墙体破坏后部分呈粉末状

现象:某县城于 1997 年 7 月 6～11 日遭受洪水，某 5 层半砖砌体承重结构住宅楼底部车库进水，12 日上午倒塌，墙体破坏后部分呈粉末状。在残存北纵墙基础上随机抽取 20 块砖进行试验，自然状态下实测抗压强度平均值为 5.85MPa，低于设计要求的 MU10 砖抗压强度。从砖厂成品堆中随机抽取了砖进行测试，发现其抗压强度十分离散，高的达 21.4MPa，低的仅 5.1MPa，试分析其原因。

原因分析:原因有两方面:①所用砌筑砂浆强度低，黏结力差;②所用烧结普通砖的质量较差。设计要求使用 MU10 砖，但现场抽样测试发现砖的强度普遍低于 MU7.5。分析发现，该砖厂所用原材料土质不好，烧结得到的普通砖匀质性差，同时含较多欠火砖，其软化系数明显较小，被积水浸泡后，强度大幅度下降，导致部分砖破坏后甚至呈粉末状。

5.1.2 烧结多孔砖

烧结多孔砖是以黏土、页岩、煤矸石、粉煤灰为主要原料，经焙烧而成的孔洞率不小于 28%，且孔洞小而数量多，孔洞垂直于大面即受压面的砖，如图 5 - 1 所示。产品应符合《烧结多孔砖和多孔砌块》(GB 13544—2011)的要求。

1. 主要技术性质

(1)强度等级。烧结多孔砖根据抗压强度划分为五个强度等级，见表 5 - 4。

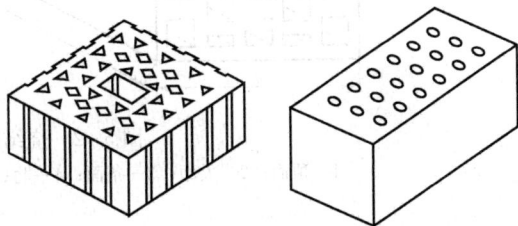

图 5 - 1 烧结多孔砖

表 5 - 4 　　　　　　　　　　烧结多孔砖强度指标　　　　　　　　　　MPa

强度等级	抗压强度平均值	强度标准值，≥
MU30	30.0	22.0
MU25	25.0	18.0
MU20	20.0	14.0
MU15	15.0	10.0
MU10	10.0	6.5

(2)密度等级。烧结多孔砖根据抗压强度划分为四个等级，见表 5 - 5。

表 5 - 5 　　　　　　　　　　烧结多孔砖密度等级　　　　　　　　　　kg/m³

密度等级	3 块砖干燥表观密度平均值	密度等级	3 块砖干燥表观密度平均值
1000	900～1000	1200	1100～1200
1100	1000～1100	1300	1200～1300

2. 产品标记

烧结多孔砖产品标记按产品名称、品种、规格、强度等级、质量等级和标准编号的顺序编写。例如，规格尺寸 290mm×140mm×90mm，强度等级 MU25，优等品的烧结多孔砖标记为

烧结多孔砖 N 290×140×90　25　A　GB 13544—2011

3. 应用

烧结多孔砖因为制胚时受较大的压力，使砖孔壁致密程度提高，且对原材料的要求也较高，补偿了因有效受压面积减小而造成的强度损失，因而强度仍较高，主要用于砌筑六层以下建筑物的承重墙或高层框架结构填充墙（非承重墙）。由于为多孔构造，故不宜用于基础墙的砌筑。

5.1.3 烧结空心砖

烧结空心砖为顶面有孔洞的直角六面体，与烧结多孔砖相比，孔大而少，孔洞为矩形条孔或其他孔形，孔平行于大面和条面，孔洞率较大，不小于 40%，表观密度在 800～1100kg/m³ 之间。砌筑时，孔洞水平方向放置，故又称为水平孔空心砖，如图 5-2 所示。

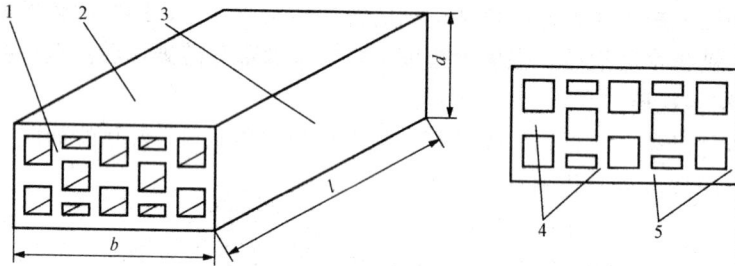

图 5-2 烧结空心砖示意图

1—顶面；2—大面；3—条面；4—肋；5—壁；l—长度；b—宽度；d—高度

根据《烧结空心砖和空心砌块》（GB 13545—2014）的规定，烧结空心砖和砌块可划分为 MU10.0、MU7.5、MU5.0 和 MU3.5 四个强度等级及 800、900、1000、1100 四个密度级别。强度等级和密度等级应分别符合表 5-6 和表 5-7 的规定。

表 5-6   烧结空心砖和空心砌块强度指标   MPa

强度等级	抗压强度平均值 $\bar{f} \geqslant$	变异系数 $\delta \leqslant 0.21$	变异系数 $\delta > 0.21$
		强度标准值 $f_k \geqslant$	单块最小抗压强度值 $f_{min} \geqslant$
MU10.0	10.0	7.0	8.0
MU7.5	7.5	5.0	5.8
MU5.0	5.0	3.5	4.0
MU3.5	3.5	2.5	2.8

表 5-7   烧结空心砖和空心砌块密度等级   kg/m³

密度等级	5 块体积密度平均值	密度等级	5 块体积密度平均值
800	≤800	1000	901～1000
900	801～900	1100	1001～1100

烧结空心砖和空心砌块的产品标记按产品名称、类别、规格、密度等级、强度等级、质量等级和标准编号顺序编写。例如，规格尺寸 290mm×190mm×90mm，密度等级 800，强度等级 MU7.5，优等品的页岩空心砖，其标记为

烧结空心砖 Y(290×190×90) 800 MU7.5A GB 13545—2014

烧结空心砖自重较轻，可减轻墙体自重，改善墙体的热工性能等，但强度不高，因而多用作非承重墙，如多层建筑内隔墙或框架结构的填充墙等。

【案例分析 5-2】 某砖混结构浸水后倒塌

现象：某县城于 1997 年 7 月 8～10 日遭受洪灾，某住宅楼底部单车库进水，12 日上午倒塌，墙体破坏后部分呈粉末状，该楼为五层半砖砌体承重结构。在残存北纵墙基础上随机抽取 20 块砖试样进行试验。自然状态下实测抗压强度平均值为 5.85MPa，低于设计要求的 MU10 砖抗压强度。从砖厂成品堆中随机抽取了砖测试，抗压强度十分离散，高的达 21.8MPa，低的仅 5.1MPa。请对其砌体材料进行分析讨论。

原因分析：该砖的质量差。设计要求使用 MU10 砖，而在施工时使用的砖大部分为 MU7.5，现场检测结果砖的强度低于 MU7.5。该砖厂土质不好，砖匀质性差，且砖的软化系数小，并被积水浸泡过，强度大幅度下降，故部分砖破坏后呈粉末状。还需要说明的是，其砌筑砂浆强度低，无黏结力，故浸水后楼房倒塌。

5.1.4 蒸养（压）砖

蒸养（压）砖是以硅质材料（砂、粉煤灰、炉渣、矿渣等）和钙质材料（石灰、水泥等）为主要原料，经坯料制备、压制成形、蒸养（压）而成的，也称为硅酸盐砖，规格尺寸与烧结普通砖相同。

1. 蒸压灰砂砖

蒸压灰砂砖是以石灰和砂为主要原料，经磨细、计量配料、搅拌混合、消化、压制成形、蒸压养护、成品包装等工序制成的实心或空心砖。

灰砂砖的尺寸规格与烧结普通砖相同为 240mm×115mm×53mm。《蒸压灰砂砖》（GB 11945—1999）规定了 10、15、20、25 四个强度级别，颜色分为彩色的（Co）、本色的（N）。

灰砂砖产品标记采用产品名称、颜色、强度级别、产品等级、标准编号的顺序进行。例如，强度级别为 MU20，优等品的彩色灰砂砖标记为

$$LSB\ Co\ 20A\ GB\ 11945$$

灰砂砖与其他墙体材料相比，蓄热能力显著。由于灰砂砖的密度大，隔声性能十分优越。

灰砂砖不耐热、不耐酸、易受软水侵蚀，因此应避免用于长期温度高于 200℃，受急冷急热交替作用，有酸性介质作用、有流水冲刷的建筑部位。

灰砂砖表面光滑，与砂浆黏结力差，砌筑时要采取相应措施，防止出现渗雨漏水和墙体开裂。

灰砂砖干缩值大，干缩稳定时间长，出窑后宜存放 1 个月再用。

MU15、MU20、MU25 蒸压灰砂砖可用于基础及其他建筑；MU10 的蒸压灰砂砖仅可用于防潮层以上的建筑。

2. 蒸压粉煤灰砖

蒸压粉煤灰砖是以粉煤灰、石灰、石膏及骨料为原料，经坯料制备、压制成形、高压蒸汽养护等工艺过程制成的实心粉煤灰砖。砖的规格尺寸与普通实心黏土砖完全一致，其抗折强度和抗压强度应符合规定：优等品的强度不应低于 15MPa，一等品的强度应不低于 10MPa。蒸压粉煤灰砖优等品的干燥收缩值不大于 0.60mm/m，一等品不大于 0.75mm/m。

【案例分析 5 - 3】　　灰砂砖墙体裂缝

现象:新疆某石油基地库房砌筑采用蒸压灰砂砖,由于工期紧,灰砂砖也紧俏。出厂 4 天的灰砂砖即砌筑。8 月完工,后发现墙体有较多垂直裂缝,至 11 月底裂缝基本固定。

原因分析:首先是砖出厂到上墙的时间太短,灰砂砖出釜后含水量随时间而减少,20 多天后才基本稳定。出釜时间太短必然导致灰砂砖干缩大。另外是气温影响。砌筑时气温很高,而几个月后气温明显下降,因温差导致温度变形。最后是因为灰砂砖表面光滑,砂浆与砖的黏结程度低。还需要说明的是,灰砂砖砌体的抗剪强度普遍低于普通黏土砖。

5.2　砌块及板材

5.2.1　砌块的定义与分类

砌块 (block) 是用于砌筑的人造块材,外形多为直角六面体,也有各种异形的。砌块是系列中主规格的长度、宽度或高度有一项或一项以上分别大于 365、240mm 和 115mm,但高度不大于长度或宽度的 6 倍,长度不超过高度的 3 倍。按照尺寸大小,可分为小砌块 (系列中主规格的高度大于 115mm,小于 380mm)、中砌块 (系列中主规格的高度为 380~980mm)、大砌块 (系列中主规格的高度大于 980mm)。目前我国使用较多的是中小型砌块。

制作砌块能充分利用地方材料和工业废料,制作工艺简单,砌块尺寸比砖大,施工方便,能有效提高劳动生产率,还可改善墙体功能。

5.2.2　常用砌块

1. 蒸压加气混凝土砌块

(1) 技术要求。蒸压加气混凝土砌块是以水泥、石灰、矿渣、砂、粉煤灰、铝粉等为原料经磨细、计量配料、搅拌浇筑、发气膨胀、静停切割、蒸压养护、成品加工、包装等工序制造而成的多孔混凝土,根据采用的主要原料不同,加气混凝土砌块相应有水泥—矿渣—砂、水泥—石灰—砂、水泥—石灰—粉煤灰三种。

根据《蒸压加气混凝土砌块》(GB 11968—2006) 的规定,砌块按外观质量、体积密度、抗压强度分为优等品 (A)、合格品 (B) 两个等级。砌块按抗压强度分七个强度级别:A1.0、A2.0、A2.5、A3.5、A5.0、A7.5、A10;砌块按表观密度分为六个级别:B03、B04、B05、B06、B07、B08。

砌块的产品标记按产品名称 (代号为 ACB)、强度级别、表观密度级别、规格尺寸、产品等级和标准编号的顺序进行。例如,强度级别为 A3.5、体积密度级别为 B05、优等品、规格尺寸为 600mm×200mm×150mm 的蒸压加气混凝土砌块,其标记为

ACB　A3.5　B05　600×200×250A　GB 11968

(2) 性质与应用。

1) 多孔轻质。一般蒸压加气混凝土砌块的孔隙达 70%~80%,平均孔径约在 1mm。蒸压加气混凝土砌块的表观密度小,一般为烧结普通砖的 1/3。

2) 保温隔热性能好。其热导率为 0.14~0.28W/ (m·K),只有烧结普通砖的 1/5,保温隔热性能好,用作墙体可降低建筑物采暖、制冷等使用能耗。

3) 有一定的吸声能力,但隔声性能较差。蒸压加气混凝土砌块的吸声系数为 0.2~0.3。由于其孔结构大部分并非通孔,吸声效果受到一定的限制。蒸压加气混凝土砌块的隔

声性能都较差。

4) 干燥收缩较大。为避免墙体出现裂缝，必须在结构和建筑上采取一定的措施。而严格控制制品上墙时的含水率也是极其重要的，最好控制上墙含水率在 20% 以下。

5) 吸水导湿缓慢。由于蒸压加气混凝土砌块的气孔大部分为"墨水瓶"结构的气孔，只有少部分是水分蒸发形成的毛细孔。所以，孔肚大口小，毛细管作用较差，导致砌块吸水导湿缓慢的特性。蒸压加气混凝土砌块体积吸水率与烧结普通砖相近，而吸水速度却缓慢得多。砌筑前应提前分多次浇水润湿。

长期暴露在大气中，日晒雨淋，干湿交替，蒸压加气混凝土砌块会风化而产生开裂破坏。在局部受潮时，冬期有时会产生局部冻融破坏。蒸压加气混凝土砌块应用于外墙时，应进行饰面处理或憎水处理。

蒸压加气混凝土砌块广泛用于一般建筑物墙体，可用于多层建筑物的承重墙和非承重墙及隔墙，体积密度级别低的砌块用于屋面保温，主要可用作框架结构、现浇混凝土结构建筑的外墙填充、内墙隔断，也可用于抗震圈梁构造柱，多层建筑的外墙或保温隔热复合墙体。

【案例分析 5-4】 蒸压加气混凝土砌块砌体裂缝

现象：某工程用蒸压加气混凝土砌块砌筑外墙，该蒸压加气混凝土砌块出釜一周后即砌筑，工程完工一个月后墙体出现裂纹，试分析原因。

原因分析：该外墙属于框架结构的非承重墙，所用的蒸压加气混凝土砌块出釜仅一周，其收缩率仍较大，在砌筑完工干燥过程中继续产生收缩，墙体在沿着砌块与砌块交接处就易产生裂缝。

2. 普通混凝土小型空心砌块

普通混凝土小型空心砌块（简称混凝土砌块）是以水泥、砂石等普通混凝土材料制成的，空心率为 25%～50%。

砌块的主规格为 390min×190mm×190mm，其孔洞设置在受压面，有单排孔、双排孔、三排孔及四排孔洞。主规格配以若干辅助规格，即可组成砌块基本系列，如图 5-3 所示。按照强度等级和使用功能的不同特点，普通混凝土小型空心砌块分为普通承重与非承重砌块、装饰砌块、保温砌块、吸声砌块等类别。

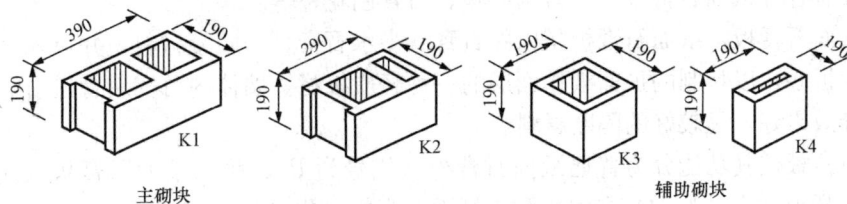

图 5-3 混凝土小型空心砌块示例

普通小型混凝土空心砌块按其强度等级划分为 MU3.5、MU5.0、MU7.5、MU10、MU15 和 MU20 六个等级。

砌块产品标记按产品名称（代号为 NHB）、强度等级、外观质量等级和标准编号的顺序进行。例如，强度等级为 MU7.5，外观质量为优等品（A）的砌块，其标记为

NHB MU7.5 A GB 8239

普通混凝土小型空心砌块具有强度高、耐久性好、外形尺寸规整，部分类型的混凝土砌块还具备美观的饰面及良好的保温隔热性能等优点，适用于建造各种建筑物和构筑物。

3. 轻骨料混凝土小型空心砌块

轻骨料混凝土小型空心砌块是由轻骨料混凝土拌和物，经砌块成形机成形、养护制成的一种轻质墙体材料。

按所用原料可分为天然轻骨料（如浮石、火山渣）混凝土小砌块；工业废渣类骨料（如煤渣、自燃煤矸石）混凝土小砌块；人造轻骨料（如黏土陶粒、页岩陶粒、粉煤灰陶粒）混凝土小砌块。按孔的排数分为单排孔、双排孔、三排孔和四排孔四类。主规格尺寸为 390mm×190mm×190mm。

对产品的强度等级和密度等级，实施双控指标要求，即不同强度等级的砌块，其最大密度值有限制要求，具体为：MU2.5 的最大密度等级≤800kg/m³，MU3.5 的最大密度等级≤1000kg/m³，MU5.0 的最大密度等级≤1200kg/m³，MU7.5 的最大密度等级为 1200kg/m³（掺自然煤矸石放宽至 1300kg/m³）。MU10 的最大密度等级≤1200kg/m³（掺自然煤矸石放宽至 1400kg/m³）。其质量应满足《轻骨料混凝土小型空心砌块》（GB/T 15229—2011）的要求。

轻骨料混凝土小砌块以其轻质、高强、保温隔热性能好、抗震性能好等特点，在各种建筑的墙体中得到广泛应用，特别是在保温隔热要求较高的维护结构中应用广泛，其施工应用参考普通混凝土小型空心砌块的施工。

在土木工程中应用的砌块除了上述几种外，还有许多其他种类的砌块，如装饰混凝土砌块、泡沫混凝土砌块、粉煤灰砌块等，它们的主要技术性能和应用范围与以上砌块相似。

5.2.3 墙用板材

墙用板材具有轻质、高效、低价、布局灵活等优点，目前我国的墙板品种很多，按墙板的功能不同，可分为外墙板、内墙板和隔墙板三大类；按墙板的规格可分为大型墙板、条板拼装大板和小张的轻型板；按墙板的结构，可分为实心板、空心板和复合墙板等。

1. 石膏板材（gypsum board）

石膏板材轻质、防火、保温隔热、加工性好、原材料丰富并具"呼吸"功能，因而应用广泛，主要有各种纸面石膏板、石膏空心板、石膏刨花板等。

（1）纸面石膏板。纸面石膏板是以熟石膏（半水石膏）为胶凝材料，并掺入适量添加剂和纤维作为板心，以特制的护面纸作面层的一种轻质板材。墙体内可安装管道与电线，墙面平整，装饰效果好，是较好的隔断材料。

纸面石膏板按其功能分为普通纸面石膏板（代号为 P）、耐水纸面石膏板（代号为 S）、耐火纸面石膏板（代号为 H）和耐水耐火纸面石膏板（代号为 SH）四种。纸面石膏板按棱边形状分为矩形（代号为 J）、倒角形（代号为 D）、楔形（代号为 C）和圆形（代号为 Y）四种。

产品标记按产品名称、板类代号、棱边形状代号、长度、宽度、厚度和标准编号的顺序进行。例如，长度 3000mm、宽度 1200mm、厚度 12.0mm，具有带楔形棱边形状的普通纸面石膏板，标记为

纸面石膏板　PC　3000×1200×12.0　GB/T 9775—2008

纸面石膏板具有轻质、耐火、加工性好等特点，可与轻钢龙骨及其他配套材料组成轻质

隔墙与吊顶。除能满足建筑上防火、隔声、绝热、抗震要求外，还具有施工便利、可调节室内空气湿度及装饰效果好等优点，适用于各种类型的工业与民用建筑。普通纸面石膏板可用于一般工程的内隔墙、墙体复合板、天花板和预制石膏板复合隔墙板。在厨房、厕所及空气相对湿度经常大于 70% 的湿环境使用时，必须采取相应防潮措施。耐水纸面石膏板可用于相对湿度大于 75% 的浴室、厕所等潮湿环境的吊顶和隔墙，两面再做防水处理，效果更好。耐火纸面石膏板主要用于对防火有较高要求的房屋建筑中。

（2）石膏空心条板。石膏空心条板是以建筑石膏为基材，掺无机轻骨料（如膨胀珍珠岩、膨胀蛭石）、无机纤维增强材料，经振动成形、抽心模、干燥制成的空心条板，主要用于建筑物中非承重内墙，其相关性能应符合《石膏空心条板》（JC/T 829—1998）的规定。

石膏空心条板除具有石膏制品共同的优点外，由于条板内为空心，还具有较高的空心率，进一步降低其自重。因而，石膏空心条板广泛应用于高层建筑、大跨度建筑物（如运动场馆）等的非承重内墙。

（3）石膏刨花板。石膏刨花板以半水石膏为胶凝材料，木质刨花碎料为增强材料，外加适量水和化学缓凝剂，经搅拌成半干性混合料，加压而成的板材；常用规格主要有 3050mm×1220mm×（8～28）mm，具有较好的防水、防火、隔热、隔声性能及较高的尺寸稳定性，主要用于工业建筑与住宅建筑的隔墙、吊顶、复合墙体基材。

2. 水泥类墙体板材

水泥类的墙用板材具有较好的耐久性和力学性能，生产技术成熟，产品质量可靠，可用于承重墙、外墙和复合墙体的外层面，但表观密度大，抗拉强度低，多采用空心化来减轻自重。

（1）GRC 轻质多孔条板。又名"GRC 空心条板"（简称 GRC 多孔板，如图 5-4 所示），是以耐碱玻璃纤维为增强材料，以硫铝酸盐水泥轻质砂浆为基材制成具有若干个圆孔的条形板，可用作非承重的内隔墙，也可用作公共建筑、住宅建筑和工业建筑的外围护墙体。

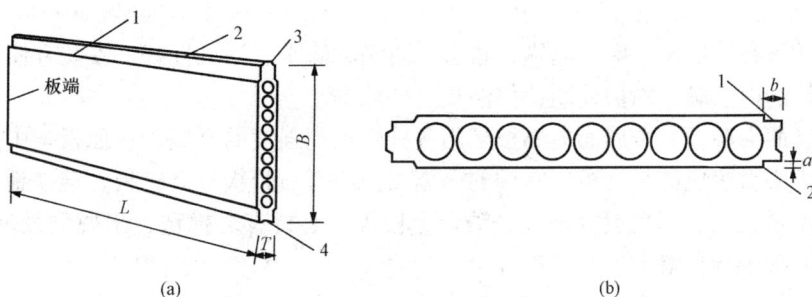

图 5-4　GRC 多孔板外形

(a) 1—边板；2—接缝槽；3—榫头；4—榫槽；L—板长；B—板宽；T—板厚；

(b) 1—接缝槽宽；2—接缝槽深

GRC 多孔板适用于民用与工业建筑的分宅、分户、厨房、厕浴间、阳台等非承重的内外墙体部位，抗压强度不小于 10MPa 的板材也可用于建筑加层或两层以下建筑的内外承重墙体部位。写字楼、学校、医院、体育场馆、候车室、商场、娱乐场所和各种星级宾馆中，都可使用 GRC 多孔板。

（2）纤维增强低碱度水泥建筑平板（TK 板）。该板是以低碱水泥、耐碱玻璃纤维为主要原料，加水混合成浆，经制坯、压制、蒸养成的薄型建筑平板。规格：长度为 1200～3000mm，宽度为 800～1200mm，厚度为 4、5、6mm 和 8mm。

TK 板具有质量轻、抗折、抗冲击强度高、不燃、防潮、不易变形和可锯、可钉、可涂刷等优点。TK 板与各种材料龙骨、填充料复合后，可用作各类建筑物的内隔墙和复合外墙，特别是高层建筑有防火、防潮要求的隔墙。

（3）水泥木丝板。水泥木丝板是以木材下脚料经机械刨切成均匀木丝，加入水泥、水玻璃等，经成形、冷压、养护、干燥而成的薄型建筑平板。它具有自重轻、强度高、防火、防水、防蛀、保温、隔声等性能，可进行锯、钻、钉、装饰等特点，主要用于建筑物内外墙板、天花板、壁橱板等。

（4）水泥刨花板。该板以水泥和刨花为主要原料，加入适量的水和化学助剂，搅拌成形加压养护而成，其性能用途同水泥木丝板。

3. 复合墙板

将两种或两种以上不同功能的材料组合而成的墙板，称为复合墙板。其优点在于能充分发挥所用材料各自的特长，既能减少墙体自重和厚度，又能改善墙体的保温、隔热、隔声等使用功能。

复合外墙板，一般由外层、中间层和内层组成。内层为饰面层，外层为防水和装饰层，中间夹层为保温、隔热层，内外层之间多用龙骨或板肋连接。

（1）钢丝网架水泥夹心板。钢丝网架水泥夹心板是由钢丝制成的三维空间焊接网，内填泡沫塑料板或半硬质岩棉板构成的网架芯板，喷抹水泥砂浆（或施工现场喷抹）后形成的复合墙板，具有质量轻、保温隔热性好、安全方便等优点。

网架泡沫塑料夹心板的规格尺寸：长度为 2140、2440、2700mm 和 2950mm，宽度为 1220mm，钢丝网架厚度为 76mm。钢丝网架岩棉夹心板的规格尺寸：长度为 3000mm 以内；宽度为 1200、900mm；钢丝网架厚度为 65、75mm 和 85mm。抹好砂浆后墙体厚度为 100mm 左右。

这类板材具有质量轻、保温隔热、防水、防潮、防震、耐久性好、安装方便的特点，适用于房屋建筑的内隔墙、围护外墙、保温复合外墙等。

（2）金属面夹心板。金属面夹心板是用各种轻质高强度的金属板作面板，中间以轻质保温隔热材料为心材组成的复合板。常用的内墙面面板有石膏板、硅钙板、硅镁板，外墙面的外层面板有不锈钢板、彩色镀锌钢板、铝合金板等。心材有岩棉毡、阻燃型发泡聚苯乙烯、发泡聚氨酯、玻璃棉毡等。

金属夹心板的主要特点：质量轻，强度高，具有高效绝热性；施工方便，快捷；可多次拆卸，可变换地点重复安装使用，有较高的持久性；带有防腐涂层的彩色金属面夹心板有较高的耐久性。其规格：长度为 800～12 000mm，宽度为 900～200mm，厚度为 50～250mm，可普遍用于冷库、办公楼、厂房、车间、商场、体育馆、活动房等。

复合墙板的品种很多，既有单纯承重的结构复合墙板，如加气混凝土夹层外板、混凝土保温材料夹心外墙板、钢丝网水泥复合外墙板、粉煤灰陶粒无砂大孔混凝土复合外墙板等；也有非承重的轻型复合墙板，如各种复合石膏板、压型钢板复合板、木丝石棉水泥板复合板等。

5.3 砌 筑 石 材

石材（stone）是最古老的土木工程材料之一，广泛地用于砌筑墙体和造桥铺路等工程中，在人类土木工程发展史上留下了大量优秀作品，如意大利的米兰教堂、我国的赵州桥等。在现代建筑工程中，常利用天然石材的强度高、耐久、纹理与色泽美观大方等特点，广泛应用于建筑、道路、桥梁、水利、大坝、装饰装修等工程。

5.3.1 石材的分类

根据形成岩石的不同的地质条件，石材通常可以分为岩浆岩、沉积岩和变质岩三大类。

1. 岩浆岩（magmatite rock）

岩浆岩又称火成岩，是因地壳变动，地壳内的熔融岩浆在地下或喷出地面后冷凝而成的岩石。岩浆岩是组成地壳的主要岩石，占地壳总质量的 89%。

根据冷却条件的不同，可以将岩浆岩细分为深成岩、喷出岩和火山岩三类。

（1）深成岩。深成岩是地壳深处熔融的岩浆在上部覆盖层压力的作用下经缓慢冷凝而形成的岩石。其特性是：结晶完整、晶粒粗大、结构致密，具有抗压强度高、孔隙率及吸水率小、表观密度大、抗冻性好、耐磨性好、耐久性好等特点。建筑及装饰工程中常用的深成岩主要有花岗石、正长石、橄榄石、闪长石等。

（2）喷出岩。喷出岩是熔融的岩浆喷出地表后，在压力降低和迅速冷却的条件下形成的岩石。由于其大部分岩浆来不及完全结晶，因而常呈隐晶（细小的结晶）或玻璃质（非晶质）结构。当喷出的岩浆形成较厚岩层时，其岩石的结构与性质类似于深成岩；当形成较薄岩层时，由于冷却速度快及气压作用，易形成多孔结构的岩石，其性质近似于火山岩。土木工程及建筑装饰工程中常用的喷出岩主要有玄武岩、辉绿岩、安山岩等。

（3）火山岩。火山岩是火山爆发时，岩浆被喷到空中，经急速冷却后落下而形成的碎屑岩石，故常称火山碎屑岩。大部分火山岩为具有多孔玻璃质结构的散粒状岩石，如火山灰、火山渣、浮石等；也有部分散粒状火山岩由于堆积而受到覆盖层压力的作用，凝聚成大块的胶结火山岩，如火山凝灰岩等。火山岩都是轻质、多孔结构的材料。

2. 沉积岩（sedimentary rock）

沉积岩又称水成岩，是由地表的各类岩石经自然界的自然风化、风力搬运、流水冲刷等作用后再沉积（压实、相互胶结、重结晶等）而形成的岩石，主要存在于地表及不太深的地下。沉积岩呈层状构造，外观多层理，各层的成分、结构、颜色、层厚等均不相同。其特性是：结构致密性较差，密度较小，孔隙率和吸水率均较大，强度较低，耐久性较差。沉积岩虽然仅占地壳总质量的 5%，但却是地壳表面分布最广的一种岩石，露出地表面积约占陆地表面积的 75%，加之藏于地表不太深处，故易于开采，用途广泛。建筑及装饰工程中常用的沉积岩有石灰石、砂岩等。

3. 变质岩（metamorphic rock）

变质岩是由原生的岩浆岩或沉积岩，在地层压力或地壳温度的作用下，原岩石在固体状态下发生再结晶作用，其矿物成分、结构构造以至于化学成分发生部分或全部改变后而形成的新岩石。一般沉积岩变质后，性能变好，结构变得致密，坚实耐久，如石灰岩变质成大理石、硅质砂岩变质成石英石等；相反，岩浆岩变质后，性能反而变差，如花岗石变质成的片麻石,易产生分层剥落,耐久性变差。土木工程及建筑装饰工程中常用的变质岩有大理石、石英石、片麻石。

5.3.2 石材的技术性质

由于使用部位和工程性质的不同,对石材的技术性质的要求也各异。如应用于基础、桥梁、隧道及砌筑工程的石材,一般规定必须具有较高的抗压强度、抗冻性和耐水性;应用于建筑装饰工程的石材,除了要求具备一定的强度、抗冻性、耐水性之外,对于石材的密度、耐磨性等的要求也较高。

1. 表观密度

岩石的表观密度与其矿物组成和孔隙率有关。致密岩石的表观密度为 $2500 \sim 3100 \text{kg/m}^3$,如花岗石;孔隙率较大的岩石表观密度为 $500 \sim 1700 \text{kg/m}^3$,如浮石。表观密度大于 1800kg/m^3 的岩石为重石,表观密度小于 1800kg/m^3 的岩石为轻石。重石加工的石材可用于结构物的基础、地面、装饰贴面、墙体、桥梁和大坝等,轻石加工的石材主要用作墙体材料。

2. 强度

砌筑石材的力学性能主要是考虑其抗压强度。砌筑石材的强度等级可用边长为 70mm 的立方体试块的抗压强度表示,抗压强度取三个试块破坏强度的平均值。天然石材的强度等级分为 MU20、MU30、MU40、MU50、MU60、MU80 和 MU100 共 7 个。

致密岩石的强度高,特别是抗压强度可高达 $250 \sim 350 \text{MPa}$,一般为 $40 \sim 100 \text{MPa}$。岩石的抗拉强度不高,通常用抗折强度反映岩石的抗拉性能。一般致密岩石的抗拉强度为抗压强度的 $1/50 \sim 1/4$。

3. 耐水性

按软化系数岩石的耐水性分为高、中、低三等,软化系数大于 0.9 的岩石为高耐水性岩石,软化系数为 $0.70 \sim 0.90$ 的岩石为中耐水性岩石,软化系数为 $0.60 \sim 0.70$ 的岩石为低耐水性岩石。软化系数低于 0.60 的石材一般不允许用于重要建筑,如在气候温暖地区,或石材在吸水饱和后仍具有较高的抗压强度时,则可慎重考虑使用。

4. 抗冻性

抗冻性是指岩石抵抗冻融破坏的能力,是衡量岩石耐久性的重要指标。岩石的抗冻性与其吸水率大小有密切关系。一般吸水率小的岩石,具有良好的抗冻性。此外,石材的抗冻性还取决于其矿物成分、晶粒大小和分布均匀性、天然胶结物的胶结性、孔隙率等性质。岩石在饱水状态下,经规定次数的冻融循环后,若无贯穿裂缝且质量损失不超过 5%,强度损失不超过 25%,则抗冻性合格。

5. 抗风化性能

水、冰、化学因素等造成岩石开裂或剥落称为岩石的风化。岩石抗风化能力的强弱与其矿物组成、结构和构造状态有关。岩石上所有的裂隙都能被水侵入,致使其逐渐崩解破坏。花岗石等具有较好的抗风化能力。防风化措施主要有磨光石材以防止表面积水;采用有机硅涂表面,对碳酸盐类石材可采用氟硅酸镁溶液处理岩石的表面。

6. 工艺性能

建筑石材的工艺性能是指石材开采和加工过程的难易程度及可能性,包括加工性、磨光性、抗钻性等。加工性能对应用于建筑装饰工程的石材而言是非常重要的,直接影响到石材的装饰效果。

【案例分析 5 - 5】　赵州石桥

河北赵州石桥建于 1300 多年前的隋代，桥长约 51m，净跨 37m，拱圈的宽度在拱顶为 9m，在拱脚处为 9.6m。建造该桥的石材为石灰岩，石质的抗压强度非常高（约为 100MPa）。该桥在主拱肋与桥面之间设计了并列的 4 个小孔，挖去部分填肩材料，从而开创了"敞肩拱"的桥型。拱肩结构的改革是石拱建筑史上富有意义的创造，因为挖空拱肩不仅减轻桥的自重、节省材料、减轻桥基负担，使桥台可造得轻巧，并直接建在天然地基上；也可使桥台位移很小，地基下沉甚微，且使拱圈内部应力很小。这也正是该桥使用千年却仅有极微小的位移和沉陷，至今不坠的重要原因之一。经计算发现由于在拱肩上加了 4 个小拱并采用 16～30cm 厚的拱顶薄填石，使拱轴线（一般即工圈的中心线）和恒荷载压力线甚为接近，拱圈各横截面上均只受压力或极小拉力。赵州桥结构体现的二线要重合的道理，直到现代才被国内外结构设计人员广泛认识。赵州桥充分利用了石材坚固耐用的长处，从结构上减轻桥的自重，扬长避短，是造桥史上的奇迹。

5.3.3　石材的应用

建筑石材主要用于砌筑和装饰工程中。

1. 砌筑石材

岩石经加工成块状或散粒状则称为石料。石料按其加工后的外形规则程度分为料石和毛石。

（1）毛石（ashler）。毛石是由爆破直接得到的、形状不规则的石块，又称片石或块石。按其表面的平整程度又分为乱毛石和平毛石两种。乱毛石指各个面的形状均不规则的毛石。乱毛石一般在一个方向上的尺寸达 300～400mm，质量为 20～30kg，其强度不小于 10MPa，软化系数不应小于 0.75。平毛石是将乱毛石略经加工而成的石块，形状较整齐，但表面粗糙，其中部厚度不应小于 200mm。

毛石常用于砌筑基础、勒脚、墙身、堤坝、挡土墙等。

（2）料石（dressed stone）。料石是指由人工或机械开采的并略加凿琢而成的、较规则的六面体石块。按料石表面加工的平整程度可分为以下四种：

1）毛料石。毛料石外形大致方正，表面一般不经加工或仅稍加修整。其厚度不小于 200mm，长度通常为厚度的 1.5～3 倍，叠砌面凹凸深度不应大于 25mm。

2）粗料石。粗料石经过表面加工，外形较方正，截面的宽度、高度不应小于 200mm，而且不小于长度的 1/4，叠砌面凹凸深度不应大于 20mm。

3）半细料石。半细料石经过表面加工，外形方正，规格尺寸同粗料石，但叠砌面凹凸深度不应大于 15mm。

4）细料石。细料石表面经过细加工，外形规则，规格尺寸同粗料石，其叠砌面凹凸深度不应大于 10mm。制作为长方形的称作条石，长、宽、高大致相等的称为方料石，楔形的称为拱石。

常用致密的砂岩、石灰石、花岗石等经开采、凿制，至少应有一个面的边角整齐，以便相互合缝。料石常用于砌筑墙身、地坪、踏步、拱和纪念碑等；形状复杂的料石制品可用作柱头、柱基、窗台板、栏杆和其他装饰等。

2. 装饰石材

装饰石材在建筑装饰工程中常用作饰面石材。我国天然装饰石材资源丰富，主要为大理石和花岗石，花色品种齐全，质地优良。其中大理石有 300 多个品种，花岗石有 100 多个品种。近些年来，人造石材技术得到了较快发展，人造石材的应用也日益广泛，在装饰石材的市场中也占据了重要的一席。

（1）天然大理石。天然大理石属变质岩，是由石灰岩或白云岩中的矿物在地壳内高温、高压的作用下重新结晶、变质而成。大理石主要矿物成分为方解石和白云石，具有结构致密、抗压强度高、装饰性好、吸水率小、耐久性好等优点。

天然大理石的主要化学成分为 $CaCO_3$，易被酸雨及空气中酸性氧化物（如 CO_2、SO_3 等）遇水形成的酸类所侵蚀，从而表面失去光泽、出现斑点，甚至变得粗糙多孔，严重降低建筑物的装饰效果，故天然大理石除少数品种（如汉白玉、艾叶青等）外不宜用于室外装饰工程。

此外，大理石的硬度较低，易于进行锯解、雕琢和磨光等加工；但用于地面饰面时，其坚固性不及花岗石，磨光面易损坏。

（2）天然花岗石。天然花岗石为典型的岩浆岩（深成岩），主要矿物组成为长石、石英及少量的云母，其中长石含量（质量分数）为 40%～60%、石英含量为 20%～40%。花岗石为全晶质结构的岩石，按结晶颗粒的大小，通常分为粗晶、细晶、微晶三种。优质花岗石晶粒细而均匀，构造紧密，石英含量多，云母含量少，不含黄铁矿等杂质，长石光泽明亮，没有风化的迹象。以深色花岗石比较名贵。

花岗石具有诸多优点，其密度大，结构致密，抗压强度高；孔隙率小，吸水率极低；材质坚硬，硬度大，具有优异的耐磨性，但硬度大也给开采和加工造成困难；化学稳定性好，不易风化变质，耐酸性很强；装饰性好，色彩斑斓，质感坚实，华丽庄重；耐久性很好。

花岗石中含有大量石英，石英在 573℃ 和 870℃ 的高温下均会发生晶型转变，产生体积膨胀而破坏岩石结构，故火灾时花岗石会发生严重的开裂破坏。

此外，某些花岗石含放射性元素，这类花岗石应避免用于室内。

（3）人造装饰石材。人造石材是以大理石碎料、石英砂、石渣等为骨料，树脂、聚酯或水泥等为胶结料，经拌和、成形、聚合或养护后，打磨抛光切割而成。按所用胶结材料的不同，通常可以分为水泥型人造石材、树脂型人造石材、复合型人造石材、烧结型人造石材。它们具有天然石材的装饰效果，而且花色、品种、形状等多样化，具有质量轻、强度高、耐腐蚀、耐污染、施工方便等优点；不足之处是色泽、纹理不及天然石材柔和自然。

复习思考题

5-1　名词解释

（1）毛石；（2）青砖；（3）泛霜；（4）烧结多孔砖。

5-2　判断题

（1）岩石没有确定的化学组成和物理力学性质，同种岩石，产地不同，性能可能就不同。　　　　　　　　　　　　　　　　　　　　　　　　　　　（　　）

（2）大理石由沉积岩变质而成，片麻石由岩浆岩变质而成。　　　　（　　）

（3）质量合格的砖都可用来砌筑清水墙。　　　　　　　　　　　　（　　）

（4）水平孔空心砖绝热性较好，强度较高，用作承重墙；而竖孔多孔砖的绝热性差，强

度低，用作填充墙。　　　　　　　　　　　　　　　　　　　　　（　）

（5）烧砖时窑内为氧化气氛制得青砖，还原气氛制得红砖。　　（　）

（6）建筑装饰工程中所说的大理石，实际上就是大理岩。　　　（　）

（7）与大理石相比，花岗石耐久性更高，具有更广泛的使用范围。（　）

5-3 问答题

（1）烧结普通砖有何特点，当前为什么要进行墙体材料的改革？

（2）烧结多孔砖和烧结空心砖有何区别？

（3）未烧透的欠火砖为何不宜用于地下？

第6章 沥青与沥青混合料

本章分沥青和沥青混合料两部分，沥青部分着重讲述了石油沥青的组成结构、技术性质和技术标准，同时对煤沥青和乳化沥青的组成结构和技术性质也作了介绍；混合料部分着重阐述了热拌沥青混合料的组成结构、技术性质、组成材料和设计方法，同时也简要介绍了其他各类沥青混合料。

通过本章的学习，要求熟练掌握沥青混合料设计（包括矿质材料的设计）与配制方法，掌握沥青材料的基本组成、工程性质及测定方法以及沥青混合料在工程中的使用要点，了解沥青的改性及主要沥青制品及其用途。

6.1 沥 青 材 料

沥青材料（asphalt material）是由一些极其复杂的高分子的碳氢化合物和这些碳氢化合物的非金属（氧、硫、氮）的衍生物所组成的混合物，是一种褐色或黑褐色的有机胶凝材料。沥青属于憎水性材料，在常温下呈固体、半固体或黏性液体。沥青能与砂、石、砖、混凝土、木材、金属等材料牢固地黏结在一起，具有良好耐腐蚀性，主要用作铺面胶凝材料及防潮、防水、防腐蚀材料，在公路、建筑、桥梁、机场等工程中得到了广泛应用。

沥青按在自然界中获取的方式，可分为地沥青和焦油沥青两大类。

1. 地沥青（asphalt）

地沥青是由天然状或石油精制加工得到的沥青材料。按其产源又可分为以下两种：

（1）天然沥青（natural asphalt）。是石油在自然条件下，长时间经受地球物理因素作用而形成的产物。

（2）石油沥青（petroleum asphalt）。是石油经精制加工其他油品后，最后加工而得到的产品。

2. 焦油沥青（tar pitch）

焦油沥青是各种有机物（煤、泥炭、木材等）干馏加工得到的焦油，经再加工而得到的产品。通常有煤沥青、木沥青、页岩沥青等。焦油沥青按其加工的有机物名称而命名，如由煤干馏所得的煤焦油，经再加工后得到的沥青，即称为煤沥青。

土木工程中最常用的主要是石油沥青和煤沥青两类。

6.1.1 石油沥青

1. 石油沥青的基本组成与结构

（1）石油沥青的基本组成。石油沥青是由石油经蒸馏、吹氧、调和等工艺加工得到的残留物。石油沥青是由多种碳氢化合物及其非金属（氧、硫、氮）的衍生物组成的混合物。所以它的组成（均是质量分数）主要是碳（80%～87%）、氢（10%～15%），其次是非烃元素，如氧、硫、氮等（小于3%）。此外，还含有一些微量的金属元素，如镍、钡、铁、锰、钙、镁、钠等，但含量都很少，为 $10^{-4}\%～10^{-3}\%$。石油沥青的化学组成十分复杂，对其进行化学成分分析十分困难，同时化学组成还不能反映沥青物理性质的差异。因此从工程使用角度，将沥青中化学成分和物理性质相近并且具有某些共同特征的部分划分为若干组，这些组即称为组分。在沥青中，各组分含量多寡与沥青的技术性质有着直接的关系。《公路工程沥青及沥青混合料试验规程》(JTG E20—2011) 中规定有三组分和四组分两种分析方法。

1) 三组分分析方法。石油沥青的三组分分析法是将石油沥青分离为油分 (oil)、树脂 (resin) 和沥青质 (asphaltine) 三个组分。该方法的原理是利用沥青不同组分对抽提溶剂的选择性溶解和对吸附剂的选择性吸附，所以也称为溶解—吸附法。其组分性状见表6-1。

表6-1　　　　　　　　　　　　石油沥青三组分分析法的各组分性状

性状	外观特性	平均相对分子质量	碳氢比（原子比）	物化特性
油分	淡黄色透明液体	200~700	0.5~0.7	溶于大部分有机溶剂，具有光学活性，常发现有荧光
树脂	红褐色黏稠半固体	800~3000	0.7~0.8	温度敏感性高，熔点低于100℃
沥青质	深褐色固体颗粒	1000~5000	0.8~1.0	加热不熔化而碳化

油分赋予沥青以流动性，油分含量的多少直接影响沥青的柔软性、抗裂性及施工难度。油分在一定条件下可以转化为树脂甚至沥青质。其质量分数为 45%~60%。

树脂主要使沥青具有塑性和黏性。它分为中性树脂和酸性树脂。中性树脂使沥青具有一定塑性、可流动性和黏结性，其含量增加，沥青的黏聚力和延伸性增加。沥青树脂中还含有少量的酸性树脂，它是沥青中活性最大的部分，能改善沥青对矿质材料的浸润性，特别是提高了与碳酸盐类岩石的黏附性，增加了沥青的可乳化性。其质量分数为 15%~30%。

沥青质决定着沥青的黏结力、黏度和温度稳定性，以及沥青的硬度、软化点等。沥青质含量增加时，沥青的黏度和黏结力增加，硬度和稳定性提高。其质量分数为 5%~30%。

三组分分析的优点是组分界限很明确，组分含量能在一定程度上说明它的工程性能，但是它的主要缺点是分析流程复杂，分析时间很长。

2) 四组分分析方法。四组分分析方法《公路工程沥青及沥青混合料试验规程》(JTG E20—2011 T0618) 是将沥青分离为沥青质、饱和分、芳香分和胶质。其组分性状见表6-2。

表6-2　　　　　　　　　　　　石油沥青四组分分析法的各组分性状

性状	外观特性	平均密度（g/cm³）	平均相对分子量质量	主要化学结构
饱和分	无色液体	0.89	625	烷烃、环烷烃
芳香分	黄色至红色液体	0.99	730	芳香烃、含S衍生物
胶质	棕色黏稠液体	1.09	970	多环结构，含S、O、N衍生物
沥青质	深棕色至黑色固体	1.15	3400	缩合环结构，含S、O、N衍生物

研究结果表明，沥青的性质与各组分的含量比例有密切关系。沥青质含量高，则沥青的黏度增大，温度敏感性降低；饱和分含量增大则使沥青黏度降低；胶质含量增加可使沥青延度增大。

另外，石油沥青中含有蜡，它会降低石油沥青的黏结性和塑性，并对温度特别敏感。所以蜡是石油沥青的有害成分。现有研究认为沥青中蜡的存在，在高温时会使沥青容易发软，导致沥青路面高温稳定性降低，出现车辙；同样，在低温时会使沥青变得脆硬，导致路面低温抗裂性降低，出现裂缝。此外，蜡使沥青与石料的黏附性降低，在有水的条件下，会使路面石子产生剥落现象，造成路面破坏。更严重的是，含蜡沥青会使沥青路面的抗滑性降低，影响路面的行车安全。

（2）石油沥青的胶体结构。沥青的技术性质，不仅取决于它的化学组分及其化学结构，而且取决于它的胶体结构。

1）胶体结构的形成。现代胶体理论认为：沥青的胶体结构，是以固态超细微粒的沥青质为分散相。通常是若干个沥青质聚集在一起，它们吸附了极性半固态的胶质，而形成"胶团"。由于胶溶剂——胶质的胶溶作用，而使胶团胶溶、分散于液态的芳香分和饱和分组成的分散介质中，形成稳定的胶体。

在沥青中，分子量很高的沥青质不能直接胶溶于分子量很低的芳香分和饱和分的介质中，特别是饱和分为胶凝剂，它会阻碍沥青质的胶溶。沥青所以能形成稳定的胶体，是因为强极性的沥青质吸附了极性较强的胶质，胶质中极性最强的部分吸附在沥青质表面，然后逐步向外扩散，极性逐渐减小，芳香度也逐渐减弱，距离沥青质越远，则极性越小，直至与芳香分接近，甚至到几乎没有极性的饱和分。这样，在沥青胶体结构中，从沥青质到胶质，乃至芳香分和饱和分，它们的极性是逐步递变的，没有明显的分界线。所以，只有在各组分的化学组成和相对含量相匹配时，才能形成稳定的胶体。

2）胶体结构的分类。根据沥青中各组分的化学组成和相对含量的不同，可以形成不同的胶体结构。沥青的胶体结构，可分下列三个类型：

a. 溶胶型结构（sol-type structure）时。当沥青中沥青质分子量较低，并且含量很少（例如质量分数在 10% 以下）时，同时有一定数量的芳香度较高的胶质，这样使胶团能够完全胶溶而分散在芳香分和饱和分的介质中。在此情况下，胶团相距较远，它们之间吸引力很小（甚至没有吸引力），胶团可以在分散介质黏度许可范围之内自由运动，这种胶体结构的沥青，称为溶胶型沥青［见图 6-1（a）］。溶胶型沥青的特点是流动性和塑性较好，开裂后自行愈合能力较强，低温时变形能力较强，但温度稳定性差，温度过高会发生流淌。

b. 凝胶型结构（gel-type structure）。沥青中沥青质含量很高（例如质量分数大于 30%），并有相当数量芳香度高的胶质来形成胶团，这样，胶体中胶团浓度很大，它们之间的相互吸引力增强，使胶团靠得很近，形成空间网络结构。此时，液态的芳香分和饱和分在胶团的网络中成为"分散相"，连续的胶团成为"分散介质"［见图 6-1（c）］。这种胶体结构的沥青，称为凝胶型沥青。凝胶型沥青的特点是弹性和黏性较高，温度敏感性较小，流动性和塑性较差，开裂后自行愈合能力较差。在工程性能上，高温稳定性较好，但低温变形能力较差。通常，深度氧化的沥青多属于凝胶型沥青。

c. 溶-凝胶型结构（sol-gel type structure）。沥青中沥青质含量适当（如质量分数在 15%～25% 之间），并有较多数量芳香度较高的胶质。这样形成的胶团数量增多，胶体中胶团的浓度增加，胶团距离相对靠近［见图 6-1（b）］，它们之间有一定的吸引力。这是一种介乎溶胶与凝胶之间的结构，称为溶-凝胶型结构。这种结构的沥青，称为"溶-凝胶型沥青"。这类沥青的特点是，在高温时具有较低的感温性，低温时又具有较好的变形能力。修筑现代高等级沥青路面用的沥青，都应属于这类胶体结构类型。通常，环烷基稠油的直馏沥青或半氧化沥青，以及按要求组分重（新）组（配）的溶剂沥青等，往往能符合这类胶体结构。

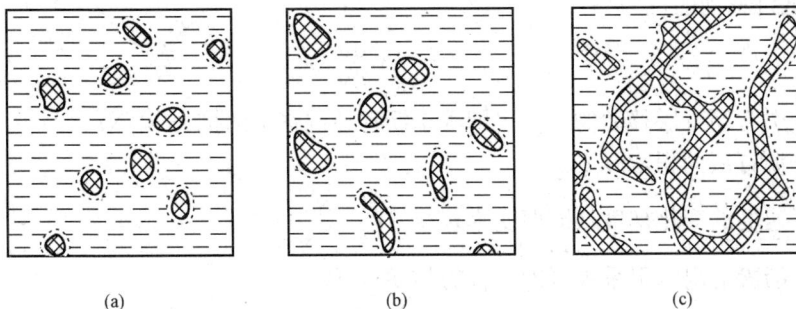

图 6-1　沥青的胶体结构示意图

(a) 溶胶型结构；(b) 溶-凝胶型结构；(c) 凝胶型结构

2. 石油沥青的技术性质

(1) 物理特征常数 (constant physical characteristics)。

1) 密度 (density)。沥青密度是在规定温度条件下，单位体积的质量，单位为 kg/m³ 或 g/cm³。《公路工程沥青及沥青混合料试验规程》(JTG E20—2011) 规定，非特殊要求下，宜在试验温度 25℃ 及 15℃ 下测定沥青密度和相对密度（相对密度是指在规定温度下，沥青质量与同体积水质量之比）。

沥青的密度与其化学组成有密切的关系，通过沥青的密度测定，可以概略地了解沥青的化学组成。通常黏稠沥青的密度波动在 0.96～1.04g/cm³ 范围。我国富产石蜡基沥青，其特征为含硫量低、含蜡量高、沥青质含量少，所以密度常在 1.00g/cm³ 以下。

沥青密度是在沥青质量与体积之间相互换算，以及沥青混合料配合比设计中必不可少的重要参数，也是沥青使用、储存、运输、销售过程中不可或缺的参数。

2) 热胀系数 (thermal expansion coefficient)。沥青在温度上升 1℃ 时的长度或体积的变化，分别称为线胀系数或体胀系数，统称热胀系数。

热胀系数与沥青路面性能有密切的关系，热胀系数越大，沥青路面在夏期越易泛油，冬期收缩而易产生开裂。特别是含蜡沥青，当温度降低时，蜡由液态转变为固态，比体积突然增大，沥青的温缩系数发生突变，因而易导致路面产生开裂。

3) 介电常数 (permittivity)。沥青的介电常数与沥青使用的耐久性有关。英国道路研究所研究认为，沥青的介电常数与沥青路面抗滑性有很好的相关性。

4) 溶解度 (solubility)。溶解度是指石油沥青在三氯乙烯、四氯化碳或苯中溶解的百分率。不溶解的物质会降低石油沥青的性能（如黏性等），因而溶解度可以表示石油沥青中有效物质含量。

(2) 黏滞性 (viscosity)。沥青的黏滞性（简称黏性）是指石油沥青内部阻碍其相对流动的一种特性，它反映石油沥青在外力作用下抵抗变形的能力。黏滞性是沥青技术性质中与沥青路面力学性能联系最密切的一种性质。它是划分沥青牌号的主要技术指标。

各种石油沥青的黏滞性变化范围很大，黏滞性的大小与其组分及温度有关，石油沥青中沥青质含量较多，同时有适量树脂，而油分含量较少时，黏滞性较大。黏滞性受温度影响较大，在一定温度范围内，温度升高，黏度降低；反之，黏度增大。

如图 6-2 所示，在金属板中夹一沥青层，当其受到简单剪切变形时，按牛顿内摩擦定律，沥青层抵抗移动的抗力为

$$F = \eta A \frac{\mathrm{d}v}{\mathrm{d}y} \tag{6-1}$$

式中　F——引起沥青层移动的力（也即等于沥青抵抗移动的抗力），N；

　　　A——沥青层面积，m^2；

　　　$\dfrac{\mathrm{d}v}{\mathrm{d}y}$——速度的变化梯度（即剪变率），$\mathrm{s}^{-1}$；

　　　η——沥青的内摩阻系数（即沥青的黏度），$\mathrm{Pa \cdot s}$。

令　　　　　　　　　　　$\dfrac{F}{A} = \tau, \quad \dfrac{\mathrm{d}v}{\mathrm{d}y} = \dot{\gamma}$

因此，沥青的动力黏度为

$$\eta = \frac{\tau}{\dot{\gamma}} \tag{6-2}$$

式中　τ——剪应力，Pa；

　　　$\dot{\gamma}$——剪变率，s^{-1}；

　　　η——沥青的动力黏度，$\mathrm{Pa \cdot s}$。

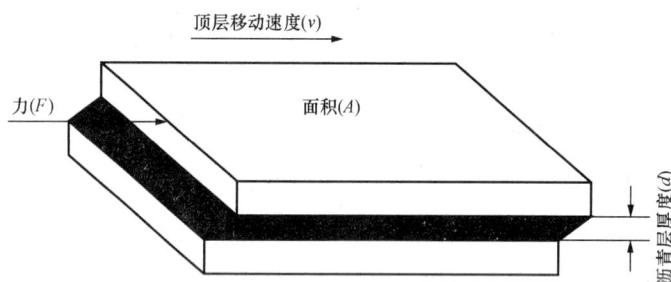

图 6-2　沥青的黏度参数

由于沥青的黏度式（6-2）是以长度、质量和时间为基本单位导出的，因此称为绝对黏度，又称为动力黏度，法定单位为"帕·秒"（$\mathrm{Pa \cdot s}$）。

黏度也可用运动黏度表示，运动黏度为沥青在某一温度下的动力黏度与同温度下沥青密度之比，运动黏度见式（6-3）

$$\nu = \frac{\eta}{\rho} \tag{6-3}$$

式中　ν——运动黏度，$10^{-4}\,\mathrm{m}^2/\mathrm{s}$；

　　　η——动力黏度，$\mathrm{Pa \cdot s}$；

　　　ρ——密度，$\mathrm{g/m}^3$。

凡符合牛顿定律的液体为牛顿液体。沥青在高温状态下呈牛顿黏性，即剪应力 τ 与剪变率 $\dot{\gamma}$ 的关系为直线，接近牛顿液体，而在路面的使用温度范围内，沥青则呈黏—弹—塑性，剪应力 τ 与剪变率 $\dot{\gamma}$ 呈非线性关系，通常以表观黏度或视黏度表示，见式（6-4）

$$\eta^* = \frac{\tau}{\dot{\gamma}^c} \tag{6-4}$$

式中　η^*——沥青的表观黏度，Pa·s；

　　τ、$\dot{\gamma}$——意义同前；

　　　c——沥青的复合流动系数。

沥青的复合流动系数 c 值是评价沥青材料流变性能的一个重要指标，c 值与沥青的塑性及耐久性都有密切的关系。

沥青黏度的测定方法可分为两类，一类为"绝度黏度"法，另一类为"相对黏度"（或称"条件黏度"）法。前者是由基本单位导出而得，通常采用仪器为"绝对单位黏度计"，如毛细管黏度计等。后者是由一些经验方法确定，常用的仪器为"经验单位黏度计"，各种流出型的黏度计如道路标准黏度计、赛氏黏度计和恩氏黏度计等。此外，针入度也属这类。软化点，通常作为测定温度稳定性的一种方法，实质上，它也属于条件黏度的范畴。

1）针入度（penetration）。针入度试验是国际上经常用来测定黏稠（固体、半固体）沥青稠度的一种方法（见图 6-3）。该法是沥青材料在规定温度条件下，以规定质量的标准针经过规定时间贯入沥青试样的深度（以 1/10mm 为单位计）。试验条件以 $P_{T,m,t}$ 表示。其中 P 为针入度；T 为试验温度；m 为标准针（包括连杆及砝码）的质量；t 为贯入时间。《公路工程沥青及沥青混合料试验规程》（JTG E20—2011 T0604）规定：标准试验条件为温度 25℃，荷载 100g，贯入时间 5s，即 $P_{25℃,100g,5s}$。

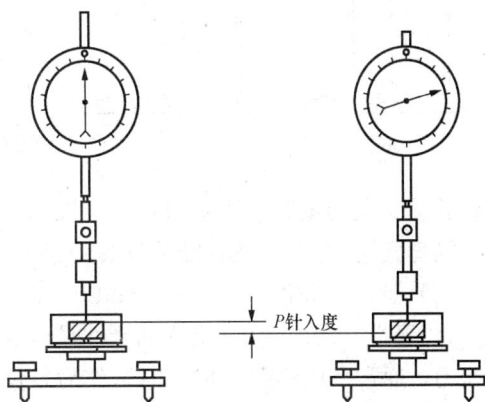

图 6-3　沥青针入度测试示意图

按上述方法测定的针入度值越大，表示沥青越软（稠度越小）。

实质上，针入度是测定沥青稠度的一种指标。通常稠度高的沥青，其黏度也高。但是，由于沥青结构的复杂性，将针入度换算为黏度的一些方法，均不能获得满意结果，所以美国及欧洲某些国家已将沥青针入度分级改为黏度分级或性能分级。

2）沥青动力黏度试验（asphalt dynamic viscosity test）——真空减压毛细管法，见《公路工程沥青及沥青混合料试验规程》（JTG E20—2011 T0620）。该法是沥青试样在严密控制的真空装置内，保持一定的温度（通常为 60℃），通过规定型号的毛细管黏度计（通常采用的有美国沥青学会式，即 AI 式），流经规定的体积，所需要的时间（以 s 计）。沥青的动力黏度按式（6-5）计算，即

$$\eta = Kt \tag{6-5}$$

式中　η——沥青试样在测定温度下的动力黏度，Pa·s；

　　K——选择的第一对超过 60s 的一对标线间的黏度计常数，Pa·s/s；

　　t——通过第一对超过 60s 标线的时间间隔，s。

3）软化点（softening point）。沥青材料是一种非晶质高分子材料，它由液态凝结为固态，或由固态熔化为液态时，没有明确的固化点或液化点，通常采用条件的硬化点和滴落点来表示，沥青材料在硬化点至滴落点之间的温度阶段时，是一种黏滞流动状态，在工程实用中为保证沥青不致由于温度升高而产生流动，因此取液化点与固化点之间温度间隔的

87.21%作为软化点。

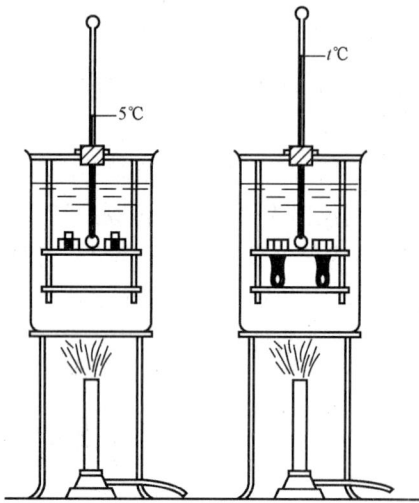

图 6 - 4　沥青软化点测定

软化点的数值随采用的仪器不同而异,《公路工程沥青及沥青混合料试验规程》(JTG E20—2011 T0606)是采用环与球法测定软化点。该法（见图 6 - 4）是沥青试样注于内径为 18.9mm 的铜环中,环上置一直径为 9.53mm、质量为 3.5g 的钢球。浸入水或甘油中,从规定的起始温度为 5℃（或 32℃）,并按规定的升温速度（每分钟 5℃）进行升温,沥青试样逐渐软化,直至在钢球荷载作用下,使沥青产生 25.4mm 挠度时的温度,称为软化点。

已有研究认为:沥青在软化点时的黏度约为 1200Pa·s,或相当于针入度值 800（1/10mm）。据此,可以认为软化点是一种人为的"等黏温度"。由此可见,针入度是在规定温度下测定沥青的条件黏度,而软化点则是沥青达到规定条件黏度时的温度。

所以软化点既是反映沥青材料热稳定性的一个指标,也是沥青黏度的一种量度。

沥青其他黏度试验的详细说明见《公路工程沥青及沥青混合料试验规程》(JTG E20—2011)。

（3）延性和脆性（ductility and brittleness）。

1）延性（ductility）。沥青的延性是当其受到外力的拉伸作用时,所能承受的塑性变形的总能力,通常是用延度（ductility）作为条件延性指标来表征。延度试验方法是,将沥青试样制成"∞"字形标准试件（最小断面面积为 1cm²）,在规定拉伸速度和规定温度下拉断时的长度（以 cm 计）称为延度。沥青的延度是采用延度仪（见图 6 - 5）来测定。《公路工程沥青及沥青混合料试验规程》(JTG E20—2011)规定,通常采用的试验温度为 25、15、10℃或 5℃,拉伸速度为 5cm/min±0.25cm/min。

沥青延度与其流变特性、胶体结构、化学组分等存在密切的关系。研究表明,当沥青化学组分不协调,胶体结构不均匀,含蜡量增加时,都会使沥青的延度相对降低。一般来说,在常温下,延性越好的沥青在产生裂缝时,其自愈能力越强。而在低温时延度越大,则沥青的抗裂性越好。

2）脆性（brittleness）。沥青材料在低温下,受到瞬时荷载时,它常表现为脆性破坏。沥青脆性的测定极为复杂,弗拉斯脆点（fraass breaking point）作为反映沥青低温脆性的指标被不少国家采用。

脆点试验的方法是,将沥青试样（0.4g）在一个标准的金属薄片上摊成薄层,涂有沥青薄膜的金属片置于有冷却设备的脆点仪内,摇动脆点仪的曲柄,能使涂有沥青薄膜的金属片产生弯曲。随着冷却设备中制冷剂温度以 1℃/min 的速度降低,沥青薄膜的温度也逐渐降低,当降至某一温度时,沥青薄膜在规定弯曲条件下产生断裂时

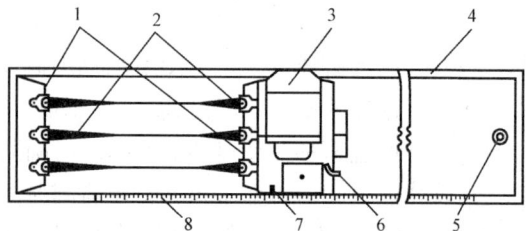

图 6 - 5　延度仪示意图

1—试模；2—试样；3—电动机；4—水槽；5—泄水孔；
6—开关柄；7—指针；8—标尺

的温度，即为沥青的脆点。

一般认为，沥青脆点越低，抗裂性越好。有研究表明，许多含蜡量较高的沥青弗拉斯脆点虽低，但冬期开裂情况严重，因此实测的弗拉斯脆点不能表征含蜡量较高沥青的低温性能。

（4）温度敏感性（temperature sensitivity）。石油沥青的温度敏感性是指沥青的黏滞性和塑性随温度升降而变化的性能。沥青温度敏感性与沥青路面的施工（如拌和、摊铺、碾压）和使用性能（如高温稳定性和低温抗裂性）都有密切关系，所以它是评价沥青技术性质的一个重要指标。沥青的温度敏感性是采用"黏度"随"温度"而变化的行为（黏-温关系）来表达，常用的方法有针入度指数（PI）法、针入度-黏度指数（PVN）法等。

1）针入度指数法。我国现行道路石油沥青技术标准中，针入度指数是划分沥青等级的依据之一。针入度指数（PI）值越大，表示沥青的敏感性越低。

建立针入度指数（penetration index）这一指标的基本思路是：沥青针入度值的对数（lgP）与温度（T）具有线性关系（见图6-6），即

$$\lg P = AT + K \qquad (6-6)$$

式中　A——直线斜率；

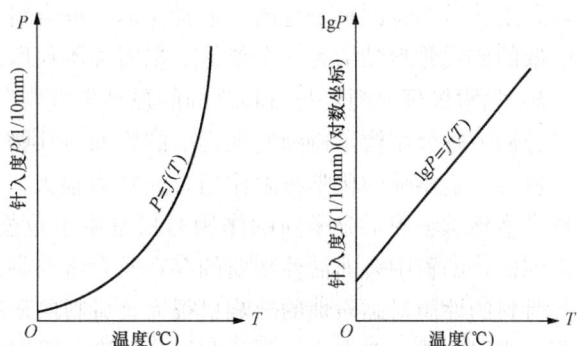

图6-6　沥青针入度-温度关系图

　　K——截距（常数）。

A表征沥青针入度（lgP）随温度（T）的变化率，其越大表明温度变化时，沥青的针入度变化也越大，即沥青的感温性大。因此，可以用斜率$A = \mathrm{d}(\lg P)/\mathrm{d}T$来表示沥青的温度敏感性，故称$A$为针入度-温度感应性系数。

为了计算A值，可以根据已知的25℃时针入度值$P_{25℃,100g,5s}$（1/10mm）和软化点$T_{R\&B}$（℃），并假设软化点的针入度值为800（1/10mm），由此可以建立针入度-温度感应系数A的基本计算公式

$$A = \frac{\lg 800 - \lg P_{25℃,100g,5s}}{T_{R\&B} - 25} \qquad (6-7)$$

式中　$P_{25℃,100g,5s}$——在25℃、100g、5s条件下测定的针入度（为1/10mm）；

　　$T_{R\&B}$——环球法测定的软化点，℃。

按式（6-7）计算得的A值均为小数，为使用方便起见，进行一些处理，改用针入度指数（PI）表示，见式（6-8）

$$PI = \frac{30}{1+50A} - 10 = \frac{30}{1 + 50 \times \dfrac{\lg 800 - \lg P_{25℃,100g,5s}}{T_{R\&B} - 25}} - 10 \qquad (6-8)$$

由式（6-7）可知，沥青的针入度指数范围是-10～20；针入度指数是根据一定温度变化范围内沥青性能的变化来计算的，因此利用针入度指数来反映沥青性能随温度的变化规律更为准确；针入度指数（PI）值越大，表示沥青的温度敏感性越低。

针入度指数不仅可以用来评价沥青的温度敏感性，同时也可以用来判断沥青的胶体结构。当PI<-2时，沥青属于溶胶型结构，温度敏感性大；当PI>2时，沥青属于凝胶型结构，温度敏感性低；介于其间的属于溶-凝胶型结构。

不同针入度指数的沥青，其胶体结构和工程性能完全不同。而不同的工程条件也对沥青

有不同的 PI 要求：一般道路用沥青属于溶-凝胶型结构，要求−2≤PI≤2；沥青用作灌缝材料时，要求−3＜PI＜1；如用作胶黏剂，要求−2＜PI＜2；用作涂料时，要求−2＜PI＜5。

2）针入度-黏度指数（penetration-viscosity number，PVN）。针入度指数通常仅能表征低于软化点温度的沥青感温性，沥青在道路使用中或在施工时，还需要了解高于软化点温度时沥青的感温性。可采用针入度-黏度指数（PVN）表征，该法是应用沥青 25℃时的针入度值和 135℃（或 60℃）时的黏度值与温度的关系来计算沥青温度敏感性的方法。沥青胶结料的 PVN 值越低，其温度敏感性越高。通常 PVN 值在−2.0～+0.5 之间。

（5）黏附性（adhesion）。沥青与矿质骨料的黏附性影响沥青路面的质量和耐久性，因此，黏附性是沥青的重要性质。沥青在沥青混合料中以薄膜的形式裹覆在骨料颗粒表面，并将松散的矿质骨料黏结为一个整体。黏附性不仅取决于沥青的性质，也取决于骨料的性质。

1）黏附机理。沥青与石料之间的黏结强度与其本身的成分有密切的关系。沥青中有极性组分和芳香分结构，特别是沥青中的表面活性物质，如沥青酸和酸酐等，与碱性骨料接触时，就会产生很强的化学吸附作用，黏结力很大，黏结牢固。而当沥青与酸性骨料接触时，较难产生化学吸附，分子间的作用力只是由于范德华力的物理吸附，这比化学吸附力小得多。因此，沥青中表面活性物质的存在及含量与黏附性有重要关系。

骨料的性质对黏附性的影响也很大。骨料的矿物组成、表面纹理、空隙率、含尘量、表面积、吸附性能、含水量、形状和风化程度等都对黏附性产生不同程度的影响。

在沥青混合料中，沥青以薄膜形式裹覆于骨料的表面，在干燥的条件下，一般具有足够的黏附强度。但水分是黏附性产生问题的原因之一，另外，由于交通荷载的反复作用使路面变形，沥青混合料空隙加大，骨料松散，浸水使沥青膜与骨料发生剥离，导致沥青路面的破坏。

2）黏附性评价方法。《公路工程沥青及沥青混合料试验规程》（JTG E20—2011）规定，沥青与粗骨料的黏附性试验，根据沥青混合料的最大粒径决定，大于 13.2mm 者采用水煮法；小于（或等于）13.2mm 者采用水浸法。水煮法是选取粒径为 13.2～19mm、形状接近正立方体的规则骨料 5 个，经沥青裹覆后，在蒸馏水中沸煮 3min，按沥青膜剥落的情况分为 5 个等级来评价沥青与骨料的黏附性。水浸法是选取 9.5～13.2mm 的骨料 100g 与 5.5g 的沥青在规定温度条件下拌和。配制成沥青-骨料混合料，冷却后浸入 80℃的蒸馏水中保持 30min，然后按剥落面积百分率来评定沥青与骨料的黏附性。

（6）耐久性（durability）。路用沥青在使用过程中受到储运、加热、拌和、摊铺、碾压、交通荷载及自然因素的作用，而使沥青发生一系列的物理—化学变化，如蒸发、氧化、脱氢、缩合等，沥青的化学组成发生变化，使沥青老化，路面变硬、变脆。沥青性质随时间而产生"不可逆"的化学组成结构和物理力学性能变化的过程，称为沥青的老化，也就是沥青的耐久性。

1）影响因素。

a. 温度与氧化作用。沥青与空气接触会逐渐氧化，沥青中的极性含氧基团逐渐连接成高分子的胶团，促使沥青黏度提高，形成极性羟基、羰基和羧基，从而形成更大更复杂的分子，使沥青硬化并降低柔性。影响氧化的主要因素是温度，氧和沥青的反应几乎可以在全温度范围内进行，但低温下其氧化速度缓慢，100℃以上氧化速度加快，每升高 10℃氧化速度提高 1 倍，至 135℃以上几分钟就会显著硬化。这是由于在高温环境蒸发损失和热缩的结果。气温对沥青硬化的影响在短时间内是可逆的。但随着时间的推移，在氧、光照和其他因素综合作用下就成为永久的不可逆的硬化。

b. 光的影响。日光（特别是紫外线）对沥青照射后，能产生光化学反应，促使氧化速率加快；使沥青中羟基、羰基和碳氧基等基团增加。

c. 水的影响。水在与光、氧和热共同作用时，能起催化剂的作用。

d. 自然硬化。沥青在隔绝空气、阳光的条件下，长期存放于常温下也会发生某种程度的硬化，为自然硬化。这是由于沥青分子相互作用倾向增强，分子重新定位，导致内部结构发生变化，这种变化多数是可逆的。

e. 渗流硬化。渗流硬化是指沥青中的油分流到矿料的孔隙中去而导致沥青的硬化。

2）耐久性评价方法。研究沥青的耐老化性能，通常是将沥青试样在室内进行加速老化试验，然后根据老化前后试样的性能变化加以评定。

沥青的老化主要发生在两个阶段：一个阶段是沥青在热拌和过程中的老化，称为短期老化；另一个阶段是沥青在路面长期使用过程中发生的老化，称为长期老化。相应地，沥青老化评价方法分为短期老化试验方法和长期老化试验方法两大类。

《公路工程沥青及沥青混合料试验规程》（JTG E20—2011）中沥青薄膜加热试验（TFOT，T0609—2011）、沥青旋转薄膜加热试验（RTFOT，T0610—2011）适用于测定道路石油沥青薄膜加热（或旋转薄膜加热）后的质量损失，并根据需要，测定加热后残留物的针入度、黏度、脆点及延度等性质的变化，以评定沥青的耐老化性能，主要评定沥青的短期老化。T0608—1993中沥青蒸发损失试验仅用于评价沥青受热时的性质变化。

（7）施工安全性（construction safety）。沥青材料在使用时必须加热，当加热至一定温度时，沥青材料中挥发的油分蒸汽与周围空气组成混合气体，此混合气体遇火焰则易发生闪火。若继续加热，油分蒸汽的饱和度增加，由此种蒸汽与空气组成的混合气体遇火焰极易燃烧，而引起溶油车间发生火灾或使沥青烧坏。为此，必须测定沥青加热闪火和燃烧的温度，即所谓闪点（flash point）和燃点（fire point）。

闪点和燃点是保证沥青加热质量和施工安全的一项重要指标。《公路工程沥青及沥青混合料试验规程》（JTG E20—2011）规定，对黏稠石油沥青采用克利夫兰开口杯法测定闪点、燃点。闪点、燃点试验方法是，将沥青试样盛于标准杯中，按规定加热速度进行加热。当加热到某一温度时，点火器扫拂过沥青试样任何一部分表面，出现一瞬即灭的蓝色火焰状闪光时，此时温度即为闪火点。按规定加热速度继续加热，至达点火器扫拂过沥青试样表面发生燃烧火焰，并持续5s以上，此时的温度即为燃点。

3. 石油沥青的技术标准与选用

石油沥青按用途不同可分为道路石油沥青（pavement petroleum asphalt）和建筑石油沥青（asphalt used in roofing）等，分别有不同的技术标准。目前我国道路石油沥青按其道路的等级执行《公路沥青路面施工技术规范》（JTG F40—2004），建筑石油沥青执行《建筑石油沥青》（GB/T 494—2010）。

（1）道路石油沥青的技术标准与选用。

1）黏稠石油沥青。《公路沥青路面施工技术规范》（JTG F40—2004）将黏稠石油沥青分为160、130、110、90、70、50、30号7个标号，并根据沥青的性能指标，再将其分为A、B、C三个等级，道路石油沥青的质量应符合表6-3规定的技术要求。各个沥青等级的适用范围应符合表6-4的规定。沥青路面采用的沥青标号，宜按照公路等级、气候条件、交通条件、路面类型及在结构层中的层位及受力特点、施工方法等，结合当地的使用经验，

表6-3　　道路石油沥青技术要求

指标	单位	等级	160号④	130号④	110号	90号	70号③	50号	30号④	试验方法①
针入度（25℃、5s、100g）⑥	0.1mm	—	140～200	120～140	100～120	80～100	60～80	40～60	20～40	T0604—2000
适用的气候分区⑥			注④	注④	2-1　2-2	1-2 1-3 / 2-2 2-3	1-3 1-4 / 2-2 2-3 2-4	1-4	注④	附录A⑤
针入度指数 PI②	—	A	-1.5～+1.0							T0604—2000
		B	-1.8～+1.0							
软化点（R&B）≥	℃	A	38	40	43	45 / 44	46 / 45	49	55	T0606—2000
		B	36	39	42	43 / 42	44 / 43	46	53	
		C	35	37	41	42	43	45	50	
60℃动力黏度②≥	Pa·s	A	—	60	120	160	180 / 160	200	260	T0620—2000
10℃延度②≥	cm	A	50	50	40	45 / 30	25 / 20	15	10	T0605—1993
		B	30	30	30	20 / 15	20 / 15	10	8	
15℃延度≥	cm	A、B	100							
		C	80	80	60	50	40	30	20	
蜡含量（蒸馏法）≤	%	A	2.2							T0615—2000
		B	3.0							
		C	4.5							
闪点≥	℃	—	230	230	230	245	260	260	260	T0611—1993
溶解度≥	%	—	99.5							T0607—1993
密度（15℃）	g/cm³	—	实测记录							T0603—1993
TFOT（或 RTFOT）后⑤										T0610—1993 或 T0609—1993
质量变化≤	%		±0.8							T0609—1993
残留针入度比≥	%	A	48	54	55	57	61	63	65	T0604—2000
		B	45	50	52	54	58	60	62	
		C	40	45	48	50	54	58	60	
残留延度（10℃）≥	cm	A	12	12	10	8	6	4	—	T0605—1993
		B	10	10	8	6	4	2	—	
残留延度（15℃）≥	cm	C	40	35	30	20	15	10	—	T0605—1993

① 试验方法按照《公路工程沥青及沥青混合料试验规程》（JTJ 052—2000）规定的方法执行。用于仲裁试验求取 PI 时的 5 个温度的针入度关系的相关系数不得小于 0.997。

② 经建设单位同意，表中 PI 值、60℃动力黏度、10℃延度可作为选择性指标，也可不作为施工质量检验指标。

③ 70号沥青可根据需要要求供应商提供针入度范围为 60～70 或 70～80 的沥青。

④ 30号沥青仅适用于沥青稳定基层。130号和160号沥青除寒冷地区可直接在中低级公路上直接应用外，通常用作乳化沥青、稀释沥青、改性沥青的基质沥青。

⑤ 老化试验以 TFOT 为准，也可以 RTFOT 代替。

⑥ 气候分区见《公路沥青路面施工技术规范》（JTG F 40—2004）中附录 A。

表 6-4　　　　　　　　　　　　　　　道路石油沥青的适用范围

沥青等级	适 用 范 围
A 级沥青	各个等级的公路，适用于任何场合和层次
B 级沥青	1. 高速公路、一级公路沥青下面层及以下的层次，二级及二级以下公路的各个层次 2. 用作改性沥青、乳化沥青、改性乳化沥青、稀释沥青的基质沥青
C 级沥青	三级及三级以下公路的各个层次

经技术论证后确定。对高速公路、一级公路，夏期温度高、高温持续时间长、重载交通、山区及丘陵区上坡路段、服务区、停车场等行车速度慢的路段，尤其是汽车荷载剪应力大的层次，宜采用稠度大、60℃黏度大的沥青，也可提高高温气候分区的温度水平选用沥青等级；对冬期寒冷的地区或交通量小的公路、旅游公路宜选用稠度小、低温延度大的沥青；对温度日温差、年温差大的地区宜注意选用针入度指数大的沥青。当高温要求与低温要求发生矛盾时，应优先考虑满足高温性能的要求。当缺乏所需标号的沥青时，可采用不同标号掺配的调和沥青，其掺配比例由试验决定。

　　高温、低温、雨（雪）水等气候条件影响沥青结合料等级选择，所以《公路沥青路面施工技术规范》（JTG F40—2004）进行了沥青路面使用性能气候分区。采用最近 30 年内年最热月的平均日最高气温的平均值作为反映高温和重载条件下出现车辙等流动变形的气候因子，并作为气候区划的一级指标（高温指标）；采用最近 30 年内的极端最低气温作为反映路面温缩裂缝的气候因子，并作为气候区划的二级指标（低温指标）；采用最近 30 年内的年降水量的平均值作为反映沥青路面受雨（雪）水影响的气候因子，并作为气候区划的三级指标（雨量指标），见表 6-5。

表 6-5　　　　　　　　　　　　　　沥青路面使用性能气候分区

气候分区指标		气 候 分 区			
按照高温指标	高温气候区	1	2	3	
	气候区名称	夏炎热区	夏热区	夏凉区	
	最热月平均最高气温（℃）	>30	20~30	<20	
按照低温指标	低温气候区	1	2	3	4
	气候区名称	冬严寒区	冬寒区	冬冷区	冬温区
	极端最低气温（℃）	<-37.0	-37.0~-21.5	-21.5~-9.0	>-9.0
按照雨量指标	雨量气候区	1	2	3	4
	气候区名称	潮湿区	湿润区	半干区	干旱区
	年降雨量（mm）	>1000	1000~500	500~250	<250

　　2）液体石油沥青。液体石油沥青是指在常温下呈液体状态的沥青。它可以是油分含量较高的直馏沥青，也可以是稀释剂稀释后的黏稠沥青。稀释剂挥发速度的不同，沥青的凝结速度也不同。《公路沥青路面施工技术规范》（JTG F40—2004）规定，依据凝结速度的快慢，液体石油沥青可分为快凝 AL（R）、中凝 AL（M）和慢凝 AL（S）三个等级。快凝液体沥青按黏度可分为 AL(R)-1 和 AL(R)-2 两个标号，中凝和慢凝液体沥青按黏度可分为 AL(M)-1~AL(M)-6 和 AL(S)-1~AL(S)-6 六个标号。

（2）建筑石油沥青的技术标准与选用。建筑石油沥青按针入度划分牌号，有 40、30 号和 10 号三个标号。建筑石油沥青针入度较小、软化点较高，但延度较小。建筑石油沥青的技术性能应符合《建筑石油沥青》（GB/T 494—2010）的规定，见表 6-6。

表 6-6　　　　　　　　　　　　　　　建筑石油沥青技术标准

项　　目	质　量　标　准		
	40 号	30 号	10 号
针入度（25℃，100g，5s）1/10mm	36～50	26～35	10～25
针入度（46℃，100g，5s）1/10mm	报告[①]	报告[①]	报告[①]
针入度（0℃，200g，5s）1/10mm	6	6	3
延度（25℃，5cm/min）（cm）不小于	3.5	2.5	1.5
软化点（环球法）（℃）不低于	60	75	95
溶解度（三氯乙烯）（%）不小于	99.0		
蒸发损失（160℃，5h）（%）不大于	1		
蒸发后25℃针入度比[②]（%）不小于	65		
闪点（开口杯法）（℃）不低于	260		

① 报告应为实测值。

② 测定蒸发损失后样品的 25℃针入度与原 25℃针入度之比乘以 100 后，所得的百分比，称为蒸发后针入度比。

建筑石油沥青主要用于屋面及地下防水、沟槽防水与防腐、管道防腐蚀等工程，也可用于制造油毡、油纸、防水涂料和沥青玛琋脂等建筑材料。

选用建筑石油沥青要根据地区、工程环境及要求而定。一般情况下，屋面沥青不但要求黏度大，以使沥青防水层与基层黏结牢固，更主要的是按其温度敏感性选择沥青标号。由于使用时制成的沥青胶膜较厚，增大了对温度的敏感性。同时，黑色沥青表面又是好的吸热体。一般来说，同一地区的沥青屋面的表面温度比其他材料的都高。据高温季节测试，沥青屋面达到的表面温度比当地最高气温高 25～30℃。为避免夏期沥青流淌，一般屋面用沥青材料的软化点应比本地区屋面最高温度高 20℃以上。选用的沥青软化点低了，夏期易流淌；过高，冬期易硬脆甚至开裂。用于地下防潮、防水工程时，一般对软化点要求不高，但其塑性要好，黏性要较大，使沥青层能与建筑物黏结牢固，并能适应建筑物的变形，而保持防水层完整，不遭破坏。

（3）沥青的掺配。某一标号的石油沥青往往不能满足工程技术要求，因此需要不同标号的沥青进行掺配。

在进行掺配时，为了不使掺配后的沥青胶体结构破坏，应选用表面张力相近和化学性质相似的沥青。试验证明，同产源的沥青容易保证掺配后的沥青胶体结构的均匀性。所谓同产源是指同属石油沥青，或同属煤沥青。

两种沥青掺配的比例可用式（6-9）、式（6-10）估算，即

$$Q_1 = \frac{T_2 - T}{T_2 - T_1} \times 100 \qquad (6-9)$$

$$Q_2 = 100 - Q_1 \qquad (6-10)$$

式中　Q_1——较软沥青用量，%；

Q_2——较硬沥青用量，％；

　T——掺配后沥青的软化点，℃；

T_1——较软沥青的软化点，℃；

T_2——较硬沥青的软化点，℃。

【例 6 - 1】 沥青掺配

某工程需用软化点为 85℃ 的建筑石油沥青，现有 10 号及 60 号两种，应如何掺配以满足工程需要？

由试验测得，10 号石油沥青软化点为 95℃；60 号石油沥青软化点为 45℃。

估算掺配用量：

$$60 \text{ 号石油沥青用量（％）} = \frac{95℃ - 85℃}{95℃ - 45℃} \times 100 = 20$$

$$10 \text{ 号石油沥青用量（％）} = 100 - 20 = 80$$

根据估算的掺配比例和在其邻近的比例（5％～10％）进行掺配（混合熬至均匀），测定掺配后沥青的软化点，然后绘制"掺配比-软化点"曲线，即可从曲线上确定所需的掺配比例。同样地可采用针入度指标按上法进行估算及试配。

6.1.2 其他沥青

1. 煤沥青（coal pitch）

煤沥青是由煤干馏得到的煤焦油再经蒸馏加工制成的沥青。烟煤在干馏过程中的挥发物质经冷凝而成的黑色黏性液体，称为煤焦油。将煤焦油进行分馏加工提取轻油、中油、重油和蒽油后所得的残渣，即为煤沥青。根据干馏时的温度不同，煤焦油可分为高温煤焦油（700℃ 以上）和低温煤焦油（450～700℃）。高温煤焦油是炼焦或制造煤气时得到的副产品，所含大分子量的组分较多，故有较大的密度，技术性质优于低温煤焦油。生产煤沥青和配制各种焦油类建筑防水材料多采用高温煤焦油。

将煤焦油进行蒸馏，蒸去水分和所有的轻油及部分中油、重油和蒽油后所得的残渣。根据蒸馏程度不同，煤沥青分为低温沥青、中温沥青和高温沥青。建筑上采用的煤沥青多为黏稠或半固体的低温沥青。

（1）煤沥青的化学组成。煤沥青的化学组成主要是芳香族碳氢化合物及其与氧、硫、氮的衍生物的混合物。其主要组分如下：

1）油分（oil）。油分主要由分子量较低的液态芳香族碳氢化合物所组成，使煤沥青具有流动性，但使其黏性降低。

2）树脂（resin）。树脂有硬树脂和软树脂（可溶树脂）之分。硬树脂为固态结晶物质，类似于石油沥青中的沥青质，可提高煤沥青的黏性；软树脂为赤褐色黏塑性物质，稳定性较低，类似于石油沥青中的树脂，使煤沥青具有塑性。

3）游离碳（free carbon）。游离碳是高分子的有机化合物的固态碳质微粒，不溶于任何有机溶剂，只在高温下产生分解，具有良好的稳定性。在煤沥青中含有游离碳能增加沥青的黏度和降低其温度稳定性。随着游离碳含量的增加，其低温脆性也随之增加。煤沥青中的游离碳相当于石油沥青中的沥青质。

此外，煤沥青中尚有少量碱性物质（吡啶、喹啉）和酸性物质（酚），它们都属于表面活性物质，相当于石油沥青中的沥青酸与沥青酸酐，赋予煤沥青高的表面活性，能改善煤沥青与酸、碱性矿物材料的黏结力。

（2）煤沥青的技术性质与应用。煤沥青与石油沥青相比，在技术性质上有下列特点：

1）温度敏感性大。煤沥青是一种较粗的分散体系，其中可溶树脂含量较多，温度稳定性较差，由固态和黏稠态转变为黏流态（或液态）的温度间隔较短，夏期易软化流淌，冬期易硬脆。

2）塑性较差。煤沥青由于含有效多的游离碳，塑性降低，容易因变形而开裂。

3）大气稳定性较差。煤沥青中有较高含量的不饱和芳香烃，这些化合物有相当大的化学潜能，在热、阳光、氧气等长期综合作用下，老化进程（黏度增加、塑性降低）比石油沥青快。

4）防腐性强。煤沥青中的油分含有酚、蒽、萘等具有毒性和臭味的物质，故其防腐能力较好，适用于木材等材料的防腐处理。

5）与矿物材料的黏附性好。煤沥青中含有较多的酸、碱等表面活性物质，故与矿物材料表面具有较好的黏附性。

煤沥青具有很好的防腐能力、良好的黏结力，因此，可用于配制防腐涂料、油膏及制作油毡等。

2. 乳化沥青

乳化沥青（emulsified asphalt）是石油沥青与水在乳化剂、稳定剂等作用下经乳化加工制得的均匀的沥青产品，也称沥青乳液。

（1）乳化沥青的基本组成材料。乳化沥青主要是由沥青、乳化剂、稳定剂和水等组分所组成。

1）沥青。沥青是乳化沥青组成的主要材料，沥青的质量直接关系到乳化沥青的性能。在选择作为乳化沥青用的沥青时，首先要考虑它的易乳化性。沥青的易乳化性与其化学结构有密切关系。以工程适用为目的，可认为易乳化性与沥青中的沥青酸含量有关。通常认为，沥青酸总量大于1%的沥青，采用通用乳化剂和一般工艺即易于形成乳化沥青。一般说来，相同油源和工艺的沥青，针入度较大者易于形成乳液。

2）乳化剂（emulsifier）。乳化剂是乳化沥青形成的关键材料。沥青乳化剂是表面活性剂的一种类型，从化学结构上考察，它是一种"两亲性"分子，分子的一部分具有亲水性质，而另一部分具有亲油性质。亲油部分一般由碳氢原子团，特别是由长链烷基构成，结构差别较小。亲水部分原子团则种类繁多，结构差异较大。因此乳化剂的分类，是以亲水基的结构为依据。

沥青乳化剂按其亲水基在水中是否分离而分为离子型和非离子型两大类。离子型乳化剂按其离子电性，又衍生为阴（或负）离子型、阳（或正）离子型和两性离子型三类。

3）稳定剂（stabilizer）。为使乳液具有良好的储存稳定性，以及在施工中喷洒或拌和的机械作用下的稳定性，必要时可加入适量的稳定剂。稳定剂可分为有机稳定剂、无机稳定剂两类。常用的有机稳定剂有聚乙烯醇、聚丙烯酰胺、羧甲基纤维素钠、糊精、MF废液等，常用的无机稳定剂有氯化钙、氯化镁、氯化铵和氯化铬等。

4）水。水是乳化剂的主要组成部分，生产乳化沥青的水应不含其他杂质。

（2）乳化沥青形成的机理。沥青在有乳化剂、稳定剂的水中，经机械力的作用分裂为微滴而形成稳定的沥青—水分散体系，其形成机理主要解释如下：

1）乳化剂降低界面张力的作用。乳化剂属表面活性物质，具有不对称的分子结构，分子一端是极性基团，是亲水的；另一端是非极性基团，是亲油的，所以乳化剂分子在沥青—水的界面上呈定向排列，非极性端朝向沥青，极性端朝向水，这种定向排列可使沥青与水的界面张力大大降低，因而使沥青—水体系形成稳定的分散体系。

2）界面膜的保护作用。乳化剂分子的亲油基团吸附在沥青微滴的表面，在沥青—水界面上形成界面膜。此膜具有一定的强度，对沥青微滴起着保护作用，使其在相互碰撞时，不致产生"凝聚现象"。

3）界面电荷稳定作用。当乳化剂吸附于沥青微滴表面时，水中的极性基团电离而使沥青微滴带有电荷（阳离子乳化沥青带正电荷，阴离子乳化沥青带负电荷）。沥青—水界面上电荷层的结构，一般是扩散双电层分布。双电层由两部分组成，第一部分为单分子层，基本固定在界面上，这层电荷与沥青微滴的电荷相反，这一层称为吸附层；第二部分由吸附层向外，电荷向水介质中扩散，此层称为扩散层。由于每一沥青微滴界面都有相同的电荷，并有扩散双电层的作用，故沥青—水体系成为稳定体系。

乳化沥青涂刷于材料表面，或与骨料拌和成形后，由于水的蒸发作用和骨料的矿物构造孔隙吸水作用，乳液中的水分逐渐散失，沥青微滴逐渐靠拢将乳化剂薄膜挤裂，相互团聚黏结，这个过程叫乳化沥青成膜。而这一过程中沥青微滴又从乳液中分裂出来，在骨料表面聚结形成连续的沥青薄膜，因此，也把这一过程称为分裂（俗称破乳）。影响乳化沥青分裂的因素除了水的蒸发作用和骨料的吸附作用外，乳化剂的种类与用量、骨料与乳液的物理—化学作用及施工机械的冲击与压力等也都有影响。乳液产生分裂的外观特征是它的颜色由棕褐色变成黑色。

乳化沥青具有无毒、无臭、不燃、干燥快、黏结力强等特点，在常温下具有较好的流动性，可冷态施工。因此，现场无需加热，简化了施工工序，作业方便，节约能源。乳化沥青可涂刷或喷涂在材料表面作为防潮、防水或防腐层，也可黏结防水卷材做屋面防水层。在道路工程及水利工程中，乳化沥青可与湿骨料拌和，用于铺筑路面、坝面等，是一种新型的铺路、筑坝材料。我国交通行业制定了道路用乳化沥青的技术要求，并对各品种的适用范围做了规定，详见《公路沥青路面施工技术规程》（JTG F40—2004）。

3. 改性沥青（modified asphalt）

工程上使用的沥青材料要求具有一定的物理性质和黏附性，即低温下有弹性和塑性；高温下有足够的强度和稳定性；加工和使用条件下有抗"老化"能力；与各种矿物材料和结构表面有较强的黏附力；对构件变形的适应性和耐疲劳性。而通常石油加工厂制备的沥青不能全面满足这些要求，因此需要对沥青进行改性。对掺加橡胶、树脂、高分子聚合物、天然沥青、磨细的橡胶粉或者其他材料等外掺剂（改性剂），使沥青或沥青混合料的性能得以改善而制成的沥青结合料，称为改性沥青。

关于改性沥青的分类，国际上并没有统一的分类标准。从广义上划分，根据不同目的所采取的改性沥青及改性沥青混合料技术汇总如图6-7所示。

从狭义来说，现在所指道路改性沥青一般是指聚合物改性沥青。用于改性的聚合物种类也很多，按照改性剂的不同，一般将其分为三类。

（1）热塑性橡胶类。热塑性橡胶类，主要是苯乙烯类嵌段共聚物，如苯乙烯-丁二烯-苯乙烯（SBS）、苯乙烯-异戊二烯（SIS）、苯乙烯-聚乙烯/丁基-聚乙烯（SE/BS）等嵌段共聚

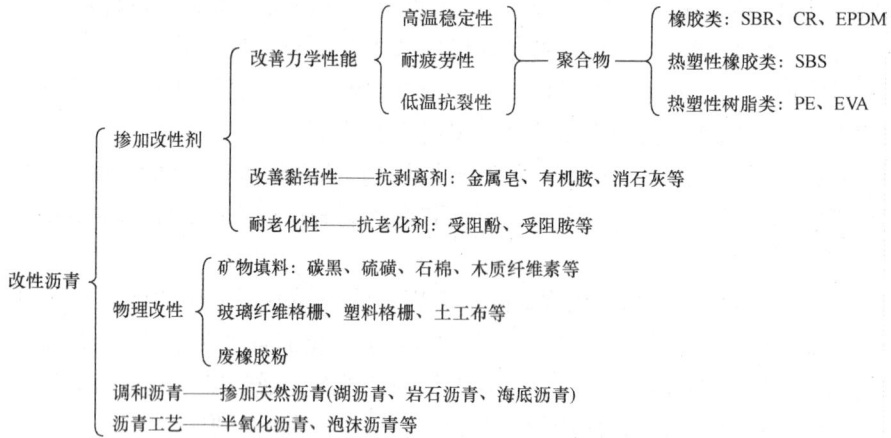

图 6-7　改性沥青及改性沥青混合料技术

物，由于它兼具橡胶和树脂两类改性沥青的结构与性质，故也称为橡胶树脂类。SBS 由于具有良好的弹性（变形的自恢复性及裂缝的自愈性），故已成为目前世界上最为普遍使用的道路沥青改性剂。

（2）橡胶类。如天然橡胶（NR）、丁苯橡胶（SBR）、氯丁橡胶（CR）、丁二烯橡胶（BR）、异戊二烯（IR）、乙丙橡胶（EPDM）等。其中 SBR 是世界上应用最为广泛的改性剂之一，尤其是胶乳形式的使用越来越广泛。氯丁橡胶（CR）具有极性，常掺入煤沥青中使用，已成为煤沥青的改性剂。

（3）树脂类。热塑性树脂，如乙烯-醋酸乙烯酯共聚物（EVA）、聚乙烯（PS）、无规聚丙烯（APP）、聚氯乙烯（PVC）、聚苯乙烯（PS）、聚酰胺等，还包括乙烯乙基丙烯酸共聚物（EEA）、聚丙烯（PP）等。热固性树脂也可作为改性剂使用，如环氧树脂（EP）等。EVA 分为许多牌号，不同品种 EVA 改性沥青的性能有较大差别。无规聚丙烯 APP 由于价格低廉，其改性沥青克服了单纯沥青冷脆热流的缺点，用于改性沥青油毡较多，但其缺点是与石料的黏结力较小。

《公路沥青路面施工技术规范》（JTG F40—2004）提出了聚合物改性沥青的技术要求。根据沥青改性的目的和要求选择改性剂时，可作如下初步选择：

1）为提高抗永久变形能力，宜使用热塑性橡胶类、热塑性树脂类改性剂。

2）为提高抗低温变形能力，宜使用热塑性橡胶类、橡胶类改性剂。

3）为提高抗疲劳开裂能力，宜使用热塑性橡胶类、橡胶类、热塑性树脂类改性剂。

4）为提高抗水损坏能力，宜使用各类抗剥落剂等外掺剂。

6.2　沥 青 混 合 料

6.2.1　沥青混合料的分类

沥青混合料（asphalt）是由矿料与沥青结合料拌和而成的混合料的总称。

1. 定义

（1）密级配沥青混合料（dense graded asphalt mixtures）。按密实级配原理设计组成的各种粒径颗粒的矿料，与沥青结合料拌和而成，设计空隙率较小（对不同交通及气候情况、层位可作适当调整）的密实式沥青混凝土混合料（以 AC 表示）和密实式沥青稳定碎石混合料（以 ATB 表示）。按关键性筛孔通过率的不同又可分为细型、粗型密级配沥青混合料等。粗骨料嵌挤作用较好的也称嵌挤密实型沥青混合料。

（2）开级配沥青混合料（open graded asphalt mixtures）。矿料级配主要由粗骨料嵌挤组成，细骨料及填料较少，设计空隙率大于 18% 的混合料。

（3）半开级配沥青碎石混合料［half（semi）-open-graded bituminous paving mixtures］。由适当比例的粗骨料、细骨料及少量填料（或不加填料）与沥青结合料拌和而成，经马歇尔标准击实成形试件的剩余空隙率在 6%～12% 之间的半开式沥青碎石混合料（以 AM 表示）。

（4）连续级配沥青混合料（continuous graded asphalt mixtures）。连续级配是某一矿质混合料在标准筛孔配成的套筛中进行筛分时，所得的级配曲线平顺圆滑，具有连续的（不间断的）性质，相邻粒径的粒料之间，有一定的比例关系（按质量计），这种由大到小逐级粒径均有，并按比例互相搭配组成的矿质混合料称为连续级配矿质混合料，由其组成的沥青混合料称为连续级配沥青混合料。

（5）间断级配沥青混合料（gap-graded asphalt mixtures）。矿料级配组成中缺少一个或几个档次（或用量很少）而形成的沥青混合料。

（6）沥青稳定碎石混合料（asphalt-treated permeable base，简称沥青碎石）。由矿料和沥青组成的具有一定级配要求的混合料，按空隙率、骨料最大粒径、添加矿粉数量的多少，分为密级配沥青碎石（ATB）、开级配沥青碎石（OGFC 表面层及 ATPB 基层）、半开级配沥青碎石（AM）。

（7）沥青玛蹄脂碎石混合料（stone matrix asphalt，SMA）。由沥青结合料与少量的纤维稳定剂、细骨料及较多量的填料（矿粉）组成的沥青玛蹄脂，填充于间断级配的粗骨料骨架的间隙，组成一体形成的沥青混合料。

2. 分类

沥青混合料的分类方法有多种。

（1）按公称最大粒径分。

1）砂粒式沥青混合料。最大公称粒径等于或小于 4.75mm 的沥青混合料，也称沥青石屑或沥青砂。

2）细粒式沥青混合料。最大公称粒径为 9.5mm 或 13.2mm 的沥青混合料。

3）中粒式沥青混合料。最大公称粒径为 16mm 或 19mm 的沥青混合料。

4）粗粒式沥青混合料。最大公称粒径为 26.5mm 的沥青混合料。

5）特粗粒式沥青混合料。最大公称粒径等于或大于 31.5mm 的沥青混合料。

（2）按沥青混合料级配及空隙率大小分。

1）密级配沥青混合料。

2）开级配沥青混合料。

3）半开级配沥青碎石混合料。

（3）按材料组成及结构分。

1）连续级配沥青混合料。

2）间断级配沥青混合料。

（4）按制造工艺分。

1）热拌沥青混合料（hot mix asphalt，HMA）。热拌沥青混合料是经人工组配的矿质混合料与黏稠沥青在专门设备中加热拌和而成，用保温运输工具运送至施工现场，并在热态下进行摊铺和压实的混合料，通称"热拌热铺沥青混合料"，简称"热拌沥青混合料"。

2）冷拌沥青混合料（cold mix asphalt）。以乳化沥青或稀释沥青与矿料在常温下拌制、铺筑的沥青混合料。

3）再生沥青混合料（recycled asphalt mixture）。是将需要翻修或废弃的旧沥青混合料，经翻挖回收、破碎、筛分，再和新骨料、新沥青材料、再生剂等适当配合，重新拌和，形成的再生沥青混合料。

公路上常用的是热拌沥青混合料，分类具体情况见表6-7。

表6-7 热拌沥青混合料种类

混合料类型	密级配		开级配		半开级配	公称最大粒径 (mm)	最大粒径 (mm)
	连续级配	间断级配	间断级配		沥青稳定碎石		
	沥青混凝土	沥青稳定碎石	沥青玛琋脂碎石	排水式沥青磨耗层	排水式沥青碎石基层			
特粗式	—	ATB-40	—	—	ATPB-40	—	37.5	53.0
粗粒式	—	ATB-30	—	—	ATPB-30	—	31.5	37.5
	AC-25	ATB-25	—	—	ATPB-25	—	26.5	31.5
中粒式	AC-20	—	SMA-20	—	—	AM-20	19.0	26.5
	AC-16	—	SMA-16	OGFC-16	—	AM-16	16.0	19.0
细粒式	AC-13	—	SMA-13	OGFC-13	—	AM-13	13.2	16.0
	AC-10	—	SMA-10	OGFC-10	—	AM-10	9.5	13.2
砂粒式	AC-5	—	—	—	—	AM-5	4.75	9.5
设计空隙率① (%)	3～6	3～6	3～6	>18	>18	6～12	—	—

① 空隙率可按配合比设计要求适当调整。

6.2.2 沥青混合料的组成材料与结构

1. 沥青混合料的组成材料

沥青混合料的组成材料主要有沥青和矿料。矿料指用于沥青混合料的粗骨料、细骨料和填料的总称。为了保证混合料的技术性质，首先应正确选择符合质量要求的组成材料。

（1）沥青材料。沥青路面采用的沥青标号，宜按照公路等级、气候条件、交通条件、路面类型及在结构层中的层位及受力特点、施工方法等，结合当地的使用经验，经技术论证后确定。如在气温常年较高的南方地区，沥青路面热稳定性是设计必须考虑的主要方面，宜采用针入度较小、黏度较高的沥青；对于交通量较大的道路也如此。对于北方严寒地区，为防止和减少路面开裂，面层宜采用针入度较大的沥青。所选用的沥青质量应符合现行规范的要求。

（2）粗骨料。在沥青混合料中，粗骨料是指粒径大于2.36mm以上的碎石、破碎砾石、筛选砾石和矿渣等（在水泥混凝土中，粗骨料是指粒径大于 4.75mm 以上的碎石砾石和破碎砾石）。但是，高速公路和一级公路不得使用筛选砾石和矿渣。用作沥青路面的粗骨料应清洁、干燥、表面粗糙，符合一定的级配要求，具有足够的力学性能，与沥青有较好的黏结性。

粗骨料的力学性能，通常用压碎值、磨光值、磨耗值等指标来衡量。压碎值反映骨料抵抗压碎的能力；磨光值反映骨料抵抗轮胎磨光作用的能力，它关系到路表的抗滑性；磨耗值反映骨料抵抗表面磨耗的能力。

粗骨料的颗粒形状和表面构造对路面的使用性能有很大的影响。针片状颗粒较多，则不利于沥青混凝土的和易性、稳定性。使用表面粗糙的骨料，有利于提高沥青混凝土的稳定性。

沥青对矿料的黏附力与其矿物成分的关系密切；黏附力大小的规律为：碱性矿料（SiO_2 质量分数小于 52%）大于中性矿料（SiO_2 质量分数为 52%~56%）大于酸性矿料（SiO_2 质量分数大于 56%）。因此，碱性岩石如石灰石、大理石与沥青黏结牢固；酸性岩石如花岗石、石英石与沥青的黏结较差。酸性岩石的骨料用于高等级公路时，应采取抗剥离措施：在沥青中掺抗剥离剂，用石灰粉、水泥作为填料的一部分，将粗骨料用石灰浆处理后使用。

《公路沥青路面施工技术规范》（JTG F40—2004）对粗骨料的技术要求，见表6-8。

表6-8　　　　　　　　　　　沥青混合料用粗骨料质量技术要求

指　标		单位	高速公路及一级公路		其他等级公路	试验方法
			表面层	其他层次		
石料压碎值	≤	%	26	28	30	T0316—2000
磨耗损失	≤	%	28	30	35	T0317—2000
表观相对密度	≥	t/m³	2.60	2.50	2.45	T0304—2000
吸水率	≤	%	2.0	3.0	3.0	T0304—2000
坚固性	≤	%	12	12	—	T0314—2000
针片状颗粒含量（混合料）	≤	%	15	18	20	T0312—2000
其中粒径大于 9.5mm	≤	%	12	15		
其中粒径小于 9.5mm	≤	%	18	20		
水洗法<0.075mm 颗粒含量	≤	%	1	1	1	T0310—2000
软石含量	≤	%	3	5	5	T0320—2000

注　1. 坚固性试验可根据需要进行。
　　2. 用于高速公路、一级公路时，多孔玄武岩的视密度可放宽至 2.45t/m³，吸水率可放宽至 3%，但必须得到建设单位的批准，且不得用于 SMA 路面。
　　3. 对 3~5 规格的粗骨料，针片状颗粒含量可不予要求，小于 0.075mm 含量可放宽到 3%。

（3）细骨料。粒径小于 2.36mm 的骨料为细骨料。细骨料通常是石屑、天然砂、人工机制砂。用作沥青路面的细骨料应洁净、干燥、无风化、无杂质，符合一定的级配要求，与沥青有较好的黏结性。

细骨料也要富有棱角，应尽可能采用机制砂。天然砂的棱角已被磨去，如果用量过多，会引起混凝土稳定性明显下降。天然砂及用酸性岩石破碎的机制砂或石屑与沥青的黏结性能较差。热拌密级配沥青混合料中天然砂的用量通常不宜超过骨料总量的 20%，SMA 和 OG-

FC混合料不宜使用天然砂。对细骨料的技术要求，见表6-9。

表6-9   沥青混合料用细骨料质量要求

项　　目		单位	高速公路、一级公路	其他等级公路	试验方法
表观相对密度	≤	t/m³	2.50	2.45	T0328—2000
坚固性（大于0.3mm部分）	≥	%	12	—	T0340—1994
含泥量（小于0.075mm的含量）	≤	%	3	5	T0333—2000
砂当量	≥	%	60	50	T0334—1999
亚甲蓝值	≤	g/kg	25	—	T0349—2005
棱角性（流动时间）	≥	s	30	—	T0345—2000

注　坚固性试验可根据需要进行。

（4）填料。填料是指在沥青混合料中起填充作用的粒径小于0.075mm的矿质粉末。在沥青混凝土中，填料与沥青形成胶浆，它对混凝土的强度有很大影响。沥青混合料的矿粉必须采用石灰石或岩浆岩中的强基性岩石等憎水性石料经磨细得到的矿粉，原石料中的泥土杂质应除净。矿粉应干燥、洁净，能自由地从矿粉仓流出。拌和机的粉尘可作为矿粉的一部分回收使用。但每盘用量不得超过填料总量的25%，掺有粉尘填料的塑性指数不得大于4%。粉煤灰作为填料使用时，用量不得超过填料总量的50%，粉煤灰的烧失量应小于12%，与矿粉混合后的塑性指数应小于4%，其余质量要求与矿粉相同。高速公路、一级公路的沥青面层不宜采用粉煤灰作填料。

2．沥青混合料的结构

通常沥青—骨料混合料按其组成结构可分为下列三类：

（1）悬浮—密实结构。当采用连续型密级配矿质混合料与沥青组成的沥青混合料时，由于细骨料的数量较多，粗骨料的数量较少，粗骨料被细骨料挤开，以悬浮状态位于细骨料之间，不能直接形成骨架，其结构组成如图6-8（a）所示。这种结构的沥青混合料，虽然具有较高的密实度和黏聚力，但摩擦角较低，因此高温稳定性较差。

（2）骨架—空隙结构。当采用连续型开级配矿质混合料与沥青组成的沥青混合料时，由于细骨料的数量较少，粗骨料之间不仅紧密相连，而且有较多的空隙，其结构组成如图6-8（b）所示。这种结构的沥青混合料虽然具有较高的内摩擦角，温度稳定性较好，但黏聚力较低。当沥青路面采用这种形式的沥青混合料时，沥青面层下需要做下封层。

（3）密实—骨架结构。当采用间断型密级配矿质混合料与沥青组成的沥青混合料时，既有一定数量的粗骨料形成骨架结构，又有足够的细骨料填充到粗骨料之间的空隙中去，其结构组成如图6-8（c）所示。因此，这种结构的沥青混合料的密实度、内摩擦角和黏聚力均较高，温度稳定性较好。

3．沥青混合料强度的影响因素

沥青混合料的强度由两部分组成：矿料之间的嵌挤力与内摩擦力和沥青与矿料之间的黏聚力。

（1）影响沥青混合料强度的内因。

1）沥青的黏度的影响。沥青混合料作为一个具有多级网络结构的分散系，从最细一级

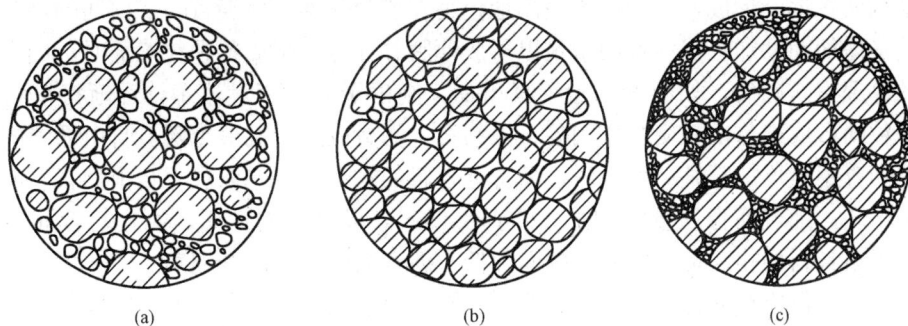

图 6-8　三种典型沥青混合料结构组成示意图
(a) 悬浮—密实结构；(b) 骨架—空隙结构；(c) 密实—骨架结构

网络结构来看，它是各种矿质骨料分散在沥青的分散系。因此它的强度与分散相的浓度和分散介质黏度有着密切的关系。在其他因素固定的条件下，沥青混合料的黏聚力是随着沥青黏度的提高而增大的。因为，沥青的黏度即沥青内部胶团相互位移时其分散介质抵抗剪切作用的抗力。具有较大黏滞阻力的沥青混合料，具有较高的抗剪强度。在相同的矿物性质和组成条件下，随着沥青黏度的提高，沥青混合料黏聚力有明显的提高，同时内摩擦角也稍有提高。

2) 沥青与矿料化学性质的影响。矿粉对其周围的沥青有吸附作用，因而贴近矿粉的沥青的化学组分会重新排列，沥青在矿粉表面形成一层扩散结构膜，结构膜内的这层沥青称为结构沥青。在沥青混合料中，如果矿粉颗粒之间接触处是由结构沥青膜所连接，则促成沥青具有更高的黏度和更大的扩散溶化膜的接触面积，因而可以获得更大的黏聚力；反之，如颗粒之间接触处是自由沥青所连接，则具有较小的黏聚力。

沥青与矿料相互作用与沥青的化学性质有关。研究认为，在不同性质矿粉表面形成结构和厚度不同的吸附溶化膜，所以在沥青混合料中，当采用石灰石矿粉时，矿粉之间更有可能通过结构沥青来连接，因而具有较高的黏聚力。

3) 矿料比表面积的影响。由沥青与矿粉交互作用的原理可知，结构沥青的形成主要是由于矿料与沥青的交互作用，而引起沥青化学组分在矿料表面的重分布。所以在相同的沥青用量条件下，与沥青产生交互作用的矿料表面积愈大，形成的沥青膜愈薄，则在沥青中结构沥青所占的比例愈大，因而沥青混合料的黏聚力也愈高。通常在工程应用上，以单位质量骨料的总表面积来表示表面积的大小，称为比表面积（简称比面）。例如，1kg 粗骨料的表面积为 $0.5 \sim 3m^2$，它的比面即为 $0.5 \sim 3m^2/kg$，而矿粉用量虽只占 7% 左右，其表面积却占矿质混合料总表面积的 80% 以上，所以矿粉的性质和用量对沥青混合料的强度影响很大。为增加沥青与矿料物理—化学作用的表面积，在沥青混合料配料时，必须含有适量的矿粉。提高矿粉细度可增加矿粉比面，所以对矿粉细度也有一定的要求。希望小于 0.075mm 粒径的矿粉含量不要过少；但是小于 0.005mm 部分的含量也不宜过多，否则将使沥青混合料结成团块，不易施工。

4) 沥青用量的影响。在固定质量沥青和矿料的条件下，沥青与矿料的比例（即沥青用量）是影响沥青混合料抗剪强度的重要因素。

在沥青用量很少时，沥青不足以形成结构沥青的薄膜来黏结矿料颗粒。随着沥青用量的增加。结构沥青逐渐形成，沥青更为完满地包裹在矿料表面，使沥青与矿料间的黏结力随着沥青的用量增加而增加。当沥青用量足以形成薄膜并充分黏附矿料颗粒表面时，沥青胶浆具有最优的黏聚力。随后，如沥青用量继续增加，则由于沥青用量过多，逐渐将矿料颗粒推开，在颗粒间形成未与矿料交互作用的自由沥青，沥青胶浆的黏聚力随着自由沥青的增加而降低。当沥青用量增加至某一用量后，沥青混合料的黏聚力主要取决于自由沥青，所以抗剪强度几乎不变。随着沥青用量的增加，沥青不仅起着黏结剂的作用，而且起着润滑剂的作用，降低了粗骨料的相互密排作用，因而降低了沥青混合料的内摩擦角。

沥青用量不仅影响沥青混合料的黏聚力，同时也影响沥青混合料的内摩擦角。随着沥青用量的增加，沥青混合料的内摩擦角逐渐降低。

5）矿质骨料的级配类型、粒度、表面性质的影响。沥青混合料的强度与矿质骨料在沥青混合料中的分布情况有密切关系。沥青混合料有密级配、开级配和间断级配等不同组成结构类型，因此矿料级配类型是影响沥青混合料强度的因素之一。

此外，沥青混合料中，矿质骨料的粗度、形状和表面粗糙度对沥青混合料的强度都具有极为明显的影响。因为颗粒形状及其粗糙度，在颇大程度上将决定混合料压实后颗粒间相互位置的特性和颗粒接触有效面积的大小。通常具有显著的面和棱角，各方向尺寸相差不大，近似正方体，以及具有明显细微凸出的粗糙表面的矿质骨料，在碾压后能相互嵌挤锁结而具有很大的内摩擦角。在其他条件相同的情况下，这种矿料所组成的沥青混合料较之圆形而表面平滑的颗粒具有较高的抗剪强度。

试验证明，要想获得具有较大内摩擦角的矿质混合料，必须采用粗大、均匀的颗粒。在其他条件下，矿质骨料颗粒越粗，所配制的沥青混合料越具有较高的内摩擦角。相同粒径组成的骨料，卵石的内摩擦角较碎石为低。

（2）影响沥青混合料强度的外因。

1）温度的影响。沥青混合料是一种热塑性材料，它的抗剪强度随着温度的升高而降低。在材料参数中，黏聚力随温度升高而显著降低，但是内摩擦角受温度变化的影响较小。

2）变形速率的影响。沥青混合料是一种黏—弹性材料，它的抗剪强度与变形速率有密切关系。在其他条件相同的情况下，变形速率对沥青混合料的内摩擦角影响较小，而对沥青混合料的黏聚力影响较为显著。试验资料表明，黏聚力随变形速率的减小而显著提高，而内摩擦角随变形速率的变化很小。

综上所述可以认为，得到高强度沥青混合料的基本条件是：密实的矿物骨架，这可以通过适当地选择级配和使矿物颗粒最大限度地相互接近来取得；选用混合料、拌制和压实条件都适合的最佳沥青用量；能与沥青起化学吸附的活性矿料。

过多的沥青用量和矿物骨架空隙率的增大，都会使削弱沥青混合料结构黏聚力的自由沥青量增多。矿粉在混合料中的某种浓度下，能形成黏结相当牢固的空间结构。

显然，为使沥青混合料产生最高的强度，应设法使自由沥青含量尽可能地少或完全没有。但是，必须有某种数量的自由沥青，以保证应有的耐侵蚀性，以及沥青混合料具有最佳的塑性。因此最好的沥青混合料结构，不是用最高强度来表示，而是所需要的合理强度。这种强度应配合沥青混合料在低温下具有充分的变形能力及耐侵蚀性。

选择空隙率最低的沥青混合料的矿料级配，能降低自由沥青量，因此许多国家都规定了矿料最大空隙率。此外，自由沥青量也取决于空隙的填满程度。配合比正确的沥青混合料中，被沥青所充满的颗粒之间的空隙容积，应不超过总空隙的 80％～85％，以免在温度升高时沥青溢出。这种可能性是因为沥青比矿质材料具有更高的体积膨胀系数。除此之外，自由沥青的填满程度过大，还会导致路面的附着力（摩阻力）降低。

沥青混合料的拌制与压实工艺的进一步完善，也能大大减少自由沥青量，并大大提高沥青混合料的结构强度。

6.2.3　沥青混合料的技术性质

沥青混合料作为路面材料，要承受车辆行驶反复荷载和气候因素的作用，所以沥青混合料应具有高温稳定性、低温抗裂性、抗滑性、耐久性等技术性质及良好的施工和易性。

1. 高温稳定性（high temperature stability）

沥青混合料的高温稳定性是指在高温条件下，沥青混合料承受外力的不断作用，抵抗永久变形的能力。沥青是热塑性材料，在夏期高温下沥青混凝土因沥青软化而稳定性变差，路面易在行车荷载作用下出现车辙，在经常加速或减速的路段出现波浪现象。通常，采用马歇尔试验法和车辙试验来测定沥青混凝土的高温稳定性。

马歇尔试验法比较简便，因而得到了广泛应用。但该方法仅反映沥青混凝土的静态稳定度，也只适用于热拌沥青混凝土。马歇尔试验通常测定的是马歇尔稳定度和流值。

车辙试验测定的是动稳定度，在试验温度为 60℃ 条件下，用车辙试验机的试验轮对沥青混凝土试件进行往返碾压 1h，或最大变形达 25mm 为止，测定其在变形稳定期变形每增加 1mm 的碾压次数，即为动稳定度（dynamic stability）。

使用黏度较高的沥青，适当减少沥青的用量，选用形状好、富棱角的骨料，以及采用骨架密实结构，都有助于提高沥青混合料的高温稳定性。

2. 低温抗裂性（low temperature cracking resistance）

沥青混合料的低温抗裂性是沥青混合料在低温下抵抗断裂破坏的能力。

冬期气温急剧下降时，沥青混合料的柔韧性大大降低，在行车荷载产生的应力和温度下降引起的材料收缩应力联合作用下，沥青路面会产生横向裂缝，降低使用寿命。

混合料的低温脆化是指其在低温条件下的变形能力下降，低温缩裂通常是由于材料本身的抗拉强度不足而造成的。对密级配沥青混合料在温度为 −10℃、加载速率为 50mm/min 的条件下进行弯曲试验，测定破坏强度、破坏应变、破坏劲度模量，并根据应力-应变曲线的形状，综合评价沥青混合料的低温抗裂性能。

选用黏度相对较低的沥青或橡胶改性沥青，适当增加沥青用量，可增强沥青混合料的柔韧性，防止或减少沥青路面的低温开裂。

3. 耐久性（durability）

沥青混合料的耐久性，是指其在长期受外界各种因素（阳光、空气、水、车辆荷载等）的作用下抗老化的能力、抗水损害的能力，以及在长期行车荷载作用下抗疲劳破坏的能力。水损害，是指沥青混合料在水的侵蚀作用下，沥青从骨料表面发生剥落，使骨料颗粒失去黏结作用，从而导致沥青路面出现脱粒、松散，进而形成坑洞。

影响沥青混合料耐久性的主要因素有沥青的性质、矿料的性质、沥青混合料的组成与结构（沥青用量、混合料压实度）等。

选用耐老化性能好的沥青，适当增加沥青用量，采用密实结构，选用坚硬的矿料，都有利于提高沥青路面的耐久性。

目前评价沥青混合料耐久性的方法有马歇尔稳定度试验（测空隙率、沥青饱和度和残留稳定度）、冻融劈裂试验、浸水车辙试验等。

4．抗滑性（skid resistance）

雨期路滑是引起交通事故的主要原因之一，对于快速干道，路面的抗滑性显得尤为重要。沥青路面的抗滑性能与矿料的表面性质、沥青用量、混合料的级配及宏观构造等因素有关。选用质地坚硬、有棱角的碎石骨料，适当增大骨料粒径，减少沥青用量，都有助于提高路面的抗滑性。

路面抗滑性可采用路面构造深度、路面抗滑值及摩擦系数来评定。

5．施工和易性（workability）

要获得符合设计性能的沥青路面，沥青混合料应具备良好的施工和易性，使混凝土易于拌和、摊铺和碾压施工。影响和易性的主要因素是骨料级配和沥青用量。采用连续级配骨料，沥青混凝土易于拌和均匀，不产生离析。细骨料用量太少，沥青层不容易均匀地包裹在粗颗粒表面；如细骨料过多，则使拌和困难。沥青用量过少，混凝土容易出现疏松，不易压实；沥青用量过多，则混凝土容易黏结成块，不易摊铺。

生产上对沥青混合料的和易性一般凭经验来判定。

6.2.4　沥青混合料的配合比设计

沥青混合料配合比设计的任务是通过确定粗骨料、细骨料、矿粉和沥青之间的比例关系，使沥青混合料的强度、稳定性、耐久性、平整度等各项指标均达到工程要求。我国热拌沥青混合料主要采用马歇尔试验配合比设计方法，同时也允许采用其他设计方法。沥青混合料的各种配合比设计方法都以体积设计为主，但是必须进行高温抗车辙性能（车辙试验）、水稳定性（浸水马歇尔试验、冻融劈裂试验）、抗裂性能（－10℃弯曲试验）、渗水性检验（渗水试验）以验证设计的合理性。

沥青混合料配合比设计包括目标配合比设计、生产配合比设计和生产配合比验证三个阶段。

在目标配合比设计阶段，用工程实际使用的材料按照下述方法，优选矿料级配、确定最佳沥青用量，符合配合比设计技术标准和配合比设计检验要求，以此作为目标配合比，供拌和机确定各冷料仓的供料比例、进料速度及试拌使用。

（1）在生产配合比设计阶段，对间歇式拌和机，应按规定方法取样测试各热料仓的材料级配，确定各热料仓的配合比，供拌和机控制室使用。同时选择适宜的筛孔尺寸和安装角度，尽量使各热料仓的供料大致平衡，并取目标配合比设计的最佳沥青用量（OAC）及OAC±0.3％三个沥青用量进行马歇尔试验和试拌，通过室内试验及从拌和机取样试验综合确定生产配合比的最佳沥青用量，由此确定的最佳沥青用量与目标配合比设计的结果的差值不宜超过±0.2％。对连续式拌和机，可省略生产配合比设计步骤。

（2）在生产配合比验证阶段，拌和机按生产配合比结果进行试拌、铺筑试验段，并取样进行马歇尔试验，同时从路上钻取芯样观察空隙率的大小，由此确定生产用的标准配合比。标准配合比的矿料合成级配中，至少应包括0.075、2.36、4.75mm及公称最大粒径筛孔的通过率接近优选的工程设计级配范围的中值，并避免在0.3～0.6mm处出现"驼峰"。对确定的标准配合比，宜再次进行车辙试验和水稳定性检验。

本节主要介绍《公路沥青路面施工技术规范》（JTG F40—2004）中规定的热拌沥青混

合料配合比设计方法，SMA 混合料、OGFC 混合料的配合比设计方法等，可参见该规范。

1. 一般规定

（1）该方法适用于密级配沥青混凝土及沥青稳定碎石混合料。

（2）热拌沥青混合料的配合比设计应通过目标配合比设计、生产配合比设计及生产配合比验证三个阶段，确定沥青混合料的材料品种及配合比、矿料级配、最佳沥青用量。规范采用马歇尔试验配合比设计方法。如采用其他方法设计沥青混合料，应按 JTG F40—2004 的规定进行马歇尔试验及各项配合比设计检验，并报告不同设计方法的试验结果。

（3）热拌沥青混合料的目标配合比设计宜按如图 6-9 所示的步骤进行。

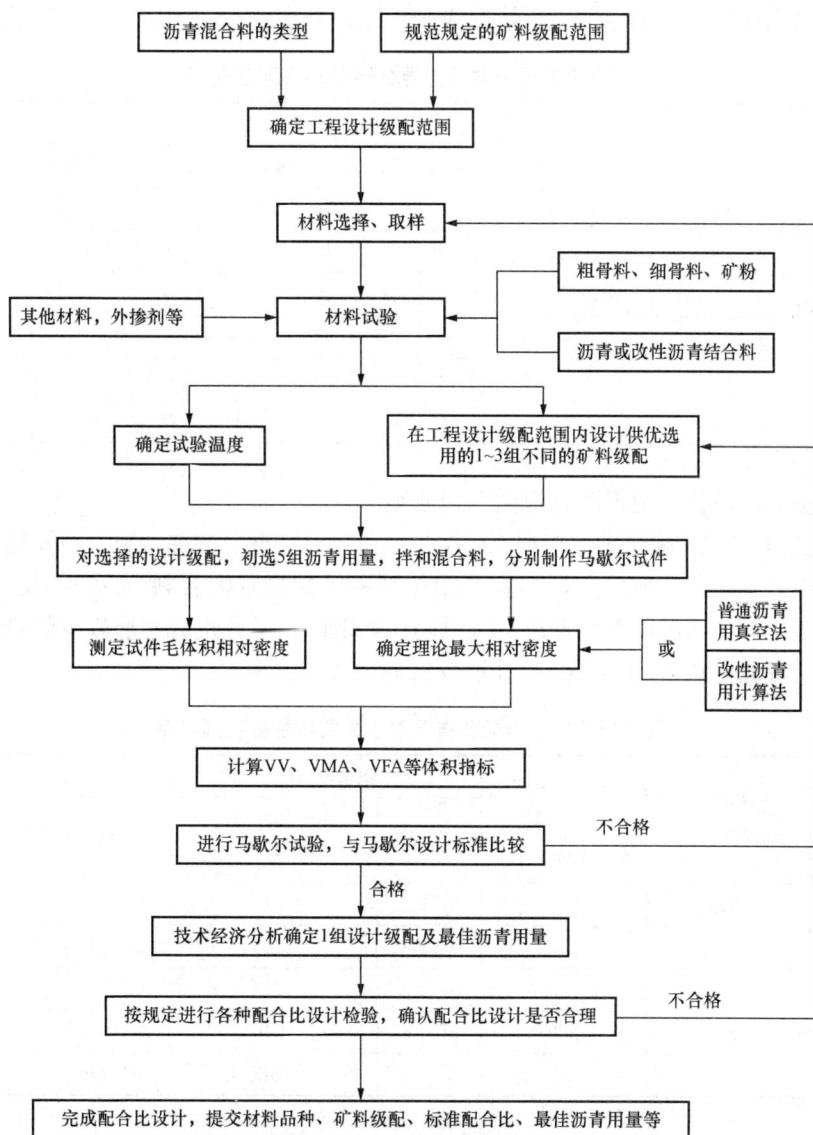

图 6-9 密级配沥青混合料目标配合比设计流程图

（4）配合比设计的试验方法必须遵照现行试验规程的方法执行。混合料拌和必须采用小型沥青混合料拌和机进行。混合料的拌和温度和试件制作温度应符合《公路沥青路面施工技术规范》（JTG F40—2004）的要求。

（5）生产配合比设计可参照该方法规定的步骤进行。

2. 确定工程设计级配范围

（1）沥青路面工程的混合料设计级配范围由工程设计文件或招标文件规定，密级配沥青混合料的设计级配宜在表 6-10 规定的级配范围内，根据公路等级、工程性质、气候条件、交通条件、材料品种，通过对条件大致相当的工程的使用情况进行调查研究后调整确定，必要时允许超出规范级配范围。密级配沥青稳定碎石混合料可直接以规范规定的级配范围作工程设计级配范围使用。经确定的工程设计级配范围是配合比设计的依据，不得随意变更。

表 6-10　　　　密级配沥青混凝土混合料矿料级配范围

级配类型	通过下列筛孔的质量分数（%）												
	31.5mm	26.5mm	19mm	16mm	13.2mm	9.5mm	4.75mm	2.36mm	1.18mm	0.6mm	0.3mm	0.15mm	0.075mm
AC-25	100	90～100	75～90	65～83	57～76	45～65	24～52	16～42	12～33	8～24	5～17	4～13	3～7
AC-20	—	100	90～100	78～92	62～80	50～72	26～56	16～44	12～33	8～24	5～17	4～13	3～7
AC-16	—	—	100	90～100	76～92	60～80	34～62	20～48	13～36	9～26	7～18	5～14	4～8
AC-13	—	—	—	100	90～100	68～85	38～68	24～50	15～38	10～28	7～20	5～15	4～8
AC-10	—	—	—	—	100	90～100	45～75	30～58	20～44	13～32	9～23	6～16	4～8
AC-5	—	—	—	—	—	100	90～100	55～75	35～55	20～40	12～28	7～18	5～10

（2）调整工程设计级配范围宜遵循下列原则。

1）首先按表 6-11 确定采用粗型（C 型）或细型（F 型）的混合料。对夏期温度高、高温持续时间长，重载交通多的路段，宜选用粗型密级配沥青混合料（AC-C 型），并取较高的设计空隙率。对冬期温度低且低温持续时间长的地区，或者重载交通较少的路段，宜选用细型密级配沥青混合料（AC-F 型），并取较低的设计空隙率。

表 6-11　　　　粗型和细型密级配沥青混凝土的关键性筛孔通过率

混合料类型	公称最大粒径（mm）	用以分类的关键性筛孔（mm）	粗型密级配		细型密级配	
			名称	关键性筛孔通过率（%）	名称	关键性筛孔通过率（%）
AC-25	26.5	4.75	AC-25C	<40	AC-25F	>40
AC-20	19	4.75	AC-20C	<45	AC-20F	>45
AC-16	16	2.36	AC-16C	<38	AC-16F	>38
AC-13	13.2	2.36	AC-13C	<40	AC-13F	>40
AC-10	9.5	2.36	AC-10C	<45	AC-10F	>45

2）为确保高温抗车辙能力，同时兼顾低温抗裂性能的需要。配合比设计时宜适当减少公称最大粒径附近的粗骨料用量，减少 0.6mm 以下部分细粉的用量，使中等粒径骨料较多，形成 S 形级配曲线，并取中等或偏高水平的设计空隙率。

3）确定各层的工程设计级配范围时应考虑不同层位的功能需要，经组合设计的沥青路面应能满足耐久、稳定、密水、抗滑等要求。

4）根据公路等级和施工设备的控制水平，确定的工程设计级配范围应比规范级配范围窄，其中 4.75mm 和 2.36mm 通过率的上下限差值宜小于 12%。

5）沥青混合料的配合比设计应充分考虑施工性能，使沥青混合料容易摊铺和压实，避免造成严重的离析。

3. 材料选择与准备

（1）配合比设计的各种矿料必须按《公路工程集料试验规程》（JTG E42—2005）规定的方法，从工程实际使用的材料中取代表性样品。进行生产配合比设计时，取样至少应在干拌 5 次以后进行。

（2）配合比设计所用的各种材料必须符合气候和交通条件的需要。其质量应符合规范规定的技术要求。当单一规格的骨料某项指标不合格，但不同粒径规格的材料按级配组成的骨料混合料指标能符合规范要求时，允许使用。

4. 矿料配合比设计

（1）高速公路和一级公路沥青路面矿料配合比设计宜借助电子计算机的电子表格用试配法进行。其他等级公路沥青路面也可参照进行。

（2）矿料级配曲线按《公路工程沥青及沥青混合料试验规程》（JTG E20—2011）中T0725 的方法绘制（见图 6-10）。以原点与通过骨料最大粒径 100% 的点的连线作为沥青混合料的最大密度线，见表 6-12 和表 6-13。

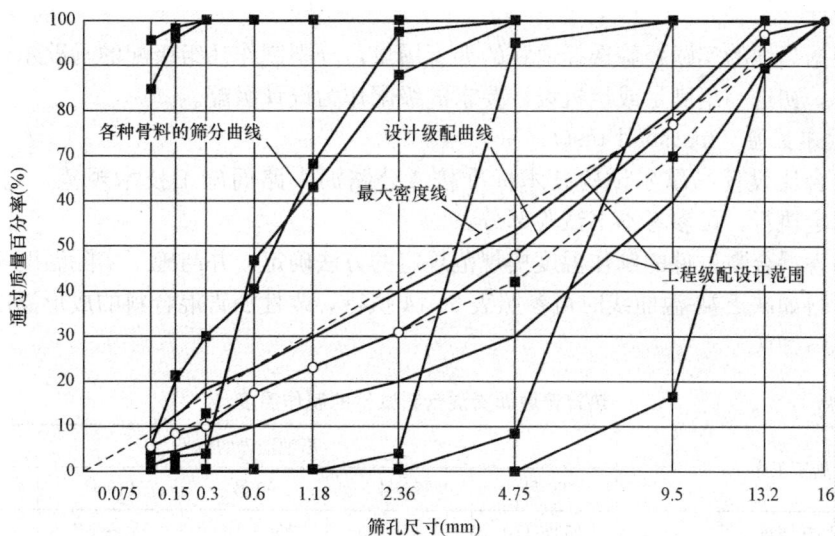

图 6-10　矿料级配曲线示例

表 6-12　　　　　　　　　　　　　　　泰 勒 曲 线 的 横 坐 标

d_i	0.075	0.15	0.3	0.6	1.18	2.36	4.75	9.5
$x = d_i^{0.45}$	0.312	0.426	0.582	0.795	1.077	1.472	2.016	2.754
d_i	13.2	16	19	26.5	31.5	37.5	53	63
$x = d_i^{0.45}$	3.193	3.482	3.762	4.370	4.723	5.109	5.969	6.452

表 6-13　　　　　　　　　　　矿料级配设计计算表示例

筛孔 (mm)	10~20 (%)	5~10 (%)	3~5 (%)	石屑 (%)	黄砂 (%)	矿粉 (%)	消石灰 (%)	合成 级配	工程设计级配范围		
									中值	下限	上限
16	100	100	100	100	100	100	100	100.0	100	100	100
13.2	88.6	100	100	100	100	100	100	96.7	95	90	100
9.5	16.6	99.7	100	100	100	100	100	76.6	70	60	80
4.75	0.4	8.7	94.9	100	100	100	100	47.7	41.5	30	53
2.36	0.3	0.7	3.7	97.2	87.9	100	100	30.6	30	20	40
1.18	0.3	0.7	0.5	67.8	62.2	100	100	22.8	22.5	15	30
0.6	0.3	0.7	0.5	40.5	46.4	100	100	17.2	16.5	10	23
0.3	0.3	0.7	0.5	30.2	3.7	99.8	99.9	9.5	12.5	7	18
0.15	0.3	0.7	0.5	20.6	3.1	96.2	97.6	8.1	8.5	5	12
0.075	0.2	0.6	0.3	4.2	1.9	84.6	95.6	5.5	6	4	8
配比	28	26	14	12	15	3.3	1.7	100.0			

(3) 对高速公路和一级公路，宜在工程设计级配范围内计算 1~3 组粗细不同的配合比，绘制设计级配曲线，分别位于工程设计级配范围的上方、中值及下方。设计合成级配不得有太多的锯齿形交错，且在 0.3~0.6mm 范围内不出现"驼峰"。当反复调整不能满意时，宜更换材料设计。

(4) 根据当地的实践经验选择适宜的沥青用量，分别制作几组级配的马歇尔试件，测定矿料间隙率，初选一组满足或接近设计要求的级配作为设计级配。

5. 马歇尔试验 (marshall test)

(1) 配合比设计马歇尔试验技术标准按《公路沥青路面施工技术规范》(JTG F40—2004) 的规定执行，可参考本书试验部分。

(2) 沥青混合料试件的制作温度按规范规定的方法确定，并与施工实际温度相一致，普通沥青混合料如缺乏黏-温曲线时可参照表 6-14 执行，改性沥青混合料的成形温度在此基础上再提高 10~20℃。

表 6-14　　　　　　　　　　　热拌普通沥青混合料试件的制作温度

施工工序	石油沥青的标号				
	50 号	70 号	90 号	110 号	130 号
沥青加热温度 (℃)	160~170	155~165	150~160	145~155	140~150
矿料加热温度 (℃)	骨料加热温度比沥青温度高 10~30 (填料不加热)				
沥青混合料拌和温度 (℃)	150~170	145~165	140~160	135~155	130~150
试件击实成形温度 (℃)	140~160	135~155	130~150	125~145	120~140

注　表中混合料温度，并非拌和机的油浴温度，应根据沥青的针入度、黏度选择，不宜都取中值。

(3) 按式 (6-11) 计算矿料混合料的合成毛体积相对密度 γ_{sb}，即

$$\gamma_{sb} = \frac{100}{\dfrac{P_1}{\gamma_1} + \dfrac{P_2}{\gamma_2} + \cdots + \dfrac{P_n}{\gamma_n}} \qquad (6-11)$$

式中　P_1、P_2、$\cdots$、P_n——各种矿料成分的配比，其和为 100；

　　　γ_1、γ_2、$\cdots$、γ_n——各种矿料相应的毛体积相对密度，粗骨料按《公路工程集料试验规程》（JTG E42—2005）中的 T0304 方法测定，机制砂及石屑可按 T0330 方法测定，也可以用筛出的 2.36～4.75mm 部分的毛体积相对密度代替，矿粉（含消石灰、水泥）以表观相对密度代替。

（4）按式（6-12）计算矿料混合料的合成表观相对密度 γ_{sa}，即

$$\gamma_{sa} = \frac{100}{\dfrac{P_1}{\gamma_1'} + \dfrac{P_2}{\gamma_2'} + \cdots + \dfrac{P_n}{\gamma_n'}} \qquad (6-12)$$

式中　γ_1'、γ_2'、$\cdots$、γ_n'——各种矿料按试验规程方法测定的表观相对密度。

（5）预估沥青混合料的适宜的油石比（asphalt aggregate ratio）P_a 或沥青用量 P_b。

（6）确定矿料的有效相对密度。

1）对非改性沥青混合料，宜以预估的最佳油石比拌和 2 组的混合料，采用真空法实测最大相对密度，取平均值。然后由式（6-13）反算合成矿料的有效相对密度 γ_{se}，即

$$\gamma_{se} = \frac{100 - p_b}{\dfrac{100}{\gamma_t} - \dfrac{P_b}{\gamma_b}} \qquad (6-13)$$

式中　γ_{se}——合成矿料的有效相对密度；

　　　P_b——试验采用的沥青用量（占混合料总量的百分数），%；

　　　γ_t——试验沥青用量条件下实测得到的最大相对密度；

　　　γ_b——沥青的相对密度（specific gravity of bitumen）。

2）对改性沥青及 SMA 等难以分散的混合料，有效相对密度宜直接由矿料的合成毛体积相对密度与合成表观相对密度按式（6-14）计算确定，其中沥青吸收系数 C 值根据材料的吸水率由式（6-15）求得，材料的合成吸水率按式（6-16）计算，即

$$\gamma_{se} = C\gamma_{sa} + (1-C)\gamma_{sb} \qquad (6-14)$$

$$C = 0.033W_x^2 - 0.2936W_x + 0.9339 \qquad (6-15)$$

$$W_x = \left(\frac{1}{\gamma_{sb}} - \frac{1}{\gamma_{sa}}\right) \times 100 \qquad (6-16)$$

式中　C——合成矿料的沥青吸收系数；

　　　W_x——合成矿料的吸水率，%。

（7）以预估的油石比为中值，按一定间隔（对密级配沥青混合料通常为 0.5%，对沥青碎石混合料可适当缩小间隔为 0.3%～0.4%），取 5 个或 5 个以上不同的油石比分别成形马歇尔试件。每一组试件的试样数按现行试验规程的要求确定，对粒径较大的沥青混合料，宜增加试件数量。

（8）测定压实沥青混合料试件的毛体积相对密度 γ_f 和吸水率，取平均值。测试方法应遵照以下规定执行：

1）通常采用表干法测定毛体积相对密度；

2）对吸水率大于 2% 的试件，宜改用蜡封法测定毛体积相对密度。

（9）确定沥青混合料的最大理论相对密度。

1) 对非改性的普通沥青混合料，在成形马歇尔试件的同时，按式（6-13）的要求用真空法实测各组沥青混合料的最大理论相对密度 γ_{ti}。当只对其中一组油石比测定最大理论相对密度时，也可按式（6-17）计算其他不同油石比时的最大理论相对密度 γ_{ti}。

2) 对改性沥青或 SMA 混合料宜按式（6-17）计算各个不同沥青用量混合料的最大理论相对密度，即

$$\gamma_{ti} = \frac{100 + P_{ai}}{\dfrac{100}{\gamma_{se}} + \dfrac{P_{ai}}{\gamma_{b}}} \tag{6-17}$$

式中　γ_{ti}——相对于所计算油石比时沥青混合料的最大理论相对密度；

　　　P_{ai}——所计算的沥青混合料中的油石比，%；

　　　γ_{b}——沥青的相对密度（25℃/25℃）。

（10）按式（6-18）～式（6-20）计算沥青混合料试件的空隙率 VV、矿料间隙率 VMA、有效沥青的饱和度 VFA 等体积指标，取 1 位小数，进行体积组成分析，即

$$VV = \left(1 - \frac{\gamma_f}{\gamma_t}\right) \times 100 \tag{6-18}$$

$$VMA = \left(1 - \frac{\gamma_f}{\gamma_{sb}} \times P_s\right) \times 100 \tag{6-19}$$

$$VFA = \frac{VMA - VV}{VMA} \times 100 \tag{6-20}$$

式中　VV——试件的空隙率，%；

　　VMA——试件的矿料间隙率，%；

　　VFA——试件的有效沥青饱和度（有效沥青含量占 VMA 的体积比例），%；

　　　γ_f——试件的毛体积相对密度；

　　　γ_t——沥青混合料的最大理论相对密度；

　　　P_s——各种矿料占沥青混合料总质量的百分率之和，即 $P_s = 100 - P_b$，%。

（11）进行马歇尔试验，测定马歇尔稳定度及流值。

6. 确定最佳沥青用量（或油石比）

（1）按如图 6-11 所示的方法，以油石比或沥青用量为横坐标，以马歇尔试验的各项指标为纵坐标，将试验结果点入图中，连成圆滑的曲线。确定均符合规范规定的沥青混合料技术标准的沥青用量范围 OAC_{min}～OAC_{max}。选择的沥青用量范围必须涵盖设计空隙率的全部范围，并尽可能涵盖沥青饱和度的要求范围，使密度及稳定度曲线出现峰值。如果没有涵盖设计空隙率的全部范围，试验必须扩大沥青用量范围重新进行。需要说明的是，绘制曲线时含 VMA 指标，且应为下凹形曲线，但确定 OAC_{min}～OAC_{max} 时不包括 VMA。

（2）根据试验曲线的走势，按下列方法确定沥青混合料的最佳沥青用量 OAC_1。

1) 在曲线图 6-11 上求取相应于密度最大值、稳定度最大值、目标空隙率（或中值）、沥青饱和度范围的中值的沥青用量 a_1、a_2、a_3、a_4。按式（6-21）取平均值作为 OAC_1，即

$$OAC_1 = (a_1 + a_2 + a_3 + a_4)/4 \tag{6-21}$$

2) 如果在所选择的沥青用量范围未能涵盖沥青饱和度的要求范围，则按式（6-22）求取三者的平均值作为 OAC_1，即

$$OAC_1 = (a_1 + a_2 + a_3)/3 \tag{6-22}$$

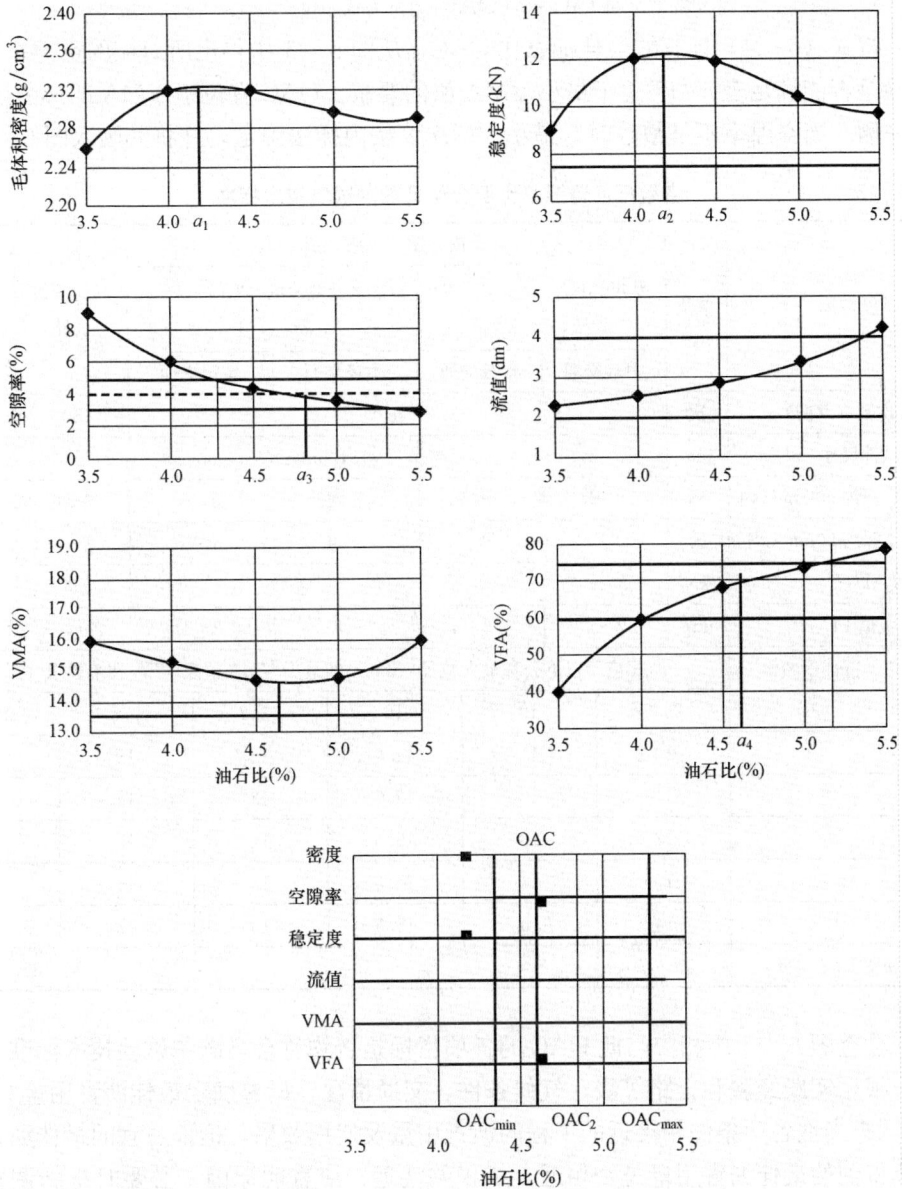

图 6-11 马歇尔试验结果示例

注：图中 $a_1 = 4.2\%$，$a_2 = 4.25\%$，$a_3 = 4.8\%$，$a_4 = 4.7\%$，$OAC_1 = 4.49\%$（由 4 个平均值确定），$OAC_{min} = 4.3\%$，$OAC_{max} = 5.3\%$，$OAC_2 = 4.8\%$，$OAC = 4.64\%$。此例中相对于空隙率 4% 的油石比为 4.6%。

3）对所选择试验的沥青用量范围，密度或稳定度没有出现峰值（最大值经常在曲线的两端）时，可直接以目标空隙率所对应的沥青用量 a_3 作为 OAC_1，但 OAC_1 必须介于 $OAC_{min} \sim OAC_{max}$ 的范围内。否则应重新进行配合比设计。

（3）以各项指标均符合技术标准（不含 VMA）的沥青用量范围 $OAC_{min} \sim OAC_{max}$ 的中值作为 OAC_2，即

$$OAC_2 = (OAC_{min} + OAC_{max})/2 \qquad (6-23)$$

（4）通常情况下取 OAC_1 及 OAC_2 的中值作为计算的最佳沥青用量 OAC，即

$$OAC = (OAC_1 + OAC_2)/2 \qquad\qquad (6-24)$$

（5）按式（6-24）计算的最佳油石比 OAC，从图 6-11 中得出所对应的空隙率和 VMA 值，检验是否能满足表 6-15 关于最小 VMA 值的要求。OAC 宜位于 VMA 凹形曲线最小值的贫油一侧。当空隙率不是整数时，最小 VMA 值按内插法确定，并将其画入图 6-11 中。

表 6-15　　　　　　　密级配沥青混合料马歇尔试验技术标准

试验指标		单位	高速公路、一级公路				其他等级公路	行人道路
			夏炎热区（1-1、1-2、1-3、1-4区）		夏热区及夏凉区（2-1、2-2、2-3、2-4、3-2区）			
			中轻交通	重载交通	中轻交通	重载交通		
击实次数（双向）		次	75				50	50
试件尺寸		mm	$\phi 101.6mm \times 63.5mm$					
空隙率 VV	深约 90mm 以内	%	3～5	4～6	2～4	3～5	3～6	2～4
	深约 90mm 以下	%	3～6		2～4	3～6	3～6	—
稳定度 MS ≥		kN	8				5	3
流值 FL		mm	2～4	1.5～4	2～4.5	2～4	2～4.5	2～5
矿料间隙率 VMA（%）≥	设计空隙率（%）	相应于以下公称最大粒径（mm）的最小 VMA 值及 VFA 技术要求（%）						
		26.5	19	16	13.2	9.5	4.75
	2	10	11	11.5	12	13	15
	3	11	12	12.5	13	14	16
	4	12	13	13.5	14	15	17
	5	13	14	14.5	15	16	18
	6	14	15	15.5	16	17	19
沥青饱和度 VFA（%）		55～70		65～75		70～85	

（6）检查图 6-11 中相应与此 OAC 的各项指标是否均符合马歇尔试验技术标准。

（7）根据实践经验和公路等级、气候条件、交通情况，调整确定最佳沥青用量 OAC。

1）调查当地各项条件相接近的工程的沥青用量及使用效果，论证适宜的最佳沥青用量。检查计算得到的最佳沥青用量是否相近，如相差甚远，应查明原因，必要时重新调整级配，进行配合比设计。

2）对炎热地区公路以及高速公路、一级公路的重载交通路段，山区公路的长大坡度路段，预计有可能产生较大车辙时，宜在空隙率符合要求的范围内将计算的最佳沥青用量减小 0.1%～0.5% 作为设计沥青用量。此时，除空隙率外的其他指标可能会超出马歇尔试验配合比设计技术标准，配合比设计报告或设计文件必须予以说明。但配合比设计报告必须要求采用重型轮胎压路机和振动压路机组合等方式加强碾压，以使施工后路面的空隙率达到未调整前的原最佳沥青用量时的水平，且渗水系数符合要求。如果试验段试拌试铺达不到此要求，宜调整所减小的沥青用量的幅度。

3）对寒区公路、旅游公路、交通量很少的公路，最佳沥青用量可以在 OAC 的基础上增加 0.1%～0.3%，以适当减小设计空隙率，但不得降低压实度要求。

（8）计算沥青结合料被骨料吸收的比例及有效沥青含量（effective asphalt content）。

（9）检验最佳沥青用量时的粉胶比和有效沥青膜厚度。

7. 配合比设计检验

沥青混合料的体积参数及马歇尔试验指标虽然与沥青混合料的路用性能存在联系，但还不能充分反映沥青混合料的路用性能。

（1）对用于高速公路和一级公路的密级配沥青混合料，需在配合比设计的基础上按规范要求进行各种使用性能的检验，不符合要求的沥青混合料，必须更换材料或重新进行配合比设计。其他等级公路的沥青混合料可参照执行。

（2）配合比设计检验按计算确定的设计最佳沥青用量在标准条件下进行。如按照此方法将计算的设计沥青用量调整后作为最佳沥青用量，或者改变试验条件时，各项技术要求均应适当调整，不宜照搬。

（3）高温稳定性检验。对公称最大粒径等于或小于 19mm 的混合料，按规定方法进行车辙试验，动稳定度应符合《公路沥青路面施工技术规范》（JTG F40—2004）的要求。

（4）水稳定性检验。按规定的试验方法进行浸水马歇尔试验和冻融劈裂试验，残留稳定度及残留强度比均必须符合《公路沥青路面施工技术规范》（JTG F40—2004）的规定。

（5）低温抗裂性能检验。对公称最大粒径等于或小于 19mm 的混合料，按规定方法进行低温弯曲试验，其破坏应变宜符合《公路沥青路面施工技术规范》（JTG F40—2004）的要求。

（6）渗水系数检验。利用轮碾机成形的车辙试件进行渗水试验检验的渗水系数宜符合《公路沥青路面施工技术规范》（JTG F40—2004）的要求。

（7）钢渣活性检验。对使用钢渣的沥青混合料，应按规定的试验方法检验钢渣的活性及膨胀性试验，并符合《公路沥青路面施工技术规范》（JTG F40—2004）的要求。

（8）根据需要，可以改变试验条件进行配合比设计检验，如按调整后的最佳沥青用量、变化最佳沥青用量 OAC±0.3%、提高试验温度、加大试验荷载、采用现场压实密度进行车辙试验，在施工后的残余空隙率（如 7%~~8%）的条件下进行水稳定性试验和渗水试验等，但不宜用规范规定的技术要求进行合格评定。

8. 配合比设计报告

（1）配合比设计报告应包括工程设计级配范围选择说明、材料品种选择与原材料质量试验结果、矿料级配、最佳沥青用量及各项体积指标、配合比设计检验结果等。试验报告的矿料级配曲线应按规定的方法绘制。

（2）当按实践经验和公路等级、气候条件、交通情况调整沥青用量作为最佳沥青用量时，宜报告不同沥青用量条件下的各项试验结果，并提出对施工压实工艺的技术要求。

【案例分析 6-1】　南方某高速公路在通车一年后，仅经过一个炎热的夏季，部分路段的沥青路面即开始出现较严重车辙，并在轮迹带上出现较大面积的泛油，表面构造深度明显下降，局部行车标线出现明显推移。路面取芯试样的分析表明，部分路段沥青用量超出设计用量的 0.3% 以上，且矿料级配偏细，4.75mm 以下颗粒含量过多。工程选用沥青混合料类型为 AC-13F 型，沥青采用 A-70 沥青，沥青回收试验结果显示，沥青质量没有问题。试分析该公路出现高温损坏的原因并提出防治措施。

原因分析：从病害现象上看，这是沥青路面的高温稳定性不足引起的。路面出现高温稳定性不足的原因是多方面的，材料原因、设计原因、施工原因均有可能。从该案例上看，原设计 AC-13F 型沥青混合料矿料级配偏细，粗骨料较少，骨架结构难以形成，严重影响沥青混合料的抗剪强度。同一配合比，但是仅部分路段出现上述破坏，说明施工中，质量控制不到位。部分路段沥青用量出现较大偏差，而沥青用量偏大将明显降低路面抵抗永久变形的能力，矿料 4.75mm 通过百分数比原设计的通过百分数大，进一步为路面高温稳定性带来隐患。

防治措施：该地区夏季炎热，高温稳定性破坏是路面的主要损坏形式之一，因此，在混合料设计上可选用 AC-13C 型或 AC-16F 型，即使选用 AC-13F 型，在设计上可采用相对较粗的级配，这样一方面可提高高温稳定性，另一方面又可以增大表面构造深度，提高抗滑性能。在施工中加强质量控制，保证路面质量的均匀稳定，最大限度地实现设计配合比。最后，该地区炎热、交通量大、重载车多，可考虑使用改性沥青。

复习思考题

6-1　名词解释

（1）针入度；（2）乳化沥青；（3）凝胶结构；（4）闪点。

6-2　填空题

（1）石油沥青四组分分析法是将其分离为＿＿＿＿、＿＿＿＿、＿＿＿＿和＿＿＿＿四个主要组分。

（2）沥青混合料根据其粗、细骨料的比例不同，其结构组成有＿＿＿＿、＿＿＿＿和＿＿＿＿三种形式。

（3）石油沥青的三大指标是＿＿＿＿、＿＿＿＿和＿＿＿＿，它们分别表示沥青的＿＿＿＿、＿＿＿＿和＿＿＿＿。

（4）影响沥青混合料耐久性的主要因素有＿＿＿＿、＿＿＿＿和＿＿＿＿等。

6-3　判断题

（1）当采用一种沥青不能满足配置沥青胶所要求的软化点时，可随意采用石油沥青与煤沥青掺配。　　　　　　　　　　　　　　　　　　　　　　　　　　（　　）

（2）夏期高温时的抗剪强度不足和冬期低温时的抗变形能力过差，是引起沥青混合料铺筑路面产生破坏的重要原因。　　　　　　　　　　　　　　　　　（　　）

（3）石油沥青的标号越高，其温度稳定性越大。　　　　　　　　　　（　　）

（4）道路石油沥青的主要特点是塑性好、黏度低，而建筑石油沥青的特点是黏度大、耐热性好、弹性大。　　　　　　　　　　　　　　　　　　　　　　　　（　　）

6-4　多项选择题

（1）下列属于沥青混合料的技术指标的有（　　　）。

A. 稳定度　　B. 流值　　C. 空隙率　　D. 沥青混合料试件的饱和度　　E. 软化点

（2）下列属于中国道路石油沥青的技术指标的有（　　　）。

A. 针入度　　B. 延度　　C. 软化点　　D. 闪点　　　　　　　E. 针入度指数

6-5　问答题

（1）请比较煤沥青和石油沥青的性能和应用的差别。

（2）符号 AC-16、AM-16、SMA-16、OGFC-16 分别表示哪种类型的沥青混合料？

6-6　计算题

计算细粒式 AC-13 型沥青混凝土的矿质配合比。

已知条件：现有碎石、石屑和矿粉三种矿质骨料，筛分试验结果列于表 6-16 中。

表 6-16　　　　　　　　原有骨料的分计筛余和矿质混合料规定的级配范围

筛孔尺寸 d_i (mm)	原材料筛分试验结果		
	碎石分计筛余 a_{Ai} （%）	石屑分计筛余 a_{Bi} （%）	矿粉分计筛余 a_{Ci} （%）
16	0.8	—	—
9.5	43.6	—	—
4.75	49.9	—	—
2.36	4.4	2.0	—
1.18	1.3	22.6	—
0.6	—	23.7	—
0.3	—	18.4	—
0.15	—	13.0	4.0
0.075	—	10.9	10.7
<0.075	—	9.5	85.3

计算要求：

（1）确定碎石、石屑和矿粉在矿质混合料中所占比例。

（2）校核矿质混合料合成级配计算结果是否符合规范要求的级配范围。

第7章 木 材

木材是一种天然生长的有机材料，既可用作建筑承重材料，又可用作建筑装饰材料，目前主要用于装饰装修领域。本章主要介绍了木材的构造、性能和防护的相关知识。

通过本章的学习，要求了解木材的性能要求，能合理选用主要木材制品。

木材（wood）是人类早期使用的主要建筑材料之一，具有轻质高强；质软，易于加工；弹性和韧性好，能承受一定的冲击和振动荷载；对电、热、声的绝缘性好；具有独特的纹理、装饰性好等优点。但也具有内部构造不均匀，呈各向异性；易吸湿，湿胀干缩；易燃烧，易腐朽、易受虫蛀等缺点。

木材既可用作建筑承重材料，又可用作建筑装饰材料，在古建筑及现代建筑中都得到了极为广泛的应用。

7.1 木材的分类及构造

7.1.1 树木的分类

木材是由天然树木加工而成的，天然树木按种类分为针叶树和阔叶树两大类。

针叶树树叶细长如针，树干通直高大，纹理平顺，材质均匀，且木质较软，易于加工，故也称软木材。针叶树木材自重较小，强度较高，胀缩变形较小，耐腐蚀性较强，在建筑上可用作承重构件及装饰材料，常用的树种有红松、白松、马尾松、云杉、柏木等。

阔叶树树叶宽大，树干通直部分较短，材质较硬，较难加工，故也称硬木材。阔叶树木材自重较大，强度高，胀缩变形大，易翘曲开裂，其纹理显著，图案美观，建筑上常用作尺寸较小的构件及装饰材料，常用树种有榆木、水曲柳、柞木、榉木、桦木等。

7.1.2 木材的构造

木材的性质取决于木材的构造，木材的构造随树种及生长环境的不同而有很大差异，通常分为宏观构造和微观构造。

1. 木材的宏观构造

木材的宏观构造是指用肉眼或借助放大镜所能观察到的构造特征。

木材是各向异性材料，它的宏观构造通常可从横向、径向和弦向观察，垂直于树轴的切面为横切面，通过树轴的纵切面为径切面，平行树轴的纵切面为弦切面，如图7-1所示。

从横切面上可以看到，树木是由树皮、髓心和木质部三大部分构成。

（1）树皮。木材外表面的整个组织，树木生长的保护层，一般无使用价值，只有少数树种（如黄菠萝、栓皮栎）的树皮可用作保温隔热材料。

（2）髓心。树干的中心部分，材质松软，强度低，易腐朽。其从髓心向外的辐射线称为髓线，髓线处是木质部中连接较弱的部分，木材干燥时易沿髓线开裂。

（3）木质部。树皮和髓心之间的部分，是建筑上使用木材的主要部分。木质部靠近树皮的部分颜色较浅，水分较多，易翘曲，称为边材（sapwood）；靠近髓心的部分颜色较深，水分较少，不易翘曲，称为心材（heart wood）。心材材质较硬，密度较大，渗透性差，耐久性、耐腐蚀性均比边材好。

　　木质部横切面上深浅相间的同心环称为年轮（annual ring）。一般针叶树的年轮比阔叶树明显。在同一年轮里，春天生长的木质，颜色较浅，木质较松软，强度低，称为春材（或早材）（early wood）；夏秋两季生长的木质，颜色较深，木质较硬，强度高，称为夏材（或晚材）（late wood）。对于同一树种，年轮越密，分布越均匀，材质越好；夏材所占比例越高，木材强度越高。

　　2. 木材的微观构造

　　在显微镜下可以看到木材是由无数管状细胞紧密结合而成，每个细胞由细胞壁和细胞腔组成，细胞壁由若

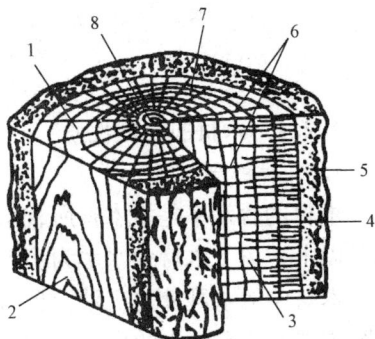

图 7-1　木材的宏观构造

1—横切面；2—弦切面；3—径切面；
4—木质部；5—树皮；6—髓线；
7—年轮；8—髓心

干细纤维组成，各细纤维间有微小的空隙，能吸附和渗透水分，且细纤维的纵向连接比横向牢固，所以宏观表现为木材沿不同方向受力时强度不同，即木材的各向异性性质。木材的细胞壁越厚，细胞腔就越小，细胞就越致密，宏观表现为木材的表观密度和强度也越大，同时，细胞壁吸附水分的能力也越强，宏观表现为湿胀干缩性也越大。

　　木材细胞根据功能不同可分为管胞、导管、木纤维、髓线等多种。树种不同，其细胞组成也不同，如图 7-2、图 7-3 所示。针叶树的微观构造简单而规则，主要由管胞和髓线组成，其髓线较细且不明显，某些树种在管胞间还有树脂道，用来储藏树脂，如马尾松。阔叶树的微观构造较复杂，主要由导管、木纤维及髓线等组成，其髓线很发达，粗大而明显。

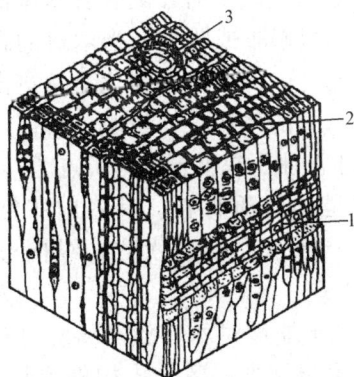

图 7-2　针叶树马尾松的微观构造

1—髓线；2—管胞；3—树脂道

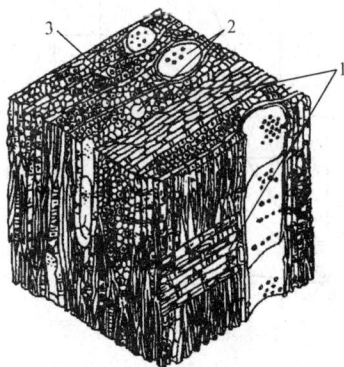

图 7-3　阔叶树柞木的微观构造

1—髓线；2—导管；3—木纤维

【案例分析 7-1】　客厅木地板的选用

　　现象：某客厅采用白松实木地板装修，使用一段时间后多处磨损，请分析原因。

　　原因分析：白松属针叶树材，木质软，硬度低。虽受潮后不易变形，但用于走动频繁的客厅则不妥。可考虑改用质量好的复合木地板，其板面坚硬耐磨，可防高跟鞋、家具的重压、磨刮。

7.2　木材的性质与应用

7.2.1　木材的物理性质

1. 木材的含水率

木材的含水率是指木材所含水的质量占干燥木材质量的百分比。新伐木材含水率一般在35％以上，风干木材含水率为15％～25％，室内干燥木材含水率常为8％～15％。

木材中的水可分为三种：自由水、吸附水和化合水。自由水是存在于木材细胞腔和细胞间隙中的水，自由水的变化只对木材的表观密度、抗腐蚀性、燃烧性和干燥性等有影响。吸附水是被吸附在细胞壁内细纤维之间的水，吸附水的变化是影响木材强度和湿胀干缩变形的主要因素。化合水是木材化学组成中的结合水，是构成木材必不可少的成分，在常温下不发生变化。

当木材中细胞壁内吸附水刚达到饱和，而木材中尚无自由水时的含水率称为木材的纤维饱和点（fiber saturation point），其值随树种而异，一般在25％～35％之间，通常取30％。纤维饱和点是木材许多物理力学性质在含水率影响下发生变化的转折点。

干燥的木材会从周围湿空气中吸收水分，潮湿的木材处在较干燥的空气中，水分也会蒸发。所以，当木材长时间处于一定的温度和湿度环境中时，其水分的蒸发和吸收会趋于平衡，这时的含水率称为木材的平衡含水率（equilibrium moisture content）。木材的平衡含水率跟周围空气的温湿度有关，所以不同地区木材的平衡含水率也不同。我国北方地区约为12％，南方地区约为18％，长江流域约为15％。

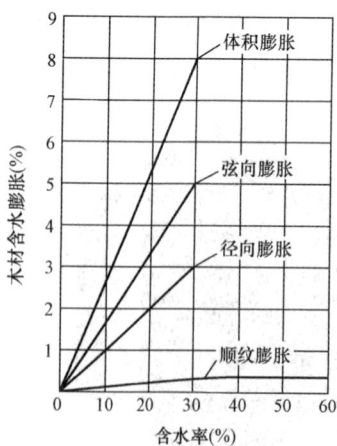

图 7-4　含水率对木材变形的影响

2. 木材的湿胀干缩

木材的湿胀干缩性与其含水率有关。当木材的含水率在纤维饱和点以下时，随着含水率的增大或减小，木材的体积膨胀或收缩；当木材的含水率在纤维饱和点以上时，含水率的变化只是自由水的含量在变化，对木材的体积没有影响。所以，纤维饱和点是木材发生湿胀干缩变形的转折点。

由于木材是非匀质材料。其各向胀缩变形也不同，其中弦向最大，径向次之，纵向最小（见图 7-4）。

木材的湿胀干缩性对木材的实际使用有很大影响。干缩会使木材翘曲，致使木构件连接处松弛；湿胀则造成木材凸起变形（见图 7-5）。为了避免这种不利影响，在木材制作加工前，应先将其进行干燥处理，使木材的含水率与其使用环境温湿度相适应，也即达到平衡含水率。

3. 木材的强度

木材的强度根据受力状态的不同，可分为抗拉、抗压、抗弯和抗剪强度。由于木材构造的各向异性，使得其强度也呈现出很强的方向性，有顺纹和横纹之分，且相差很大。

当以木材的顺纹抗压强度为 1 时，则理论上各种强度之间的关系见表 7-1。

木材的强度受含水率影响很大。当木材的含水率在纤维饱和点以上变化时，对木材的强度没有影响；当木材的含水率在纤维饱和点以下变化时，随含水率的降低，吸附水减少，细胞壁趋于紧密，木材强度增大；反之，木材的强度减小。含水率对木材各种强度的影响程度是不同的，对顺纹抗压强度和抗弯强度影响较大，对顺纹抗剪强度影响较小，对顺纹抗拉强度影响最小。

图 7-5 木材干燥后不同部位
截面形状的改变

表 7-1 木材理论上各种强度之间的关系

抗压强度		抗拉强度		抗弯强度	抗剪强度	
顺纹	横纹	顺纹	横纹		顺纹	横纹切断
1	1/10~1/3	2~3	1/20~1/3	3/2~2	1/7~1/3	1/2~1

测定木材强度时，通常规定以木材含水率为 12%（称木材的标准含水率）时的强度作为标准值，其他含水率时的强度按式（7-1）换算（适用于木材含水率在 9%~15% 范围内）

$$\sigma_{12} = \sigma_w [1 + \alpha(W - 12)] \tag{7-1}$$

式中 σ_{12}——含水率为 12% 时的木材强度，MPa；

σ_w——含水率为 W 时的木材强度，MPa；

W——实测木材含水率，%；

α——含水率校正系数，顺纹抗压为 0.05，顺纹抗拉阔叶树为 0.015，针叶树为 0，抗弯为 0.04，顺纹抗剪为 0.03。

环境温度对木材的强度有直接影响。当木材温度升高时，组成细胞壁的成分会逐渐软化，强度随之降低。当木材长期处于 40~60℃ 时，木材会发生缓慢碳化；当木材长期处于 60~100℃ 时，会引起木材水分和所含挥发物的蒸发；当温度在 100℃ 以上时，木材开始分解为组成它的化学元素。所以，如果环境温度可能长期超过 50℃ 时，则不应采用木结构。当环境温度降至 0℃ 以下时，木材中的水分结冰，强度将增大，但木质变得较脆，一旦解冻，木材各项强度都将低于未冻时的强度。

木材在长期荷载作用下所能承受的最大应力称为木材的持久强度，它仅为木材在短期荷载作用下极限强度的 50%~60%。木结构一般都处于长期负荷状态，所以，在木结构设计时，通常以木材的持久强度为依据。

此外，木材中的缺陷，如木节、斜纹、裂纹、虫蛀、腐朽等，会造成木材构造的不连续性和不均匀性，从而使木材的强度降低。

4. 木材的装饰性

木材是一种天然的装饰材料，其装饰性主要体现在以下几方面：

（1）木材的弦切面和径切面通常具有不同形状的美丽花纹。

（2）木材本身具有丰富的自然色彩和表面光泽，以及古朴、典雅的独特质感。

（3）木材的涂饰性好，其表面可通过贴、喷、涂、印等达到理想的装饰效果。

【案例分析 7-2】 木地板拼缝不严

现象：某住宅 4 月铺地板，完工后尚满意。但半年后发现部分木地板拼缝不严，请分析原因。

原因分析：木板材质较差，而当时其含水率较高，至秋季木块干缩，而其干缩程度随方向有明显差别，故会出现部分木板拼缝不严。此外，若心材向下，裂缝就更明显了。

7.2.2 木材及其制品的应用

木材是一种历史悠久、使用广泛的土木工程材料，目前，由于混凝土、钢材在建筑结构领域的广泛应用，木材用于结构承重材料逐渐减少，但作为建筑装饰材料却备受青睐。

1. 实木地板

实木地板是由木材直接加工而成的地板，常用的是条木地板和拼花木地板。

（1）条木地板。条木地板是室内使用比较普遍的木质地板，具有自重轻、弹性好、脚感舒适、导热系数小、冬暖夏凉等优点。条木地板有单层和双层两种，单层条木地板常选用松、杉等软木材；双层条木地板的面层多选用水曲柳、柞木、枫木、榉木、柳桉、榆木等硬木材，下层为毛板。

条板的宽度一般不大于 120mm，厚度不大于 25mm。目前，条木地板拼缝处多做成企口形式。条木地板是公认的优良室内地面装饰材料，适用于办公室、会议室、旅馆客房、起居室、卧室、幼儿园及仪器室等场所。

（2）拼花木地板。拼花木地板是采用水曲柳、柞木、枫木、榆木、柳桉等优质硬木材，经加工处理，先制成具有一定尺寸的小木板条，再按一定图案拼装而成的木质板材。它具有纹理美观、弹性好、材质坚硬、耐磨性及耐腐蚀性好等优点，且拼花木地板一般均经过远红外线干燥，含水率恒定（约为 12%），因而变形小，易保持地面平整。

拼花木地板分单层和双层两种，单层木地板和双层木地板的面层均为拼花硬木板材，双层拼花木地板的下层为毛板。拼花小木板条一般长度为 250~300mm，宽度为 40~60mm，板厚 10~20mm。拼花木地板通过小木板条不同方向的组合，可拼成多种不同的图案，常用的有正芦席纹、斜芦席纹、人字纹、清水砖墙纹等，如图 7-6 所示。

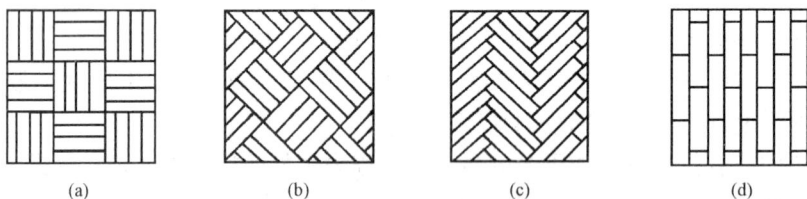

图 7-6 拼花木地板图案

（a）正芦席纹；（b）斜芦席纹；（c）人字纹；（d）清水墙纹

拼花木地板是一种较高级的室内地面装饰材料，适用于高级宾馆、饭店、别墅、展览室、体育馆及住宅等场所的地面装饰。

2. 复合地板

目前，随着木材加工技术的发展及高分子材料的应用，复合地板也开始大量生产，它不但比实木地板耐热、耐磨、耐水，且节约木材，是一种发展前景很好的地面装饰材料。复合地板分为实木复合地板和强化木地板两类。

（1）实木复合地板。实木复合地板是利用优质硬木材作表层，以材质较软的木材或人造板为基材，经热压胶合而成的多层结构复合地板。实木复合地板既保持了实木地板美观自然、脚感舒适、保温性能好的优点，又克服了实木地板因单体收缩，容易翘曲变形的缺点，具有较好的尺寸稳定性。目前，它有三层实木复合地板、多层实木复合地板和新型实木复合地板三种。

（2）强化木地板。强化木地板又称浸渍纸层压木质地板，它的结构一般分为四层：表层为耐磨层，是含有三氧化二铝或碳化硅等耐磨材料的透明纸；第二层为装饰层，是利用三聚氰胺浸渍过的电脑图案装饰纸；第三层为基材，多采用中密度纤维板、硬质纤维板或优质刨花板；底层为防潮平衡层，是采用三聚氰胺或酚醛树脂浸渍过的平衡纸，可以阻隔来自地面的潮气和水分，保护地板不受地面潮气的影响，进一步强化底层的防潮功能。

由于强化木地板的装饰层是由电脑仿真制作的装饰纸，可制成各种珍贵树种的木纹图案，因此强化木地板的色彩图案种类很多，装饰效果强。同时，还具有耐磨、阻燃、防潮、不变形、防虫蛀、易清理等优点；但弹性小，脚感稍差。

另外，复合地板所用的胶合剂中含有甲醛，甲醛是一种对人体有害的气体。含有甲醛的实木复合地板或强化木地板，在铺装后，会不可避免地向空气中释放。所以，在铺装完地板后的一段时间里，应注意保持室内通风，新居在装修一个月左右后再搬进。同时，室内还可放置一些绿色植物，有助于减少室内的有害气体。

3. 木质人造板

木质人造板是以木材、木质纤维、木质碎料等为原料，采用特殊工艺或加胶黏剂及其他添加剂制成的板材。木质人造板是提高木材的利用率，节约天然资源的重要途径，广泛用于现代建筑的室内装饰及家具制作等方面。

（1）胶合板。胶合板是将原木蒸煮软化后，旋切成单板薄片，经烘干涂胶后，按奇数层且各层纤维相互垂直的方向黏合热压而成的人造板材。胶合板的层数主要有 3、5、7、9、11 层，建筑上常用的是 3 层和 5 层，俗称三合板、五合板。

胶合板主要采用水曲柳、椴木、桦木、马尾松及部分进口原木制成。胶合板由于各层单板纤维相互垂直，在很大程度上克服了木材本身各向异性的缺点，具有良好的稳定性和力学性能，同时还具有板面平整、幅面大、强度高、吸湿变形小、不翘曲开裂等优点，广泛用于建筑室内隔墙板、护壁板、顶棚板、门面板及各种家具制作等。

（2）纤维板。纤维板是利用木材碎料为原料，如板皮、刨花、树枝等，经破碎浸泡、磨浆、施胶、成形、干燥、热压等工序制成的人造板材。纤维板具有幅面大、材质均匀、绝热性好、耐腐蚀、胀缩性小、不翘曲开裂、无木节、无虫眼及适合各种加工等优点。

纤维板根据密度的大小分为硬质纤维板、中密度纤维板和软质纤维板三种。硬质纤维板表观密度大于 $0.8g/cm^3$，强度高，主要用于室内墙面、门板、地板及制作家具等。中密度纤维板表观密度在 $0.4\sim0.8g/cm^3$ 之间，强度较高，与其他材料的黏结力强，是用于室内装饰和制作家具的优良材料。软质纤维板表观密度小于 $0.4g/cm^3$，吸声绝热性好，可用作吸声或保温隔热材料。

（3）刨花板、木丝板和木屑板。刨花板、木丝板和木屑板是分别以刨花碎片、短小废料刨制的木丝和木屑为原料，经干燥、拌胶结材料、热压制成的人造板材，具有抗弯、抗冲击、防水性能好等优点，主要用于室内隔板、天花板等。

（4）细木工板。细木工板是一种夹心板，它是将小块木条拼接起来作为芯材，两个表面胶黏单片薄板，经热压黏合而成。细木工板具有较高的硬度和强度，质量小，耐久性、吸声性、隔热性好，易加工，主要用于室内装饰和制作家具等。

此外，木材也可加工成木花格、护壁板、木装饰线条、旋切微薄木等各种木质装饰件。

7.3　木材的防护

木材作为建筑材料有很多优点，但易腐与易燃是其两大的缺点。因此，木材在使用中要做好防护工作，以延长其使用寿命，防止出现事故。

7.3.1　木材的防腐

作为天然有机材料，木材易受真菌侵害而腐朽变质。真菌最适宜生存繁殖的条件是：温度在 25～30℃；木材含水率为 30％～60％；有一定量空气存在。因此，将木材置于通风、干燥处或浸没在水中或深埋于地下或表面涂漆等方法，可破坏真菌的生存条件，达到防腐的目的。此外，也可采用化学有毒药剂，喷淋或浸泡或注入水材，从而抑制或杀死菌类，达到防腐目的。

木材除受真菌侵蚀而腐朽外，还会遭受昆虫的蛀蚀，如白蚁、天牛等，它们在树皮或木质部内生存、繁殖，致使木材强度降低，甚至结构崩溃。木材虫蛀的防护方法，主要是采用化学药剂处理。木材防腐剂也能防止昆虫的危害。

7.3.2　木材的防火

木材易燃烧，且燃烧后蔓延迅速。木材的防火处理措施有添加阻燃剂、表面覆盖法和溶液浸注法三种。

1. 添加阻燃剂

在生产纤维板、胶合板、刨花板等木质人造板的过程中，可添加适量阻燃剂，使板材不易燃烧。但应注意使添加的阻燃剂与胶黏剂及其他添加剂相溶。

2. 表面覆盖法

表面覆盖法就是在木材表面覆盖防火涂料，并要求防火涂料除具有阻燃性外，还要具有较好的透明度、黏着力，且防水、防腐蚀等。常用的防火涂料有无机涂料和有机涂料等。

3. 溶液浸注法

溶液浸注法按工艺可分为常压浸注、热浸注和加压浸注三种。常压浸注吸入的阻燃剂不多，适用于阻燃效果要求不高、木材密度不大的薄板材。热浸注和加压浸注吸入阻燃剂的量和深度都大于常压浸注，适用于阻燃效果要求高的木材。溶液浸注常用的阻燃剂有磷-氮系列、硼化物系列及卤素系列等。

🖊【案例分析 7-3】　木地板腐蚀原因分析

现象：某邮电调度楼设备用房于 7 楼现浇钢筋混凝土楼板上，铺炉渣混凝土 50mm，再铺木地板。完工后设备未及时进场，门窗关闭了 1 年，当设备进场时，发现木板大部分腐蚀，人踩即断裂。请分析原因。

原因分析：炉渣混凝土中的水分封闭于木地板内部，慢慢浸透到未做防腐、防潮处理的木格栅和木地板中，门窗关闭使木材含水率较高，此环境条件正好适合真菌的生长，导致木材腐蚀。

【案例分析 7 - 4】　　天安门顶梁柱质量分析

天安门城楼建于明朝，清朝重修，经历数次战乱，屡遭炮火袭击，天安门依然巍然屹立。20 世纪 70 年代初重修，从国外购买了上等良木更换顶梁柱，1 年后柱根便糟朽，不得不再次大修。其原因是这些木材拖于船后从非洲运回，饱浸海水，上岸后工期紧迫，不顾木材含水率高，在潮湿的木材上涂漆，水分难以挥发，这些潮湿的木材最易受到真菌的腐蚀。

复习思考题

7 - 1　名词解释

（1）纤维饱和点；（2）平衡含水率；（3）春材；（4）持久强度。

7 - 2　选择题

（1）由于木材构造的不均匀性，木材的变形具有以下规律（按由大到小的顺序排列）
（　　）。

A. 弦向变形、径向变形、顺纤维方向变形

B. 径向变形、弦向变形、顺纤维方向变形

C. 顺纤维方向变形、径向变形、弦向变形

（2）木材在不同受力方式下的强度值，存在如下关系（按由大到小的顺序排列）（　　）。

A. 抗弯强度、抗压强度、抗拉强度、抗剪强度

B. 抗压强度、抗弯强度、抗拉强度、抗剪强度

C. 抗拉强度、抗弯强度、抗压强度、抗剪强度

（3）下列木材中，易产生翘曲变形的是（　　）。

A. 松木　　　　　B. 杉木　　　　　　C. 水曲柳　　　　　　D. 柏木

（4）木材的（　　）最大，而（　　）最小。

A. 顺纹抗拉强度　　　B. 横纹抗拉强度　　　C. 顺纹抗压强度

D. 横纹抗压强度　　　E. 顺纹抗剪强度　　　F. 横纹切断强度

7 - 3　问答题

（1）木材加工前，为什么应预先将其干燥至平衡含水率？

（2）简述影响木材强度的主要因素。

（3）木材的装饰性主要体现在哪些方面？

（4）木质地板分哪几大类？各自的特点是什么？

（5）简述木材的防火处理措施。

第8章 建筑塑料与胶黏剂

本章主要内容包括塑料的主要性质，常用建筑塑料的性能及应用，各类建筑涂料的主要性能及应用，选择建筑胶黏剂的基本原则和使用建筑胶黏剂时的注意事项。

通过本章的学习，要求了解高分子化合物的基本知识，建筑塑料、建筑涂料和胶黏剂的组成与特性，熟悉土木工程中常见的合成高分子材料的主要制品及应用。

高分子化合物是一类品种繁多、应用广泛的天然或人工合成物质。木材、天然橡胶、棉织品、沥青等都是天然高分子化合物材料；而现代生活中广泛使用的塑料、橡胶、化学纤维及某些涂料、胶黏剂等，都是以高分子化合物为基础材料制成的，这些高分子化合物大多数又是人工合成的，故称合成高分子化合物材料。

高分子化合物材料是现代工程材料中不可缺少的一类材料。由于有机高分子合成材料的原料（石油、煤等）来源广泛，化学合成效率高，产品具有多种建筑功能，且质轻、强韧、耐化学腐蚀、多功能、易加工成形等优点，因此在建筑工程中应用日益广泛，不仅可以用作保温、装饰、吸声材料，还可用作结构材料代替钢材、木材。

8.1 高分子化合物基本知识

8.1.1 高分子化合物的定义及反应类型

高分子化合物（也称聚合物）（high molecular compound）是由千万个原子彼此以共价键（有些以离子键）连接的大分子化合物，其分子量一般在 $10^4 \sim 10^6$ 之间。虽然高分子化合物的分子量很大，但其化学组成都比较简单，一个大分子往往是由许多相同的、简单的结构单元通过化学键连接而成。

高分子化合物分为天然高分子化合物和合成高分子化合物两类。

合成高分子化合物是由不饱和的低分子化合物（称为单体）聚合或含两个及两个以上官能团分子间的缩合而成的。其反应类型有加聚反应和缩聚反应。

加聚反应（polyaddition reaction）是由许多相同或不同的低分子化合物，在加热或催化剂的作用下，合成高聚物而不析出低分子副产物的反应。其生成物称为加聚物（也称加聚树脂）（addition polymer），加聚物具有与单体类似的组成结构。例如，乙烯（$H_2C{=}CH_2$）的分子量为 28，而以乙烯为单体聚合而成的高分子化合物聚乙烯$-[-CH_2-CH_2-]-n$，分子量在 $10^3 \sim 3.5 \times 10^4$ 之间或更大，所以聚乙烯是由 $36 \sim 1.25 \times 10^3$ 个乙烯重复链接而成，重复单元的数目称为平均聚合度，用 n 表示，聚合度越大，高分子聚合物的分子量也越大。工程中常见的加聚物有聚乙烯、聚氯乙烯、聚丙烯、聚苯乙烯、聚甲基丙烯酸甲酯、聚四氟乙烯等。

缩聚反应（condensation reaction）是由许多相同或不同的低分子化合物，在加热或催化剂的作用下，相互结合成高聚物并析出水、氨、醇等低分子副产物的反应。其生成物称为缩聚物（也称缩合树脂）（condensation polymer）。缩聚物的组成与单体完全不同，例如，苯酚和甲醛两种单体经缩聚反应得到酚醛树脂。工程中常用的缩聚物有酚醛树脂、环氧树脂、聚酯树脂、三聚氰胺甲醛树脂及有机硅树脂等。

8.1.2　高分子化合物的分类及主要性质

1. 高分子化合物的分类

高分子化合物（polymeric compound）的分类方法很多，常见的有以下几种：

（1）按分子链的几何形状。高分子化合物按其链节（碳原子之间的结合形式）在空间排列的几何形状，可分为线形结构、支链形结构和体形结构（或称网状形结构）三种。

（2）按合成方法。按合成高分子化合物的制备方法分为加聚树脂和缩合树脂两类。

（3）按受热时的性质。高分子化合物按其在热作用下所表现出来的性质的不同，可分为热塑性聚合物和热固性聚合物两种。

热塑性聚合物（thermoplastic polymer）一般为线形或支链形结构，在加热时分子活动能力增加，可以软化到具有一定的流动性或可塑性，在压力作用下可加工成各种形状的制品。冷却后分子重新"冻结"，成为一定形状的制品。这一过程可以反复进行，即热塑性聚合物制成的制品可重复利用、反复加工。这类聚合物的密度、熔点都较低，耐热性较低，刚度较小，抗冲击韧性较好。

热固性聚合物（thermosetting polymer）在成形前分子量较低，且为线形或支链形结构，具有可溶、可熔性，在成形时因受热或在催化剂、固化剂作用下，分子发生交联成为体形结构而固化。这一过程是不可逆的，并成为不溶、不熔的物质，因而固化后的热固性聚合物不能重新再加工。这类聚合物的密度、熔点都较高，耐热性较高，刚度较大，质地硬而脆。

2. 高分子化合物的主要性质

（1）物理力学性质。高分子化合物的密度小，一般为 $0.8\sim2.2g/cm^3$，只有钢材的 $1/8\sim1/4$，混凝土的 $1/3$，铝的 $1/2$。而它的比强度高，多大于钢材和混凝土制品，是极好的轻质高强度材料，但力学性质受温度变化的影响很大；它的导热性很小，是一种很好的轻质保温隔热材料；它的电绝缘性好，是极好的绝缘材料。由于它的减震、消声性好，一般可制成隔热、隔声和抗震材料。

（2）化学及物理化学性质。老化——在光、热、大气作用下，高分子化合物的组成和结构发生变化，致使其性质变化，如失去弹性、出现裂纹、变硬、脆或变软、发黏失去原有的使用功能。

耐腐蚀性——一般的高分子化合物对侵蚀性化学物质（酸、碱、盐溶液）及蒸汽的作用具有较高的稳定性，但有些聚合物在有机溶液中会溶解或溶胀，使几何形状和尺寸改变，性能恶化，使用时应注意。

可燃性及毒性——聚合物一般属于可燃的材料，但可燃性受其组成和结构的影响有很大差别。如聚苯乙烯遇明火很快燃烧起来，而聚氯乙烯则有自熄性，离开火焰会自动熄灭。一般液态的聚合物几乎都有不同程度的毒性，而固化后的聚合物多半是无毒的。

8.2　建　筑　塑　料

塑料（plastics）是以合成高分子化合物或天然高分子化合物为主要原料，与其他原料在一定条件下经混炼、塑化而成，在常温常压下能保持产品形状不变的材料。塑料在一定的温度和压力下具有较大的塑性，容易做成所需要的各种形状尺寸的制品，而成形以后，在常温下又能保持既得的形状和必需的强度。

8.2.1 塑料的基本组成、分类及主要性质

1. 塑料的基本组成

塑料大多数都是以合成树脂为基本材料，再按一定比例加入填充剂、增塑剂、固化剂、着色剂及其他助剂等加工而成。

（1）合成树脂。合成树脂是塑料的主要组成材料，在塑料中起胶黏剂的作用，它不仅能自身胶结，还能将塑料中的其他组分牢固地胶结在一起成为一个整体，使其具有加工成形的性能。合成树脂在塑料中的含量为 30%～60%。塑料的主要性质取决于所用合成树脂的性质。

（2）填充剂。填充剂又称填料，是绝大多数塑料不可缺少的原料，通常占塑料组成材料的 40%～70%，是为了改善塑料的某些性能而加入的，其作用是可提高塑料的强度、硬度、韧性、耐热性、耐老化性、抗冲击性等，同时也可以降低塑料的成本。常用的填料有滑石粉、硅藻土、石灰石粉、云母、木粉、各类纤维材料、纸屑等。

（3）增塑剂。掺入增塑剂的目的是提高塑料加工时的可塑性、流动性及塑料制品在使用时的弹性和柔软性，改善塑料的低温脆性等，但会降低塑料的强度与耐热性。对增塑剂的要求是要与树脂的混溶性好，无色、无毒、挥发性小，增塑剂通常为一些不易挥发的高沸点的液体有机化合物，或为低熔点的固体。常用的增塑剂有邻苯二甲酸二甲酯、邻苯二甲酸二丁酯、磷酸三苯酯等。

（4）固化剂。固化剂又称硬化剂，主要用于热固性树脂中，其作用是使线形高聚物交联成高聚物，从而制得坚硬的塑料制品。如环氧树脂常用的胺类（乙二胺、二乙烯三胺、间苯二胺），某些酚醛树脂常用的六亚甲基四胺（乌洛托品），酸酐类（邻苯二甲酸酐、顺丁烯二酸酐）及高分子类（聚酰胺树脂）。

（5）着色剂。又称色料，着色剂的作用是使塑料制品具有鲜艳的颜色和光泽。着色剂的种类按其在着色介质中或水中的溶解性分为染料和颜料两大类。

染料是溶解在溶液中，靠离子或化学反应作用产生着色的化学物质。按产源分为天然和人工合成两类，都是有机物，可溶于被着色树脂或水中，其着色力强，透明性好，色泽鲜艳，但耐碱、耐热性、光稳定性差；主要用于透明的塑料制品。

颜料是基本不溶的微细粉末状物质，通过自身分散性颗粒分散于被染介质中吸收一部分光谱并反射特定的光谱而显色。塑料中所用的颜料，除具有优良的着色作用外，还可作为稳定剂和填充剂来提高塑料的性能，起到一剂多能的作用。在塑料制品中，常用的是无机颜料。

（6）其他助剂。为了改善和调节塑料的某些性能，以适应使用和加工的特殊要求，可在塑料中掺加各种不同的助剂，如稳定剂可提高塑料在热、氧、光等作用下的稳定性；阻燃剂可提高塑料的耐燃性和自熄性；润滑剂能改善塑料在加工成形时的流动性和脱模性等。此外，还有抗静电剂、发泡剂、防霉剂、耦联剂等。

在这类繁多的塑料助剂中，由于各种助剂的化学组成、物质结构不同，对塑料的作用机理及作用效果各异，因而由同种型号树脂制成的塑料，其性能会因助剂的不同而不同。

2. 塑料的分类

(1) 按塑料受热时的变化特点，塑料分为热塑性塑料和热固性塑料。热塑性塑料的特点是受热时软化或熔融，冷却后硬化，再加热时又可软化，冷却后又硬化，这一过程可反复多次进行，而树脂的化学结构基本不变，始终呈线形或支链形。常用的热塑性塑料有聚乙烯、聚氯乙烯、聚丙烯、聚苯乙烯、聚甲醛、聚碳酸酯、聚酰胺、ABS 塑料等。

热固性塑料的特点是受热时软化或熔融，可塑造成形，随着进一步加热，硬化成不熔的塑料制品。该过程不能反复进行。大分子在成形过程中，从线形或支链形结构最终转变为体形结构。常用的热固性塑料有酚醛、环氧、不饱和聚酯、有机硅塑料等。

(2) 按塑料的功能和用途，塑料分为通用塑料、工程塑料和特种塑料。通用塑料是指产量大、价格低、应用范围广的塑料。这类塑料主要包括六大品种，即聚乙烯、聚氯乙烯、聚丙烯、聚苯乙烯、酚醛和氨基塑料，其产量占全部塑料产量的 3/4 以上。

工程塑料是指机械强度高，刚性较大，可以替代钢铁和有色金属制造机械零件和工程结构的塑料。这类塑料除具有较高的强度外，还具有很好的耐腐蚀性、耐磨性、自润滑性及尺寸稳定性等特点，主要包括聚酰胺、ABS、聚碳酸酯塑料等。

特种塑料是指耐热或具有特殊性能和特殊用途的塑料。其产量少，价格高，主要包括有机硅、环氧、不饱和聚酯、有机玻璃、聚酰亚胺、有机氟塑料等。

随着高分子材料的发展，塑料可采用各种措施来改性和增强，而制成各种新品种塑料。这样通用塑料、工程塑料和特种塑料之间的界限也就很难划分了。

3. 塑料的主要性质

塑料是具有质轻、绝缘、耐腐蚀、耐磨、绝热、隔声等优良性能的材料。在建筑上可作为装饰材料、绝热材料、吸声材料、防火材料、墙体材料、管道及卫生洁具等。它与传统材料相比，具有以下优异性能：

(1) 质轻、比强度高。塑料的密度在 $0.9 \sim 2.2 \mathrm{g/cm^3}$ 之间，平均密度为 $1.45 \mathrm{g/cm^3}$，约为铝的 1/2，钢的 1/5，混凝土的 1/3。而其比强度却远远超过水泥、混凝土，接近或超过钢材，是一种优良的轻质高强度材料。

(2) 加工性能好。塑料可以采用各种方法制成具有各种断面形状的通用材或异型材。例如，塑料薄膜、薄板、管材、门窗型材等，且加工性能优良并可采用机械化大规模的生产，生产效率高。

(3) 导热系数小。塑料制品的传导能力比金属、岩石小，即热传导、电传导能力较小。其导热能力为金属的 $1/500 \sim 1/600$，混凝土的 1/40，砖的 1/20，是理想的绝热材料。

(4) 装饰性优异。塑料制品可完全透明，也可以着色，而且色彩绚丽耐久，表面光亮有光泽；可通过照相制版印刷，模仿天然材料的纹理，达到以假乱真的程度；还可以电镀、热压、烫金制成各种图案和花形，使其表面具有立体感和金属的质感。通过电镀技术，还可使塑料具有导电、耐磨和对电磁波的屏蔽作用等功能。

(5) 具有多功能性。塑料的品种多、功能不一，且可通过改变配方和生产工艺，在相当大的范围内制成具有各种特殊性能的工程材料。如强度超过钢材的碳纤维复合材料；具有承重、质轻、隔声、保温的复合板材；柔软而富有弹性的密封、防水材料等。各种建筑塑料又具有各种特殊性能，如防水性、隔热性、隔声性、耐腐蚀性等，有些性能是传统材料难以具备的。

(6) 经济性。塑料建材无论是从生产时所消耗的能量或是在使用过程中的效果来看都有节能效果。塑料生产的能耗低于传统材料，其范围为 $63\sim188kJ/m^3$，而钢材为 $316kJ/m^3$，铝材为 $617kJ/m^3$。在使用过程中某些塑料产品具有节能效果。例如，塑料窗隔热性好，代替钢铝窗可减少热量传递，节省空调费用；塑料管内壁光滑，输水能力比白铁管高 30%。因此，广泛使用塑料建筑材料有明显的经济效益和社会效益。

但塑料自身也存在一些缺点：

（1）耐热性差、易燃。塑料的耐热性差，受到较高温度的作用时会产生变形，甚至产生分解。建筑中常用的热塑性塑料的热变形温度为 $80\sim120℃$，热固性塑料的热变形温度为 $150℃$ 左右，因此，在使用中要注意它的限制温度。塑料一般可燃，且燃烧时会产生大量的烟雾，甚至有毒气体。所以在生产过程中一般掺入一定量的阻燃剂，以提高塑料的耐燃性。但在重要的建筑物场所或易燃产生火灾的部位，不宜采用塑料装饰制品。

（2）易老化。塑料在热、空气、阳光及环境介质中的酸、碱、盐等作用下，分子结构会产生递变，增塑剂等组分挥发，是塑料性能变差，甚至产生硬脆、破坏等。塑料的耐老化性可通过添加外加剂的方法得到很大的提高。例如，某些塑料制品的使用年限可达 50 年左右，甚至更长。

（3）热膨胀性大。塑料的热膨胀性系数较大，因此在温差变化较大的场所使用塑料时，尤其是与其他材料接合时，应当考虑变形因素，以保证制品的正常使用。

（4）刚度小。塑料与钢铁等金属材料相比，强度和弹性模量较小，即刚度差，且在荷载长期作用下会产生蠕变，所以给塑料的使用带来一定的局限性，尤其是用作承重结构时应慎重。

总之，塑料及其制品的优点大于缺点，且塑料的缺点可以通过采取措施加以改进。随着塑料资源的不断发展，建筑塑料的发展前景是非常广阔的。

8.2.2　常用的建筑塑料及其制品

1. 常用的建筑塑料

建筑上常用的塑料有聚氯乙烯（PVC）、聚乙烯（PE）、聚苯乙烯（PS）、聚丙烯（PP）、聚甲基丙烯酸甲酯（即有机玻璃）（PMMA）、聚偏二氯乙烯（PVDC）、聚酯酸乙烯（PVAC）、丙烯腈-丁二烯-苯乙烯共聚物（ABS）、聚碳酸酯（PC）等热塑性塑料和酚醛树脂（PF）、环氧树脂（EP）、不饱和酸（UP）、聚氨酯（PUP）、有机硅树脂（SI）、脲醛树脂（UF）、聚酰胺（即尼龙）（PA）、三聚氰胺甲醛树脂（MF）、聚酯（PBT）等热固性塑料。常用建筑塑料的性能与用途见表 8-1，常用建筑塑料的物理力学性能见表 8-2。

表 8-1　　　　　　　　常用建筑塑料的性能与用途

名称	性　能	用　途
聚乙烯	柔软性好、耐低温性好，耐化学腐蚀和介电性能优良，成形工艺好，但刚性差，耐热性差（使用温度小于 50℃），耐老化差	主要用于防水材料、给排水管和绝缘材料等
聚氯乙烯	耐化学腐蚀性和电绝缘性优良，力学性能较好，具有难燃性，但耐热性较差，升高温度时易发生降解	有软质、硬质、轻质发泡制品，广泛用于建筑各部位（薄板、壁纸、地毯、地面卷材等），是应用最多的一种塑料

续表

名称	性能	用途
聚苯乙烯	树脂透明、有一定机械强度，电绝缘性能好，耐辐射，成形工艺好，但脆性大，耐冲击和耐热性差	主要以泡沫塑料形式作为隔热材料，也用来制造灯具、平顶板等
聚丙烯	耐腐蚀性能优良，力学性能和刚性超过聚乙烯，耐疲劳和耐应力开裂性好，但收缩率较大，低温脆性大	管材、卫生洁具、模板等
ABS 塑料	具有韧性、硬、刚相均衡的优良力学特性，电绝缘性与耐化学腐蚀性好，尺寸稳定性好，表面光泽性好，易涂装和着色，但耐热性不太好，耐候性较差	用于生产建筑五金和各种管材、模板、异型板等
酚醛塑料	电绝缘性能和力学性能良好，耐水性和耐腐蚀性能优良。酚醛塑料坚固耐用、尺寸稳定、不易变形	生产各种层压板、玻璃钢制品、涂料和胶黏剂等
环氧树脂	黏结性和力学性能优良，耐化学药品性（尤其是耐碱性）良好，电绝缘性能好，固化收缩率低，可在室温、接触压力下固化成形	主要用于生产玻璃钢、胶黏剂和涂料等产品
不饱和聚酯树脂	可在低压下固化成形，用玻璃纤维增强后具有优良的力学性能，良好的耐化学腐蚀性和电绝缘性能，但固化收缩率较大	主要用于玻璃钢、涂料和聚酯装饰板等
聚氨酯	强度高，耐化学腐蚀性优良，耐热、耐油、耐溶剂性好，黏结性和弹性优良	主要以泡沫塑料形式作为隔热材料及优质涂料、胶黏剂、防水涂料和弹性嵌缝材料等
脲醛塑料	电绝缘性好，耐弱酸、碱，无色、无味、无毒，着色力好，耐电弧性能好，耐热性较差，耐水性差，不利于复杂造型	胶合板和纤维板、泡沫塑料、绝缘材料、装饰品等
有机硅塑料	耐高温、耐腐蚀、电绝缘性好、耐水、耐光。耐热，固化后的强度不高	防水材料、胶黏剂、电工器材、涂料等

表 8 - 2　　　　　　　　　常用建筑塑料的物理力学性能

塑料名称/性能	聚乙烯		聚丙烯	聚氯乙烯		聚苯乙烯	聚碳酸酯	聚酯（填充玻纤）	ABS 塑料（通用型）	酚醛树脂	环氧树脂	不饱和聚酯树脂
	低密度	高密度		软	硬							
密度 (g/cm³)	0.910~0.940	0.941~0.965	0.90~0.91	1.16~1.35	1.35~1.45	1.05~1.07	1.18~1.20	—	—	1.3	1.9	1.2
抗拉强度 (MPa)	10.0~16.0	20.0~30.0	30.0~39.0	10.0~25.0	35.0~56.0	≥30.0	66.0	49.2	35~48	45.0~52.0	30.0~40.0	30.0~60.0
抗弯强度 (MPa)	—	20.0~30.0	42.0~56.0		70.0~120.0	≥50.0	105	91.4	59~75	70.3	98.4	80~100
冲击强度 (缺口) (J/cm²)	—	10~30	2.2~2.5	0.218~1.09	1.2~1.6	25 左右	6.4~7.5	60~310	19.6~58.8	>3	1~1.5	—
热变形温度 (℃) 0.46MPa	49~65	60~82	99~116	—	57~82	65~96	115~135	240	62~70	177	149	—

续表

塑料名称/性能	聚乙烯		聚丙烯	聚氯乙烯		聚苯乙烯	聚碳酸酯	聚酯（填充玻纤）	ABS塑料（通用型）	酚醛树脂	环氧树脂	不饱和聚酯树脂
	低密度	高密度		软	硬							
热膨胀系数($\times 10^{-5}$ ℃$^{-1}$)	16~18	11~13	10.8~11.2	7~25	5~8.5	—	—	—	—	—	1.1~1.3	—
介电性	优	优	优	良	良	优	良	优	良	良	良	良
抗溶剂性	良	良	良	—	—	较差	—	良	—	良	良	良
抗酸性	良	良	良	良	优	良	良	良	良	良	良	良
燃烧难易	少烟	少烟	滴落少烟	缓慢自熄	自熄	大量黑烟	自熄	易	—	难	缓慢	—

2. 常用的建筑塑料制品

建筑工程中塑料制品主要用作装饰材料、水暖工程材料、防水工程材料、结构材料及其他用途材料等。常用建筑塑料制品见表 8-3。

表 8-3　　　　　　　　　　　　　常用建筑塑料制品

分　类	主　要　塑　料　制　品	
装饰塑料	塑料地面材料	塑料地砖和塑料卷材地板
		塑料涂布地板
		塑料地毯
	塑料内墙面材料	塑料壁纸
		三聚氰胺装饰层压板、塑铝板等
		塑料墙面砖
	建筑涂料	内外墙有机高分子溶剂型涂料
		内外墙有机高分子乳液型涂料
		内外墙有机高分子水溶性涂料
		有机高分子复合涂料
	塑料门窗	塑料门（框板门，镶板门）
		塑料窗、塑钢窗
		百叶窗、窗帘
	装修线材：踢脚线、画镜线、扶手、踏步	
	塑料建筑小五金、灯具	
	塑料平顶（吊平顶，发光平顶）	
	塑料隔断板	
水暖工程材料	给排水管材、管件、水落管	
	煤气管	
	卫生洁具：玻璃钢浴缸、水箱、洗脚池等	
防水工程材料	防水卷材、防水涂料、密封、嵌缝材料、止水带	
隔热材料	现场发泡泡沫塑料、泡沫塑料	
混凝土工程材料	塑料模板	

续表

分　类	主　要　塑　料　制　品	
墙面及屋面材料	护墙板	异型板材、扣板、拆板
		复合护墙板
	屋面板（屋面天窗、透明压花塑料顶棚）	
	屋面有机复合材料（瓦、聚四氟乙烯涂覆玻璃布）	
塑料建筑	充气建筑、塑料建筑物、盒子卫生间、厨房	

　　(1) 塑料装饰板材。塑料装饰板材是指以树脂为浸渍材料或以树脂为基材，采用一定的生产工艺制成的具有装饰功能的普通或异型断面的板材。塑料装饰板材以其质量轻、装饰性强、生产工艺简单、施工简便、易于保养、适于与其他材料复合等特点在装饰工程中得到愈来愈广泛的应用。

　　塑料装饰板材按原材料的不同可分为塑料金属复合板、硬质 PVC 板、三聚氰胺层压板、玻璃钢板、塑铝板、聚碳酸酯采光板、有机玻璃装饰板等类型。按结构和断面形式可分为平板、波形板、实体异型断面板、中空异型断面板、格子板、夹心板等类型。

　　(2) 塑料壁纸。塑料壁纸是以纸为基材，以聚氯乙烯塑料为面层，经压延或涂布及印刷、轧花、发泡等工艺而制成的。因为塑料壁纸所用的树脂均为聚氯乙烯，所以也称聚氯乙烯壁纸。该壁纸的特点有：具有一定的伸缩性和耐裂强度；装饰效果好；性能优越；粘贴方便；使用寿命长，易维修保养等。塑料壁纸是目前国内外使用广泛的一种室内墙面装饰材料，也可用于顶棚、梁柱等处的贴面装饰。塑料壁纸的宽度为 530mm 和 900～1000mm，前者每卷长度为 10m，后者每卷长度为 50m。

　　(3) 塑料地板。塑料地板是以高分子合成树脂为主要材料，加入其他辅助材料，经一定的制作工艺制成的预制块状、卷材状或现场铺涂整体状的地面材料。塑料地板具有许多优良性能：种类花色繁多，具有良好的装饰性能；功能多变、适应面广；质轻、耐磨、脚感舒适；施工、维修、保养方便。塑料地板按其外形可分为块材地板和卷材地板。按其组成和结构特点可分为单色地板、透底花纹地板、印花压花地板。按其材质的软硬程度可分为硬质地板、半硬质地板和软质地板。按所采用的树脂类型可分为聚氯乙烯（PVC）地板、聚丙烯地板和聚乙烯-醋酸乙烯酯地板等，国内普通采用的是硬质 PVC 塑料地板和半硬质 PVC 塑料地板。

　　(4) 塑钢门窗。塑钢门窗是以聚氯乙烯（PVC）树脂为主要原料，加上一定比例的稳定剂、改性剂、填充剂、紫外线吸收剂等助剂，通过挤出加工成形材，然后通过切割、焊接的方式制成门窗框、扇，配装上橡胶密封条、五金配件等附件而成。为增加型材的刚性，在型材空腔内添加钢衬，所以称为塑钢门窗。塑钢门窗具有外形美观、尺寸稳定、抗老化、不褪色、耐腐蚀、耐冲击、气密及水密性能优良、使用寿命长等优点。

　　(5) 玻璃钢。玻璃钢（简称 GRP）是以合成树脂为基体，以玻璃纤维或其制品为增强材料，经成形、固化而成的固体材料。玻璃钢采用的合成树脂有不饱和聚酯、酚醛树脂或环氧树脂。不饱和聚酯工艺性能好，可制成透光制品，可在室温下固化。玻璃纤维是熔融的玻璃液拉成的细丝，是一种光滑柔软的高强度无机纤维，直径为 $9～18\mu m$，可与合成树脂良好结合而成为增强材料。在玻璃钢制品中常应用玻璃纤维制品，如玻璃纤维织物或玻璃纤维毡。玻璃钢制品具有良好的透光性和装饰性，可制成色彩绚丽的透光或不透光构件或饰件；强度高（可超过普通碳素钢）、质量轻（密度为 $1.4\sim2.2\mathrm{g/cm^3}$，仅为钢的 $1/5\sim1/4$，铝的 $1/3$ 左右），是典型的轻质高强材料，其成形工艺简单灵活，可制成复杂的构件；具有良好的耐化学腐蚀性和电绝缘性；耐湿、防潮，可用于有耐湿要求的建筑物的某些部位。玻璃钢制品的最大缺点是表面不够光滑。

8.3 胶 黏 剂

胶黏剂（Adhesive）是指具有良好的黏结性能，能在两个物体表面间形成薄膜并把它们牢牢黏结在一起的材料。与焊接、铆接、螺纹连接等连接方式相比，胶结具有很多突出的优越性。如黏结为面际连接，应力分布均匀，耐疲劳性好；不受胶结物的形状、材质等限制；胶结后具有良好的密封性能；几乎不增加黏结物的质量；胶结方法简单等。因而胶黏剂在建筑工程中的应用越来越广泛，成为工程上不可缺少的重要的配套材料。

8.3.1 胶黏剂的基本组成与分类

1. 胶黏剂的基本组成

胶黏剂是一种多组分的材料，它一般由黏结物质、固化剂、增韧剂、填料、稀释剂和改性剂等组分配制而成。

（1）黏结物质。黏结物质也称为黏料，它是胶黏剂的基本组分，起黏结作用，其性质决定了胶黏剂的性能、用途和使用条件。一般多用各种树脂、橡胶类及天然高分子化合物作为黏结物质。

（2）固化剂。固化剂是促使黏结物质通过化学反应加快固化的组分，它可以增加胶层的内聚强度。有的胶黏剂中的树脂（如环氧树脂）若不加固化剂，本身不能变成坚硬的固体。固化剂也是胶黏剂的主要成分，其性质和用量对胶黏剂的性能起着重要的作用。

（3）增韧剂。增韧剂用于提高胶黏剂硬化后的韧性和抗冲击能力，常用的有邻苯二甲酸二丁酯和邻苯二甲酸二辛酯等。

（4）稀释剂。稀释剂又称溶剂，主要是起降低胶黏剂黏度的作用，以便于操作，提高胶黏剂的湿润性和流动性，常用的有机溶剂有丙酮、苯、甲苯等。

（5）填料。填料一般在胶黏剂中不发生化学反应，它能使胶黏剂的稠度增加，降低热膨胀系数，减少收缩性，提高胶黏剂的抗冲击韧性和机械强度，常用的品种有滑石粉、石棉粉、铝粉等。

（6）改性剂。改性剂是为了改善胶黏剂的某一方面性能，以满足特殊要求而加入的一些组分。如为增加胶结强度，可加入耦联剂，还可以分别加入防老化剂、防腐剂、防霉剂、阻燃剂、稳定剂等。

2. 胶黏剂的分类

胶黏剂的品种繁多，组成各异，分类方法也各不相同，一般可按黏结物质的性质、胶黏剂的强度特性及固化条件来划分。

（1）按黏结物质的性质分类。胶黏剂按黏结物质的性质不同，其分类见表 8-4。

（2）按强度特性分类。按强度特性不同，胶黏剂可分为结构胶黏剂和非结构胶黏剂。结构胶黏剂的胶结强度较高，至少与被胶结物质本身的材料强度相当。同时对耐油、耐热和耐水性等都有较高的要求。非结构胶黏剂要求有一定的强度，但不承受较大的力，只起定位作用。

表 8 - 4 胶黏剂按黏结物质的性质分类

胶黏剂	有机类	合成类	树脂型	热固性：酚醛树脂、环氧树脂、不饱和聚酯、聚氨酯、脲醛树脂等
				热塑性：聚醋酸乙烯酯、聚氯乙烯-醋酸乙烯酯、聚丙烯酸酯、聚苯乙烯、聚酰胺、醇酸树脂、纤维素、饱和聚酯等
			橡胶型：再生橡胶、丁苯橡胶、丁基橡胶、氯丁橡胶、聚硫橡胶等	
			混合型：酚醛-聚乙烯醇缩醛、酚醛-氯丁橡胶、环氧-酚醛、环氧-聚硫橡胶等	
		天然类	葡萄糖衍生物：淀粉、可熔性淀粉、糊精、阿拉伯树胶、海藻酸钠等	
			氨基酸衍生物：植物蛋白、酪元、血蛋白、骨胶、鱼胶	
			天然树脂：木质素、单宁、松香、虫胶、生漆	
			沥青：沥青胶	
	无机类	硅酸盐类		
		磷酸盐类		
		硼酸盐类		
		硫碘类		
		硅胶类		

（3）按固化条件分类。按固化条件的不同，胶黏剂可分为溶剂型、反应型和热熔型。

溶剂型胶黏剂的溶剂从黏合端面挥发或者被吸收，形成黏合膜而发挥黏合力。这种类型的胶黏剂有聚苯乙烯、丁苯橡胶等。

反应型胶黏剂的固化是由不可逆的化学变化而引起的。按照配方及固化条件，可分为单组分、双组分，甚至三组分的室温固化型、加热固化型等多种形式。这类胶黏剂有环氧树脂、酚醛、聚氨酯、硅橡胶等。

热熔型胶黏剂以热塑性的高聚物为主要成分，是不含水或溶剂的固体聚合物，通过加热熔融黏合，随后冷却、固化，发挥黏合力。这类胶黏剂有醋酸乙烯、丁基橡胶、松香、虫胶、石蜡等。

8.3.2 常用的建筑胶黏剂

建筑上常用胶黏剂的性能及应用见表 8-5。

表 8 - 5 建筑上常用胶黏剂的性能及应用

种　类		性　能	主　要　用　途
热塑性合成树脂胶黏剂	聚乙烯醇缩甲醛类胶黏剂	黏结强度较高，耐水性、耐油性、耐磨性及抗老化性较好	粘贴壁纸、墙布、瓷砖等，可用于涂料的主要成膜物质，或用于拌制水泥砂浆，能增强砂浆层的黏结力
	聚醋酸乙烯酯类胶黏剂	常温固化快，黏结强度高，黏结层的韧性和耐久性好，不易老化，无毒、无味、不易燃爆，价格低，但耐水性差	广泛用于粘贴壁纸、玻璃、陶瓷、塑料、纤维植物、石材、混凝土、石膏等各种非金属材料，也可作为水泥增强剂
	聚乙烯醇胶黏剂（胶水）	水溶性胶黏剂，无毒，使用方便，黏结强度不高	可用于胶合板、壁纸、纸张等额度胶结

种　类		性　　　能	主　要　用　途
热固性合成树脂胶黏剂	环氧树脂类胶黏剂	黏结强度高，收缩率小，耐腐蚀，电绝缘性好、耐水、耐油	黏结金属制品、玻璃、陶瓷、木材、塑料、皮革、水泥制品、纤维制品等
	酚醛树脂类胶黏剂	黏结强度高，耐疲劳，耐热，耐气候老化	用于黏结金属、陶瓷、玻璃、塑料和其他非金属材料制品
	聚氨酯类胶黏剂	黏附性好，耐疲劳，耐油、耐水、耐酸、韧性好，耐低温性能优异，可室温固化，但耐热差	适于胶结塑料、木材、皮革等，特别适用于防水、耐酸、耐碱等工程中
合成橡胶胶黏剂	丁腈橡胶胶黏剂	弹性及耐候性良好，耐疲劳、耐油、耐溶剂性好，耐热，有良好的混溶性，但黏着性差，成膜缓慢	适用于耐油部件中橡胶与橡胶、橡胶与金属、纺织物等的胶结。尤其适用于黏结软质聚氯乙烯材料
	氯丁橡胶胶黏剂	黏结力、内聚强度高，耐燃、耐油、耐溶剂性好。储存稳定性差	用于结构黏结或不同材料的黏结，如橡胶、木材、陶瓷、石棉等不同材料的黏结
	聚硫橡胶胶黏剂	很好的弹性、黏附性。耐油、耐候性好，对气体和蒸汽不渗透，防老化性好	作密封胶及用于路面、地坪、混凝土的修补、表面密封和防滑。用于海港、码头及水下建筑物的密封
	硅橡胶胶黏剂	良好的耐紫外线、耐老化性，耐热、耐腐蚀性，黏附性好，防水防震	用于金属、陶瓷、混凝土、部分塑料的黏结，尤其适用于门窗玻璃的安装，以及隧道、地铁等地下建筑中瓷砖、岩石接缝间的密封

选择胶黏剂的基本原则有以下几个方面：

（1）了解黏结材料的品种和特性。根据被黏结材料的物理性质和化学性质选择合适的胶黏剂。

（2）了解黏结材料的使用要求和应用环境，即黏结部位的受力情况、使用温度、耐介质及耐老化性、耐酸碱性等。

（3）了解黏结工艺性，即根据黏结结构的类型采用适宜的黏结工艺。

（4）了解黏结剂组分的毒性。

（5）了解黏结剂的价格和来源难易，在满足使用性能要求的条件下，尽可能选用价廉的、来源容易的、通用性强的胶黏剂。

为了提高胶黏剂在工程中的黏结强度，满足工程需要，使用胶黏剂黏结时应注意：

（1）黏结界面要清洗干净，彻底清除被黏结物表面上的水分、油污、锈蚀和漆皮等附着物。

（2）胶层要匀薄。大多数胶黏剂的胶结强度随胶层厚度增加而降低。胶层薄，胶面上的黏结力起主要作用，而黏结力往往大于黏聚力，同时胶层产生裂纹和缺陷的概率变小，胶结强度就高。但胶层过薄，易产生缺胶，更影响胶结强度。

（3）晾置时间要充分。对含有稀释剂的胶黏剂，胶结前一定要晾置，使稀释剂充分挥发，否则在胶层内会产生气孔和疏松现象，影响胶结强度。

（4）固化要完全。胶黏剂中的固化一般需要一定压力、温度和时间，加一定的压力有利于胶液的流动和湿润，保证胶层的均匀和致密，使气泡从胶层中挤出。温度是固化的主要条件，适当提高固化温度有利于分子间的渗透和扩散，有助于气泡的逸出和增加胶液的流动性，温度越高，固化越快，但温度过高会使胶黏剂发生分解，影响黏结强度。

复习思考题

8-1　名称解释

（1）共聚物；（2）缩合反应；（3）热固性塑料；（4）玻璃钢。

8-2　填空题

（1）塑料是以_____为基本成分，再加入适量的_____、_____、_____及_____等，在一定_____和_____下，塑制成形的成材或制品的总称。

（2）塑料中填料的作用是_____、_____。填料的种类有_____状和_____状两大类。

（3）热塑性树脂的分子结构是_____、_____，热固性树脂的分子结构是_____。

（4）PVC是指_____，它已成为建筑上应用最多的塑料，是因为具有低廉的价格、较高的机械性能、优越的耐蚀性及_____性。

8-3　问答题

（1）与传统材料比，塑料有哪些特性？

（2）塑料的组成成分有哪些？它们在塑料中所起的作用如何？

（3）工程中常用的建筑塑料有哪些？其特性和用途是什么？

第9章 建筑功能材料

　　本章主要讲述绝热材料、吸声材料、隔声材料、防水材料和装饰材料等功能材料。

　　通过本章的学习，要求掌握防水材料的主要类型、特性及应用，能够根据具体工程的特点及防水要求合理选择防水材料；了解绝热材料、吸声材料、隔声材料和装饰材料的主要类型及性能特点。

　　建筑功能材料是指能够赋予建筑物力学性能以外的特殊功能，如防水密封、保温隔热、吸声隔声、装饰、防火、采光和抗腐蚀等使用功能的一大类材料。随着人们对建筑物的舒适、节能、智能化等方面需求的增加，建筑功能材料的品种和功能将不断得到更新和完善。

9.1 绝 热 材 料

　　绝热材料（thermal insulation material）是用于减少结构与环境热交换的一种功能材料，是保温材料和绝热材料的总称。在建筑中，习惯上把用于控制室内热量外流的材料叫做保温材料；把防止室外热量进入室内的材料叫做隔热材料。

9.1.1 绝热材料的性能要求

　　导热性指材料传递热量的能力。材料的导热能力用导热系数表示。导热系数的物理意义为：在稳定传热条件下，当材料层单位厚度内的温差为1℃时，在1s内通过1m² 表面积的热量。材料导热系数越大，导热性能越好。工程上将导热系数 λ 小于 $0.23W/(m \cdot K)$ 的材料称为绝热材料。影响材料导热系数的因素有以下几方面：

　　（1）材料组成。材料的导热系数由大到小为：金属材料最大，无机非金属材料次之，有机材料最小。

　　（2）微观结构。相同组成的材料，结晶结构的导热系数最大，微晶结构次之，玻璃体结构最小，为了获取导热系数较低的材料，可通过改变其微观结构的方法来实现，如水淬矿渣即是一种较好的绝热材料。

　　（3）孔隙率。孔隙率越大，材料导热系数越小。

　　（4）孔隙特征。在孔隙相同时，孔径越大，孔隙间连通越多，导热系数越大，这是由于孔中气体产生对流。纤维状材料存在一个最佳表观密度，即在该密度时导热系数最小。当表观密度低于这个最佳值时，其导热系数有增大趋势。

　　（5）含水率。由于水的导热系数 λ 为 $0.58W/(m \cdot K)$，远大于空气，所以材料含水率增加后其导热系数将明显增加，若受冻，λ 为 $2.33W/(m \cdot K)$，则导热能力更大。

　　绝热材料除应具有较小的导热系数外，还应具有适宜的或一定的强度、抗冻性、耐水性、防火性、耐热性和耐低温性、耐腐蚀性，有时还需具有较小的吸湿性或吸水性等。优良的绝热材料应具有很高的孔隙率，且以封闭、细小孔隙为主的，吸湿性和吸水性较小的有机或无机非金属材料。多数无机绝热材料的强度较低、吸湿性或吸水性较高，使用时应予以注意。

　　室内外之间的热交换除了通过材料的传导传热方式外，辐射传热也是一种重要的传热方式。铝箔等金属薄膜，由于具有很强的反射能力，具有隔绝辐射传热的作用，因而也是理想的绝热材料。

9.1.2 常用的绝热材料的分类及使用

常用的绝热材料按其成分可分为有机和无机两大类。无机绝热材料是用矿物质原料做成的呈松散状、纤维状或多孔状的材料，可加工成板、卷材或套管等形式的制品；有机保温材料是用有机原料（如各种树脂、软木、木丝、刨花等）制成。有机绝热材料的密度一般小于无机绝热材料。

1. 无机纤维状绝热材料（inorganic fibrous thermal insulation material）

无机纤维状绝热材料以矿棉及玻璃棉为主，制成板或筒状制品。由于不燃、吸声、耐久、价格便宜、施工简便而广泛用于住宅建筑和热工设备的表面。

（1）玻璃棉及制品。玻璃棉是用玻璃原料或碎玻璃经熔融后制成的一种纤维状材料。一般的表观密度为 $40\sim150kg/m^3$，热导率小，价格与矿棉制品相近。可制成沥青玻璃棉毡和板及酚醛玻璃棉毡和板，使用方便，因此是被广泛应用在温度较低的热力设备和房屋建筑中的保温绝热材料，还是优质的吸声材料。

（2）矿棉和矿棉制品。矿棉一般包括矿渣棉和岩石棉。矿渣棉所用原料有高炉硬矿渣、铜矿渣和其他矿渣等，另加一些调整原料（含氧化钙、氧化硅的原料）。岩石棉的主要原料是天然岩石，经熔融后吹制而成。

矿棉具有轻质、不燃、绝热和电绝缘等性能，且原料来源丰富，成本较低，可制成矿棉板、矿棉防水毡及管套等，可用作建筑物的墙壁、屋顶、顶棚等处的保温隔热和吸声材料。

2. 无机散粒状绝热材料（inorganic granular thermal insulation material）

无机散粒状绝热材料主要有膨胀蛭石和膨胀珍珠岩。

（1）膨胀蛭石及其制品。蛭石是一种天然矿物，在 $850\sim1000℃$ 的温度下煅烧时，体积急剧膨胀，单个颗粒的体积能膨胀约 20 倍。

膨胀蛭石的主要特性是：表观密度为 $80\sim900kg/m^3$，热导率为 $0.046\sim0.070W/(m\cdot K)$，可在 $1000\sim1100℃$ 温度下使用，不蛀、不腐，但吸水性较大。膨胀蛭石可以呈松散状铺设于墙壁、楼板、屋面等夹层中，作为绝热、隔声之用。使用时应注意防潮，以免吸水后影响绝热性能。膨胀蛭石也可与水泥、水玻璃等胶凝材料配合，浇制成板，用于墙、楼板和屋面板等构件的绝热。其水泥制品通常用 $10\%\sim15\%$ 体积的水泥、$85\%\sim90\%$ 体积的膨胀蛭石，适量的水经拌和、成形、养护而成。其制品的表观密度为 $300\sim550kg/m^3$，相应的热导率为 $0.08\sim0.10W/(m\cdot K)$，抗压强度为 $0.2\sim1MPa$，耐热温度为 $600℃$。水玻璃膨胀蛭石制品是以膨胀蛭石、水玻璃和适量氟硅酸（$NaSiF_6$）配制而成，其表观密度为 $300\sim550kg/m^3$，相应的热导率为 $0.079\sim0.084W/(m\cdot K)$，抗压强度为 $0.35\sim0.65MPa$，最高耐热温度为 $900℃$。

（2）膨胀珍珠岩及其制品。膨胀珍珠岩是由天然珍珠岩煅烧而成，呈蜂窝泡沫状的白色或灰白色颗粒，是一种高效能的绝热材料。其堆积密度为 $40\sim500kg/m^3$，热导率为 $0.047\sim0.070W/(m\cdot K)$，最高使用温度可达 $800℃$，最低使用温度为 $-200℃$；具有吸湿小、无毒、不燃、抗菌、耐腐、施工方便等特点；建筑上广泛用作围护结构、低温及超低温保冷设备、热工设备等的绝热保温材料，也可用于制作吸声制品。

膨胀珍珠岩制品是以膨胀珍珠岩为主，配合适量胶凝材料（水泥、水玻璃、磷酸盐、沥青等），经拌和、成形、养护（或干燥，或固化）后而制成的具有一定形状的板、块、管壳等制品。

3. 无机多孔类绝热材料（inorganic porous thermal insulation material）

（1）泡沫混凝土。泡沫混凝土是由水泥、水、松香泡沫剂混合后经搅拌、成形、养护而成的一种多孔、轻质、保温、绝热、吸声材料；也可用粉煤灰、石灰、石膏和泡沫剂制成粉煤灰泡沫混凝土。泡沫混凝土的表观密度为 $300\sim500kg/m^3$，热导率为 $0.082\sim0.186W/(m\cdot K)$。

（2）加气混凝土。加气混凝土是含钙质的材料（水泥、石灰）和含硅质的材料（石英砂、粉煤灰、粒化高炉矿渣等）经磨细、配料，在加入发气剂（铝粉、双氧水）后，进行搅拌、浇筑、发泡、切割及蒸压养护等工序生产而成，是一种保温绝热性能良好的轻质材料。由于加气混凝土的表观密度小（$500\sim700kg/m^3$），热导率值 $[0.093\sim0.164W/(m\cdot K)]$ 比普通砖小几倍，因而24cm厚的加气混凝土墙体，其保温绝热效果优于37cm厚的砖墙。此外，加气混凝土的耐火性能良好。

（3）硅藻土。硅藻土由水生硅藻类生物的残骸堆积而成。其孔隙率为 $50\%\sim80\%$，热导率为 $0.060W/(m\cdot K)$，因此具有很好的绝热性能；最高使用温度可达 $900℃$，可用作填充料或制成制品。

（4）微孔硅酸钙。微孔硅酸钙由硅藻土或硅石与石灰等经配料、拌和、成形及水热处理制成，以托贝莫来石为主要水化产物的微孔硅酸钙，表观密度约为 $200kg/m^3$，热导率为 $0.047W/(m\cdot K)$，最高使用温度约为 $650℃$。以硬硅钙石为主要水化产物的微孔硅酸钙，其表观密度约为 $230kg/m^3$，热导率为 $0.056W/(m\cdot K)$，最高使用温度可达 $1000℃$。

（5）泡沫玻璃。泡沫玻璃由玻璃粉和发泡剂等经配料、烧制而成，气孔率达 $80\%\sim95\%$，气孔直径为 $0.1\sim5mm$，且大量为封闭而孤立的小气泡。其表观密度为 $150\sim600kg/m^3$，热导率为 $0.058\sim0.128W/(m\cdot K)$，抗压强度为 $0.8\sim15MPa$。采用普通玻璃粉制成的泡沫玻璃最高使用温度为 $300\sim400℃$，若用无碱玻璃粉生产，则最高使用温度可达 $800\sim1000℃$；耐久性好，易加工，可用于多种绝热需要。

4. 有机绝热材料（Organic thermal insulation material）

（1）泡沫塑料。泡沫塑料是以各种树脂为基料，加入一定剂量的发泡剂、催化剂、稳定剂等辅助材料，经加热发泡而制成的一种具有轻质、保温、绝热、吸声、防震性能的材料。目前国内生产的有聚苯乙烯泡沫塑料，其表观密度为 $20\sim50kg/m^3$，热导率为 $0.038\sim0.047W/(m\cdot K)$，最高使用温度约为 $70℃$；聚氯乙烯泡沫塑料，其表观密度为 $12\sim75kg/m^3$，热导率为 $0.031\sim0.045W/(m\cdot K)$，最高使用温度为 $70℃$，遇火能自行熄灭；聚氨酯泡沫塑料，其表观密度为 $30\sim65kg/m^3$，热导率为 $0.035\sim0.042W/(m\cdot K)$，最高使用温度可达 $120℃$，最低使用温度为 $-60℃$。此外，还有脲醛泡沫塑料及制品等。该类绝热材料可用作复合墙板及屋面板的夹芯层及冷藏和包装等绝热需要。

（2）植物纤维类绝热板。植物纤维类绝热材料可用稻草、木质纤维、麦秸、甘蔗渣等为原料经加工而成。其表观密度为 $200\sim1200kg/m^3$，热导率为 $0.058\sim0.307W/(m\cdot K)$，可用于墙体、地板、顶棚等，也可用于冷藏库、包装箱等。

（3）窗用绝热薄膜（又名新型防热片）。窗用绝热薄膜的厚度为 $12\sim50\mu m$，用于建筑物窗户的绝热，可以遮蔽阳光，防止室内陈设物褪色，减低冬期热量损失，节约能源，增加美感。使用时，将特制的防热片（薄膜）贴在玻璃上，其功能是将透过玻璃的大部分阳光反射出去，反射率高达 80%。防热片能减少紫外线的透过率，减轻紫外线对室内家具和织物的有害作用，减弱室内的温度变化程度，也可避免玻璃碎片伤人。

常用绝热材料的技术性能及用途，见表 9-1。

为了常年保持室内温度的稳定性，凡房屋围护结构所用的建筑材料，必须具有一定的绝热性能。

在建筑中合理地采用绝热材料，能提高建筑物的使用效能，更好地满足要求，保证正常的生产、工作和生活。在采暖、空调、冷藏等建筑物中采用必要的绝热材料，能减少热损失，节约能源，降低成本。据统计，绝热良好的建筑，其能源消耗可节省 25%～50%。因此，在建筑工程中，合理地使用绝热材料具有重要意义。

表 9-1 常用绝热材料的技术性能及用途

材料名称	表观密度 (kg/m³)	强度 (MPa)	热导率 [W/(m·K)]	最高使用温度 (℃)	用 途
超细玻璃棉毡 沥青玻纤制品	30～60 100～150	—	0.035 0.041	300～400 250～300	墙体、屋面、冷藏等
矿渣棉纤维	110～130		0.044	≤600	填充材料
岩棉纤	80～150	$f_t > 0.012$	0.044	250～600	填充墙体、屋面、 热力管道等
岩棉制品	80～160		0.04～0.052	≤600	
膨胀珍珠岩	40～300	—	常温 0.02～0.044 高温 0.06～0.17 低温 0.02～0.038	≤800 (-200)	高效能保温保冷填充材料
水泥膨胀珍珠岩制品	300～400	$f_c = 0.5～1.0$	常温 0.05～0.081 低温 0.081～0.12	≤600	保温绝热用
水玻璃膨胀珍珠岩制品	200～300	$f_c = 0.6～1.7$	常温 0.056～0.093	≤650	保温绝热用
沥青膨胀珍珠岩制品	400～500	$f_c = 0.2～1.2$	0.093～0.12	—	用于常温及负温
膨胀蛭石	80～900	—	0.046～0.070	1000～1100	填充材料
水泥膨胀蛭石制品	300～500	$f_c = 0.2～1.0$	0.076～0.105	≤600	保温绝热用
微孔硅酸钙制品	250	$f_c > 0.5$ $f_c > 0.3$	0.041～0.056	≤650	围护结构及管道保温
轻质钙塑板	100～150	$f_c = 0.1～0.3$ $f_c = 0.7～0.11$	0.047	650	保温绝热兼防水性能， 并具有装饰性能
泡沫玻璃	150～600	$f_c = 0.55～15$	0.058～0.128	300～400	砌筑墙体及冷藏库绝热
泡沫混凝土	300～500	$f_c \geqslant 0.4$	0.081～0.19	—	围护结构
加气混凝土	400～700	$f_c \geqslant 0.4$	0.093～0.16	—	围护结构

材料名称	表观密度 (kg/m³)	强度 (MPa)	热导率 [W/(m・K)]	最高使用 温度 (℃)	用 途
木丝板	300～600	$f_c=0.4\sim0.5$	0.11～0.26	—	顶棚、隔墙板、护墙板
软质纤维板	150～400	—	0.047～0.093	—	顶棚、隔墙板、护墙板 表面较光洁
芦苇板	250～400	—	0.093～0.13	—	顶棚、隔墙板
软木板	105，437	$f_c=0.15\sim2.5$	0.044～0.079	≤130	吸水率小，不霉腐、 不燃烧，用于绝热结构
聚苯乙烯 泡沫塑料	20～50	$f_c=0.15$	0.031～0.047	—	屋面、墙体保温绝热等
硬质聚氨酯 泡沫塑料	30～40	$f_c\geqslant0.2$	0.037～0.055	≤120 (−60)	屋面、墙体保温、 冷藏库绝热
聚氯乙烯 泡沫塑料	12～72	—	0.045～0.081	≤70	屋面、墙体保温、 冷藏库绝热

【案例分析 9 - 1】　某冰库原采用水玻璃胶结膨胀蛭石而成的膨胀蛭石板作隔热材料,经过一段时间后,隔热效果逐渐变差。后经聚苯乙烯泡沫作为墙体隔热夹芯板,在内墙喷涂聚氨酯泡沫层作绝热材料,取得良好效果。

原因分析:水玻璃胶结膨胀蛭石板用于冰库易受潮,受潮后其绝热性能下降。而聚苯乙烯泡沫隔热夹芯板和聚氨酯泡沫层均不易受潮,且有较好的低温性能,故用于冰库可取得良好的效果。

9.2　吸声与隔声材料

9.2.1　吸声材料

吸声材料(sound absorption material)是一种能在较大程度上吸收由空气传递的声波能量的建筑材料。在音乐厅、影剧院、大会堂等内部的墙面、地面、天棚等部位,适当采用吸声材料,能改善声波在室内传播的质量,保持良好的音响效果。

1. 材料的吸声性能

物体振动时,迫使邻近空气随着振动而形成声波,当声波接触到材料表面时,一部分被反射,一部分穿透材料,而其余部分则在材料内部的孔隙中引起空气分子与孔壁的摩擦和黏滞阻力,使相当一部分声能转化为热能而被吸收。被材料吸收的声能(包括穿透材料的声能在内)与原先传递给材料的全部声能之比,是评定材料吸声性能好坏的主要指标,称为吸声系数,用式(9 - 1)表示

$$a = E/E_0 \tag{9 - 1}$$

式中　a——材料的吸声系数;

　　　E——被材料吸收(包括透过)的声能;

E_0——传递给材料的全部入射声能。

假如入射声能的 60% 被吸收，40% 被反射，则该材料的吸声系数 a 就等于 0.6。当入射声能 100% 被吸收而无反射时，吸收系数等于 1。当门窗开启时，吸收系数相当于 1。一般材料的吸声系数在 0~1 之间。

材料的吸声特性除与材料本身性质、厚度及材料表面的条件（有无空气层及空气层的厚度）有关外，还与声波的入射角及频率有关。一般而言，材料内部开放连通的气孔越多，吸声性能越好。同一材料，对于高、中、低不同频率的吸声系数不同。为了全面反映材料的吸声性能，规定取 125、250、500、1000、2000、4000Hz 六个频率的吸声系数来表示材料吸声的频率特性。吸声材料在上述六个规定频率的平均吸声系数应大于 0.2。

为了改善声波在室内传播的质量，保持良好的音响效果和减少噪声的危害，在音乐厅、电影院、大会堂、播音室及工厂噪声大的车间等内部的墙面、地面、顶棚等部位，应选用适当的吸声材料。

2. 吸声材料的种类及使用要点

建筑上常用吸声材料及其吸声结构有如下几种：

(1) 多孔吸声材料。声波进入材料内部互相贯通的孔隙，空气分子受到摩擦和黏滞阻力，使空气产生振动，从而使声能转化为机械能，最后摩擦而转变为热能被吸收。这类多孔材料的吸声系数一般从低频到高频逐渐增大，故对中频和高频的声音吸收效果较好。材料中的开放的、互相连通的、细致的气孔越多，其吸声性能越好。

(2) 薄板振动吸声结构。薄板振动吸声结构具有良好的低频吸声效果，同时还有助于声波的扩散。建筑中通常是把胶合板、薄木板、硬质纤维板、石膏板、石棉水泥板或金属板等周边固定在墙或顶棚的龙骨上，并在背后留有空气层，即构成薄板振动吸声结构。由于低频声波比高频声波容易激起薄板产生振动，所以薄板振动吸声结构具有低频吸声特性。

(3) 共振吸声结构。共振吸声结构具有封闭的空腔和较小的开口，很像个瓶子。当瓶腔内空气受到外力激荡，会按一定的频率振动，这就是共振吸声器。每个单独的共振器都有一个共振频率，在其共振频率附近，由于颈部空气分子在声波的作用下像活塞一样进行往复运动，因摩擦而消耗声能。若在瓶口蒙一层细布或疏松的棉絮，可以加宽共振频率范围和提高吸声量。为了获得较宽频带的吸声性能，常采用组合共振吸声结构。

(4) 穿孔板组合共振吸声结构。穿孔板组合共振吸声结构与单独的共振吸声器相似，可看作是许多个单独共振器并联而成。穿孔板厚度、穿孔率、孔径、背后空气层厚度以及是否填充多孔吸声材料等，都直接影响吸声结构的吸声性能。穿孔板组合共振吸声结构具有适合中频的吸声特性。这种吸声结构由穿孔的胶合板、硬质纤维板、石膏板、铝合板、薄钢板等，将周边固定在龙骨上，并在背后设置空气层而构成。这种吸声结构在建筑中使用比较普遍。

(5) 柔性吸声材料。柔性吸声材料是具有密闭气孔和一定弹性的材料。如聚氯乙烯泡沫塑料，表面似为多孔材料，但因具有密闭气孔，声波引起的空气振动不易直接传递至材料内部，只能相应地产生振动，在振动过程中由于克服材料内部的摩擦而消耗了声能，引起声波衰减。这种材料的吸声特性是在一定的频率范围内会出现一个或更多个吸收频率。

(6) 悬挂空间吸声体。悬挂于空间的吸声体，由于声波与吸声材料的两个或两个以上的表面接触，增加了有效的吸声面积，产生边缘效应，加上声波的衍射作用，大大提高了实际的吸声效果。实际使用时，可根据不同的使用地点和要求，设计成各种形式的悬挂在顶棚下的空间吸声体。空间吸声体有平板形、球形、圆锥形、棱锥形等多种形式。

（7）帘幕吸声体。帘幕吸声体是用具有通气性能的纺织品，安装在离墙面或窗洞一定距离处，背后设置空气层。这种吸声体对中、高频都有一定的吸声效果。帘幕的吸声效果与材料种类和褶纹有关。帘幕吸声体安装、拆卸方便，兼具装饰作用，应用价值较高。

9.2.2　隔声材料

能减弱或隔断声波传递的材料为隔声材料（acoustic material）。人们要隔绝的声音按其传播途径有空气声（通过空气传播的声音）和固体声（通过固体的撞击或振动传播的声音）两种，两者隔声的原理不同。对空气声的隔绝，主要是依据声学中的"质量定律"，即材料的密度越大，越不易受声波作用而产生振动，因此，其声波通过材料传递的速度迅速减弱，隔声效果越好，所以，应选用密度大的材料（如钢筋混凝土、实心砖等）作为隔绝空气声的材料。

对固体声隔绝的最有效措施是断绝其声波继续传递的途径，即在产生和传递固体声波的结构（如梁、框架与楼板、隔墙及其交接处等）层中加入具有一定弹性的衬垫材料，如软木、橡胶、毛毡、毛毯或设置空气隔离层等，以阻止或减弱固体声波的继续传播。

由上述可知，材料的隔声原理与材料的吸声（吸收或消耗转化声能）原理不同，因此，吸声效果好的多孔材料（有开口连通而不穿透或穿透孔型）隔声效果不一定好。

9.3　防 水 材 料

防水材料（waterproof material）具有防止雨水、地下水与其他水分等侵入建筑物的功能，它是建筑工程中重要的建筑功能材料之一。防水材料具有品种多、发展快的特点，有传统使用的沥青防水材料，也有正在发展的改性沥青防水材料和合成高分子防水材料，防水设计由多层向单层防水发展，由单一材料向复合型多功能材料发展，施工方法也由热熔法向冷粘法或自粘法发展。本节主要介绍防水卷材、防水涂料和密封材料。

9.3.1　防水卷材

防水卷材（waterproof sheet）是一种具有一定宽度和厚度并可卷曲的片状防水材料，是建筑防水材料的重要品种之一，它占整个建筑防水材料的80%左右，主要包括传统的沥青防水卷材、高聚物改性沥青防水卷材和合成高分子卷材三大类，后两类卷材的综合性能优越，是目前国内大力推广使用的新型防水卷材。

防水卷材要满足建筑防水工程的要求，必须具备耐水性、温度稳定性、机械强度、延伸性、抗断裂性、柔韧性、大气稳定性等性能。各类防水卷材的选用应充分考虑建（构）筑物的特点、地区环境条件、使用条件等多种因素，结合材料的特性和性能指标来选择。

1. 沥青防水卷材（asphalt sheet）

沥青防水卷材分为有胎卷材和无胎卷材。有胎卷材是指用玻璃布、石棉布、棉麻织品、厚纸等作为胎体，浸渍石油沥青，表面撒一层防黏隔离材料而制成的卷材，又称浸渍卷材；无胎卷材是将橡胶粉、石棉粉等与沥青混炼再压延而成的防水材料，又称辊压卷材。沥青防水卷材价格低廉、结构致密、防水性能良好、耐腐蚀、黏附性好，是目前建筑工程中常用的柔性防水材料之一，广泛用于工业与民用建筑、地下工程、桥梁道路、隧道涵洞及水工建筑等很多领域。由于沥青材料的低温柔性差、温度敏感性强、易老化，故沥青防水卷材属于低档防水卷材。

2. 高聚物改性沥青防水卷材

采用高聚物材料对传统的沥青防水卷材进行改性，可以克服传统沥青防水卷材温度稳定性差、延伸率低的不足，具有高温不流淌、低温不脆裂、拉伸强度较高、延伸率较大等优异性能。

根据《屋面工程技术规范》（GB 50345—2012），高聚物改性沥青防水卷材主要性能指标应符合表 9 - 2 的要求。

表 9 - 2　　　　　　　　　　　　　高聚物改性沥青防水卷材主要性能指标

项目		指标				
		聚酯毡胎体	玻纤毡胎体	聚乙烯胎体	自粘聚酯胎体	自粘无胎体
可溶物含量 （g/m²）		3mm 厚≥2100 4mm 厚≥2900		—	2mm 厚≥1300 3mm 厚≥2100	—
拉力 （N/50mm）		≥500	纵向≥350	≥200	2mm 厚≥350 3mm 厚≥450	≥150
延伸率 （%）		最大拉力时 SBS≥30 APP≥25	—	断裂时 ≥120	最大拉力时 ≥30	最大拉力时 ≥200
耐热度 （℃，2h）		SBS 卷材 90，APP 卷材 110，无滑动、流淌、滴落		PEE 卷材 90，无流淌、起泡	70，无滑动流淌、滴落	70，滑动不超过 2mm
低温柔性（℃）		SBS 卷材－20；APP 卷材－7；PEE 卷材－20			－20	
不透水性	压力 （MPa）	≥0.3	≥0.2	≥0.4	≥0.3	≥0.2
	保持时间 （min）	≥30				≥120

注　SBS 卷材为弹性体改性沥青防水卷材；APP 卷材为塑性体改性沥青防水卷材；PEE 卷材为改性沥青聚乙烯胎防水卷材。

按对沥青改性用的聚合物的不同，高聚物改性沥青防水卷材可分为橡胶型、塑料型和橡塑混合型三类。下列是几种较为常用的高聚物改性沥青防水卷材。

（1）SBS 橡胶改性沥青防水卷材。SBS 橡胶改性沥青防水卷材是采用玻纤毡、聚酯毡、玻纤增强聚酯毡为胎体，苯乙烯-丁二烯-苯乙烯（SBS）热塑性弹性体作改性剂，涂盖在经沥青浸渍后的胎体两面，上表面撒布矿物质粒、片料或覆盖聚乙烯膜，下表面撒布细砂或覆盖聚乙烯膜所制成的新型中、高档防水卷材，是弹性体橡胶改性沥青防水卷材中的代表性品种。胎基材料主要为聚酯胎（PY）、玻纤胎（G）、玻纤增强聚酯毡（PYG）三类，按上表面隔离材料分为聚乙烯膜（PE）、细砂（S）及矿物粒（片）料（M）三种，按材料性能分为Ⅰ型和Ⅱ型。SBS 改性沥青防水卷材最大的特点是低温柔韧性能好，同时也具有较好的耐高温性、较高的弹性及延伸率（延伸率可达 150%）、较理想的耐疲劳性；广泛用于各类建筑防水、防潮工程，尤其适用于寒冷地区和结构变形频繁的建筑物防水。按《弹性体改性沥青防水卷材》（GB 18242—2008）的规定，SBS 橡胶改性沥青防水卷材单位面积质量、面积及厚度见表 9-3，其性能见表 9-4。

表 9-3　　　　　　　　　SBS 改性沥青防水卷材单位面积质量、面积及厚度

规格（公称厚度）(mm)		3			4			5		
上表面材料		PE	S	M	PE	S	M	PE	S	M
下表面材料		PE	PE、S		PE	PE、S		PE	PE、S	
面积 (m²/卷)	公称面积	10、15			10、7.5			7.5		
	偏差	±0.10			±0.10			±0.10		
单位面积质量(kg/m²)　≥		3.3	3.5	4.0	4.3	4.5	5.0	5.3	5.5	6.0
厚度（mm）	平均值　≥	3.0			4.0			5.0		
	最小单值	2.7			3.7			4.7		

表 9-4　　　　　　　　　　　SBS 改性沥青防水卷材性能

序号	项　目			指　标				
				I		II		
				PY	G	PY	G	PYG
1	可溶物含量(g/cm²)　≥		3mm	2100				—
			4mm	2900				—
			5mm	3500				
			试验现象	—	胎基不燃	—	胎基不燃	—
2	耐热性		℃	90		105		
			≤	2mm				
			试验现象	无流淌、滴落				
3	低温柔性（℃）			−20		−25		
				无裂缝				
4	不透水性 30min			0.3MPa	0.2MPa	0.3MPa		
5	拉力	最大峰拉力(N/50mm)　≥		500	350	800	500	900
		次高峰拉力(N/50mm)　≥						800
		试验现象		拉伸中，试件中部无沥青涂盖层开裂或与胎基分离现象				
6	延伸率	最大峰时延伸率(%)　≥		30	—	40	—	—
		次高峰时延伸率(%)　≥						15
7	浸水后质量增加（%）　≤	PE、S		1.0				
		M		2.0				
8	热老化	拉力保持率(%)　≥		90				
		延伸率保持率(%)　≥		80				
		低温柔性（℃）		−15		−20		
				无裂纹				
		尺寸变化率(%)		0.7	—	0.7	—	0.3
		质量损失(%)		1.0				

序号	项　目		指　标				
			I		II		
			PY	G	PY	G	PYG
9	渗油性	张数　≤	2				
10	接缝剥离强度(N/mm)	≥	1.5				
11	钉杆撕裂强度① (N)	≥	—				300
12	矿物粒料黏附性② (g)	≤	2.0				
13	卷材下表面沥青涂盖层厚度③ (mm)	≥	1.0				
14	人工气候加速老化	外观	无滑动、流淌、滴落				
		拉力保持率 (%) ≥	80				
		低温柔性 (℃)	−15		−20		
			无裂缝				

① 仅适用于单层机械固定施工方式卷材。

② 仅适用于矿物粒料表面的卷材。

③ 仅适用于热熔施工的卷材。

(2) APP改性沥青防水卷材。APP改性沥青防水卷材是用无规聚丙烯 (APP) 改性沥青浸渍胎基 (玻纤、聚酯胎、玻纤增强聚酯毡),以砂粒或聚乙烯薄膜为防黏隔离层的防水卷材,属塑性体沥青防水卷材中的一种。APP改性沥青防水卷材的性能与SBS改性沥青性能接近,具有优良的综合性质,尤其是耐热性能好,在130℃的高温下不流淌,耐紫外线能力比其他改性沥青卷材均强,所以非常适宜用于高温地区或阳光辐射强烈地区,广泛用于各式屋面、地下室、游泳池、水桥梁、隧道等建筑工程的防水防潮。按《塑性体改性沥青防水卷材》(GB 18243—2008) 的规定,APP改性沥青防水卷材单位面积质量、面积及厚度同表9-3,其技术性能见表9-5。

表 9-5　　　　　　　　　　　　　　APP改性沥青防水卷材性能

序号	项　目		指　标				
			I		II		
			PY	G	PY	G	PYG
1	可溶物含量(g/cm²) ≥	3mm	2100				—
		4mm	2900				—
		5mm	3500				
		试验现象	—	胎基不燃	—	胎基不燃	
2	耐热性	℃	110		130		
		≤	2mm				
		试验现象	无流淌、滴落				
3	低温柔性 (℃)		−7		−15		
			无裂缝				
4	不透水性 30min		0.3MPa	0.2MPa	0.3MPa		
5	拉力	最大峰拉力(N/50mm) ≥	500	350	800	500	900
		次高峰拉力(N/50mm) ≥					800
		试验现象	拉伸中,试件中部无沥青涂盖层开裂或与胎基分离现象				

续表

序号	项目		指标				
			I		II		
			PY	G	PY	G	PYG
6	延伸率	最大峰时延伸率（%） ≥	25	—	40	—	—
		次高峰时延伸率（%） ≥	—	—	—	—	15
7	浸水后质量增加（%） ≤	PE、S	1.0				
		M	2.0				
8	热老化	拉力保持率（%） ≥	90				
		延伸率保持率（%） ≥	80				
		低温柔性（℃）		−2		−10	
			无裂纹				
		尺寸变化率（%）	0.7	—	0.7	—	0.3
		质量损失（%）	1.0				
9	接缝剥离强度（N/mm） ≥		1.0				
10	钉杆撕裂强度[①]（N） ≥		—				300
11	矿物粒料黏附性[②]（g） ≤		2.0				
12	卷材下表面沥青涂盖层厚度[③]（mm） ≥		1.0				
13	人工气候加速老化	外观	无滑动、流淌、滴落				
		拉力保持率（%） ≥	80				
		低温柔性（℃）		−2		−10	
			无裂缝				

① 仅适用于单层机械固定施工方式卷材。

② 仅适用于矿物粒料表面的卷材。

③ 仅适用于热熔施工的卷材。

（3）再生橡胶改性沥青防水卷材。用废旧橡胶粉作改性剂，掺入石油沥青中，再加入适量的助剂，经辊炼、压延、硫化而成的无胎体防水卷材。其特点是自重轻，延伸性、低温柔韧性、耐腐蚀性均比普通油毡好，且价格低廉；适用于屋面或地下接缝等防水工程，尤其适用于基层沉降较大或沉降不均匀的建筑物变形缝处的防水。其性能见表9-6。

表9-6　　　　　　　　　　　再生橡胶防水卷材性能

项目	指标
抗拉强度（25℃±2℃）（MPa）	2.5
断裂延伸率（%）	≥250
柔性（−20℃，对折，2h）	无裂纹
耐热性（140℃，5h）	不起泡，不发黏
透水性（0.3MPa，1.5h）	不渗漏
适用温度（℃）	−20～80
热老化（80℃，168h，各项指标保持率）	≥80%

（4）焦油沥青耐低温防水卷材。用焦油沥青为基料，聚氯乙烯或旧聚氯乙烯，或其他树脂，如氯化聚氯乙烯作改性剂，加上适量的助剂，如增塑剂、稳定剂等，经共熔、辊炼、压延而成的无胎体防水卷材。由于改性剂的加入，卷材的耐老化性能、防水性能都得到提高，在−15℃时仍有柔性。其性能指标见表9-7。

表9-7 焦油沥青耐低温防水卷材性能

项 目	性 能	项 目	性 能
拉力（N）	≥430	柔性（−15℃，绕 φ20mm 圆棒）	无裂纹
延伸率（%）	≥3	透水性（0.24MPa，30min）	不透水
耐热性（95℃±2℃，5h）	不起泡，不滑动	吸水率（%）	≤3

焦油沥青耐低温防水卷材采用冷施工，其施工性能良好，不仅能在高温下施工，在−10℃的条件下也能施工，特别适用多雨地区施工。

（5）铝箔橡胶改性沥青防水卷材。铝箔橡胶改性沥青防水卷材是以橡胶和聚氯乙烯复合改性石油沥青作为浸渍涂盖材料，聚酯毡、麻布或玻纤维毡为胎体，聚乙烯膜为底面隔离材料，软质银白色铝箔为表面保护层的防水卷材。它具有弹塑混合型改性沥青防水卷材的一切优点。例如，具有很好的水密性、气密性、耐候性和阳光反射性，能降低室内温度，增强耐老化能力，耐高低温性能好，且强度、延伸率及弹塑性较好。

铝箔橡胶改性沥青防水卷材适用于工业与民用建筑屋面的单层外露防水层，也可用于地下管道、桥梁防水等。其性能见表9-8。

表9-8 铝箔橡胶改性沥青防水卷材性能

项 目	性 能	项 目	性 能
拉伸强度（MPa）	≥2.5	柔性（−10℃，绕 φ20mm 圆棒）	无裂纹
断裂伸长率（%）	≥30	透水性（0.2MPa，30min）	不透水
耐热性（85℃，5h）	不流淌，不滑动	吸水率（%）	≤2

3. 合成高分子防水卷材（synthetic high polymer sheet）

合成高分子防水卷材是以合成橡胶、合成树脂或两者的共混体为基料，加入适量的化学助剂和填料，经辊炼、压延或挤出等工序加工而成的可卷曲的片状防水材料。其抗拉强度、延伸性、耐高低温性、耐腐蚀、耐老化及防水性都很优良，是值得推广的高档防水卷材；多用于要求有良好防水性能的屋面、地下防水工程。根据《屋面工程质量验收规范》（GB 50207—2002）的要求，合成高分子防水卷材适用于防水等级为Ⅰ、Ⅱ级的屋面防水工程，而且Ⅰ级防水的三道设防中必须有一道是合成高分子卷材。合成高分子防水卷材除外观、质量和规格应符合规范外，还应进行拉伸强度、断裂伸长率、低温弯折性和不透水性的物理性能检验，并符合表9-9的要求。

表9-9 合成高分子防水卷材的物理性能

项 目		性能要求		
		Ⅰ	Ⅱ	Ⅲ
拉伸强度（MPa）		≥7	≥2	≥9
断裂伸长率（%）		≥450	≥100	≥10
低温弯折性（℃）		−40	−20	−20
		无裂纹		
不透水性	压力（MPa）	≥0.3	≥0.2	≥0.3
	保持时间	≥30min		

项　　目		性能要求		
		Ⅰ	Ⅱ	Ⅲ
热老化保持率 （80℃±2℃，168h）	拉伸强度（MPa）	≥80%		
	断裂伸长率	≥70%		

注　Ⅰ类指弹性体卷材；Ⅱ类指塑性体卷材；Ⅲ类指加合成纤维的卷材。

合成高分子防水卷材种类很多，最具代表性的有以下几种：

（1）三元乙丙（EPDM）橡胶防水卷材。三元乙丙橡胶防水卷材是以三元乙丙橡胶为主体原料，掺入适量的丁基橡胶、硫化剂、软化剂、补强剂等，经密炼、拉片、过滤、压延或挤出成形、硫化等工序加工而成。其耐老化性能优异，使用寿命一般长达 40 余年，弹性和拉伸性能极佳，常温拉伸强度可达 7.5MPa 以上，常温断裂伸长率可大于 450%，因此，对基层伸缩变形或开裂的适应性强，耐高低温性能优良，－45℃左右不脆裂，耐热温度达160℃，既能在低温条件下进行施工作业，又能在严寒或酷热的条件长期使用。此外，三元乙丙橡胶防水卷材单层冷施工的防水做法，改变了过去多叠层热施工的传统做法，提高了工效，减少了环境污染，改善了劳动条件。

三元乙丙橡胶防水卷材是目前防水性能最佳的高档防水卷材，用于防水要求高，耐用年限长的防水工程的屋面、地下室、隧道、水渠等土木工程的防水，特别适用于建筑工程的外露屋面防水和大跨度、受震动建筑工程的防水。三元乙丙橡胶防水卷材的主要物理性能见表 9-10。

表 9-10　　　　　　　　　　**三元乙丙橡胶防水卷材的主要物理性能**

项目		指标	
		一等品	合格品
拉伸强度（常温）（N/mm²）≥		8	7
扯断伸长率（%）≥		450	
直角撕裂强度（常温）（N/cm）≥		280	245
不透水性	0.3N/mm²，30min	合格	—
	0.1N/mm²，30min	—	合格
脆性温度（℃）≤		－45	－40
热老化〔（80±2）℃，168h，伸长率100%〕		无裂纹	
臭氧老化	500×10⁻⁸，168h，40℃， 伸长率40%，静态	无裂纹	—
	100×10⁻⁸，168h，40℃， 伸长率40%，静态	—	无裂纹

（2）聚氯乙烯（PVC）防水卷材。聚氯乙烯防水卷材是以聚氯乙烯树脂为主要原料，并加入一定量的改性剂、增塑剂等助剂和填充料，经辊炼、造粒、挤出压延、冷却、分卷包装等工序制成的柔性防水卷材。聚氯乙烯防水卷材具有抗渗性能好、抗撕裂强度较高、低温柔性较好的特点，与三元乙丙橡胶防水卷材相比，其综合防水性能略差，但其原料丰富，价格较为便宜；适用于新建或修缮工程的屋面防水，也可用于水池、地下室、堤坝、水渠等防水抗渗工程。PVC 卷材的物理力学性能见表 9-11。

表 9 - 11　　　　　　　　　　　　　　PVC 卷材物理力学性能

项目	P 型				S 型
	优等品	一等品	合格品	一等品	合格品
拉伸强度（MPa）≥	15.0	10.0	7.0	5.0	2.0
断裂伸长率（%）≥	250	200	150	200	120
热处理尺寸变化率（%）≥	2.0	2.0	3.0	5.0	7.0
低温弯折性	$-20℃$，无裂纹				
抗渗透性	不透水				
抗穿孔性	不透水				
剪切状态下的黏合性	$\sigma > 2.0N/mm$ 或在接缝处断裂				

注　1. S 型，以煤焦油与聚氯乙烯树脂混合料为基料的防水卷材。

　　2. P 型，以增塑聚乙烯为基料的防水卷材。

（3）氯化聚乙烯-橡胶共混防水卷材。氯化聚乙烯-橡胶共混防水卷材是以氯化聚乙烯树脂和合成橡胶共混物为主体，加入适量的硫化剂、促进剂、稳定剂、软化剂和填充料等，经过素炼、辊炼、过滤、压延或挤出成形、硫化、分卷包装等工序制成的防水卷材。此类防水卷材兼有塑料和橡胶的特点，具有优异的耐老化性、高弹性、高延伸性及优异的耐低温性，对地基沉降、混凝土收缩适应性强，它的物理性能接近三元乙丙橡胶防水卷材，由于原料丰富，其价格低于三元乙丙橡胶防水卷材。试卷材可用于各种建筑的屋面、地下及水池、冰库等工程，尤其宜用于寒冷地区和变形较大的防水工程及单层外露防水工程。氯化聚乙烯-橡胶共混防水卷材主要的物理力学性能应符合表 9 - 12 的要求。

表 9 - 12　　　　　　　氯化聚乙烯-橡胶共混防水卷材主要的物理力学性能

项　目		指　标	
		S 型	N 型
拉伸强度（MPa）　　　　　　≥		7.0	5.0
断裂伸长率（%）　　　　　　≥		400	—
直角撕裂强度（kN/m）　　　≥		24.5	—
不透水性	压力（MPa）	0.3	—
	保持时间（min）　　　　≥	30	
热老化保持率（80℃±2℃，168h）	拉伸强度（MPa）　　　≥	80	
	断裂伸长率（%）　　　≥	70	
臭氧老化，500×10^{-8}，168h，40℃静态	伸长率 40%	无裂纹	—
	伸长率 20%	—	无裂纹
黏结剥离强度（卷材与卷材）	强度（kN/m）　　　　≥	2.0	2.0
	浸水 168h 后，保持率（%）　　≥	70	
脆性温度（℃）		−40	−20
		无裂纹	
热处理尺寸变化率（%）		+1，−2	+2，−4

注　1. S 型，以氯化聚乙烯与合成橡胶共混体制成的防水卷材。

　　2. N 型，以氯化聚乙烯与合成橡胶或再生橡胶共混体制成的防水卷材。

应强调指出，对于卷材防水工程，在优选各种防水卷材并严格控制质量的同时，还应注意正确选取各种卷材的施工配套材料（如卷材胶黏剂、基层处理剂、卷材接缝密封剂等）。如必须选用各种与卷材相配套的卷材胶黏剂，其材质一般与卷材相近，而不能随意选用，否则会引起卷材脱、起泡而渗漏，严重影响防水质量。卷材胶黏剂一般应由卷材生产厂家配套生产。表 9 - 13、表 9 - 14 分别列出了 SBS 改性沥青防水卷材、三元乙丙橡胶防水卷材配套材料。

表 9 - 13   SBS 改性沥青防水卷材配套材料

材料名称	用　途
氯丁黏结剂	卷材与基层、卷材与卷材的黏结
401 胶	为加强卷材间的黏结，可氯丁胶中掺入适量的 401 胶
汽油	热熔施工时使用
二甲苯或甲苯	基层处理和做稀释剂用

表 9 - 14   三元乙丙橡胶防水卷材配套材料

黏结材料名称	用途	颜色	使用配比	黏结剥离强度
聚氨酯底胶	基层处理剂	甲：黄褐色胶体 乙：黑色胶体	1：3	>2
氯丁系黏结剂（如 404 胶）	基层黏结剂	黄色浑浊胶体	—	>2
丁基黏结剂	卷材接缝黏结剂	A：黄浊胶体 B：黑色胶体	1：1	>2
氯磺化聚乙烯嵌缝膏	收头部位密封	浅色	—	—
表面着色剂	表面保护着色	银色或各种颜色	—	—
聚氨酯涂膜材料	局部增强处理	甲：黄褐色胶体 乙：黑色胶体	1：1.5	—

9.3.2 防水涂料

防水涂料（waterproof coating）是以沥青、高分子合成材料为主体，在常温下呈无定形流态或半流态，经涂布后通过溶剂的挥发、水分的蒸发或各组分的化学反应，在结构物表面形成坚韧防水膜的材料。

防水涂料固化前呈黏稠状液体，不仅能在水平面施工，而且能在立面、阴角、阳角等复杂表面施工。因此，特别适合于各种复杂、不规则部位的防水，能形成无接缝的完整防水膜。防水涂料大多采用冷施工，既减少了环境污染，又便于施工作业，改善工作环境。此外，涂布的防水涂料既是防水层的主体，又是黏结剂，因而施工质量容易保证，维修也较简单。尤其是对于基层裂缝、施工缝、雨水斗及贯穿管周围等一些容易造成渗漏的部位，极易进行增强涂刷、涂布等作业。

防水涂料根据组分不同，可分为单组分防水涂料和双组分防水涂料，单组分防水涂料按涂料的介质不同可分为溶剂型、水乳型；双组分防水涂料，在施工前有两种组分（甲组分和乙组分），施工时两组分按比例混合、搅拌、涂布，发生化学反应而固化成膜。防水涂料按成膜物质的主要成分可分为沥青类、聚合物改性沥青类、合成高分子类三类。

1. 沥青类防水涂料

沥青类防水涂料是指以沥青为基料配制而成的水乳型或溶剂型防水涂料，主要适用于防水等级为Ⅲ、Ⅳ级的屋面防水及卫生间防水等。

(1) 冷底子油。冷底子油是用建筑石油沥青加入汽油、煤油、轻柴油等溶剂，或用软化点为 $50\sim70℃$ 的煤沥青加入苯，混合而配成的沥青涂料。由于施工后形成的涂膜很薄，一般不单独使用，往往用作沥青类卷材施工时打底的基层处理剂，故称冷底子油。

冷底子油黏度小，具有良好的流动性。涂刷混凝土、砂浆等表面后能很快渗入基底，溶剂挥发沥青颗粒则留在基底的微孔中，使基底表面憎水并具有黏结性，为黏结同类防水材料创造有利条件。

冷底子油应随配随用，通常是 $30\%\sim40\%$ 的 30 号或 10 号石油沥青与 $60\%\sim70\%$ 的有机溶剂（多用汽油）配制而成。

(2) 沥青玛瑞脂（沥青胶）。沥青玛瑞脂是用沥青材料加入粉状或纤维状的填充料均匀混合而成。按溶剂及胶黏工艺不同可分为热熔沥青玛瑞脂和冷玛瑞脂。

热熔沥青玛瑞脂（热用沥青胶）的配制通常是将沥青加热至 $150\sim200℃$，脱水后与 $20\%\sim30\%$ 的加热干燥的粉状或纤维状填充料（如滑石粉、石灰石粉、白云粉、石棉屑、木纤维等）热拌而成，热用施工。填料的作用是提高沥青的耐热性、增加韧性、降低低温脆性，因此用玛瑞脂粘贴油毡比纯沥青效果好。热熔沥青根据耐热度可分为 S-60、S-65、S-70、S-75、S-80、S-85 六个标号。各标号的技术指标应符合表 9 - 15 的规定。

表 9 - 15　　　　　　　　　　沥青玛瑞脂的技术指标

指　标	石油沥青玛瑞脂					
	S-60	S-65	S-70	S-75	S-80	S-85
耐热度	用 2mm 厚的沥青玛瑞脂黏合两张沥青油纸；在不低于下列温度（℃）中，在 100%（或 45°角）的坡度上，停放 5h，沥青玛瑞脂不应流出，油纸不应滑动					
	60	65	70	75	80	85
柔韧性	涂在沥青油纸上的 2mm 厚的沥青玛瑞脂层，在 18℃±2℃ 时，围绕下列直径（mm）的圆棒以 2s 的均衡速度弯曲半周，沥青玛瑞脂不应有裂纹					
	10	15	15	20	25	30
黏结力	用手将两张粘贴在一起的油纸慢慢一次撕开，其油纸和沥青玛瑞脂的粘贴面的任何一面撕开部分，应不大于粘贴面的 1/2					

沥青玛瑞脂标号的选择，应根据屋面使用条件、屋面坡度及当地历年最高气温，按《屋面工程质量验收规范》（GB 50207—2012）的有关规定选用。

沥青玛瑞脂的加热温度不宜过高，否则会加速沥青的老化，影响其质量。但在施工中使用温度又不应过低，否则会影响粘贴质量，加热和使用温度见表 9 - 16。此外，还应注意所采用的沥青应与被粘贴卷材的沥青种类一致。

冷玛瑞脂（冷用沥青胶）是将 $40\%\sim50\%$ 的沥青熔化脱水后，缓慢加入 $25\%\sim30\%$ 的填料，混合均匀制成，在常温下施工。它的浸透力强，采用冷玛瑞脂粘贴油毡，不一定要求涂刷冷底子油，它具有施工方便、减少环境污染等优点，目前应用面已逐渐扩大。

表 9 - 16 热熔沥青玛琋脂加热和使用温度

类　　别	加热温度（℃）	使用温度（℃）
普通石油沥青或掺配建筑石油沥青的普通石油沥青马琋脂	不应高于 280	不低于 240
建筑石油沥青马琋脂	不应高于 240	不低于 190

（3）水乳型沥青防水涂料。水乳型沥青防水涂料即水性沥青防水涂料，系以乳化沥青为基料的防水涂料，是借助于乳化剂作用，在机械强力搅拌下，将熔化的沥青微粒均匀地分散于溶剂中，使其形成稳定的悬浮体。这类涂料对沥青基本上没有改性或改性作用不大，主要有石灰乳化沥青、膨润土沥青乳液和水性石棉沥青防水涂料等，主要用于Ⅲ级和Ⅳ级防水等级的工业与民用建筑屋面、地下室和卫生间防水等。沥青基防水涂料的质量应符合表 9 - 17要求。

表 9 - 17 沥青基防水涂料的质量

项　　目		质量要求
固体含量		≥50%
耐热度（80℃，5h）		无流淌、起泡和滑动
柔性（10℃±1℃）		4mm 厚，绕 ϕ20mm 圆棒，无裂纹、断裂
不透水性	压力	≥0.1MPa
	保持时间	≥30min 不渗漏
延伸（20℃±1℃拉伸）		≥4.0mm

2. 高聚物改性沥青防水涂料、合成高分子防水涂料

高聚物改性沥青防水涂料一般指以沥青为基料，用各类高聚物进行改性制成的水乳型或溶剂型防水涂料；合成高分子防水涂料是以合成橡胶或合成树脂为主要成膜物质制成的单组或双组分防水涂料。这两类防水涂料的柔韧性、抗裂性、拉伸强度、耐高低温性能和使用寿命等方面，比沥青基涂料有很大的改善和提高。

（1）乳液型氯丁橡胶沥青防水涂料。乳液型氯丁橡胶沥青防水涂料是以阳离子型氯丁胶乳与阳离子型沥青乳胶混合构成，是氯丁橡胶及石油沥青的微粒，借助于表面活性剂的作用，稳定分散在水中而形成的一种乳液状涂料。它具有较好的耐候性和耐腐性，较高的弹性、延伸性和黏结性，对基层变形的适应能力强、抗裂性好，且无毒难燃，操作安全；适用于工业与民用建筑物的屋面防水、墙身防水、楼地面防水及卫生间、地下室的防水。

（2）聚氨酯防水涂料。聚氨酯防水涂料是一种化学反应型涂料，多以双组分形式混合使用，借助组分间发生化学反应而直接由液态变为固态，几乎不含溶剂，故体积收缩小，易形成较厚的防水涂膜，且涂膜的弹性、抗拉强度、延伸性高，耐候、耐油性能好，对温度变化、基层变形的适应性强，是一种性能优异的合成高分子防水涂料，但其成本较高且有一定的毒性和可燃性；适用于高级公用建筑的卫生间、水池等防水工程及地下室和有保护层的屋面防水工程。

9.3.3 建筑密封材料

为提高建筑物整体的防水、抗渗性能，对于工程中出现的施工缝、构件连接缝、变形缝

等各种接缝，必须填充具有一定的弹性、黏结性，能够使接缝保持水密、气密性能的材料，这就是建筑密封材料（building sealing material）。

建筑密封材料可分为具有一定形状和尺寸的定型密封材料（如止水条、止水带等），以及各种膏糊状的不定型密封材料（俗称密封膏或嵌缝膏）。

下面主要介绍几种不定型密封材料。

1. 工程中常用密封材料

（1）建筑防水沥青嵌缝油膏。建筑防水沥青嵌缝油膏（简称油膏）是以石油沥青为基料，加入改性材料及填充料混合制成的冷用膏状材料。此类密封材料的价格较低，以塑性性能为主，具有一定的延伸性和耐久性，但弹性差。其性能指标应符合《建筑防水沥青嵌缝油膏》（JC/T 207—2011）的要求，主要用于各种混凝土屋面板、墙板等建筑构件节点的防水密封。使用沥青油膏嵌缝时，缝内应洁净干燥，先涂刷冷底子油一道，待其干燥后即嵌填注油膏。

（2）聚氯乙烯建筑防水接缝材料。聚氯乙烯建筑防水接缝材料是以聚氯乙烯树脂为基料，加以适量的改性材料及其他添加剂配制而成的（简称 PVC 接缝材料）。按施工工艺可分为热塑型（通常指 PVC 胶泥）和热熔型（通常指塑料油膏）两类。聚氯乙烯建筑防水接缝材料具有良好的弹性、延伸性及耐老化性，与混凝土基面有较好的黏结性，能适应屋面振动、沉降、伸缩等引起的变形要求。其技术性能应满足《聚氯乙烯建筑防水接缝材料》（JC/T 798—1997）的要求；适用于建筑物和构筑物各种防水接缝。

（3）聚氨酯建筑密封膏。聚氨酯建筑密封膏是以异氰酸基（—NCO）为基料和含有活性氢化物的固化剂组成的一种双组分反应型弹性密封材料。这种密封膏能够在常温下固化，并有着优异的弹性性能、耐热耐寒性能和耐久性，与混凝土、木材、金属、塑料等多种材料有着很好的黏结力，其技术性能应符合《聚氨酯建筑密封膏》（JC/T 482—2003）的要求；广泛用于各种装配式建筑的屋面板、楼地板、阳台、窗框、卫生间等部位的接缝密封及各种施工缝的密封、混凝土裂缝的修补等。

（4）聚硫建筑密封膏。聚硫建筑密封膏是由液态聚硫橡胶为主剂和金属过氧化物等硫化剂反应，在常温下形成的弹性密封材料。其性能应符合《聚硫建筑密封膏》（JC/T 483—2006）的要求。这种密封材料能形成类似于橡胶的高弹性密封口，能承受持续和明显的循环位移，使用温度范围宽，在 $-40 \sim +90℃$ 的温度范围内能保持它的各项性能指标，与金属和非金属材质均具有良好的黏结力；适用于混凝土墙板、屋面板、楼板等部位的接缝密封，以及游泳池、储水槽、上下水管道等工程的伸缩缝、沉降缝的防水密封，特别适用于金属幕墙、金属门窗四周的防水、防尘密封。因固化剂中常含铅成分，在使用时应避免直接接触皮肤。

（5）硅酮建筑密封膏。硅酮建筑密封膏是以聚硅氧烷为主要成分的单组分和双组分室温固化型弹性建筑密封材料。硅酮建筑密封膏属高档密封膏，它具有优异的耐热、耐寒性和耐候性能，与各种材料有着较好的黏结性，耐伸缩疲劳性强，耐水性好。其技术指标符合《硅酮建筑密封胶》（GB/T 14683—2003）的要求。

硅酮建筑密封膏按性能有高模量、中模量和低模量之分，高模量硅酮建筑密封膏主要用于建筑物的结构型密封部位，如高层建筑的玻璃幕墙、隔热玻璃黏结密封，以及建筑门、窗密封等；中模量硅酮建筑密封膏，除了不能在大伸缩缝中使用外，在其他部位都可使用；低模量硅酮建筑密封膏主要用于建筑物的非结构型密封部位，如预制混凝土墙板、水泥板、大理石板的外墙接缝和高速公路接缝的防水密封等。

2. 密封材料的选用及基本要求

合理选用密封材料进行的密封防水，是保证防水工程质量的重要环节，应着重考虑以下几个方面：

(1) 密封材料的黏结性能，不同的基层材质及表面状态要求不同的密封材料。密封材料与被黏基层的良好黏结，是保证密封的必要条件。

(2) 密封材料使用的部位不同，对密封材料的要求也不同。如室外的接缝，要求有较好的耐老化性、耐候性的密封材料。而有腐蚀性介质部位的密封则要求耐化学性能良好的密封材料。

(3) 根据接缝形状、尺寸和接缝活动量的大小，选择具有相应的抗下垂性、自流平性、弹塑性能的密封材料。例如，在填充垂直缝和顶板缝时，应保证不流淌、不坍落、不下垂；在填注水平接缝时，应具有自流、充满的性能。

9.3.4 防水材料的选用

1. 严格按有关规范进行选材

根据《屋面工程技术规范》(GB 50345—2012) 的规定，屋面防水工程应根据建筑物的类别、重要程度、使用功能要求确定防水等级，并应按相应等级进行防水设防，具体要求见表 9-18。每道卷材防水层最小厚度应符合表 9-19 的规定，每道涂膜防水层最小厚度应符合表 9-20 的规定，复合防水层最小厚度应符合表 9-21 的规定。

表 9-18 屋面防水等级、设防要求和防水做法

项　目	防水等级	
	Ⅰ级	Ⅱ级
建筑类别	重要建筑和高层建筑	一般建筑
设防要求	两道防水设防	一道防水设防
防水做法	卷材防水层和卷材防水层、卷材防水层和涂膜防水层、复合防水层	卷材防水层、涂膜防水层、复合防水层

注　在Ⅰ级屋面防水做法中，防水层仅作单层卷材时，应符合有关单层防水卷材屋面技术的规定。

表 9-19 每道卷材防水层最小厚度　　　　mm

防水等级	合成高分子防水卷材	高聚物改性沥青防水卷材		
		聚酯胎、玻纤胎、聚乙烯胎	自粘聚酯胎	自粘无胎
Ⅰ级	1.2	3.0	2.0	1.5
Ⅱ级	1.5	4.0	3.0	2.0

表 9-20 每道涂膜防水层最小厚度　　　　mm

防水等级	合成高分子防水涂膜	聚合物水泥防水涂膜	高聚物改性沥青防水涂膜
Ⅰ级	1.5	1.5	2.0
Ⅱ级	2.0	2.0	3.0

表 9-21 复合防水层最小厚度 mm

防水等级	合成高分子防水卷材＋合成高分子防水涂膜	自粘聚合物改性沥青防水卷材（无胎）＋合成高分子防水涂膜	高聚物改性沥青防水卷材＋高聚物改性沥青防水涂膜	聚乙烯丙纶卷材＋聚合物水泥防水胶结材料
Ⅰ级	1.2＋1.5	1.5＋1.5	3.0＋2.0	(0.7＋1.3)×2
Ⅱ级	1.0＋1.0	1.2＋1.0	3.0＋1.2	0.7＋1.3

2. 根据不同部位的防水工程选择防水材料

不同部位的防水工程对防水材料性质的要求也各有侧重。如屋面防水工程应根据防水层暴露程度与所处的环境温度、基层结构的刚度情况等，正确选用具有相应耐候性、耐热性、柔性、拉伸强度和延伸率的防水材料。而在管子根部、卷材收头等易渗漏的薄弱部位，应采用密封材料、防水涂料等进行局部补强防水。而对于地下防水工程，由于受到地下水的不断侵蚀，且水压较大，以及地下结构可能产生的变形条件，要求防水材料具有很好的整体不透水性、优良的抗渗性和延伸率。

3. 根据环境条件和使用要求，选择防水材料，确保耐用年限

在最高温度较高，而最低气温在0℃以上地区的卷材防水屋面，尤其是外露屋面，一般应选用耐热度较高和柔性也比较高的APP改性沥青防水卷材或选用耐紫外线、耐臭氧、耐热、老化保持率高的合成高分子防水卷材；而在寒冷地区，应选用柔性在－20℃以下的SBS改性沥青防水卷材、合成高分子防水卷材等；对于受震动、易变形的屋面，应选用拉伸强度较高、延伸率较大的改性沥青防水卷材和高分子防水卷材，如三元乙丙橡胶防水卷材；对于处在有腐蚀性气体等介质环境中的建筑物，其防水材料应选择有良好的防腐性能的材料。

4. 根据防水工程施工时的环境温度选择防水材料

大部分材料的施工温度一般最低为5℃，最高为35℃。热溶型高聚物改性沥青防水卷材最低施工温度通常为－10℃，聚氨酯双组分涂料的最低施工温度一般为－5℃等。应按具体工程施工时的环境温度情况选用适当的防水材料。

5. 根据结构形式选择防水材料

对于预制化、异型化、大跨度、震动频繁的屋面，容易产生伸缩和局部变形，则应选择弹性好、延伸性好、强度高的防水卷材作防水层，如三元乙丙橡胶防水卷材等高分子防水卷材等。又如，对于平整大面积建筑物的屋面和地下防水以选用卷材为宜，而对于厕浴间等面积小、穿楼板管道多、阴阳角多的部位防水，采用卷材则施工较为困难，应选择能够适应基层形状变化，并有利于管道敷设的防水涂料为主。

6. 应根据技术可行、经济合理的原则选材

根据工程防水等级的要求及工程投资的多少，综合考虑技术经济两方面的因素，在满足防水层耐用年限要求的前提下，尽可能经济选材。

【案例分析 9-2】 某工程竣工验收时，发现顶层屋面渗水，局部水珠下滴。检查屋面，发现阁楼墙根部卷材SBS上翻部分大部分脱落，下雨天雨水渗入。

原因分析：为了赶工期，在基层未干时就强行施工，由于内部水分较大，太阳暴晒，温度升高，水蒸气将卷材强行顶开。

防治措施：做防水层前，基层必须干净、干燥。干燥程度的简易检验方法是：将 $1m^2$ 卷材平坦地干铺在找平层上，静置 3～4h 后掀开检查，找平层覆盖部位与卷材上未见水印，即为干燥程度符合施工要求。

9.4 装 饰 材 料

9.4.1 概述

1. 建筑装饰材料的定义与分类

建筑装饰材料（construction carving）是在建筑施工中结构工程和水电暖管道安装等工程基本完成后，在最后装修阶段所使用的各种起装饰作用的材料。装饰材料能对建筑物的室内空间和室外环境的功能和美化处理形成不同的装饰效果。

建筑装饰材料浩如烟海，品种花色非常繁杂，通常有以下两种分类：

（1）按化学成分分类。从化学成分上可分为有机装饰材料（如木材、塑料、有机涂料等）、无机装饰材料（如天然石材、石膏制品、金属等）和有机、无机复合装饰材料（如铝塑板、彩色涂层钢板等）。无机装饰材料又可分为金属（如铝合金、铜合金、不锈钢等）和非金属（如石膏、玻璃、陶瓷、矿棉制品等）两大类。

（2）按建筑物装饰部位分类。建筑装饰材料按其对建筑物不同的装饰部位，可分为以下几类：

1）外墙装饰材料，包括外墙、阳台、台阶、雨篷等建筑物全部外露的外部结构装饰所用的材料。

2）内墙装饰材料，包括内墙墙面、墙裙、踢脚线、隔断、花架等全部内部构造装饰所用的材料。

3）地面装饰材料，包括地面、楼面、楼梯等结构的全部装饰材料。

4）吊顶装修材料，主要指室内顶棚装饰用材料。

5）室内装饰用品及配套设备，包括卫生洁具、装饰灯具、家具、空调设备及厨房设备等。

6）其他，如街心、庭院小品及雕塑等。

2. 建筑装饰材料在建筑工程中的作用

建筑装饰材料是建筑装饰工程的物质基础。装饰工程的总体效果及功能的实现，无一不是通过运用装饰材料及其配套设备的形体、质感、图案、色彩、功能等所表现出来的。建筑装饰材料在整个建筑材料中占有重要的地位。据分析，一般在普通建筑物中，装饰材料的费用占其建筑材料成本的 50％左右，而在豪华型建筑物中，装饰材料的费用要占到 70％以上。据称，广州白天鹅宾馆所用装饰材料的品种，多达 4500 余种。

建筑物外部装饰，既美化了表面，也对建筑物起到了保护作用，使其提高对大自然风吹、日晒、雨淋、霜雪、冰雹等侵袭的抵抗能力，以及对腐蚀性气体及微生物的抗侵蚀能力，从而有效地提高了建筑物的耐久性，降低了维修费用。

一些新型、高档装饰材料还兼有其他优异的适用功能。如现代建筑大量采用的吸热或热反射玻璃幕墙，可以吸收或反射太阳辐射热能的 30％以上，从而产生"冷房效应"，而在国际上流行的高效能中空玻璃可以使太阳辐射热的 40％～70％不进入室内，同时还具有隔声

（30dB 以上）和防结露（在 −40℃ 使用）等性能。

建筑室内装饰主要指内墙面、地面、顶棚装饰。室内装饰的目的是美化并保护墙体和地面、顶棚基材。保证室内使用功能，创造一个舒适、整洁、美观的生活和工作环境。

3. 建筑装饰材料的基本性能

建筑装饰材料是用于建筑物内、外表面，主要起装饰作用的材料。建筑装饰性的体现很大程度上受建筑装饰材料的制约，尤其受到材料的颜色、光泽、质感、图案、花纹等装饰特性的影响。因此，只有把握住选择建筑装饰材料的基本要求，才能取得理想的装饰效果。对装饰材料的基本要求如下：

（1）材料的颜色、光泽、透明性。颜色是材料对光谱选择吸收的结果。不同的颜色给人以不同的感觉，如红色能使人兴奋，绿色能使人消除紧张和疲劳等，但材料颜色的表现不是材料本身所固有的，它与入射光光谱成分及人们对光的敏感程度有关。颜色选择恰当，符合人的心理需求，才能创造出美好的空间环境。

光泽是材料表面方向性反射光线的性质。材料表面愈光滑，则光泽度愈高。当为定向反射时，材料表面具有镜面特征，又称镜面反射。不同的光泽度，可改变材料表面的明暗程度，并可扩大视野或造成不同的虚实对比。

透明性是光线透过材料的性质。分为透明体（可透光、透视）、半透明体（透光，但不透视）、不透明体（不透光、不透视）。利用不同的透明度可隔断或调整光线的明暗，造成特殊的光学效果，也可使物像清晰或朦胧。

（2）花纹图案、形状、尺寸。在生产或加工材料时，利用不同的工艺将材料的表面制成各种不同的表面组织，如粗糙、平整、光滑、镜面、凸凹、麻点等；或将材料的表面制作成各种花纹图案（或拼镶成各种图案），如山水风景画、人物画、仿木花纹、陶瓷壁画、拼镶陶瓷锦砖等。

建筑装饰材料的形状和尺寸对装饰效果有很大的影响，能给人带来空间尺寸的大小和使用上是否舒适的感觉。改变装饰材料的形状和尺寸，并配合花纹、颜色、光泽等可拼镶出各种线形和图案，从而获得不同的装饰效果，以满足不同建筑形体和线形的需要，最大限度地发挥材料的装饰性。

（3）质感。质感是材料的表面组织结构、花纹图案、颜色、光泽、透明性等给人的一种综合感觉，如钢材、陶瓷、木材、玻璃、呢绒等材料对人的感官形成的软硬、粗犷、细腻、冷暖等感觉。组成相同的材料可以有不同的质感，如普通玻璃与压花玻璃、镜面花岗石板材与剁斧石。相同的表面处理形式往往具有相同或类似的质感，但有时并不完全相同，如人造花岗石、仿木纹制品，一般均没有天然的花岗石和木材亲切、真实，而略显得单调呆板。

（4）耐沾污性、易洁性与耐擦性。材料表面抵抗污物作用、保持其原有颜色和光泽的性质称为材料的耐沾污性。材料表面易于清洗洁净的性质称为材料的易洁性，它包括在风、雨等作用下的易洁性（又称自洁性）及在人工清洗作用下的易洁性。良好的耐沾污性和易洁性是建筑装饰材料经久常新，长期保持其装饰效果的重要保证。用于地面、台面、外墙及卫生间、厨房等的装饰材料有时须考虑材料的耐沾污性和易洁性。材料的耐擦性实质就是材料的耐磨性，分为干擦（称为耐干擦性）和湿擦（称为耐洗刷性）。耐擦性越高，则材料的使用寿命越长。内墙涂料常要求具有较高的耐擦性。

4. 建筑装饰材料的选用原则

选用建筑装饰材料的原则是装饰效果要好并且耐久、经济。

选择建筑装饰材料时，首先，应从建筑物的使用要求出发，结合建筑物的造型、功能、用途、所处的环境（包括周围的建筑物）、材料的使用部位等，并充分考虑建筑装饰材料的装饰性质及材料的其他性质，最大限度地表现出所选各种建筑装饰材料的装饰效果，使建筑物获得良好的装饰效果和使用功能。其次，所选建筑装饰材料应具有与所处环境和使用部位相适应的耐久性，以保证建筑物装饰工程的耐久性。最后，应考虑建筑装饰材料与装饰工程的经济性，不但要考虑一次投资，也应考虑维修费用，因而在关键部位上应适当加大投资延长使用寿命，以保证总体上的经济性。

9.4.2　建筑涂料

涂料（coating）是指涂敷于物体表面能与基体材料很好黏结并形成完整而坚韧保护膜的物料。由于涂料最早是以天然植物油脂、天然树脂如亚麻子油、桐油、松香、生漆等为主要原料，故而称油漆。根据科学技术发展的实际情况，合成树脂在很大范围内已经或正在取代天然树脂，所以我国已正式命名为涂料，而油漆仅仅是涂料中的油性涂料而已。

建筑涂料（architectural coating）是指用于建筑物表面的涂料，具有色彩鲜艳、造型丰富、质感与装饰效果好；品种多样，可满足各种不同要求。此外，建筑涂料还具有省工省料、造价低、工期短、工效高、自重轻、可在各种复杂的墙面上施工、维修更新方便等优点。因此，在建筑装饰工程中应用十分广泛。

1. 组成

各种涂料的组成不同，但基本上由主要成膜物质、次要成膜物质、辅助物质（稀释剂和助剂等）组成。各组成部分的常用原料见表 9-22。

主要成膜物质包括基料、胶黏剂和固着剂。其作用是将涂料中的其他组分黏结在一起，并能牢固附着在基层表面形成连续均匀、坚韧的保护膜。主要成膜物质的性质，对形成涂膜的坚韧性、耐磨性、耐候性及化学稳定性等，起着决定性的影响。

次要成膜物质包括颜料和填料，它们是构成涂膜的组成部分，以微细粉状均匀分散于涂料介质中，赋予涂膜以色彩、质感，使涂膜具有一定的遮盖力，减少收缩，还能增加涂膜的机械强度，防止紫外线的穿透作用，提高涂膜的抗老化性、耐候性等。但它们不能离开主要成膜物质单独成膜。

表 9-22　　　　　　　　　　　　　**涂料各组成部分的常用原料**

组　　成		原　　　　料
主要成膜物质	油脂	动物油：鲨鱼肝油、牛油等
		植物油：桐油、豆油、蓖麻油等
	树脂	天然树脂：虫胶、松香等
		合成树脂：酚醛、醇酸、氨基酸、有机硅等
次要成膜物质	颜料	无机颜料：钛白、铬黄、铁蓝、炭黑等
		有机颜料：甲苯胺红、酞青蓝等
		防锈颜料：红丹、锌铬黄等
	填充料	滑石粉、碳酸钙、硫酸钡等

组 成		原 料
辅助物质	助剂	增韧剂、催干剂、固化剂、乳化剂、稳定剂等
挥发物质	稀释剂	石油溶剂、苯、松节油、乙醇、水等

稀释剂又称为溶剂，是溶剂型涂料的一个重要组成部分。它是一种具有既能溶解油料、树脂、又易于挥发，能使树脂成膜的有机物质。其作用是：将油料、树脂稀释并将颜料和填料均匀分散；调节涂料的黏度，使涂料便于涂刷、喷涂在物体表面形成连续薄层；增加涂料的渗透力；改善涂料与基面的黏结能力、节约涂料等；但过多的掺用溶剂会降低涂膜的强度和耐久性。

辅助材料又称助剂，其用量很少，但种类很多，各有特点，且作用显著，是改善涂料某些性能的重要物质。

2. 分类

建筑涂料的分类方法很多，常用的有以下几种：

(1) 按涂料使用的部位分类，常分为墙面涂料、地面涂料、顶棚涂料、屋面涂料。

(2) 按主要成膜物质的化学成分可分为有机涂料、无机涂料和复合涂料。

(3) 按涂料所使用的稀释剂可分为溶剂型涂料和水性涂料。溶剂型涂料必须以各种有机溶剂作为稀释剂，水性涂料则可以水为稀释剂。

其中水性涂料按其水分散体系性质又可分为三种类型。

1) 乳液涂料。系将合成树脂以 $0.1\sim0.5\mu m$ 的极细微粒分散于水中构成乳液（加适量乳化剂），加适量颜料、辅助材料经研磨而成的涂料。乳液涂料又称乳胶涂料或乳胶漆，是目前应用最为广泛的涂料。

2) 水溶胶涂料。这种涂料呈胶态分散体系，属无机高分子涂料。

3) 水溶性涂料。以水溶性合成树脂为主要成膜物质的涂料。

(4) 按涂料使用功能可分为防火涂料、防水涂料、防霉涂料等。

(5) 按涂层结构可分为薄涂料、厚涂料和复层涂料。薄涂料的涂层厚度在 $50\sim100\mu m$；厚涂料的厚度一般为 $1\sim6mm$；复层涂料则常由底涂层、主涂层和面涂层组成，厚度为 $2\sim5mm$。

复层涂料的底涂层是用于封闭基层和增强主涂料的附着能力的涂层；主涂层是用于形成立体或平状装饰面的涂层，厚度大于或等于 $1mm$；面涂层是用于增强装饰效果、提高涂膜性能的涂层，其中溶剂型面涂层为 A 型，水性面涂层为 B 型。

根据主涂层中黏结材料的不同，复层涂料又可分为四类。

1) 聚合物水泥系复层涂料。用混有聚合物分散剂或可再乳化粉状树脂的水泥作为黏结料，代号为 CE。

2) 硅酸盐系复层涂料。用混有合成树脂乳液的硅溶胶等作为黏结料，代号为 Si。

3) 合成树脂乳液系复层涂料。用合成树脂乳液作为黏结料，代号为 E。

4) 反应固化型合成树脂乳液系复层涂料。用环氧树脂或类似系统通过反应固化的合成树脂乳液等作为黏结料，代号为 RE。

复层涂料按耐沾污性和耐候性分为三个等级：优等品、一等品和合格品。

按《复层建筑涂料》（GB/T 9779—2005）的规定，产品理化性能要求见表 9-23。

表 9-23 复层涂料理化性能要求

项 目			指 标		
			优等品	一等品	合格品
容器中状态			无硬块，呈均匀状态		
涂膜外观			无开裂、无明显针孔、无气泡		
低温稳定性			不结块、无组成物分离、无凝聚		
初期干燥抗裂性			无裂纹		
黏结强度（MPa）	标准状态 ≥	RE	1.0		
		E、Si	0.7		
		CE	0.5		
	浸水后 ≥	RE	0.7		
		E、Si、CE	0.5		
涂层耐温变性（5 次循环）			不剥落、不起泡、无裂纹、无明显变色		
透水性（mL）	A 型 <		0.5		
	B 型 <		2.0		
耐冲击性			无裂纹、剥落以及明显变形		
耐沾污性（白色和浅色）	平状（%）≤		15	15	20
	立体状（级）≤		2	2	3
耐候性（白色和浅色）	老化时间（h）		600	400	250
	外观		不起泡、不剥落、无裂纹		
	粉化（级）≤		1		
	变色（级）≤		2		

注 浅色是指以白色涂料为主要成分，添加适量色浆后配置成的浅色涂料形成的涂膜所呈现的浅颜色，按《中国颜色色体》（GB/T 15608—2006）中 4.3.2 规定，明度值为 6～9 之间（三刺激值中的 $Y_{D65} \geqslant 31.26$）；其他颜色的耐候性要求由供需双方商定。

3. 功能

建筑涂料的功能见表 9-24。

表 9-24 建筑涂料的功能

项 目	功 能 的 含 义
保护建筑物	系指涂料所具有的防锈性、耐水性、防腐蚀、耐候性等，即提高建筑构件表面抵抗日光、大气、水分以及有害介质侵蚀的能力
装饰建筑物	系指涂料赋予建筑物以色彩、光泽、花纹、美术图案或立体感。美化建筑物的外观，改善人们的居住环境
改善建筑构件的功能	随着科学技术的发展，出现了各种具有特殊功能的涂料
（1）防火	具有阻止燃烧或阻止燃烧的蔓延，推迟燃烧时间的防火性能
（2）防水	具有阻止水透过涂料层的防水性能
（3）隔热	具有反射热量，阻止热量损失的隔热保温性能
（4）吸声隔声	具有吸收某些声波和隔声性能
（5）防辐射	具有防止辐射线侵入的性能
（6）防结露	具有良好的保温性能，可防止结露
（7）防霉	具有抑制霉菌生长的防霉性能
（8）杀虫	涂料中含有对人体、牲畜无害的有毒物质，能杀死某些有害昆虫，具有杀虫、防蛀性能
（9）发光	涂料中含有荧光物质，能在夜晚发光，起标志作用

4. 涂料的选用

建筑物的装饰效果主要通过质感、线形和色彩三方面取得，其中线形主要由建筑结构及饰面方法所决定，而质感和色彩则是涂料装饰效果好坏的基本要素。耐久性包括保护效果和装饰效果两方面。涂膜的变色、沾污、剥落与装饰效果直接相关，而粉化、龟裂、剥落与保护效果有关。涂料装修比较经济。在建筑中选择涂料时可参考下列几点：

（1）按建筑物的装饰部位选择不同功能的涂料。外部装饰主要有外墙方面，窗套、屋檐等部位，所用涂料必须有足够好的耐水性、耐候性（耐老化性）、耐沾污性和耐冻融性，才能保证有较好的装饰效果和耐久性。内部装饰主要有内墙立面、顶棚、地面。内墙涂料对颜色、平整度、丰富度、硬度、耐干擦性和耐湿擦性上有要求。一般内墙涂料原则上均可作顶棚涂料，但在较大型的建筑中，采用添加粗骨料的毛面顶棚涂料则更富有装饰效果。地面涂料应具有较好的耐磨性和隔声作用。

（2）按不同的建筑结构材料来选择涂料及确定涂料体系。一幢建筑物需采用多种结构材料，如混凝土、水泥、砂浆、砖、木材、钢铁和塑料等。因此，选用涂料应考虑被涂底材的特性。例如，混凝土和水泥等无机硅酸盐底材用的涂料，必须具有较好的耐碱性，并能有效防止底材的碱分 [CaO、$Ca(OH)_2$] 析出涂膜表面，引起"析碱"现象而影响装饰效果。对于钢铁等金属构件，必须注意防止生锈，因此，在考虑涂料体系时应先涂防锈底漆，然后涂配套的面漆。

（3）按建筑物所处的地理位置和施工季节选择涂料。建筑物所处的地理位置及饰面经受不同的气候条件要求也不一样，炎热多雨的南方所用的涂料不仅要求好的耐水性，而且应有好的防霉性，否则霉菌繁殖会很快使涂料失去装饰效果。严寒的北方对涂料的耐冻融性有着更高的要求。雨期施工应选择干燥迅速并具有较好的初期耐水性涂料，冬期施工则应特别注意涂料的最低成膜温度，选择成膜温度低的涂料。

（4）按建筑标准和造价选择涂料和确定施工工艺。对于高级建筑可以选用高档涂料，并采用三道成活的施工工艺，底层为封闭层，中间层形成具有较好质感的花纹和凸凹状，面层则使涂料具有较好的耐水性、耐沾污性和耐修性，从而达到较好的装饰效果和耐久性。一般建筑可选用中档产品，采用二道成活的施工工艺。

一种好的涂料为取得好的装饰效果及耐久性，必须在基层表面创造有利的质感、线形、涂层附着条件及合理的施工工艺。因此，当涂料选定以后，一定要对该涂料的施工要求和注意事项作全面了解，并按要求进行施工，才能取得预期的效果。

【案例分析 9-3】 某北方住宅于 1 月在新抹 5d 的水泥砂浆内墙上涂刷，开涂料桶后发现涂料上部较稀，且有色料上浮。为赶工期，加较多水后，边搅拌边施涂。完工后除有一些色差外，人靠在墙上会有粉粘在衣服上。

原因分析：此涂料的质量本身存在一定的问题，易离析，故开桶后可见上稀下稠，且又没有充分搅拌予以补救，下面稠的涂料填料沉淀、色淡。另外，新抹的水泥砂浆含水率较高，涂料加入较多水后，被冲稀的涂料成膜不完善，且环境气温较低影响涂层成膜。因此，常易掉粉。

防治措施：使用质量好的涂料；加适量水并充分搅拌；涂刷基体的含水率不可高，新抹水泥砂浆需要夏季 7d 以上，冬季 14d 以上；在气温较低时，对涂层成膜有影响，尤其注意。

9.4.3 壁纸、墙布

壁纸、墙布是目前使用最广泛的墙面装饰材料，不仅适用于墙面，而且也适用于柱面和吊顶。因其色彩丰富，质感多样，图案装饰性强，且有高、中、低多档次供人们选择，除有良好的装饰功能外，还有吸声、隔热、防火、防菌、防霉、耐水等功能，维护保养简单，用久后调换更新容易等特点，因而易被人们接受。近十几年来，随着人们生活水平的提高，壁纸、墙布的生产和应用正在迅速普及。目前，国内生产的壁纸主要有塑料壁纸、织物壁纸及其他壁纸。墙布有玻璃纤维墙布、无纺贴墙布、化纤装饰墙布、纯棉装饰墙布、锦缎墙布等。

1. 壁纸（wallpaper）

（1）塑料壁纸。塑料壁纸是以纸为基层，聚氯乙烯塑料薄膜为面层，经复合印花、压花等工序而制成的壁纸。在国际市场上，塑料壁纸大致可分为三类，即普通壁纸（也称纸基涂塑壁纸）、发泡壁纸、特种壁纸。每一类壁纸都有三四个品种，每一品种又有若干花色。

1）普通壁纸。以 $800g/m^2$ 的纸作为基材，涂聚氯乙烯糊状树脂 $100g/m^2$ 左右，经印花、压花而成，故称普通壁纸，或纸基涂塑壁纸。

这种壁纸花色品种多，适用面广，价格低廉，广泛用于一般住房、公共建筑的内墙、柱面、顶棚的装饰，是生产最多、使用最普遍的品种。普通壁纸有单色压花壁纸、印花压花壁纸、有光印花和平光印花壁纸。

2）发泡壁纸。发泡壁纸，也称浮雕壁纸，是以 $100g/m^2$ 的纸基作基材，涂塑 $300\sim400g/m^2$ 掺有发泡剂的聚氯乙烯（PVC）糊状物，印花后，再经加热发泡而成。壁纸表面呈凹凸花纹。

这类壁纸有高发泡印花、中发泡印花、低发泡印花等品种。高发泡壁纸发泡倍率大，表面呈现富有特性的凹凸花纹，是一种装饰、吸声、隔热多功能的壁纸，常用于影剧院、会议室、讲演厅、住宅天花板等处装饰。低发泡压花壁纸（化学压花）是用有不同抑制发泡作用的油墨印花后再发泡，使表面形成具有不同色彩的凹凸花纹图案，也叫化学浮雕，该品种还有仿木纹、拼花、仿瓷砖等花色，图样真，立体感强，装饰效果好，并有弹性，适用于室内墙裙、客厅、内走廊的装饰。

3）特种壁纸。特种壁纸是用特种纤维作为基层或是对基层、面层作特殊处理而制成的有特殊功能、用于有特殊要求场合的一类壁纸，也叫专用壁纸。如耐水壁纸是用玻璃纤维毡作基材，以适应卫生间、浴室等墙面的装饰。防火壁纸用石棉纸作基材，并且 PVC 涂塑材料中掺入阻燃剂制成，适用于防火要求较高的建筑和木板面装饰。表面彩色砂粒壁纸是在基材上散布彩色砂料，再喷涂胶黏剂，使表面具有砂粒毛面，有较强的立体感装饰效果，一般用于门厅、柱头、走廊等局部装饰。此外，还有防菌壁纸、防霉壁纸、吸湿壁纸、防静电壁纸、吸味壁纸等。

（2）织物壁纸。高品位、全天然及与床上用品、窗帘配套是壁纸发展的主要方向。这是织物壁纸得以在塑料壁纸的基础上迅速发展起来的主要原因。

织物壁纸按面料不同可分为麻草壁纸、纱线壁纸、丝绸壁纸等。

1）纱线壁纸。纱线壁纸是以纸为背衬，以棉或毛、化纤色线为面层经胶黏复合而成的壁纸。其装饰效果主要通过各色纺线编织成不同的花纹图案或线中夹有金、银丝、荧光物等手法来体现，该壁纸吸声、不变形、无异味、无静电、防霉性好；适用于宾馆、饭店办公室、会议室、接待室、疗养院、计算机房、广播室及家庭等墙面装饰。

2）麻草壁纸。麻草壁纸通常以纸为背衬，以麻或草类物的纤维纺织物为面层，经复合加工而成。麻草壁纸具有不变形、吸声、不老化、无异味、无静电、散潮湿、阻燃等特点，在装饰效果上，呈现出古朴、粗犷、自然的韵味，给人以返璞归真之感；适用于会议室、接待室、影剧院、酒吧、舞厅，以及饭店、宾馆的客房和商店的橱窗设计等处内墙面装饰等。

3）丝绸壁纸。丝绸壁纸是高级公共建筑装修中应用最为广泛的织物壁纸。

按所用背衬材料不同，丝绸壁纸可分为以下几种：

a. 以发泡聚乙烯为背衬材料，与丝绸面料复合而成的丝绸纸，该壁纸较厚（3～5mm），弹性好，具有一定的吸声效果，但裱糊时用普通的水性壁纸胶不易贴牢。

b. 以弹性软片（低发泡聚乙烯）为背衬与丝绸面料复合而成的丝绸壁纸，产品较薄，可用压条嵌压而装饰局部，也可用于高级包间、车厢及家具的软包装。

c. 以 $30g/m^2$ 化纤无纺布为背衬与天然及人造纤维面层复合而成的丝绸壁纸。该壁纸无弹性，常用于大面积内墙装修，用普通水性壁纸胶即可裱糊。这类丝绸壁纸透气性较好、较柔软、耐擦洗、成本较低，也克服了织物的各向异性。其面层有三种：全人造丝交织层、人造丝与棉纱混合交织层、人造丝与人造棉交织层。

（3）其他壁纸。

1）金属热反射节能壁纸。该壁纸是在纸基上真空喷镀一层铝膜，形成反射层，然后印花、压花加工而成。该壁纸能将热量的主要携带者——红外线反射掉 65%，节约能源10%～30%。其表面有金属光泽和质感，寿命长、不老化、耐擦洗、耐污染。此外，尚有一定的透气性，可防止墙面结露、霉变，适用于高级室内装饰。

2）无机质壁纸。为了实现回归大自然的愿望，人类试图将一些天然无机材料用于壁纸表面，如将洁白的膨胀珍珠岩颗粒，闪闪发光的云母片、蛭石作为壁纸的饰面，粗犷而不失典雅，同时还具有一定的吸声、保温、吸湿等特殊功效，此工艺在欧洲国家广为应用；我国杭州等地也有生产。

3）镭射壁纸。镭射壁纸是由纸基、镭射薄膜和透明而带印花图案的聚氯乙烯膜构成。其装饰效果比镭射玻璃更佳，且可贴于曲面上，比镭射玻璃便宜，适用于不断更新格调的娱乐场所。

4）植绒壁纸。该壁纸是以各色化纤绒毛为面层材料，通过静电植绒技术而制成的壁纸，具有质感强烈、触感柔和、吸声性好等优点，多用于影剧院的墙面和顶棚装饰。

2. 墙布（wallcloth）

（1）玻璃纤维墙布。玻璃纤维墙布是以中碱玻璃纤维为基材，表面涂以耐磨树脂，印上彩色图案而制成的。玻璃纤维墙布色彩鲜艳，花色繁多；具有不褪色、不老化、防火、防水、耐湿、不虫蛀、不霉、可洗刷等特点，价格低廉，施工简便；适用于招待所、旅馆、饭店、宾馆、展览馆、会议室、住宅、餐厅等内墙面装饰，尤其是卫生间、浴室的墙面装饰。

（2）无纺贴墙布。无纺壁纸俗称无纺贴墙布，是以棉、麻等天然纤维或涤、腈等合成纤维为原料，经无纺成形、上树脂、印制图案等工序制成的内墙面装饰材料。按所用原料不同，无纺贴墙布分棉、麻、涤纶、腈纶等品种。无纺壁纸挺括，富有弹性，不易折断，纤维不老化、不散失、对皮肤无刺激作用（与玻纤墙布比）；具有一定的透气性、防潮性、可擦洗性，不褪色。无纺贴墙布适用于各种建筑物内墙面装饰，尤其是涤纶棉无纺壁纸，除具有麻质壁纸特点外，还具有质地细洁、光滑等特点，特别适用于高级宾馆等内墙装饰。

（3）化纤装饰墙布。化纤装饰墙布以化学纤维或化学纤维与棉纤维混纺纤维织物为基材，以印花等艺术处理而成。前者称为"单纶"墙布，后者称为"多纶"墙布。化纤装饰墙布具有无毒、无味、透气、防潮、耐磨、无分层等特点。化纤装饰墙布适用于各类宾馆、住宅、办公室、会议室等建筑内墙面装饰。

（4）纯棉装饰墙布。纯棉装饰墙布以棉平布为基材，经印花、涂布耐磨树脂等工序而制成。纯棉装饰墙布具有无静电、吸声、无异味、强度高等特点。该装饰墙布适应于各类宾馆、住宅、公共建筑的内墙面装饰。

（5）锦缎墙布。锦缎墙布是丝织物的一种，色彩图案绚丽多彩、古雅精致，可创造一种高雅的环境。另外，吸声、透气、吸潮、质感明显，造价昂贵，不易擦洗，易长霉。锦缎墙布只适用于重点工程的室内高级饰面裱糊。

9.4.4   建筑玻璃

玻璃（glass）是构成现代建筑的主要材料之一。随着现代建筑的发展，玻璃及其制品也由单纯作为采光和装饰，逐渐向着能控制光线、调节热量、节约能源、控制噪声、降低建筑物自重、改善建筑环境、提高建筑艺术水平等方向发展。

玻璃的种类很多，建筑中常用的有平板玻璃、装饰玻璃、安全玻璃、绝热玻璃。

1. 平板玻璃（plate glass）

（1）平板玻璃分类。按颜色属性分为无色透明平板玻璃和本体着色平板玻璃。按外观质量分为优等品、一等品、合格品三类。按公称厚度分为 2、3、4、5、6、8、10、12、15、19、22mm 和 25mm。

（2）平板玻璃的用途。平板玻璃的用途有两个方面：3～5mm 厚的平板玻璃一般直接用于门窗的采光，8～12mm 厚的平板玻璃可用于隔断。另外一个重要用途是作为钢化、夹层、镀膜、中空等玻璃的原片。

（3）技术要求。尺寸偏差、厚度偏差、弯曲度、对角线差、厚薄差、外观质量、光学性能应符合《平板玻璃》（GB 11614—2009）的规定。

（4）运输与存放。运输时，箱头朝向车辆运动方向，应防止箱（架）倾倒滑动。运输和装卸时箱盖朝上，不得倒放或斜放，并需有防雨措施。玻璃应在干燥通风的库房中存放，防止发霉。玻璃发霉后产生彩色花斑，大大降低了光线的透射率。

2. 装饰玻璃（decorative glass）

装饰平板玻璃由于表面具有一定的颜色、图案和质感等，可以满足建筑装饰对玻璃的不同要求。装饰平板玻璃的品种有磨砂玻璃、压花玻璃、喷花玻璃、乳花玻璃、印刷玻璃、彩色玻璃、冰花玻璃、光栅玻璃等。

（1）磨砂玻璃。磨砂玻璃又称为毛玻璃，是经研磨、喷砂等加工方法，使表面成为均匀粗糙的平板玻璃。用硅砂、金刚砂、刚玉粉等作研磨材料，加水研磨制成的称为磨砂玻璃；用压缩空气将细砂喷射到玻璃表面而成的，称为喷砂玻璃。

由于这种玻璃表面粗糙，使透过的光线产生漫射，只有透光性而不透视，作为门窗玻璃可使室内光线柔和，没有刺目之感。这种玻璃主要用于有遮挡视线要求的装饰部位，如卫生间、浴室、办公室等需要隐秘和不受干扰的房间；也可用于室内隔断、黑板或室内灯箱的面层板作为灯箱透光片使用。

作为办公室门窗玻璃使用时，应注意将毛面朝向室内。作为浴室、卫生间门窗玻璃使用时应使其毛面朝外，以避免淋湿或沾水后透明。

（2）压花玻璃。压花玻璃又称滚花玻璃。压花玻璃是将熔融的玻璃液在冷却的过程中，用带有花纹图案的辊轴压延而成的，可一面压花也可两面压花，常用的厚度有 2、4、6mm 等。玻璃的正面用气溶胶对玻璃表面进行喷涂处理，玻璃可呈浅黄色、浅蓝色等，增加了立体感，也提高了强度。根据工艺不同还有真空镀膜压花玻璃和彩色膜压花玻璃等。

压花玻璃的物理和化学性能与普通平板玻璃相同，但压花玻璃具有透光不透视的特点，能够起到隐秘的遮挡作用，可用于宾馆、饭店、餐厅、酒吧、卫生间的门窗、办公空间的隔断等处。由于压花玻璃的花形图案和表面的沾水程度会影响压花玻璃的透光透视性能，因而压花玻璃在一般场所使用，安装时应将压花面朝向室内；用于浴室、游泳池、卫生间等潮湿的房间其压花面应朝外，且尽量避免将水溅到玻璃上。

（3）喷花玻璃。喷花玻璃又称为胶花玻璃，是在平板玻璃表面贴以图案，抹以保护面层，经喷砂处理形成透明与不透明相间的图案而成。喷花玻璃给人以高雅、美观的感觉，适用于室内门窗、隔断和采光。喷花玻璃的厚度一般为 6mm，最大加工尺寸为 2200mm×1000mm。

（4）乳花玻璃。乳花玻璃是新近出现的装饰玻璃，它的外观与喷花玻璃相近。乳花玻璃是在平板玻璃的一面贴上图案，抹以保护层，经化学蚀刻而成。它的花纹柔和、清晰、美丽、富有装饰性。乳花玻璃一般厚度为 3~5mm，最大加工尺寸为 2000mm×1500mm。

乳花玻璃的用途与喷花玻璃相同。

（5）印刷玻璃。印刷玻璃是在普通平板玻璃表面用特殊的材料印制成各种图案的玻璃品种。

印刷玻璃的图案和色彩丰富，常见的图案有线条形、方格形、圆形和菱形等。这类玻璃的印刷处不透光，空露的部位透光，有特殊的装饰效果。印刷玻璃主要用于商场、宾馆、酒店、酒吧、眼镜店和美容美发厅等装饰场所的门窗及隔断玻璃。

（6）彩色玻璃。彩色玻璃又称有色玻璃。彩色玻璃按透明程度不同可分为透明、半透明和不透明三种。

透明彩色玻璃是在普通平板玻璃的制作原料中加入了一定量的金属氧化物着色剂，使玻璃具有各种色彩，具有很强的装饰效果。

半透明彩色玻璃又称乳浊玻璃，是在玻璃原料中加入乳浊剂，经过热处理，不透视但透光，可以制成各种颜色的饰面砖或饰面板，白色的又称乳白玻璃。

不透明彩色玻璃又称彩釉玻璃，它是在平板玻璃的表面喷涂刷无机或有机色釉，经过烧结、退火或钢化等热处理，使釉层与玻璃牢固接合，制成美丽色彩或图案的玻璃。它具有耐腐蚀、抗冲刷、易清洗、不褪色、不掉色、图案精美等优良性能，有着独特的外观装饰效果。

彩色玻璃的尺寸一般不大于 1500mm×1000mm，厚度为 5~6mm。

彩色玻璃的颜色丰富，有蓝色、绿色、黄色、棕色和红色等，装饰性好，而且可以用颜色不同的彩色玻璃拼成一定的图案花纹，以取得某种艺术效果，并具有耐腐蚀、易清洁等特点。彩色玻璃主要用于建筑物的门窗、内外墙面上和对光线有色彩要求的建筑部位。

（7）冰花玻璃。冰花玻璃是一种利用平板玻璃经特殊处理形成具有自然冰花纹理的玻璃。冰花玻璃对通过的光线有漫射作用。例如，用作门窗玻璃，犹如蒙上一层纱帘，看不清室内的景物，却有着良好的透光性能，具有良好的艺术装饰效果。它具有花纹自然、立体感强、质感柔和、透光不透明、视感舒适的特点。

冰花玻璃可用无色平板玻璃制造，也可用茶色、蓝色、绿色等彩色玻璃制造。其装饰效果优于压花玻璃，能创造清新典雅的装饰氛围，是一种新型的室内装饰玻璃；可用于宾馆、酒楼、饭店、酒吧间等场所的门窗、隔断、屏风和家庭装饰，目前最大规格尺寸为2400mm×1800mm。

（8）光栅玻璃。光栅玻璃，俗称镭射玻璃。它是以玻璃为基材，经过特殊工艺处理后，当光线照射到玻璃上时出现全息光栅或其他几何光栅等物理衍射的七彩光现象的玻璃品种。

光栅玻璃的表面经过光线照射后能够呈现艳丽的色彩和图案，且色彩和图案可因光线的入射角度的不同而出现不同色彩变化，使装饰面显得富丽堂皇、梦幻万千。

光栅玻璃的颜色有银白色、茶色、蓝色、红色、绿色、黑色等。光栅玻璃适用于商场、宾馆、迪斯科厅、酒吧等场所的门面、墙面、地面、隔断、屏风等的装饰。

3. 安全玻璃（Safety glass）

安全玻璃是相对于普通玻璃而言的，它与普通玻璃相比具有力学强度高、抗冲击能力好的特点，被击碎时，其碎块不会伤人，并兼有防盗、防火功能和一定的装饰效果。其主要品种有钢化玻璃、夹丝玻璃、夹层玻璃和钛化玻璃等。

（1）钢化玻璃。钢化玻璃又称为强化玻璃。它是用物理的或化学的方法，在玻璃的表面上形成一个压应力层，玻璃本身具有较高的抗压强度，不会造成破坏。当玻璃受到外力作用时，这个压应力层可将部分拉应力抵消，避免玻璃的碎裂，从而达到了提高玻璃强度的目的。

钢化玻璃具有强度高、弹性好、热稳定性好、安全性高的特点。它的抗折强度为同等厚度普通玻璃的4~5倍，韧性提高约5倍，弹性好。这种玻璃能承受204℃的温差变化，最高安全工作温度为288℃，热稳定性好。在破碎时碎片一般无尖锐的棱角，不易伤人，有较好的安全性。

由于钢化玻璃具有较好的性能，所以在建筑工程、交通工具及其他领域内得到了广泛的应用。平面钢化玻璃常用作建筑物的门窗、隔墙、幕墙及橱窗、家具等，曲面玻璃常用于汽车、火车、船舶、飞机等方面。使用时应注意的是，钢化玻璃不能切割、磨削，边角也不能碰击挤压，需按现成的尺寸规格选用或提出具体设计图纸进行加工定制。用于大面积的玻璃幕墙的玻璃在钢化程度上要予以控制，选择半钢化玻璃，即其应力不能过大，以避免受风荷载引起震动而自爆。

（2）夹丝玻璃。夹丝玻璃也称防碎玻璃或钢丝玻璃。它是将经预热处理的钢丝或钢丝网在玻璃熔融状态时压入玻璃中间，经退火、切割而成。夹丝玻璃分为夹丝压花玻璃和夹丝磨光玻璃两类。其颜色可以制成五色透明或彩色的。按厚度分为6、7、10mm三种。按等级分为优等品、一等品和合格品。规格尺寸一般不小于600mm×400mm，不大于2000mm×1200mm。

夹丝玻璃的抗折强度、抗冲击能力和耐温度剧变的性能都比普通玻璃好，破碎时其碎片附着在钢丝上不致飞出伤人；适用于公共建筑的走廊、防火门、楼梯间、厂房天窗及各种采光屋顶等。

（3）夹层玻璃。夹层玻璃是将柔软透明的聚乙烯醇缩丁醛树脂胶片夹在两片或多片玻璃原片之间，经过加热、加压与玻璃黏合在一起的平面或曲面的复合玻璃制品。夹层玻璃属于安全玻璃的一种。用于生产夹层玻璃的原片可以是普通平板玻璃、浮法玻璃、钢化玻璃、彩色玻璃、吸热玻璃或热反射玻璃等。夹层玻璃的层数有2、3、5、7层，最多可达9层。

夹层玻璃的透明度好，抗冲击能力要比一般平板玻璃高好几倍，用多层普通玻璃或钢化玻璃复合起来，可制成防弹玻璃。由于聚乙烯醇缩丁醛树脂胶片的黏合作用，玻璃即使破碎时，碎片也不会飞扬伤人。通过采用不同的原片玻璃，夹层玻璃还可具有耐火、耐热、耐湿、耐寒等性能。

夹层玻璃有着较高的安全性，一般在建筑上用作高层建筑的门窗、天窗和商店、银行、珠宝店的橱窗、隔断等。夹层玻璃不能切割，因为上下两层很难对齐，特别是多层夹层玻璃的中间几层无法切割，需要选用定型产品或按尺寸定制。

4. 绝热玻璃（heat insulating glass）

（1）吸热玻璃。吸热玻璃是一种可以控制阳光，既能吸收全部或部分热射线（红外线），又能保持良好透光率的平板玻璃。

吸热玻璃的生产是在普通钠-钙硅酸盐玻璃中，加入有着色作用的氧化物，如氧化亚铁、氧化镍等，使玻璃带色并具有较高的吸热性能；也可在玻璃表面喷涂氧化锡、氧化锑等有色氧化物薄膜而制成。吸热玻璃有蓝色、茶色、灰色、绿色、古铜色等。

吸热玻璃在建筑装修工程中应用得比较广泛，凡既需采光又需隔热之处均可采用。采用不同颜色的吸热玻璃能合理利用太阳光，调节室内温度，节省空调费用，而且对建筑物的外表有很好的装饰效果；一般多用作高档建筑物的门窗或玻璃幕墙。

（2）热反射玻璃。热反射玻璃，又称遮阳镀膜玻璃或镜面玻璃。它是具有较高热反射性能而又保持良好透光性能的平板玻璃，是在玻璃表面用热解、蒸发、化学处理等方法喷涂金、银、铝、铁等金属及金属氧化物或粘贴有机物的薄膜而制成。

热反射玻璃与吸热玻璃的区别可用式（9-2）表示，即

$$S = \frac{A}{B} \tag{9-2}$$

式中 A——玻璃对整个光通量的吸收系数；

B——玻璃对整个光通量的反射系数。

当 $S>1$ 时称为吸热玻璃；当 $S<1$ 时称为热反射玻璃。

热反射玻璃具有良好的隔热性能，对太阳辐射热有较高的反射能力，反射率达30%以上，最高可达60%，而普通玻璃只有7%～8%。镀金属膜的热反射玻璃还有单向透像作用，使白天在室内可以看到室外景色，而在室外就看不到室内的景物，对建筑物内部起到遮蔽及帷幕的作用。

热反射玻璃可用作建筑门窗玻璃、幕墙玻璃，还可以用于制作高性能中空玻璃。热反射玻璃是一种较新的材料，具有良好的节能和装饰效果，很多现代的高档建筑都选用热反射玻璃做幕墙。但在使用时也应注意，如果热反射玻璃幕墙使用不恰当或使用面积过大也会造成光污染，影响环境的和谐。

（3）中空玻璃。中空玻璃是由两片或多片平板玻璃用边框隔开，中间充以干燥的空气，四周边缘部分用胶结或焊接方法密封而成的，其中以胶结方法应用最为普遍。中空玻璃按玻

璃层数,有双层和多层之分,一般多为双层结构。

制作中空玻璃的原片可以是平板玻璃、钢化玻璃、夹丝玻璃、热反射玻璃等,厚度通常是 3、4、5、6mm。中空玻璃的中间空气层厚度为 6、9、12mm 三种尺寸,颜色有无色、绿色、茶色、蓝色、灰色、金色、棕色等。

中空玻璃产品可适用于保温、防寒、隔声、防盗报警等多种用途,且一种产品也可以具备多种功能。仅就节能而言,采用双层中空玻璃,冬季采暖的能耗可降低 25%~30%。目前中空玻璃发展很快,已在建筑中用得很多,主要用于需要采暖、空调、防止噪声等的建筑上,如住宅、饭店、宾馆、办公楼、学校、医院、商店等,也可用于火车、轮船等。

5. 玻璃制品

常用的玻璃装饰制品有玻璃马赛克和玻璃砖,详见本书 9.4.5。

9.4.5 建筑装饰面砖

1. 陶瓷类装饰面砖(ceramic decorative brick)

凡由黏土、长石、石英等天然矿物为原料,经配料、制坯、干燥、焙烧制得的成品,统称为陶瓷制品。建筑陶瓷是用于建筑物墙面、地面及卫生设备的陶瓷材料及制品。建筑陶瓷具有强度高、性能稳定、耐腐蚀性好,耐磨、防水、防火、易清洗及装饰性好等优点,在建筑工程及装饰工程中广泛使用。

(1)外墙面砖。外墙面砖是采用品质均匀而耐火度较高的黏土经压制成形后焙烧而成,具有强度高、防潮、抗冻、耐用、不易污染和装饰效果好的特点,广泛用于镶嵌在建筑物外墙面上起保护和装饰作用。根据面砖表面的装饰情况可分为:表面不施釉的单色砖(又称墙面砖);表面施釉的彩釉砖;表面既有彩釉又有凸起的花纹图案的立体彩釉砖(又称线砖);表面施釉,并做成花岗岩花纹的面砖,称为仿花岗岩釉面砖等。为了与基层墙面能很好黏结,面砖的背面均有肋纹。

外墙面砖的主要规格尺寸较多,质感、颜色多样化,其种类、规格见表 9-25。

表 9-25 外墙面砖的种类、规格和用途 mm

种 类		一般规格	性 能	用 途
名 称	说 明			
表面无釉外墙贴面砖（又名"单色砖"）	有白、浅黄、深黄、红、绿等色	200×100×12 150×75×12 75×75×8	质地坚固,吸水率不大于8%,色调柔和,耐水抗冻,经久耐用,防火,易清洗等	用于建筑物外墙,作装饰及保护墙面之用
表面有釉外墙贴面砖（又名"彩釉砖"）	有粉红、蓝、绿、金砂釉、黄、白等色	108×108×8 150×30×8		
立体彩釉砖（线砖）	表面有凸起线纹,有釉,并有黄、绿等色	200×60×8 200×80×8		
仿花岗岩釉面砖	表面有花岗岩花纹,表面施釉	195×45 95×95 108×60 227×60		

(2)内墙面砖。内墙面砖也称釉面砖、瓷砖、瓷片,是适用于建筑物室内装饰的薄型精

陶制品。它由多孔坯体和表面釉层两部分组成。表面釉层有结晶釉、花釉、有光釉等不同类别。按釉面颜色可分为单色（含白色）、花色和图案砖等，常用的规格：长×宽为108mm×108mm、152mm×152mm、200mm×200mm、200mm×300mm、300mm×300mm；厚度为5~10mm。

釉面砖色泽柔和典雅，朴实大方，热稳定性好，防潮、防火、耐酸碱，表面光滑易清洗，主要用于厨房、卫生间、浴室、试验室、医院等室内墙面、台面等。由于其多孔坯体层和表面釉层的吸水率、膨胀率相差较大，在室外受到日晒雨淋及温度变化时，易开裂或剥落，故不宜用于外墙装饰和地面材料使用。

釉面砖的主要种类及特点见表9-26。

表9-26　　　　　　　　　　　　釉面砖的主要种类及特点

种　类		特　点
白色釉面砖		色纯白，釉面光亮，镶于墙面，清洁大方
彩色釉面砖	有光彩色釉面砖	釉面光亮晶莹，色彩丰富雅致
	石光彩色釉面砖	釉面半无光，不晃眼，色泽一致，色调柔和
装饰釉面砖	花釉砖	系在同一砖上施以多种彩釉，经高温烧成，色釉互相渗透，花纹千姿百态，有良好装饰效果
	结晶釉砖	晶花辉映，纹理多姿
	斑纹釉砖	斑纹釉面，丰富多彩
	大理石釉砖	具有天然大理石花纹，颜色丰富，美观大方
图案砖	白地图案砖	系在白色釉面砖上装饰各种彩色图案，经高温烧成，纹样清晰，色彩明朗，清洁优美
	色地图案砖	系在有光或石光彩色釉面砖上，装饰各种图案，经高温烧成，产生浮雕、缎光、绒毛、彩漆等效果，做内墙饰面，别具风格
瓷砖画及色釉陶瓷字	瓷砖画	以各种釉面砖拼成各种瓷砖画，或根据已有画稿烧成釉面砖拼成各种瓷砖画，清洁优美，永不褪色
	色釉陶瓷字	以各种色釉、瓷土烧制而成，色彩丰富，光亮美观，永不褪色

（3）墙地砖。墙地砖包括外墙用贴面砖和室内外地面铺贴用砖，由于目前这类饰面砖的发展趋势是既可用于外墙又可用于地面，因此称为墙地砖。墙地砖具有强度高、耐磨、化学稳定性好、易清洗、吸水率低、不燃、耐久等特点。

墙地砖是以优质陶土为主要原料，经成形后于1100℃左右焙烧而成，分无釉（无光面砖）和有釉（彩釉砖）两种。该类砖颜色繁多，表面质感多样，通过配料和制作工艺的变化，可制成平面、麻面、毛面、抛光面、仿石表面、压光浮雕面等多色多种制品。其主要品种有：

1）劈裂墙地砖。劈裂墙地砖又称劈离砖或双合砖，是新开发的一种彩釉墙地砖。它是由黏土、页岩、耐火土等按一定配比混合后，经湿化、真空练泥、高压挤出成形、干燥、施釉、烧结、劈裂（将一块双联砖分为两块砖）等工序制成的。其特点是兼有普通机制黏土砖和彩釉砖的特性。由于产品的内部结构特征类似于黏土砖，因而其密度大，强度高，弯曲强度大于 20MPa，吸水率小于 6%，耐磨抗冻。又由于其表面施加了彩釉，因而具有良好的装饰性和可清洗性。其品种有：平面砖、踏步砖、阳阴角砖、彩色釉面砖及表面压花砖等。在平面砖中又有长方形、条形、双联条形和方形等。有各种颜色，外形美观，可按需要拼砌成多种图案以适应建筑物和环境的需要。因其表面不反光、无亮点、外观质感好，所以，用于外墙面时，质朴、大方，具有石材的装饰效果。用于室内外地面、台面、踏步、广场及游泳池、浴池等处，因其表面具有黏土质的粗糙感，不易打滑，故其装饰和使用效果均佳。

2) 麻面砖。麻面砖是采用仿天然岩石的色彩配料，压制成表面凸凹不平的麻面坯体后经焙烧而成。砖的表面酷似经人工修凿过的天然岩石，纹理自然，有白、黄等多种色调。该类砖的抗折强度大于 20MPa，吸水率小于 1%，防滑耐磨。薄型砖适用于外墙饰面，厚型砖适用于广场、停车场、人行道等地面铺设。

3) 彩胎砖。彩胎砖是一种本色无釉瓷质饰面砖，富有天然花岗石的纹点，纹点细腻，色调柔和莹润，质朴高雅，主要规格有 200mm×200mm、300mm×300mm、400mm×400mm、500mm×500mm、600mm×600mm 等，最大规格为 600mm×900mm，最小规格为 95mm×95mm。

彩胎砖表面有平面和浮雕两种，又有无光、磨光、抛光之分，吸水率小于 1%，抗折强度大于 27MPa，耐磨性和耐久性好；可用于住宅厅堂的墙、地面装饰，特别适用于人流量大的商场、剧院、宾馆等公共场所的地面铺贴。

(4) 陶瓷锦砖。陶瓷锦砖俗称马赛克（Mosaic），是以瓷土为主要原料，以半干法压制成形，经 1250℃ 高温烧制成的小块瓷片，边长一般不大于 40mm，以各种颜色、多种几何形状铺贴在牛皮纸上的陶瓷制品（又称纸皮砖）。产品出厂前已按各种图案粘贴好。每张（联）牛皮纸制品面积约为 0.093m²，质量约为 0.65kg，每 40 联为一箱，每箱可铺贴面积 3.7m²。

陶瓷锦砖有有釉和无釉两类，目前各地产品多是无釉的。按砖联分为单色、拼花两种。陶瓷锦砖质地坚实，经久耐用，色泽图案多样，耐酸、耐碱、耐火、耐磨，吸水率小，不渗水，易清洗，热稳定性好。

陶瓷锦砖主要用于室内地面装饰，如浴室、厨房、餐厅、化验室等地面；也可用作内、外墙饰面，并可镶拼成风景名胜和花鸟动物图案的壁画，形成别具风格的锦砖壁画艺术，其装饰性和艺术性均较好，且可增强建筑物的耐久性。

2. 玻璃类装饰砖（glass decorative brick）

(1) 玻璃锦砖。玻璃锦砖又称玻璃马赛克，是以石英砂和纯碱组成的生料与玻璃粉按一定的比例混合，加入辅助材料和适当的颜料经高温熔融，送入压延机压延而成（熔融法）；或压制成形为坯料，然后在 650～800℃ 的温度下快速烧结而成（烧结法）。玻璃马赛克分为熔融玻璃马赛克、烧结玻璃马赛克和金星玻璃马赛克。

将单块的玻璃马赛克按设计要求的图案及尺寸，用以糊精为主要成分的胶黏剂粘贴到牛皮纸上成为一联（正面贴纸）。铺贴时，将水泥浆抹入一联马赛克的背纸面，使之填满块与块之间的缝隙及每块的沟槽，成联铺于墙面上，然后将贴面纸洒水润湿，将牛皮纸揭去。

根据《玻璃马赛克》（GB/T 7697—1996）的规定，玻璃马赛克一般为正方形，如 20mm×20mm、25mm×25mm、30mm×30mm，相应的厚度为 4.0、4.2mm 和 4.3mm，其他规格尺寸由供需双方协商，但每块边长不得超过 45mm。每联马赛克的边长为 327mm，允许有其他尺寸的联长。联上每行（列）马赛克的距离（线路）为 2.0、3.0mm 或其他尺寸。色泽要求目测同一批产品应基本一致。其物理化学性能见表 9 - 27。

表 9 - 27 玻璃马赛克的物理化学性能

试验项目		条 件	指 标
玻璃马赛克与铺贴纸黏合牢固度		直立平放和卷曲摊平	均无脱落
脱纸时间		5min 时	无脱落
		40min 时	≥70%
热稳定性		在 88～92℃水中浸泡 30min 后立即放入 18～25℃的水中浸泡 10min，循环 3 次	全部试样均无裂纹和破损
化学稳定性	盐酸溶液	1mol/L，100℃，4h	$K\geqslant99.90\%$
	硫酸溶液	1mol/L，100℃，4h	$K\geqslant99.93\%$
	氢氧化钠溶液	1mol/L，100℃，1h	$K\geqslant99.88\%$
	蒸馏水	100℃，4h	$K\geqslant99.96\%$

注 K 为质量变化率，是指腐蚀后试样质量与腐蚀前试样质量之比的百分率。

玻璃马赛克颜色多样、色彩绚丽、色泽柔和、不褪色，表面光滑、不吸水、不吸尘、天雨自涤，化学稳定性及冷热稳定性好，与水泥砂浆黏结性好，施工方便。它适用于各类建筑的外墙饰面及壁画装饰等。

（2）玻璃砖。玻璃砖又称特厚玻璃，有空心砖和实心砖两种。实心玻璃砖是用机械压制方法制成的。空心玻璃砖是将两种膜压成凹形的玻璃原体，熔接或胶结成整体，其空腔内充以干燥空气的玻璃制品。

空心砖有单孔和双孔两种。按性能分：有在内侧面做成各种花纹，赋予它特殊的采光性，使外来的光散射的玻璃砖和使外来光向一定方向折射的指向性玻璃砖。按形状分：有正方形、矩形及各种异型产品。按尺寸分：一般有 115、145、240、300mm 等规格。按颜色分：有使玻璃本身着色的，有在其侧面涂色的，以及在内侧面用透明着色材料涂饰等的产品。

玻璃砖被誉为"透光壁墙"，它具有强度高、绝热、隔声、透明度高、耐水、耐火等优越特性。

玻璃砖用来砌筑透光的墙壁、建筑物的非承重内外隔墙、淋浴隔断、门厅、通道等，特别适用于高级建筑、体育馆、图书馆，用作控制透光、眩光和太阳光等场合。

复习思考题

9 - 1 名词解释

（1）沥青防水卷材；（2）绝热材料；（3）吸声材料；（4）彩釉面砖。

9 - 2 填空题

（1）沥青防水卷材具有_____、_____、_____等缺点。

（2）选择建筑物围护结构的材料时，应选用导热系数较_____、热容量较_____的材料，保持室内适宜的温度。

（3）当声波遇到材料表面时，一部分被_____，另一部分_____，其余部分则被_____。

（4）增加多孔材料的厚度，可提高_____频声音的吸声效果，而对吸收_____频声音则无多大影响。

（5）玻璃是热的_____导体。

（6）涂料的基本组成包括_____、_____、_____和_____。

9-3 问答题

（1）吸声材料与绝热材料的气孔特征有何差别？

（2）某绝热材料受潮后，其绝热性能明显下降。请分析原因。

（3）传统建筑防水材料与新型建筑防水材料有何区别？

（4）某住宅水池需选用防水材料，有两种防水涂料可供选择：

A. 沥青基防水材料　　　　　　B. 水泥基防水涂料

请问如何选择？

（5）北方某住宅工地因抢工期，在12月涂外墙乳胶。后来发现有较多的裂纹，请分析原因。

（6）请分析用于室外和室内的建筑装饰材料主要功能的差异。

（7）广东某高档高层建筑需建玻璃幕墙，有吸热玻璃及热反射玻璃两种材料可选用，请选用并简述理由。

土木工程材料试验

土木工程材料是实践性较强的课程，材料试验是这门课程的一个重要组成部分，同时也是学习和研究材料的重要方法。学习土木工程材料试验的目的有三个：①熟悉、验证、巩固所学的理论知识，增加感性认识；②了解所使用的仪器设备，掌握所学土木工程材料的试验方法；③进行科学研究的基本训练，培养分析问题和解决问题的能力。

试验内容主要包括材料的基本性质试验、钢材、水泥、砂石材料、混凝土、砂浆、沥青等材料的主要性质试验，同时列出了两个综合设计试验。

本书常用试验简介是按课程教学大纲要求选材，根据现行国家（或行业）标准或其他标准规范、资料编写的，并不包括所有土木工程材料试验的全部内容。又由于科学技术水平和生产条件不断发展，今后遇到本书以外的试验时，可查阅有关指导文件，并注意各种土木工程材料标准和试验方法的修订动态，以作相应修订。

试验1 材料的基本性质试验

材料的基本性质试验项目较多，对于各种不同材料及不同用途，测试项目及测试方法视具体要求而有一定差别。下面以工程材料为例，介绍土木工程中材料几种常用物理性能试验方法。

试验依据《水泥密度测定方法》（GB/T 208—2014）、《建设用砂》（GB/T 14684—2011）、《建设用卵石、碎石》（GB/T 14685—2011）、《普通混凝土用砂、石质量及检验方法标准》（JGJ 52—2006）进行。其中水泥密度测定方法适用于测定水泥的密度，也适用于测定其他粉状物料的密度。

1.1 密度试验

1. 试验目的

材料的密度是指材料在绝对密实状态下单位体积的质量，主要用来计算孔隙率和密实度。而材料的吸水率、强度、抗冻性及耐蚀性都与孔隙的大小及孔隙特征有关。如砖、石材、水泥等材料，其密度都是一项重要指标。

2. 试样准备

将试样研碎，通过 900 孔/cm^2 的筛，除去筛余物，放在 105℃±5℃ 的烘箱中，烘至恒重，再放入干燥器中冷却至室温（室温应控制在 20℃±1℃）。

3. 仪器设备

密度瓶（图1，又名李氏瓶）、量筒、干燥箱、干燥器、天平（1kg，精度为 0.01g）、温度计、漏斗和小勺等。

4. 试验步骤

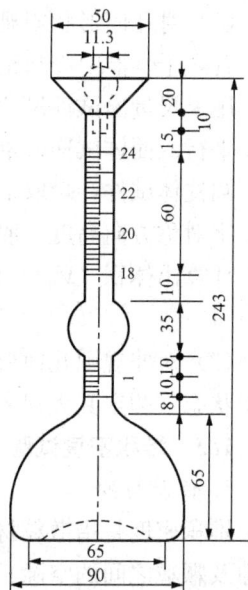

图1 密度瓶（单位：mm）

(1) 在密度瓶中注入与试样不起反应的液体至突颈下部刻度线零处，记下刻度数，将密度瓶放在盛水的容器中，在试验过程中保持水温为 20℃±1℃。

(2) 用天平称取 60~90g 试样，精确至 0.01g，用小勺和漏斗小心地将试样徐徐送入密度瓶中，要防止在密度瓶喉部发生堵塞，直到液面上升到 20mL 刻度左右为止。再称剩余的试样质量，计算出装入瓶内的试样质量 m（g）。

(3) 轻轻振动密度瓶使液体中的气泡排出；记下液面刻度，根据前后两次液面读数，算出液面上升的体积，即为瓶内试样所占的绝对体积 V（cm³）。

5. 结果计算

按式（1）算出密度 ρ（计算至两位小数），即

$$\rho = \frac{m}{V} \tag{1}$$

式中 m——装入瓶中的试样的质量，g；

$\quad\quad$ V——装入瓶中试样的绝对体积，cm³；

$\quad\quad$ ρ——密度，g/cm³。

密度试验用两个试样平行进行，以其结果的算术平均值作为最后结果，但两个结果之差不应超过 0.02g/cm³。

1.2 表观密度试验

1. 试验目的

利用表观密度可以估计材料的强度、吸水性、保温性，也可用来计算材料体积和结构物质量。

2. 仪器设备

游标卡尺（精度为 0.1mm）、天平（精度为 0.1g）、干燥箱、干燥器、漏斗、直尺、搪瓷盘等。

3. 方法步骤

(1) 对几何形状规则的材料。将欲测材料的试件放入 105℃±5℃ 干燥箱中烘至恒重，取出置入干燥器中冷却至室温。

用卡尺量出试件尺寸。

平行六面体试样：量取 3 对平行面一个方向的中线长度，两两取平均值。

圆柱体试件：量取十字对称直径，上、中、下部位各取两次，取六次结果的平均值；量取十字对称方向高度，取四次测定结果的平均值。

计算出体积（V_0），再称试样质量（m），则表观密度 ρ_0 为

$$\rho_0 = m/V_0 \tag{2}$$

(2) 对非规则几何形状的材料。如砂、石等其表观体积 V_0 可用排液法测定。材料在非烘干状态下测定其表观密度时，须注明含水情况。

1.3 堆积密度试验

1. 试验目的

堆积密度是指散粒材料（如水泥、砂、卵石、碎石等）在堆积状态下（包含颗粒内部的孔隙及颗粒之间的空隙）单位体积的质量。它可以用来估算散粒材料的堆积体积及质量，考虑运输工具，估计材料级配情况等。

2. 仪器设备

标准容器、天平（精度为 0.1g）、干燥箱、干燥器、漏斗、钢尺等。

3. 试样准备

将试样放在 105℃±5℃ 的干燥箱中，烘至恒重，再放入干燥器中冷却至室温。

4. 试验步骤

（1）材料松堆积密度的测定。称标准容器的质量（m_1），将散粒材料（试样）经过标准漏斗（或标准斜面），徐徐地装入容器内，漏斗口（或斜面底）距容器口为 5cm，待容器顶上形成锥形，将多余的材料用钢尺沿容器口中心向两个相反方向刮平，称容器和材料总质量（m_2）。

（2）紧堆积密度的测定。称标准容器的质量（m_1）。取另一份试样，分两层装入标准容积筒内。装完一层后，在筒底垫放一根 ϕ10mm 钢筋，将筒按住，左右交替颠击地面各 25 下，再装第二层，把垫着的钢筋转 90° 后同法颠击。加料至试样超出筒口，用钢尺沿筒口中心线向两个相反方向刮平，称其总质量（m_2）。

（3）结果计算。堆积密度按式（3）计算，即

$$\rho'_0 = \frac{m_2 - m_1}{V'_0} \tag{3}$$

式中　m_2——容器和试样总质量，kg；

　　　m_1——容器质量，kg；

　　　V'_0——容器的体积，m^3；

　　　ρ'_0——堆积密度，kg/m^3。

以两次试验结果的算术平均值作为堆积密度测定的结果。

（4）容器体积的校正。以 20℃±5℃ 的饮用水装满容器，用玻璃板沿容器口滑移，使其紧贴容器。擦干容器外壁上的水分，称其质量 m'_2。事先称得玻璃板与容器的总质量 m'_1，单位以 kg 计。容器体积按式（4）计算，即

$$V'_0 = \frac{m'_2 - m'_1}{1000} \tag{4}$$

1.4　吸水率试验

1. 试验目的

测定材料吸水率，了解材料孔隙构造特征，从而深刻理解材料吸水饱和后各项性能发生的变化。该试验以石料为例介绍其试验方法。

2. 主要仪器

天平（称量 1000g，感量 0.1g）、容器、干燥箱、搪瓷盘、毛巾、刷子等。

3. 试验步骤

（1）按规定取样，并将试样缩分至略大于表 1 规定的数量。洗刷干净后分为大致相等的两份备用。

表 1　　　　　　　　吸水率试验所需试样数量

石子最大粒径（mm）	9.50	16.0	19.0	26.5	31.5	37.5	63.0	75.0
最小试样质量（kg）	2.0	2.0	4.0	4.0	4.0	6.0	6.0	8.0

（2）取试样一份置于盛水的容器中，水面应高出试样表面约 5mm，浸泡 24h 后，从水

中取出，用拧干的湿毛巾将颗粒表面的水分擦干，即成为饱和面干试样，立即称出其质量 G_1，精确至 1g。

（3）将饱和面干试样放在 105℃±5℃的干燥箱中，烘至恒重，再放入干燥器中冷却至室温后，称出其质量 G_2。精确至 1g。

4. 结果计算

吸水率 W 按式（5）计算，即

$$W = (G_1 - G_2)/G_2 \tag{5}$$

式中　W——吸水率，%；

　　　G_1——饱和面干试样的质量，g；

　　　G_2——烘干后试样的质量，g。

吸水率取两次试验结果的算术平均值，精确至 0.1%。

试验 2　钢 筋 试 验

试验依据《金属材料拉伸试验　第 1 部分：室温试验方法》（GB/T 228.1—2002）、《金属材料　弯曲试验方法》（GB/T 232—2010）进行。

2.1　一般规定

（1）同一截面尺寸和同一炉罐号组成的钢筋分批验收时，每批质量通常不大于 60t，超过 60t 的部分，每增加 40t（或不足 40t 的余数），增加一个拉伸试验试样和一个弯曲试验试样。

（2）钢筋应有出厂证明书或试验报告单。验收时应抽样做机械性能试验，包括拉力试验和冷弯试验两个项目。两个项目中如有一个项目不合格，该批钢筋即为不合格品。

（3）钢筋在使用中如有脆断、焊接性能不良或机械性能显著不正常时，尚应进行化学成分分析，或其他专项试验。

（4）取样方法和结果评定规定，自每批钢筋任意抽取两根（或根据规定，取相应的数量），于每根距端部 50mm 处各取一套试样，在每套试样中取一半数量的钢筋做拉力试验，另一半数量的钢筋作冷弯试验。在拉力试验的两根试件中，如其中 1 根试件的屈服点、抗拉强度和伸长率 3 个指标中有 1 个指标达不到标准中规定的数值，应再抽取双倍钢筋，制取双倍试件重做试验，如仍有 1 根试件的 1 个指标达不到标准要求，则不论这个指标在第 1 次试件中是否达到标准要求，拉力试验项目也作为不合格。在冷弯试验中，如有 1 根试件不符合标准要求，应同样抽取双倍钢筋，制成双倍试件重做试验，如仍有 1 根试件不符合标准要求，冷弯试验项目即为不合格。

（5）试验应在 20℃±10℃下进行，如试验温度超出这一范围，应于试验记录和报告中注明。

2.2　拉伸试验

1. 试验目的

测定低碳钢的屈服强度、抗拉强度与延伸率。确定应力与应变之间的关系曲线，评定钢筋的强度等级。

2. 主要仪器设备

（1）万能材料试验机。为保证机器安全和试验准确，其量程选择最好是使试件达到最大荷载时，指针位于第三象限内（即 $180°\sim270°$ 之间）。试验机的测力示值误差不大于 1%。

（2）游标深度。精确度为 0.01mm。

3. 试件制作和准备

抗拉试验用钢筋试件不得进行车削加工，可以用两个或一系列等分小冲点或细划线标出。

原始标距（标记不应影响试样断裂），测量标距长度 L_0（精确至 0.1mm），如图 2 所示。计算钢筋强度所用横截面积采用表 2 所列公称横截面积。

4. 屈服强度和抗拉强度的测定

（1）调整试验机测力度盘的指针，使对准零点，并拨动副指针，使与主指针重叠。

（2）将试件固定在试验机夹头内。开动试验机进行拉伸，拉伸速度为：屈服前，应力增加速率按表 3 规定，并保持试验机控制器固定于这一速率位置上，直至该性能测出为止，屈服后或只需测定抗拉强度时，试验机活动夹头在荷载下的移动速度不大于 $0.5L_c/\text{min}$。

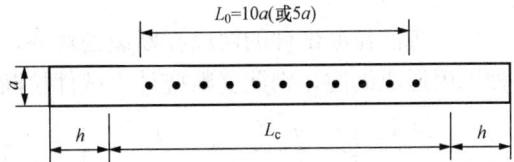

图 2　钢筋拉伸试件

a—试件原始直径；L_0—标距长度；
h—夹头长度；L_c—试样平行长度

表 2　　　　钢筋的公称横截面积

公称直径（mm）	公称横截面积（mm²）	公称直径（mm）	公称横截面积（mm²）
8	50.27	22	380.1
10	78.54	25	490.9
12	113.1	28	615.8
14	153.9	32	804.2
16	201.1	36	1018
18	254.5	40	1257
20	314.2	50	1964

表 3　　　　屈服前的加荷速率

金属材料的弹性模量（MPa）	应力速率 [N/(mm²·s)]	
	最　小	最　大
<150 000	1	10
≥150 000	3	30

（3）拉伸中，测力度盘的指针停止转动时的恒定荷载，或第 1 次回转时的最小荷载，即为所求的屈服点荷载 $F_s(\text{N})$。按式（6）计算试件的屈服点，即

$$\sigma_s = \frac{F_s}{A} \qquad (6)$$

式中　σ_s——屈服点，MPa；

F_s——屈服点荷载，N；

A——试件的公称横截面积，mm^2。

当 $\sigma_s > 1000\text{MPa}$ 时，应计算至 10MPa；σ_s 为 $200\sim1000\text{MPa}$ 时，计算至 5MPa；$\sigma_s \leqslant$

200MPa 时，计算至 1MPa。小数点数字按"四舍六入五单双法"处理。

（4）向试件连续施荷直至拉断，由测力度盘读出最大荷载 F_b（N）。按式（7）计算试件的抗拉强度，即

$$\sigma_b = \frac{F_b}{A} \tag{7}$$

式中　σ_b——抗拉强度，MPa；

　　　F_b——最大荷载，N；

　　　A——试件的公称横截面积，mm^2。

　　　σ_b 计算精度的要求同 σ_s。

5. 伸长率测定

（1）将已拉断试件的两段在断裂处对齐，尽量使其轴线位于一条直线上。如拉断处由于各种原因形成缝隙，则此缝隙应计入试件拉断后的标距部分长度内。

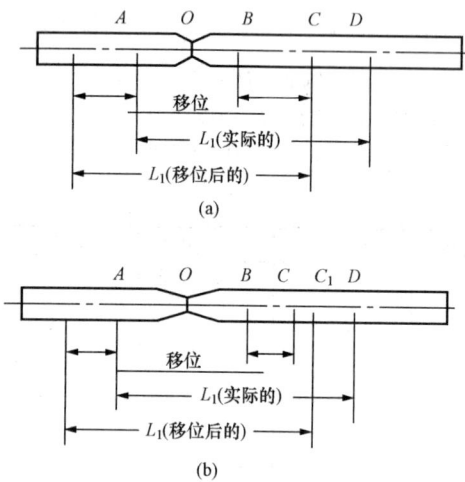

图 3　用移位法计算标距

（2）如拉断处到邻近的标距点的距离大于 $L_0/3$ 时；可用卡尺直接量出已被拉长的标距长度 L（mm）。

（3）如拉断处到邻近的标距端点的距离小于或等于 $L_0/3$，可按下述移位法确定 L_1：

在长段上，从拉断处 O 取基本等于短段格数，得 B 点，接着取等于长段所余格数〔偶数，图 3（a）〕之半，得 C 点；或者取所余格数〔奇数，图 3（b）〕减 1 与加 1 之半，得 C 与 C_1 点。移位后的 L_1 分别为 $AO+OB+2BC$ 或者 $AO+OB+BC+BC_1$。

如果直接量测所求得的伸长率能达到技术条件的规定值，则可不采用移位法。

（4）伸长率按式（8）计算（精确至 1%），即

$$\sigma_{10}（或 \sigma_5） = \frac{L_1 - L_0}{L_1} \times 100\% \tag{8}$$

式中　σ_{10}、σ_5——$L_0=10a$ 或 $L_0=5a$ 时的伸长率；

　　　L_0——原标距长度 10a（5a），mm；

　　　L_1——试件拉断后直接量出或按移位法确定的标距部分长度，mm（测量精确至 0.1mm）。

（5）如试件在标距端点上或标距处断裂，则试验结果无效，应重做试验。

2.3　冷弯试验

1. 试验目的

观察钢筋承受规定弯曲程度的弯曲变形性能，并显示其缺陷。

2. 主要仪器设备

万能试验机或弯曲试验机、冷弯压头等。

3. 试验步骤

（1）钢筋冷弯试件不得进行车削加工，试样长度根据试样直径和所使用的试验设备确

定，通常按式（9）确定，即

$$L = 0.5\pi(d+a) + 140 \tag{9}$$

式中　L——试样长度，mm；

　　　a——试件原始直径，mm；

　　　d——弯曲压头或弯芯直径，mm；

　　　π——圆周率。

（2）半导向弯曲。试样一端固定，绕弯心直径进行弯曲，如图 4（a）所示。试样弯曲到规定的弯曲角度或出现裂纹、裂缝或断裂为止。

（3）导向弯曲。

1）试样旋转于两个支点上，将一定直径的弯心在试样两个支点中间施加压力，使试样弯曲到规定的角度，如图 4（b）所示，或出现裂纹、裂缝、断裂为止。

2）试样在两个支点上按一定弯心直径弯曲至两臂平行时，可一次完成试验，也可先弯曲到如图 4（b）所示的状态，然后放置在试验机平板之间继续施加压力，压至试样两臂平行。此时可以加与弯心直径相同尺寸的衬垫进行试验，如图 4（c）所示。

当试样需要弯曲至两臂接触时，首先将试样弯曲到如图 4（b）所示的状态，然后放置在两平板间继续施加压力，直至两臂接触如图 4（d）所示。

3）试验应在稳压力作用下，缓慢施加试验压力。除非另有规定，两支辊间距离为$(d+2.5a)\pm0.5a$，并且在试验过程中不允许有变化。

4）试验应在 10～35℃或控制条件下 23℃±5℃进行。

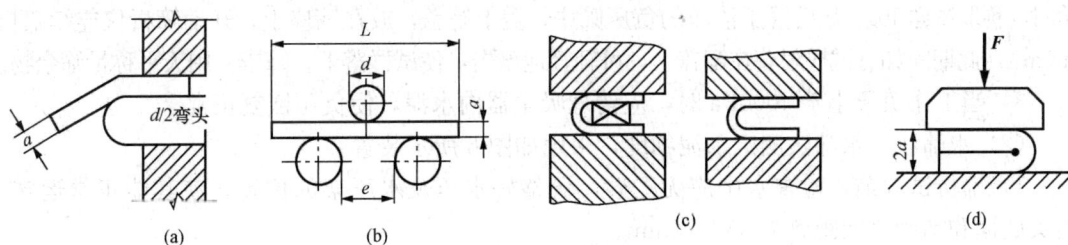

图 4　弯曲试验示意图

4. 结果评定

弯曲后，按有关标准规定检查试样弯曲外表面，进行结果评定；若有关标准未作出具体规定，则检查试样弯曲处的外表面之后，可按《金属材料 弯曲试验方法》（GB/T 232—2010）规定评定为完好、微裂纹、裂纹、裂缝和裂断五类。

试验3　水　泥　试　验

3.1　试验依据

本试验依据《水泥细度检验方法　筛析法》（GB/T 1345—2005）、《水泥标准稠度用水量、凝结时间、安定性检验方法》（GB/T 1346—2011）、《水泥胶砂强度检验方法（ISO法）》（GB/T 17671—1999）进行。

3.2　水泥试验的一般规定

1. 取样方法

以同一水泥厂、同品种、同强度等级、同期到达的水泥进行取样和编号。散装水泥总质量不超过 500t，袋装不超过 200t 为一代表批量。取样应具有代表性，可连续取，也可在 20 个以上不同部位抽取等量的样品，总量不少于 12kg。

2. 养护条件

试验室温度应为 20℃±2℃，相对湿度应大于 50%。养护箱温度为 20℃±1℃，相对湿度应大于 90%。

3. 对试验材料的要求

(1) 水泥试样应充分拌匀。

(2) 试验用水必须是洁净的淡水。

(3) 水泥试样、标准砂、拌和用水等温度应与试验室温度相同。

3.3 水泥细度测定

1. 试验目的

通过控制细度来保证水泥的水化活性，从而控制水泥质量。

2. 试验步骤

试验前所用试验筛应保持清洁，负压筛和手工筛应保持干燥。试验时，80μm 筛析试验称取试样 25g，45μm 筛析试验称取试样 10g。

(1) 负压筛法。负压筛法测定水泥细度，采用如图 5 所示装置。

1) 筛析试验前，应把负压筛放在筛座上，盖上筛盖，接通电源，检查控制系统，调节负压至 4000～6000Pa 范围内。

2) 试验时，采用 80μm 方孔筛进行筛析试验时，称取试样 25g；采用 45μm 方孔筛进行筛析试验时，称取试样 10g。然后置于洁净的负压筛中，盖上筛盖，放在筛座上，开动筛析仪连续筛析 2min；在此期间如有试样附着在筛盖上，可轻轻地敲击，使试群落下。筛毕，用天平称量筛余物。

3) 当工作负压小于 4000Pa 时，应清理吸尘器内水泥，使负压恢复正常。

(2) 水筛法。水筛法测定水泥细度，采用如图 6 所示装置。

1) 筛析试验前，检查水中应无泥砂，调整好水压及水压架的位置，使其能正常运转，喷头底面和筛网之间距离为 35～75mm。

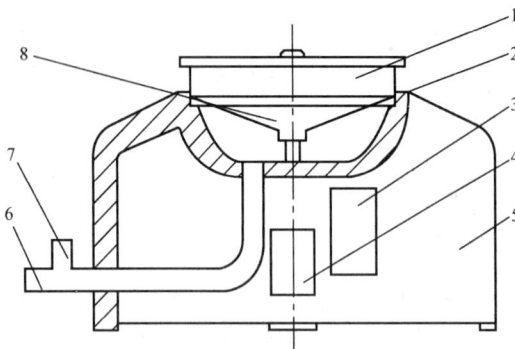

图 5　负压筛析仪示意图

1—45μm 或 80μm 方孔筛；2—橡胶垫圈；3—控制板；
4—微电机；5—壳体；6—抽气口（接收器）；
7—风口（调节负压）；8—喷气嘴

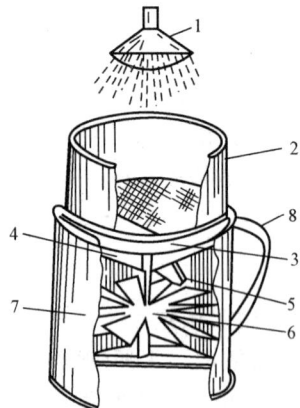

图 6　水泥细度筛

1—喷头；2—标准筛；3—旋转托架；
4—集水斗；5—出水口；6—叶轮；
7—外筒；8—把手

2）称取试样 50g，精确至 0.01g，置于洁净的水筛中，立即用洁净淡水冲洗至大部分细粉通过后，再将筛子置于水筛架上，用水压为 0.05MPa±0.02MPa 的喷头连续冲洗 3min。筛毕，用少量水把筛余物冲至蒸发器中，沉淀后小心倒出清水，烘干并用天平称其质量。

（3）手工筛析法。在没有负压筛析仪和水筛的情况下，允许用手工筛析法测定。

1）称取水泥试样 50g，精确至 0.01g，倒入符合《金属丝编织网试验筛》（GB/T 6003.1—1997）要求的手工筛内。

2）用一只手执筛往复摇动，另一只手轻轻拍打，拍打速度每分钟约 120 次，每 40 次向同一方向转动 60°，使试样均匀分布在筛网上，直至每分钟通过的试样量不超过 0.03g 为止，称量筛余物。

3. 试验结果

（1）水泥试样筛余质量百分数用式（10）计算（计算精确至 0.1%），即

$$F = \frac{R_t}{W} \times 100 \tag{10}$$

式中　F——水泥试样的筛余质量百分数，%；

　　　　R_t——水泥筛余物的质量，g；

　　　　W——水泥试样的质量，g。

合格评定时，每个样品应称取两个试样分别筛析，取筛余平均值为筛析结果。若两次筛余结果绝对误差大于 0.5%（筛余值大于 5.0% 时可放至 1.0%），应再做一次试验，取两次相近结果的算术平均值，作为最终结果。

（2）负压筛析法与水筛法或手工筛析法测定的结果发生争议时，以负压筛析法为准。

3.4　水泥标准稠度用水量试验

1. 试验目的

水泥的凝结时间和安定性都与用水量有关，为了消除试验条件的差异而有利于比较，水泥净浆必须有一个标准的稠度。该试验目的就是测定水泥净浆达到标准稠度时的用水量，以便为进行凝结时间和安定性试验做好准备。

2. 主要仪器设备

（1）水泥净浆搅拌机。符合《水泥净浆搅拌机》（JC/T 729—2005）的要求，如图 7 所

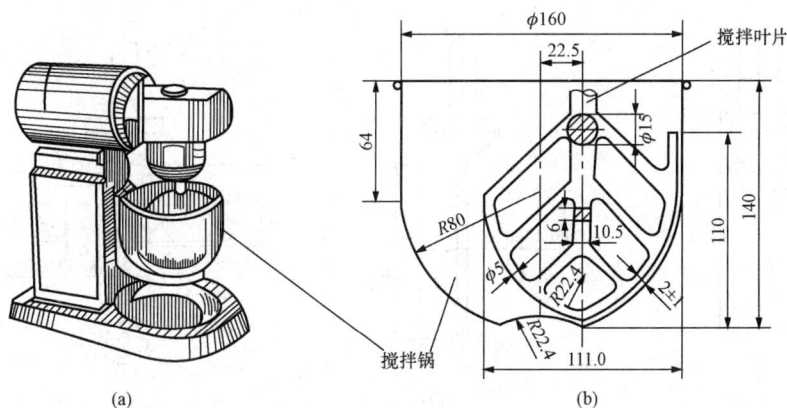

图 7　水泥净浆搅拌机示意图（单位：mm）

（a）水泥净浆搅拌机；（b）搅拌锅与搅拌叶片

示。由搅拌锅、搅拌叶片、传动机构和控制系统组成。搅拌叶片在搅拌锅内做与旋转方向相反的公转和自转，并可在竖直方向调节，搅拌机可以升降，控制系统具有按程序自动控制与手动控制两种功能。

（2）标准法维卡仪。如图 8 所示，标准稠度测定用的试杆［见图 8（c）］，有效长度为 50mm±1mm，由直径为 10mm±0.05mm 的圆柱形耐腐蚀金属制成。测定凝结时间时取下试杆，用试针［见图 8（d）、（e）］代替试杆。试针由钢制成，是有效长度初凝针为 50mm±1mm，终凝针为 30mm±1mm，直径为 1.13mm±0.05mm 的圆柱体。滑动部分的总质量为 300g±1g。与试杆、试针连接的滑动杆表面应光滑，能靠重力自由下落，不得有紧涩和摇动现象。

盛装水泥净浆的试模［见图 8（a）］应由耐腐蚀的、有足够硬度的金属制成。试模是高为 40mm±0.2mm，顶内径为 65mm±0.5mm，底内径为 75mm±0.5mm 的截顶圆锥体。每只试模应配备一个边长或直径约为 100mm、厚度为 4～5mm 的平板玻璃底板或金属。

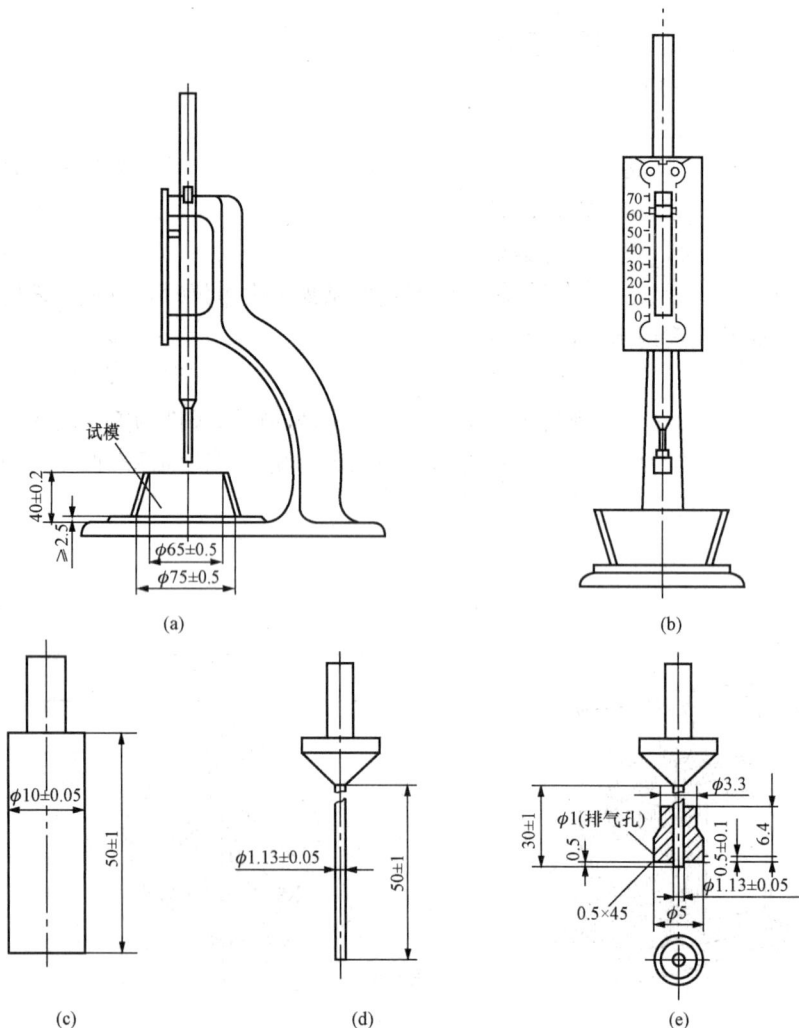

图 8　测定水泥标准稠度和凝结时间用的维卡仪（单位：mm）

（a）初凝时间测定用立式试模的侧视图；（b）终凝时间测定用反转试模的前视图；

（c）标准调度试杆；（d）初凝用试针；（e）终凝用试针

3. 试验步骤

（1）试验前必须检查测定仪的金属棒能否自由滑动，试锥降至模顶面位置时，指针应对准标尺零点，搅拌机应运转正常。

（2）用水泥净浆搅拌机拌和，搅拌锅和搅拌叶先用湿布擦抹，将拌和水倒入搅拌锅内，在 5～10s 内将称好的 500g 水泥加入水中，防止水和水泥溅出；拌和时，先将锅放到搅拌机的锅座上，升至搅拌位置，启动搅拌机低速搅拌 120s，停拌 15s，同时将叶片和锅壁上的水泥浆刮入锅中间，接着快速搅拌 120s 后停机。

（3）拌和结束后，立即取适量水泥净浆一次性将其装入已置于玻璃底板上的试模中，浆体超过试模上端，用宽约 25mm 的直边刀轻轻拍打超出试模部分的浆体 5 次以排除浆体中的孔隙，然后在试模上表面约 1/3 处，略倾斜于试模分别向外轻轻锯掉多余净浆，再从试模边沿轻抹顶部一次，使净浆表面光滑。在锯掉多余净浆和抹平的操作过程中，注意不要压实净浆。抹平后迅速将试模和底板移到维卡仪上，并将其中心定在试杆下，降低试杆直至与水泥净浆表面接触，拧紧螺栓 1～2s 后，突然放松，使试杆垂直自由地沉入水泥净浆中。在试杆停止沉入或释放试杆 30s 时记录试杆距底板之间的距离，升起试杆后，立即擦净；整个操作应在搅拌后 1.5min 内完成。

（4）以试杆沉入净浆并距底板 6mm±1mm 的水泥净浆为标准稠度净浆，此时的拌和水量为该水泥的标准稠度用水量，以水泥质量百分比计。

3.5　水泥凝结时间试验

1. 试验目的

测定水泥加水后至开始凝结（初凝）及凝结终了（终凝）所用的时间，用以评定水泥性质。

2. 主要仪器设备

（1）测定仪。与测定标准稠度用水量时的测定仪相同，只是将试杆换成试针，如图 8（d）、（e）所示。

（2）净浆搅拌机。如图 7 所示。

3. 试验步骤

（1）测定前准备工作。调整凝结时间测定仪的试针接触玻璃板时，指针对准零点。

（2）试件的制备。以标准稠度用水量制成标准稠度水泥净浆一次装满试模，振动数次后刮平，立即放入标准养护箱内。记录加水时间为凝结时间的起始时间。

（3）初凝时间的测定。试件在标准养护箱中养护至加水后 30min 时进行第一次测定。测定时，从养护箱中取出试模放到试针下，降低试针与水泥净浆表面接触，拧紧螺栓 1～2s 后，突然放松，试针垂直自由地沉入水泥净浆。观察试针停止沉入或释放试杆 30s 时指针的读数。当试针沉至并距底板 4mm±1mm 时，为水泥达到初凝状态；由水泥加水至初凝状态的时间为水泥的初凝时间，用"min"表示。

（4）终凝时间的测定。为了准确观测试针沉入的状况，在终凝针上安装一个环形附件［见图 8（e）］。在完成初凝时间测定后，立即将试模连同浆体以平移的方式从玻璃板取下，翻转 180°，直径大端向上、小端向下放在玻璃板上，再放入标准养护箱中继续养护，临近终凝时间时，每隔 15min 测定一次，当试针沉入试体 0.5mm，即环形附件开始不能在试体上留下痕迹时，为水泥达到终凝状态；由水泥加水至终凝状态的时间为水泥的终凝时间，用

"min" 表示。

（5）测定时应注意，在最初测定的操作时应轻轻扶持金属杆，使其徐徐下降，以防试针撞弯，但结果以自由下降为准；在整个测试过程中试针沉入的位置至少要距试模内壁10mm。临近初凝时，每隔5min测定一次，临近终凝时每隔15min测定一次，到达初凝或终凝时应立即重复测一次，当两次结论相同时才能定为到达初凝或终凝状态。到达终凝时，需要在试体另外两个不同点测试，结论相同时才能确定为到达初、终凝状态。每次测定不能让试针落入原针孔，每次测试完毕须将试针擦净并将试模放回标准养护箱内，整个测试过程要防止试模受振。

3.6　水泥安定性试验

1. 试验目的

检验水泥硬化后体积变化是否均匀，是否因体积变化而引起膨胀、裂缝或翘曲。

雷氏法（标准法）：测定水泥净浆在雷氏夹中沸煮后的膨胀值。试饼法（代用法）：观察水泥净浆试饼沸煮后的外形变化。

两种方法均可用，有争议时以雷氏法为准。

2. 主要仪器设备

水泥净浆搅拌机、沸煮箱、雷氏夹（见图9）、雷氏夹膨胀值测量仪（见图10）。

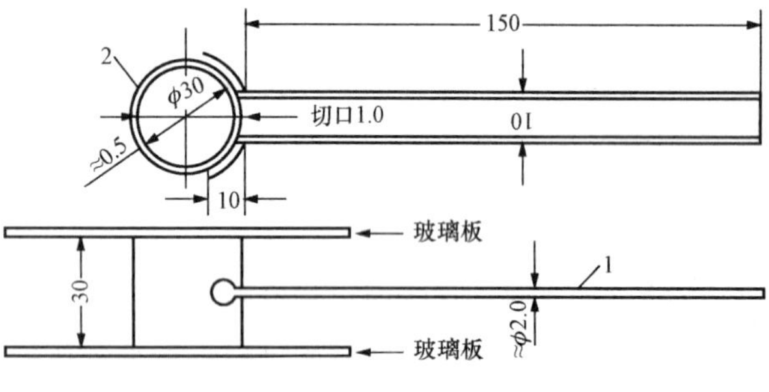

图9　雷氏夹（单位：mm）
1—指针；2—环模

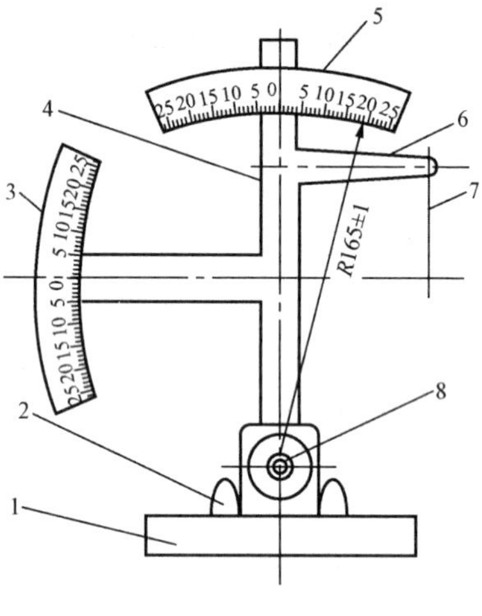

图10　雷氏夹膨胀值测量仪
1—底座；2—模子座；3—测弹性标尺；
4—立柱；5—测膨胀值标尺；6—悬臂；
7—悬丝；8—弹簧顶扭

3. 试验步骤

（1）称取水泥试样400g，以标准稠度用水量，按标准稠度测定时拌和净浆的方法制成净浆，从中取出净浆约150g，分成等分，使之成球形，放在涂过油的玻璃板上，轻轻振动玻璃板，并用湿布擦过的小刀由边缘向中央抹动，做成直径为70～80mm、中心厚约10mm、边缘渐薄、表面光滑的试饼。接着将试饼放入湿气养护箱内，自成形时起，养护24h±2h。

雷氏夹试件的制备是将预先准备好的雷氏夹放在已稍涂油的玻璃板上，并立刻将已制好的标准稠度净浆装满试模，装模时一只手轻插扶持试模，另一只手用宽约25mm的直边刀在浆体表面轻轻插捣 3 次，然后抹平，盖上稍涂油的玻璃板，接着立刻将试模移至湿气养护箱内养护 24h±2h。

（2）脱去玻璃板取下试件。当采用试饼法时，先检查其是否完整，在试件无缺陷的情况下将试饼放在沸煮箱的水中算板上，然后在 30min±5min 内加热至沸，并恒沸 3h±5min。当用雷氏法时，先测量试件指针尖端间的距离（A），精确到 0.5mm，接着将试件放入水中算板上，指针朝上，试件之间互不交叉，然后在 30min±5min 内加热至沸，并恒沸 3h±5min。

（3）沸煮结束，即放掉箱中的热水，待冷却至室温，取出试件目测试饼，若未发现裂缝，再用直尺检查，也没有弯曲时，为安定性合格；反之，为不合格。当两个试饼判别结果有矛盾时，该水泥的安定性为不合格。若为雷氏法，测量试件指针尖端间的距离（C），记录至小数点后 1 位，当两个试件煮后增加距离 $C-A$ 的平均值不大于 5.0mm 时，即安定性合格，当两个试件的 $C-A$ 值相差超过 4mm 时，应用同一样品立即重做一次试验。再如此，则认为该水泥安定性不合格。

3.7　水泥胶砂强度试验

1. 试验目的

根据《水泥胶砂强度检验方法（ISO）法》（GB/T 17671—1999）的规定来检验并确定水泥的强度等级。

2. 主要仪器设备

（1）行星式水泥胶砂搅拌机，应符合《水泥胶砂强度检验方法（ISO）法》（GB/T 17671—1999）的要求，如图 11 所示。工作时，搅拌叶片既绕自身轴线又沿搅拌锅周边公转，运动轨道似行星式的水泥胶砂搅拌机。

主要技术参数：

搅拌叶宽度：35mm

搅拌锅容量：5L

搅拌叶转速：低速挡为（140±5）r/ min（自转）；（62±5）r/min（公转）

　　　　　　高速挡为（285±10）r/ min（自转）；（125±10）r/min（公转）

净质量：约 70kg

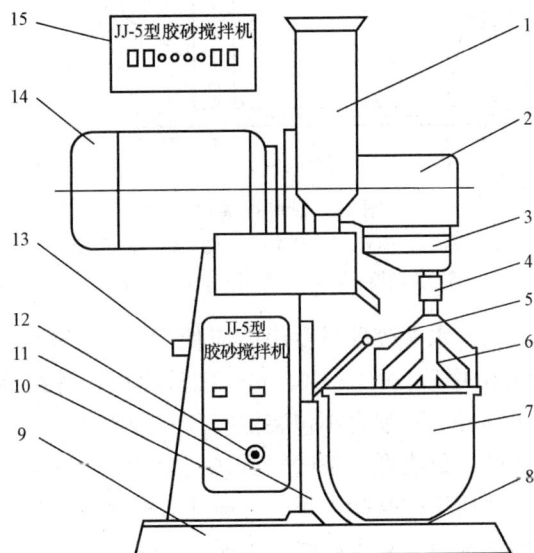

图 11　胶砂搅拌机结构示意图

1—砂斗；2—减速箱；3—行星机构及叶片标志；4—叶片轮紧固螺母；5—升降柄；6—叶片；7—锅；8—锅底；9—机座；10—立柱；11—升降机构；12—面板自动手动切换开关；13—接口；14—立式双速电动机；15—程控器

（2）水泥胶砂试体成形振实台，应符合《水泥胶砂强度检验方法（ISO）法》（GB/T 17671—1999）的要求，如图 12 所示。

主要技术参数：

振动部分总质量（不含制品）：约 20kg

振实台振幅：15mm

振动频率：60 次/60s

台盘中心至臂杆轴中心距离：800mm

净质量：约 50kg

（3）试模。如图 13 所示。

3. 试件成形

（1）将试模（见图 13）擦净，四周模板及底座的接触面上应涂凡士林，紧密装配，防止漏浆，内壁均匀刷一层机油。

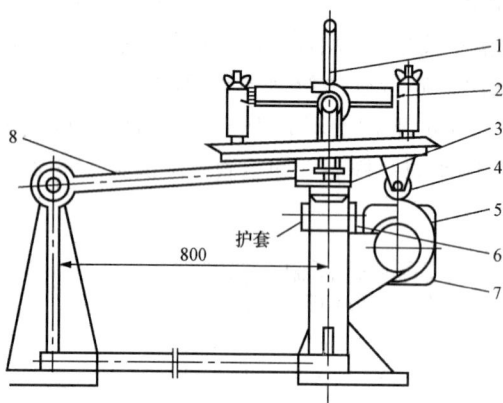

图 12　胶砂振实台
1—卡具；2—模套；3—凸头；4—随动轮；5—凸轮；
6—止动器；7—同步电动机；8—臂杆

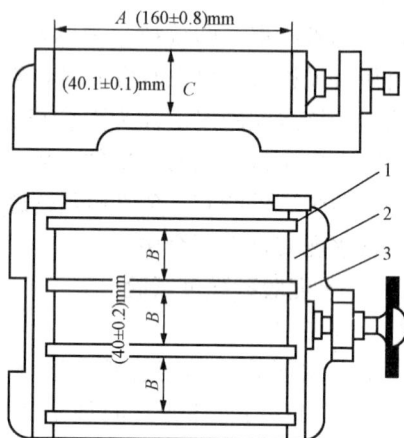

图 13　试模
1—隔板；2—端板；3—底座
A—试模内距长度；B—试模内距宽度；C—试模内距高度

（2）水泥胶砂强度用砂应使用中国 ISO 标准砂。ISO 标准砂由 1～2mm 粗砂、0.5～1.0mm 中砂、0.08～0.5mm 细砂组成，各级砂质量为 450g（即各占总质量的 1/3），通常以 1350g±5g 混合小包装供应。灰砂比为 1∶3，水灰比为 0.5。

（3）每成形三条试件材料用量为：水泥 450g±2g，ISO 标准砂 1350g±5g，水 225g±1g；适用于硅酸盐水泥、普通硅酸盐水泥、矿渣硅酸盐水泥、火山灰质硅酸盐水泥、粉煤灰硅酸盐水泥、复合硅酸盐水泥。

（4）用搅拌机搅拌砂浆的拌和程序为：低速 30s→加砂 30s→高速 30s→停 90s→高速 60s，搅拌时间共计 150s。停机后，将黏在叶片上的胶砂刮下，取下搅拌锅。

（5）胶砂制备后立即进行成形。将空试模和模套固定在振实台上，用一个适当勺子直接从搅拌锅里将胶砂分两层装入试模，装第一层时，每个槽里约放 300g 胶砂，用大播料器垂直架在模套顶部沿每个模槽来回一次，将料层播平，接着振实 60 下。再装入第二层胶砂，用小播料器播平，再振实 60 下。移走模套，从振实台上取下试模，用一金属直尺以近似 90°的角度架在试模模顶的一端，然后沿试模长度方向以横向锯割动作慢慢向另一端移动，一次将超过试模部分的胶砂刮去，并用同一直尺以近乎水平的情况下将试件表面抹平。接着在试模上作标记或用字条标号试体编号。

（6）试验前应将搅拌锅、叶片、模套用湿布抹擦干净。

4. 养护

（1）将成形好的试件连模放入标准养护箱内养护，养护箱温度为 20℃±1℃，相对湿度大于或等于 90%。

(2) 脱模前的处理和养护。去掉留在模子四周的胶砂。立即将做好标记的试模放入雾室或湿箱的水平架子上养护,湿空气应能与试模各边接触。养护时不应将试模放在其他试模上。一直养护到规定的脱模时间取出脱模。脱模前,用防水黑汁或颜料笔对试体进行编号和作其他标号。两个龄期以上的试体,在编号时应将同一试模中的三条试体分在两个以上龄期内。

(3) 对于 24h 以内龄期的,应在破形试验前 20min 内脱模。对于 24h 以上龄期的,应在成形后 20~24h 之间脱模。

(4) 将做好标号的试件立即水平或竖直放在湿气养护箱内或放在 20℃±1℃ 水中养护,水平放置时刮平面应朝上。

(5) 到龄期的试体应在试验前 15min 取出试件,并用湿布覆盖至试验为止。

5. 强度测定

(1) 抗折强度测定。

1) 各龄期必须在规定的时间 3d±2h、28d±3h 内取出三条试件先做抗折强度测定。测定前须擦去试件表面的水分和砂粒,清除夹具上圆柱表面黏着的杂物。试件放入抗折夹具内,应使试件侧面与圆柱轴接触。

2) 采用杠杆式抗折试验机时(见图 14),在试件放入之前,应先将游动砝码移至零刻度线,调整平衡砣使杠件处于平衡状态。试件放入后,调整夹具,使杠杆有一仰角,从而在试件折断时尽可能地接近平衡位置。然后,启动电动机,丝杆转动带动游动砝码给试件加荷;试件折断后从杠杆上可直接读出破坏荷载和抗折强度。

3) 抗折强度测定时的加荷速度为 50N/s±5N/s。

4) 抗折强度按式(11)计算(精确到 0.01MPa),即

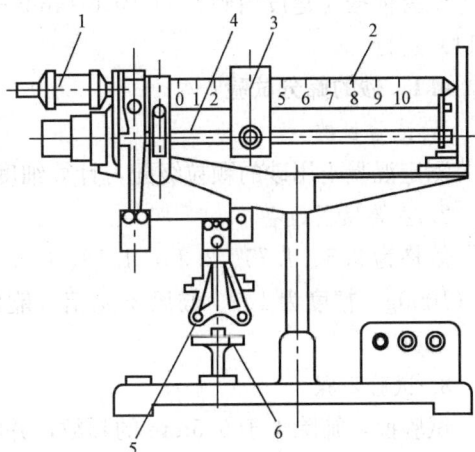

图 14　水泥抗折试验机

1—平衡砣;2—大杠杆;3—游动砝码;
4—丝杆;5—抗折夹具;6—手轮

$$f_{\mathrm{v}} = \frac{3FL}{2bh^2} \qquad (11)$$

式中　f_{v}——抗折强度,MPa,计算精确至 0.1MPa;

　　　F——破坏荷载,N;

　　　L——支撑圆柱中心距,取 100mm;

　　b、h——试件面的宽与高,均为 40mm。

5) 抗折强度测定结果取三条试件平均值并取整数,当三个强度值中有一个超过平均值的 ±10% 时,应予剔除,以其余两条数值平均作为抗折强度试验结果,如有两条试件的测定结果超过平均值的 ±10%,应重做试验。

(2) 抗压强度测定。

1）抗折试验后的两个断块应立即进行抗压试验。抗压试验须用抗压夹具进行。试件受压面面积为 40mm×40mm。试验前应清除试件的受压面与加压板间的砂粒或杂物，试验时以试件的侧面作为受压面，并使夹具对准压力机压板中心。

抗压强度试验在整个加荷过程中以 2400N/s±200N/s 的速率均匀地加荷直至破坏。

2）抗压强度按式（12）计算（计算精确至 0.1MPa），即

$$f_c = \frac{F}{A} \tag{12}$$

式中　f_c——抗压强度，MPa；

　　　F——破坏荷载，N；

　　　A——受压面积，取 40mm×40mm＝1600mm^2。

抗压强度以一组三个棱柱体上得到的六个抗压强度测定值的算术平均值为试验结果。如果六个测定值中有一个超出六个平均值的±10％，应剔除该数值，剩下五个的平均数为结果。如果五个测定值中再有超过它们平均数的±10％，则此组结果作废。

试验4　混凝土用骨料试验

试验依据《建设用砂》（GB/T 14684—2011）、《建设用卵石、碎石》（GB/T 14685—2011）进行。

4.1　砂的筛分试验

1. 试验目的

测定混凝土用砂的颗粒级配，计算细度模数，评定砂的粗细程度。

2. 主要仪器设备

规格为 9.5、4.75、2.36，1.18、0.6、0.3、0.15mm 的方孔筛及筛底、盖各一个、天平（1000g，精度为 1g）、鼓风干燥箱（能使温度控制在 105℃±5℃）、摇筛机、大小搪瓷盘、毛刷等。

3. 试验步骤

试验前，筛除大于 9.5mm 的颗粒，并将试样缩分至约 1100g，放在 105℃±5℃ 的干燥箱中烘干至恒量，冷却至室温后，分为大致相等的两份备用。试验室的温度应保持在 20℃±5℃。

（1）准确称取试样 500g，置于按筛孔大小顺序排列的套筛的最上一只筛（4.75mm）上，将套筛装入摇筛机，摇筛 10min，然后取出套筛，按筛孔大小顺序，再逐个进行手筛，直至每分钟的筛出量不超过试样总量的 0.1％时为止。通过的颗粒并入下一号筛，顺序过筛，直到筛完为止。

（2）试样的各号筛上的筛余量均不得超过按式（13）计算的量，即

$$m_r = \frac{A\sqrt{d}}{300} \tag{13}$$

式中　m_r——筛余量，g；

　　　d——筛孔尺寸，mm；

　　　A——筛面积，mm^2。

超过时应按下列方法处理：

a. 将筛余量分成少于式（13）计算出的量分别筛分，以各筛余量之和为该筛的筛余量。

b. 将该筛孔及小于该筛孔的筛余混合均匀后，以四分法分为大致相等的两份，取一份称其质量并进行筛分。计算重新筛分的各级分计筛余量需根据缩分比例进行修正。

（3）分别称量各筛筛余试样，精确至1g，所有各筛的分计筛余量和最后一个筛的通过量的总和与筛分前试样总量相比，相差不得超过试样总量的1%。

4. 结果计算

（1）计算分计筛余百分率。各号筛上的筛余量除以试样总量的百分率，精确至0.1%。

（2）计算累计筛余百分率。该号筛上的分计筛余百分率与大于该号的各筛分计筛余百分率之总和，精确至0.1%。

（3）根据各筛的累计筛余百分率，评定该试样的颗粒级配。

（4）计算细度模数 M_X

$$M_X = \frac{A_2 + A_3 + A_4 + A_5 + A_6 - 5A_1}{100 - A_1} \tag{14}$$

式中　A_1、A_2、A_3、A_4、A_5、A_6——4.75、2.36、1.18、0.6、0.3、0.15mm方孔筛上的累计筛余百分率，计算精确到0.1%。

按细度模数确定砂的粗细程度。

（5）筛分试验应采用两个试样进行，取两次算术平均值作为测定结果。两次所得细度模数之差大于0.2时，应重新进行试验。

4.2　砂的表观密度试验

1. 试验目的

测定砂的表观密度，作为评定砂的质量和混凝土配合比设计的依据。

2. 仪器设备

托盘天平（1000g，精度为1g）、容量瓶（500mL）、鼓风干燥箱（能使温度控制在105℃±5℃）、干燥器、漏斗、滴管、搪瓷盘、铝制粒勺、温度计等。

3. 试验步骤

试验前，将660g试样在105℃±5℃的温度下烘干至恒重，在干燥器内冷却至室温后，分为大致相等的两份备用。

（1）称取烘干试样300g（m_1），精确至1g，通过漏斗，装入盛有半瓶冷开水的容量瓶中，塞紧瓶塞。

（2）静置24h后，摇动容量瓶，使试样在水中充分搅动以排除气泡。然后用滴管添水，使水面与瓶颈刻度线平齐，加上瓶塞，擦干瓶外水分，称量 m_2（g），精确至1g。

（3）倒出瓶中的水和试样，内外清洗干净，再注入饮用水至与瓶颈刻度线平齐，塞紧瓶塞，擦干瓶外水分，称量 m_3（g），精确至1g。

4. 结果计算

计算试样的表观密度 ρ_0

$$\rho_0 = [m_1 / (m_1 + m_3 - m_2) - a_t]\rho_水 \tag{15}$$

式中　ρ_0——表观密度，kg/m³；

m_1——干砂质量，kg；

m_2——试样、水和容量瓶的质量，kg；

m_3——水和容量瓶的质量，kg；

$\rho_水$——水的密度，取 $1000kg/m^3$；

a_t——水温对表观密度影响的修正系数（见表4）。

表4　　　　　　　　　　　不同水温对砂的表观密度影响的修正系数

水温（℃）	15	16	17	18	19	20	21	22	23	24	25
a_t	0.002	0.003	0.003	0.004	0.004	0.005	0.005	0.006	0.006	0.007	0.008

　　以两次试验结果的算术平均值作为测定结果，精确至 $10kg/m^3$；如两次试验结果的误差大于 $20kg/m^3$，应重新取样进行试验。

4.3　砂的堆积密度试验

1. 试验目的

测定砂的松堆积密度、紧堆积密度和空隙率，作为混凝土配合比设计的依据。

2. 仪器设备

天平（称量10kg，精度为1g）、鼓风干燥箱（能使温度控制在105℃±5℃）、容量筒（1L）、漏斗（见图15）、垫棒（直径为10mm，长为500mm的圆钢）、直尺、料勺、搪瓷盘等。

3. 试验方法

试验前，用搪瓷盘装取试样约3L，放在干燥箱中于105℃±5℃下烘干至恒量，待冷却至室温后，筛除大于4.75mm的颗粒，分为大致相等的两份备用。试验室的温度应保持在20℃±5℃。

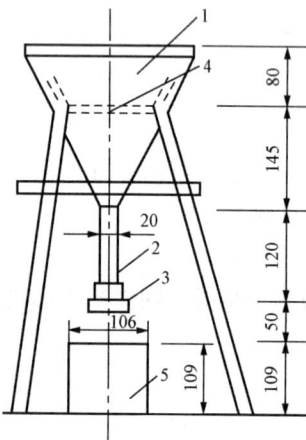

图15　砂堆积密度漏斗
1—漏斗；2—φ20管子；
3—活动门；4—筛；
5—容量筒

（1）松堆积密度。称容量筒质量 m_1，将烘干试样装入漏斗，开放漏斗管下的活门，砂样徐徐流入容量筒，当容量筒试样上部呈锥状，且容量筒四周溢满时，即停止加料。用直尺在容量筒中心向两个相反方向将试样刮平，称容量筒和试样总质量 m_2。

（2）紧堆积密度。试样分两层装入容量筒，先装一层，筒底垫放一根直径为10mm的钢筋，将筒按住；左右各摇振25次。再装第二层，钢筋在筒底水平方向转90°，用同样方法摇振25次，将试样加满筒，用松堆积密度相同的方法刮平，然后称质量 m_2。

4. 结果计算

（1）计算松堆积密度（或紧堆积密度）

$$\rho_0' = \frac{m_1 - m_2}{V_0'} \tag{16}$$

式中　ρ_0'——砂的松堆积密度或紧堆积密度，kg/L；

m_1——容量筒的质量，kg；

m_2——容量筒和砂的总质量，kg；

V_0'——容量筒的容积，L。

以两次试验结果的算术平均值作为测定值，精确至 $10kg/m^3$。

（2）计算砂的空隙率

$$P' = (1 - \rho'_0/\rho_0) \times 100\%$$ (17)

式中　P'——砂的空隙率，%；

　　　ρ'_0——砂在干燥状态下的堆积密度，kg/L；

　　　ρ_0——砂的表观密度，kg/m^3。

空隙率取两次试验结果的算术平均值为测定值，精确至 1%。

（3）容量筒的校准方法。将温度为 20℃±2℃ 的饮用水装满容量筒，用玻璃板沿筒口滑移，使其紧贴水面。擦干筒外壁上的水分，称其质量 m'_2。事先称得玻璃板与容量筒的总质量 m'_1，单位以 kg 计。容量筒容积 V'_0 按式（18）计算，即

$$V'_0 = (m'_2 - m'_1)/1000$$ (18)

式中　V'_0——容量筒容积，m^3；

　　　m'_1——容量筒的质量，kg；

　　　m'_2——容量筒和水的总质量，kg。

4.4　石子筛分试验

1. 试验目的

测定碎石或卵石的颗粒级配及粒级规格，为混凝土配合比设计提供依据。

2. 仪器设备

试验筛：孔径为 90、75、63、53、37.5、31.5、26.5、19、16、9.5、4.75、2.36mm 的方孔筛及筛底、盖各一个、天平（称量 10kg，精度为 1g）、鼓风干燥箱（能使温度控制在 105℃±5℃）、摇筛机、搪瓷盘等。

3. 试验方法

（1）按规定取样，并将试样缩分至略大于表 5 规定的数量，烘干或风干备用。试验室温度应保持在 20℃±5℃。

表 5　　　　　　　　　　石子筛分试验所需试样的最小质量

最大粒径（mm）	9.5	16.0	19	26.5	31.5	37.5	63.0	75.0
最少试样质量（kg）	1.9	3.2	3.8	5.0	6.3	7.5	12.6	16.0

（2）根据试样的最大粒径，称取表 5 规定数量的试样一份，精确至 1g。将试样倒入按孔径由大到小、从上到下组合的套筛（附筛底）上，然后进行筛分。

（3）将套筛装入摇筛机，摇筛 10min，然后取出套筛，按筛孔大小顺序，再逐个进行手筛，直至每分钟的筛出量不超过试样总量的 0.1% 时为止。通过的颗粒并入下一号筛，顺序过筛，直到筛完为止。

（4）称出各号筛的筛余量，精确至 1g。所有各筛的分计筛余量和最后一个筛的通过量的总和与筛分前试样总量相比，相差不得超过试样总量的 1%。

4. 结果计算

（1）计算分计筛余百分率。各号筛上的筛余量除以试样总质量的百分率，精确至 0.1%。

(2) 计算累计筛余百分率。该号筛上的分计筛余百分率与大于该号的各号筛分计筛余百分率之总和,精确到 1%。

(3) 根据各筛的累计筛余百分率,评定试样的颗粒级配。

4.5　石子表观密度试验 (广口瓶法)

1. 试验目的

测定石子的表观密度,作为评定石子质量和混凝土配合比设计的依据。该方法不宜用于测定最大粒径大于 37.5mm 的碎石或卵石的表观密度。

2. 仪器设备

托盘天平 (称量 2kg,精度为 1g)、广口瓶 (1000mL,磨口、带玻璃片)、鼓风干燥箱 (能使温度控制在 105℃±5℃)、方孔筛 (孔径为 4.75mm 的筛一只)、搪瓷盘、刷子等。

3. 试验方法

试验前,按规定取样,并缩分至略大于表 6 规定的数量,风干后,应筛去试样中 4.75mm 以下的颗粒,洗刷干净后,分成大致相等的两份备用。试验室温度应保持在 20℃±5℃。

表 6　　　　　　　　　　　　　　表观密度试验所需试样量

最大粒径 (mm)	小于 26.5	31.5	37.5	63.0	75.0
最少试样质量 (kg)	2.0	3.0	4.0	6.0	6.0

(1) 取试样一份浸水饱和后,置于装饮用水的广口瓶中并排除气泡。

(2) 向广口瓶中添满饮用水,用玻璃片沿瓶口滑行,使其紧贴瓶口水面,玻璃片与水面之间不得带有气泡,擦干瓶外水分,称取试样、水、广口瓶和玻璃片的总质量 m_2,精确至 1g。

(3) 将瓶中试样小心倒出,盛在浅盘中,放在 105℃±5℃ 的干燥箱中,烘干至恒重,取出放在带盖的容器中冷却至室温,然后称试样的质量 m_1,精确至 1g。

(4) 将瓶洗净,重新注入饮用水,用玻璃片紧贴瓶口水面,擦干瓶外水分后称量 m_3,精确至 1g。

4. 结果计算

计算试样的表观密度 ρ_0

$$\rho_0 = [m_1 / (m_1 + m_3 - m_2) - a_t]\rho_水 \tag{19}$$

式中　ρ_0——表观密度,kg/m³;

m_1——试样烘干后质量,g;

m_2——试样、水、瓶和玻璃片的总质量,g;

m_3——水、瓶和玻璃片的总质量,g。

$\rho_水$——水的密度,取 1000kg/m³;

a_t——水温对碎石和卵石的表观密度影响的修正系数 (同砂见表 4)。

表观密度取两次试验结果的算术平均值作为测定值,精确至 10kg/m³;若两次结果之差大于 20kg/m³,则应重新取样试验。

4.6　石子堆积密度试验

1. 试验目的

测定石子的松堆积密度、紧堆积密度和空隙率，作为混凝土配合比设计和一般使用的依据。

2. 仪器设备

天平（称量 10kg、感量 10g；称量 50kg、感量 50g）、鼓风干燥箱（能使温度控制在 105℃±5℃）、容量筒（规格见表7）、垫棒（直径 16mm，长 600mm 的圆钢）、直尺、小铲、烘箱等。

3. 试验方法

试验前，按规定取样，烘干或风干后，试样分成大致相等的两份备用。

容量筒容积按石子最大粒径选用，见表7。

表 7　　　　　　　　　容量筒的规格要求

最大粒径（mm）	容量筒容积（L）	容量筒规格		
		内径（mm）	净高（mm）	壁厚（mm）
9.5、16.0、19.0、26.5	10	208	294	2
31.5、37.5	20	294	294	3
53.0、63.0、75.0	30	360	294	4

（1）松散堆积密度。用小铲将试样从筒口上方 5cm 高处自由落入容量筒内，当容量筒试样上部呈锥状，且容量筒四周溢满时，即停止加料。除去凸出筒口表面的颗粒，并以合适的颗粒填入凹陷空隙，使表面稍凸起部分与凹陷部分的体积大致相等，称取试样和容量筒总质量 m_2。

（2）紧密堆积密度。试样分三层装入容量筒，筒底垫放一根直径为 16mm 的钢筋，每装一层，按住筒身，左右交替摇振 25 次，振第二层时，筒底钢筋在筒底水平方向转 90°，振第三层后，加料至满出筒口，用钢筋沿口边缘滚转，刮下高处筒口的颗粒，用合适的颗粒填平，称取试样和容量筒的总质量 m_2。

4. 结果计算

计算松散堆积密度（或紧密堆积密度）

$$\rho_0' = \frac{m_2 - m_1}{V_0'} \tag{20}$$

式中　m_1——容量筒质量，kg；

　　　m_2——容量筒和试样总质量，kg；

　　　V_0'——容量筒容积，L。

堆积密度两次试验结果的算术平均值为测定值，精确至 10kg/m^3。

5. 计算空隙率 P'

$$P' = \left(1 - \frac{\rho_0'}{\rho_0}\right) \times 100\% \tag{21}$$

式中　ρ_0'——石子的堆积密度，kg/m^3；

　　　ρ_0——石子的表观密度，kg/m^3。

空隙率取两次试验结果的算术平均值为测定值，精确至 1%。

6. 容量筒校准方法（同砂，略）

试验5　普通混凝土试验

试验依据《普通混凝土拌和物性能试验方法标准》（GB/T 50080—2002）、《普通混凝土力学性能试验方法标准》（GB/T 50081—2002）相关规定进行。

5.1　一般规定

在拌和前，材料的温度应与室温（应保持 20℃±5℃）相同。水泥如有结块现象，应用 64 孔/cm² 筛过筛，筛余团块不得使用。拌制混凝土的材料用量以质量计。称量的精确度：骨粒为 ±1%，水、水泥及混合材料为 ±0.5%。砂、石骨料质量以干燥状态为准。从试样制备完毕到开始做各项性能试验不宜超过 5min。

5.2　混凝土拌和物试样制备

1. 仪器设备

搅拌机（容量 75～100L，转速 18～22r/min）、磅秤（50kg，精度 50g）、天平（5kg，精度 1g）、量筒（200、100mL）、拌板（1.5m×2m 左右）、拌铲、盛器、抹布等。

2. 拌和方法

（1）人工拌和。

1）按所定配合比备料，以全干状态为准。

2）将拌板和拌铲用湿布润湿后，将砂倒在拌板上，然后加入水泥，用铲自拌板一端翻拌至另一端，然后再翻拌回来，如此重复，直到颜色混合均匀，再加上石子，翻拌至混合均匀为止。

3）将干混合料堆成堆，在中间作一凹槽，将已称量好的水倒入 1/2 左右的凹槽中；（勿使水流出）；然后仔细翻拌，并徐徐加入剩余的水，继续翻拌，每翻拌一次，用铲在混合料上铲切一次，直到拌和均匀为止。

4）拌和时力求动作敏捷，拌和时间从加水时算起，应大致符合下列规定：

拌和物体积为 30L 以下时 4～5min；

拌和物体积为 30～50L 时 5～9min；

拌和物体积为 51～75L 时 9～12min。

5）拌好后，根据试验要求，立即进行坍落度测定或试件成形。从开始加水时算起，全部作业须在 30min 内完成。

（2）机械搅拌。

1）按所定配合比备料，以全干状态为准。

2）预拌一次，即用按配合比的水泥、砂和水组成的砂浆及少量石子，在搅拌机中进行涮膛。然后倒出并刮去多余的砂浆，其目的是使水泥砂浆先黏附满搅拌机的筒壁，以免正式拌和时影响拌和物的配合比。

3）开动搅拌机，向搅拌机内依次加入石子、砂和水泥，干拌均匀，再将水徐徐加入，全部加料时间不超过 2min，水全部加入后，继续拌和 2min。

4）将拌和物自搅拌机卸出，倾倒在拌板上，再经人工拌和 1～2min，即可做坍落度测定或试件成形。从开始加水时算起，全部操作必须在 30min 内完成。

5.3 普通混凝土拌和物和易性测定

1. 试验目的

测定新拌混凝土拌和物和易性，使其具有一定的流动性，不离析、不泌水，以满足施工需要。

2. 新拌混凝土拌和物坍落度试验

该方法适用于坍落度值不小于 10mm，骨料最大料径不大于 40mm 的混凝土拌和物。

（1）主要仪器设备。标准坍落度筒：坍落度筒（见图 16）为金属制截头圆锥形，上下截面必须平行并与锥体轴心垂直，筒外两侧焊把手两只，近下端两侧焊脚踏板，圆锥筒内表面必须十分光滑，圆锥筒尺寸为：

底部内径：200mm±2mm；

顶部内径：100mm±2mm；

高度：300mm±2mm。

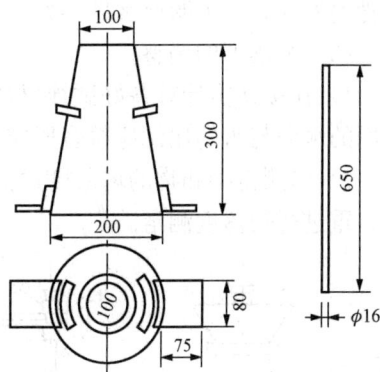

图 16　标准坍落度筒（单位：mm）

其他用具：弹头形捣棒（直径为 16mm、长为 650mm 的钢棒，端部为弹头形）、小铁铲、装料漏斗、直尺（宽为 40mm、厚为 3～4mm、长约 300mm）、钢尺、拌板、镘刀和取样小铲等。

（2）测定步骤。

1）每次测定前，用湿布将拌板及坍落度筒内外擦净、润湿，并将筒顶部加上漏斗，放在拌板上，用双脚踩紧踏板，使其位置固定。

2）用小铲将拌好的拌和物分三层均匀装入筒内，每层装入高度在插捣后大致应为筒高的 1/3。顶层装料时，应使拌和物高出筒顶。插捣过程中，如试样沉落到低于筒口，则应随时添加，以便自始至终保持高于筒顶。每装一层分别用捣棒均匀插捣 25 次，插捣应在全部面积上进行，沿螺旋线由边缘渐向中心。插捣筒边混凝土时，捣棒应稍有倾斜，然后垂直插捣中心部分。底层插捣应穿透整个深度。插捣其他两层时，应垂直插捣至下层表面为止。

3）插捣完毕即卸下漏斗，将多余的拌和物刮去，使与筒顶面齐平，筒周围拌板上的拌和物必须刮净、清除。

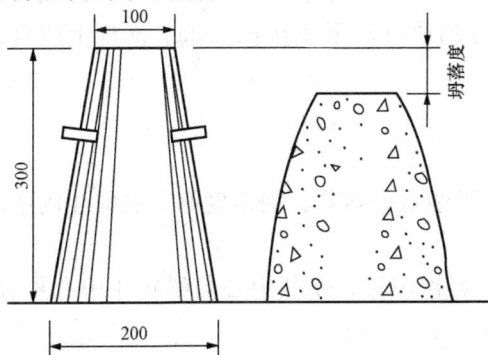

图 17　坍落度试验

4）将坍落度筒小心平稳地垂直向上提起，不得歪斜，提高过程在 5～10s 内完成，将筒放在拌和物试体一旁，量出坍落后拌和物试体最高点与筒高的距离（以 mm 为单位计，读数精确至 5mm），即为拌和物的坍落度（见图 17）。

5）从开始装料到提起坍落度筒的整个过程应连续进行，并在 150s 内完成。

6）坍落度筒提离后，如试件发生崩塌或一边剪坏现象，则应重新取样进行测定。如第二次仍出现这种现象，则表示该拌和物和易性不好，应予记录备查。

7) 测定坍落度后，观察拌和物的下述性质，并记录。

a. 黏聚性。用捣棒在已坍落的拌和物锥体侧面轻轻击打，如果锥体逐渐下沉，表示黏聚性良好；如果突然倒塌，部分崩裂或石子离析，即为黏聚性不好的表现。

b. 保水性。提起坍落度筒后如有较多的稀浆从底部析出，锥体部分的拌和物也因失浆而骨料外露，则表明保水性不好。若无这种现象，则表明保水性良好。

（3）坍落度的调整。

1) 在按初步计算备好试拌材料的同时，另外还须备好两份为调整坍落度用的水泥与水，备用的水泥与水的比例应符合原定的水灰比，其用量可为原来计算用量的 5% 和 10%。

2) 当测得拌和物的坍落度过大时，可酌情增加砂和石子（保持砂率不变），尽快拌和均匀，重进行坍落度测定。

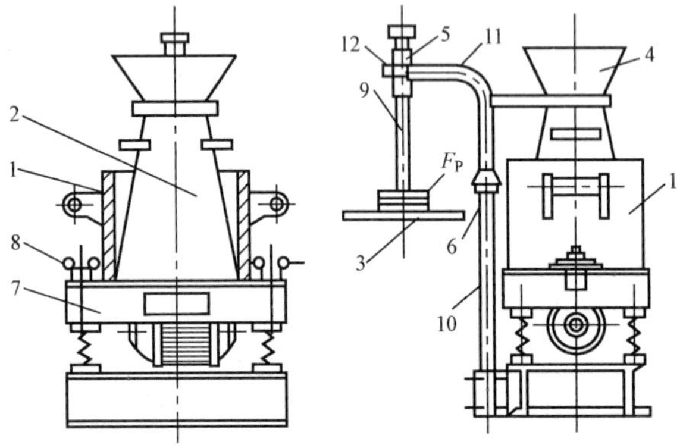

3. 维勃稠度试验

该方法适用于骨料最大粒径不超过 40mm，维勃稠度在 5~30s 之间的混凝土拌和物稠度测定。测定时需配制拌和物约 15L。

（1）仪器设备。

1) 维勃稠度仪（见图 18）。其组成如下：

a. 振动台。台面长 380mm，宽 260mm，支承在四个减振器上。振动频率为 50Hz±3Hz。空容器时台面的振幅为 0.5mm±0.1mm，容器用钢板制成，内径为 240mm±3mm，高为 20mm±2mm，筒

图 18 维勃稠度仪
1—容器；2—坍落度筒；3—圆盘；4—喂料斗；5—套筒；
6—螺钉1；7—振动台；8—固定螺丝；9—测杆；
10—支柱；11—旋转架；12—测杆螺栓

壁厚 3mm，筒底厚 7.5mm。坍落度筒尺寸同标准圆锥坍落度筒，但应去掉两侧的脚踏板。

b. 旋转架、连续测杆及喂料斗。测杆下端安装透明而水平的圆盘，并有螺钉把测杆固定在套筒中，坍落度筒在容器中心安放好后，把喂料斗的底部套在坍落度筒口上，旋转架安装在支柱上，通过十字凹槽来固定方向，并用螺钉来固定其位置。就位后，测杆或漏斗的轴线应和容器的轴线重合。透明圆盘直径为 230mm±2mm，厚度为 10mm±2mm，荷载直接放在圆盘上。由测杆、圆盘及荷重组成的滑动部分的质量调至 2750g±50g。测杆上应有刻度以读出混凝土的坍落度值。

2) 捣棒、小铲、秒表（精度为 0.5s）。

（2）试验步骤。

1) 把维勃稠度仪放置在坚实水平的基面上，用湿布把容器、坍落度筒、喂料斗内壁及其他用具擦湿。

2) 将喂料斗提到坍落度筒的上方扣紧，校正容器位置，使其中心与喂料斗中心重合，然后拧紧螺钉。

3) 把混凝土拌和物经喂料分层装入坍落度筒。装料及插捣的方法同坍落度测定中的规定。

4) 把圆盘、喂料斗都转离坍落度筒，小心并垂直地提起坍落度筒，此时应注意不使混

凝土试体产生横向的扭动。

5）把透明圆盘转到混凝土锥体顶面，放松测杆螺钉，使圆盘轻轻落到混凝土顶面，此时应防止坍落的混凝土倒下与容器内壁相碰。如有需要可记录坍落度值。

6）拧紧定位螺钉，并检查测杆螺钉是否已经完全放松。同时开启振动台和秒表，在透明盘的底面被水泥浆所布满的瞬间停下秒表，并关闭振动台。

7）记录秒表上的时间，读数精确到 1s，由秒表读出的时间秒数即为该混凝土拌和物的维勃稠度值。如维勃稠度值小于 5g 或大于 30g，则此种混凝土所具有的稠度已超出该仪器的适用范围。

5.4 普通混凝土拌和物表观密度试验

1. 试验目的

测定混凝土拌和物的表观密度，为混凝土配合比计算中的材料用量提供参数。

2. 仪器设备

磅秤（100kg，精度 50g）；容量筒（金属制成的圆筒，对骨料粒径不大于 40mm 的混合料，采用容积为 5L 的容量筒，其内径与高均为 186mm±2mm，筒壁厚为 3mm；骨料粒径大于 40mm 时，容量筒的内径及高均应大于骨料最大粒径的 4 倍）；捣棒（同坍落度测定用捣棒）；振动台（频率 50Hz±3Hz，负载振幅为 0.35mm）；小铲、抹刀、金属直尺等。

3. 试验步骤

（1）试验前用湿布将容量筒内外擦干净，称出容量筒质量，精确至 50g。

（2）拌和物的装料及捣实方法应视混凝土的稠度和施工方法而定。一般来说，坍落度不大于 70mm 的混凝土用振动台振实，大于 70mm 的，采用捣棒人工捣实。又如施工时用机械振捣，则采用振动法捣实混凝土拌和物；如施工时用人工插捣，则同样采用人工插捣。

采用振动法捣实时，混凝土拌和物应一次装入容量筒，装料时可稍加插捣，并应装满至高出筒口，然后把筒移至振动台上振实，如在振捣过程中混凝土高度沉落到低于筒口，则应随时添加混凝土并振动，直到拌和物表面出现水泥浆为止。如在实际生产的振动时尚须进行加压，则试验时也应在相应压力下予以振实。

采用捣棒捣实时，应根据容量筒的大小决定分层与插捣次数，对 5L 的容量筒，混凝土拌和物分两层装入，每层的插捣次数为 25 次。大于 5L 的容量筒，每层混凝土的高度不大于 100mm，每层插捣次数按 100mm^2 不少于 12 次计算。各次插捣应均衡地分布在每层截面上，插捣底层时捣棒应贯穿整个深度；插捣顶层时，捣棒应插透本层，并使之刚刚插入下面一层。每一层捣完后可把捣棒垫在筒底，将筒按住，左右交替地颠击地面各 15 下。插捣后如有棒坑留下，可用捣棒轻轻填平。

（3）用金属直尺沿筒口将捣实后多余的混凝土拌和物刮去，仔细擦净容量筒外壁，然后称出质量，精确至 50g。

（4）试验结果计算。用式（22）计算混凝土拌和物的表观密度（计算精确至 10kg/m^3），即

$$\rho_b = \frac{m_n - m_1}{V'_0} \tag{22}$$

式中　ρ_b——混凝土拌和物表观密度，kg/m^3；

　　　m_n——容量筒和混凝土拌和物总质量，kg；

m_1——空容量筒的质量，kg；

V_0'——空容量筒的容积，L。

5.5　普通混凝土抗压强度试验

1. 试验目的

测定混凝土立方体抗压强度作为评定混凝土质量的主要依据。

2. 试验设备

（1）试验机。压力试验机或万能试验机，其精度应不低于 1％，其量程应能使试件在预期破坏荷载值不小于全量程的 20％，也不大于全量程的 80％。试验机应按计量仪表使用规定进行定期检查，以确保试验结果的准确性。

（2）振动台。振动频率为 50Hz±3Hz，空载振幅约为 0.5mm。

（3）试模。试模由铸铁或钢制成，应具有足够的刚度并拆装方便。试模内表面应保证足够的平滑度，或经机械加工，其不平度应不超过 0.05％，组装后相邻面的不垂直度应不超过±0.5％。

（4）捣棒、小铁铲、金属直尺、镘刀等。

3. 试件的成形和养护

（1）混凝土抗压强度试验一般以三个试件为一组。每一组试件所用的拌和物应从同一盘或同一车运送的混凝土中取出，或在试验室用机械或人工单独拌制。用以检验现浇混凝土工程或预制构件质量的试件分组及取样原则，应按《屋面工程质量验收规范》（GB 50207—2012）及其他有关标准的规定执行。

（2）制作前，应将试模擦拭干净，并在试模内表面涂一薄层矿物油脂。所有试件应在取样后立即制作。试件成形方法应视混凝土的稠度而定。一般坍落度小于 70mm 的混凝土，用振动台振实，大于 70mm 的用捣棒人工捣实。

1）振动台振实成形。将拌和物一次装入试模，并稍有富余，然后将试模放在振动台上并加以固定。开动振动台，振至拌和物表面呈现水泥浆时为止，记录振动时间。振动结束后，用镘刀沿试模边缘将多余的拌和物刮去，并将表面抹平。

2）人工捣实成形。拌和物分两层装入试模，每层厚度大致相等。插捣按螺旋方向从边缘向中心均匀进行。插捣底层时，捣棒应达到试模底面；插捣上层时，捣棒应穿入下层深度 20～30mm。插捣时，捣棒应保持垂直，并用镘刀沿试模内壁插入数次。每层插捣次数见表8，一般 100cm² 面积应不少于 12 次，然后根据骨料的最大颗粒直径选择。制作试块所需的混凝土大致质量见表8。

表8		试件尺寸及强度之换算系数		
试件边长（mm）	允许骨料最大粒径（mm）	每层插捣次数	每组需混凝土量（kg）	换算系数
100×100×100	30	12	9	0.95
150×150×150	40	25	30	1.00
200×200×200	60	50	65	1.05

（3）试件成形后应覆盖，以防止水分蒸发，并在室温为 20℃±5℃ 情况下至少静置 1d（但不得超过 2d），然后编号拆模。拆模后的试件应立即放在温度为 20℃±3℃、相对湿度不

小于95%以上的标准养护室中养护。在标准养护室内试件应放在架上，彼此间隔为10～20mm，并应避免用水直接冲淋试件。无标准养护室时，混凝土试件可放在温度为20℃±3℃的不流动水中养护，水的pH值不应小于7。试件成形后需与构件同条件养护时，应覆盖其表面。试件拆模时间可与实际构件的拆模时间相同。拆模后的试件仍应保持与构件相同的养护条件。

4. 抗压试验步骤

（1）试件从养护地点取出后应及时进行试验，以免试件内部的温、湿度发生显著变化。

（2）试件在试压前应先擦干净，测量尺寸，并检查其外观，试件尺寸测量精确至1mm，并据此计算试件的承压面积值（A）。试件不得有明显缺损，其承压面的不平度要求不超过0.05%，承压面与相邻面的不垂直偏差不超过±1°。

（3）把试件安放在试验机下压板中心，试件的承压面与成形时的顶面垂直。开动试验机，当上压板与试件接近时，调整球座，使接触均衡。

（4）加压时，应持续而均匀地加荷。加荷速度为：混凝土强度等级小于C30时，取0.3～0.5MPa/s；当等于或大于C30时，取0.5～0.8MPa/s。当试件接近破坏而开始迅速变形时，应停止调整试验机加荷速度，直至试件破坏，然后记录破坏荷载P。

5. 试验结果计算

（1）混凝土立方体试件抗压强度按式（23）计算，即

$$f_c = P/A \tag{23}$$

式中　f_c——混凝土立方体试件抗压强度，MPa；

　　　P——破坏荷载，N；

　　　A——试件承压面积，mm^2。

混凝土立方体试件抗压强度的计算应精确至0.1MPa。

（2）以三个试件算术平均值作为该组试件的抗压强度值。三个试件中的最大值或最小值中，如有一个与中间值的差异超过中间值的15%，则把最大值及最小值一并舍去，取中间值作为该组试件的抗压强度值。如最大值、最小值与中间值的差均超过中间值的15%，则该组试件的试验结果无效。

（3）取150mm×150mm×150mm试件抗压强度为标准值，用其他尺寸试件测得的强度值均乘以尺寸换算系数（见表8）。

试验6　建筑砂浆试验

试验依据《建筑砂浆基本性能试验方法标准》（JGJ/T 70—2009）相关规定进行。

6.1　砂浆拌和物试样制备

1. 主要仪器设备

砂浆搅拌机、拌和铁板（约1.5m×2m，厚约3mm）、磅秤（50kg，精度50g）、台秤（10kg，精度5g）、拌铲、抹刀、量筒、盛器等。

2. 试样制备

（1）一般规定。

1）拌制砂浆所用的原材料，应符合质量标准，并要求提前运入试验室内，拌和时试

室的温度应保持在 20℃±5℃。

2）水泥如有结块应充分混合均匀，以 0.9mm 筛过筛，砂也应以 5mm 筛过筛。

3）拌制砂浆时，材料称量计量的精度：水泥、外加剂等为±0.5%；砂、石灰膏、黏土膏等为±1%。

4）拌制前应将搅拌机、拌和铁板、拌铲、抹刀等工具表面用水润湿，注意拌和铁板上不得有积水。

（2）人工拌和。按设计配合比（质量比），称取各项材料用量，先把水泥和砂放入拌和铁板干拌均匀，然后将混合物堆成堆，在中间作一凹坑；将称好的石灰膏（或黏土膏）倒入凹坑中，再倒入一部分水，将石灰膏或黏土膏稀释，然后充分拌和并逐渐加水，直至混合料色泽一致、观察和易性符合要求为止，一般需拌和 5min。可用量筒盛定量水，拌好以后，减去筒中剩余水量，即为用水量。

（3）机械拌和。

1）先拌适量砂浆（应与正式拌和的砂浆配合比相同），使搅拌机内壁黏附一薄层砂浆，使正式拌和时的砂浆配合比成分准确。

2）先称出各材料用量，再将砂、水泥装入搅拌机内。

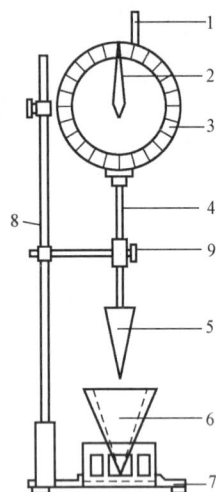

图 19　砂浆稠度仪
1—齿条测杆；2—指针；
3—刻度盘；4—滑杆；
5—圆锥体；6—圆锥筒；
7—底座；8—支架；
9—制动螺钉

3）开动搅拌机，将水徐徐加入（混合砂浆须将石灰膏或黏土膏用水稀释至浆状），搅拌约 3min（搅拌的用量不宜少于搅拌容量的 20%，搅拌时间不宜少于 2min）。

4）将砂浆拌和物倒至拌和铁板上，用拌铲翻拌两次，使之均匀，拌好的砂浆应立即进行有关的试验。

6.2　砂浆的稠度试验

1. 试验目的

通过稠度试验，可以测得达到设计稠度时的加水量，或在现场对要求的稠度进行控制，以保证施工质量。

2. 主要仪器

砂浆稠度仪（见图 19）、捣棒（直径为 10mm，长为 350mm，一端呈半球形钢棒）、台秤、拌锅、拌板、量筒、秒表等。

3. 试验步骤

（1）将拌好的砂浆一次装入砂浆筒内，装至距筒口约 10mm 为止，用捣棒插捣 25 次，并将筒体振动 5～6 次，使表面平坦，然后移置于稠度仪底座上。

（2）放松圆锥体滑杆的制动螺钉，使圆锥尖端与砂浆表面接触，拧紧制动螺钉，使齿条测杆下端刚好接触滑杆上端，并将指针对准零点。

（3）拧开制动螺钉，使圆锥体自动沉入砂浆中，同时计时到 10s，立即固定螺钉。从刻度盘上读出下沉深度（精确至 1mm）。

（4）圆锥筒内的砂浆只允许测定一次稠度，重复测定时，应重新取样测定。

4. 结果评定

以两次测定结果的平均值作为砂浆稠度测定结果，如两次测定值之差大于 10mm，应重新配料测定。

6.3 建筑砂浆分层度试验

1. 试验目的

测定建筑砂浆在运输及停放时的保水能力及砂浆内部各组分之间的相对稳定性，以评定其和易性。

2. 主要仪器

分层度测定仪如图 20 所示，其他同砂浆稠度试验仪器。

3. 试验步骤

（1）将拌和好的砂浆，经稠度试验后重新拌和均匀，一次注满分层度仪内。用木槌在容器周围距离大致相等的四个不同地方轻敲 1～2 次，并随时添加，然后用抹刀抹平。

（2）静置 30min，去掉上层 200mm 砂浆，然后取出底层 100mm 砂浆重新拌和均匀，再测定砂浆稠度。

（3）取两次砂浆稠度的差值，即为砂浆的分层度（以 mm 计）。

4. 结果评定

（1）应取两次试验结果的算术平均值作为该砂浆的分层度值。

（2）两次分层度试验值之差大于 10mm 时应重做试验。

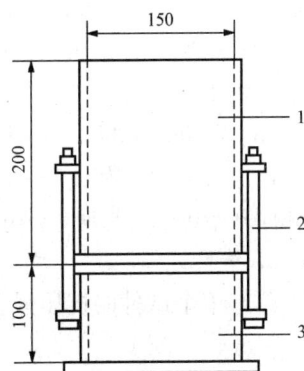

图 20 分层度测定仪

1—无底圆筒；2—连续螺钉；
3—有底圆筒

6.4 建筑砂浆抗压强度试验

1. 试验目的

检验砂浆配合比及强度等级能否满足设计和施工要求。

2. 主要仪器设备

压力试验机、试模（70.7mm×70.7mm×70.7mm，分无底试模与有底试模两种）、捣棒（直径为 10mm，长为 350mm，一端呈半圆形）、垫板等。

3. 试件制作及养护

（1）应采用立方体试件，每组试件为 3 个。

（2）应采用凡士林等密封材料涂抹试模的外接缝，试模内应涂刷薄层机油或隔离剂。应将拌制好的砂浆一次性装满砂浆试模，成形方法应根据稠度而确定。当稠度大于 50mm 时，宜采用人工插捣成形，当稠度不大于 50mm 时，宜采用振动台振实成形。

1）人工插捣。应采用捣棒均匀地由边缘向中心按螺旋方式插捣 25 次，插捣过程中当砂浆沉落低于试模口时，应随时添加砂浆，可用油灰刀插捣数次，并用手将试模一边抬高 5～10mm 各振动 5 次，砂浆应高出试模顶面 6～8mm。

2）机械振动。将砂浆一次装满试模，放置到振动台上，振动时试模不得跳动，振动 5～10s 或持续到表面泛浆为止，不得过振。

（3）应待表面水分稍干后，再将高出试模部分的砂浆沿试模顶面刮去并抹光。

（4）装模成形后，在 20℃±5℃环境下经 24h±2h 即可脱模，气温较低时，可适当延长时间，但不得超过 2d。试件拆模后应立即放入温度为 20℃±3℃、相对湿度为 90% 以上（水泥混合砂浆为 60%～80%）的标准养护室中养护，试件间隔不小于 10mm。混合砂浆、湿拌砂浆试件上面应覆盖，防止有水滴在试件上。

（5）从搅拌加水开始计时，标准养护龄期应为 28d。

4．抗压强度测定步骤

（1）经 28d 养护后的试件从养护地点取出后，应尽快进行试验，以免试件内部的温、湿度发生显著变化。先将试件擦干净，测量尺寸，并检查其外观。试件尺寸测量精确至 1mm，并据此计算试件的承压面积。若实测尺寸与公称尺寸之差不超过 1mm，可按公称尺寸进行计算。

（2）将试件置于压力机的下压板上，试件的承压面应与成形时的顶面垂直，试件中心应与下压板中心对准。

（3）开动压力机，当上压板与试件接近时，调整球座，使接触面均衡受压。加荷应均匀而连续，加荷速度应为 0.5～1.5kN/s（砂浆强度不大于 2.5MPa 时，取下限为宜），当试件接近破坏而开始迅速变形时，停止调整压力机加荷速度，直至试件破坏，记录破坏荷载（F）。

5．结果计算

（1）单个试件的抗压强度按式（24）计算（精确至 0.1MPa），即

$$f_{m,cu} = KF/A \tag{24}$$

式中　$f_{m,cu}$——砂浆立方体抗压强度，MPa；

　　　F——立方体破坏荷载，N；

　　　A——试件承压面积，mm^2；

　　　K——换算系数，取 1.35。

（2）以三个试件测值的算术平均值作为该组试件的砂浆立方体抗压强度平均值。三个试件中的最大值或最小值中，如有一个与中间值的差异超过中间值的 15%，则把最大值及最小值一并舍去，取中间值作为该组试件的抗压强度值。如最大值、最小值与中间值的差均超过中间值的 15%，则该组试件的试验结果无效。

试验 7　石 油 沥 青 试 验

试验依据《沥青针入度测定法》（GB/T 4509—2010）、《沥青延度测定法》（GB/T 4508—2010）、《沥青软化点（环球法）测定法》（GB/T 4507—2014）相关规定进行。

7.1　沥青针入度试验

1．试验目的及一般规定

针入度是石油沥青稠度的主要指标，是划分沥青牌号的主要依据之一。

该方法适用于测定针入度小于 350 的固体和半固体石油沥青。石油沥青的针入度以标准针在一定的荷载、时间及温度条件下垂直穿入沥青试样的深度来表示，单位为 0.1mm。如未另行规定，标准针、针连杆与附加砝码的合计质量为 100g±0.05g，温度为 25℃±0.1℃，时间为 5s。特定试验条件参照表 9 的规定，报告中应注明试验条件。

表 9　　　　　　　　　　　　　　　针入度特定试验条件规定

温度（℃）	荷重（g）	时间（s）	温度（℃）	荷重（g）	时间（s）
0	200	60	46	50	5
4	200	60			

2. 主要仪器设备

（1）针入度仪。其构造如图 21 所示。其中支柱上有两个悬臂，上臂装有分度为 360 的刻度盘及活动齿杆，上下运动的同时，使指针转动；下臂装有可滑动的针连杆（其下端安装标准针），总质量为 50g±0.05g，并设有控制针连杆运动的制动按钮，基座上设有旋转玻璃皿的可旋转的平台及观察镜。

（2）标准针。应由硬化回火的不锈钢制成，其尺寸应符合《沥青针入度测定法》（GB/T 4509—1998）的规定。

（3）试样皿。金属圆柱形平底容器。针入度小于 200 时，试样皿内径为 55mm，内部深度为 35mm；针入度在 200～350 时，试样皿内径为 55mm，内部深度为 70mm；针入度在 350～500 时，试样皿内径为 50mm，内部深度为 60mm。

（4）恒温水浴。容量不小于 10L，能保持温度在试验温度的±0.1℃范围内。

（5）其他。平底玻璃皿、秒表、温度计、金属皿或瓷柄皿、孔径为 0.3～0.5mm 的筛子及砂浴或可控制温度的密闭电炉等。

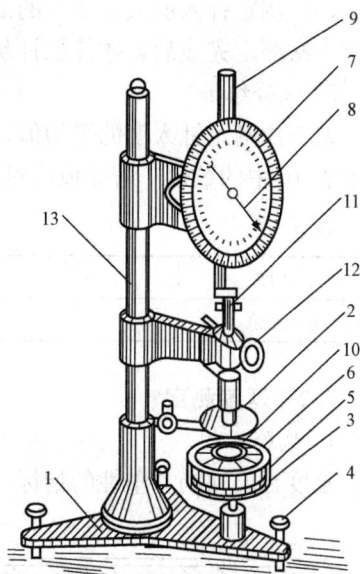

图 21　针入度仪

1—底盘；2—小镜；3—圆形平台；4—调平螺钉；5—保温皿；6—试样；7—刻度盘；8—指针；9—活杆；10—标准针；11—连杆；12—按钮；13—砝码

3. 试样制备

（1）将预先除去水分的试样在砂浴或密闭电炉上加热并搅拌。加热温度不得超过估计软化点 100℃，加热时间不得超过 30min。用筛过滤除去杂质。

（2）将试样倒入预先选好的试样皿中，试样深度应大于预计穿入深度 10mm。

（3）试样皿在 15～30℃的空气中冷却 1～1.5h（小试样皿）或 1.5～2h（大试样皿），防止灰尘落入试样皿。然后把试样皿移入保持规定试验温度的恒温水浴中。小试样皿恒温 1～1.5h，大试样皿恒温 1.5～2h。

4. 试验步骤

（1）调整针入度仪基座螺钉使其水平。将恒温 1h 的盛样皿自槽中取出，置于水温严格控制为 25℃的平底保温皿中；沥青试样表面水层高度不小于 10mm，再将保温皿置于针入度仪的旋转圆形平台上。

（2）调节标准针使针尖与试样表面恰好接触，不得刺入试样。移动活动齿杆使与标准针连杆顶端接触，并将刻度盘指针调整至"0"。

（3）用手紧压按钮，同时开动秒表，使标准针自由地针入沥青试样，到规定时间放开按钮，使针停止针入。

（4）再拉下活动齿杆使与标准针连杆顶端相接触。这时，指针也随之转动，刻度盘指针读数即为试样的针入度。在试样的不同点（各测点间及测点与金属皿边缘的距离不小于 10mm）重复试验三次，每次试验后，将针取下，用浸有溶剂（煤油、苯或汽油）的棉花将针端附着的沥青擦干净。

（5）测定针入度大于 200 的沥青试样时，至少用三根针，每次测定后将针留在试样中，直至三次测定完成后，才能把针从试样中取出。

5．试验结果

取三次测定针入度的平均值，取至整数，作为试验结果，三次测定的针入度值相差不应大于表 10 中的数值。若差值超过表 10 中数值，应重做试验。

表 10   针入度测定允许最大差值

针入度	0～49	50～149	150～249	250～350
最大差值	2	4	6	8

7.2　延度测定

1．试验目的

延度是反映沥青塑性的指标，通过延度测定可以了解石油沥青抵抗变形的能力并作为确定沥青牌号的依据之一。石油沥青的延度是用规定的试件在一定温度下以一定速度拉伸至断裂时的长度表示。

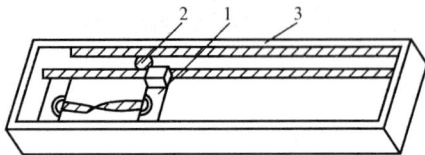

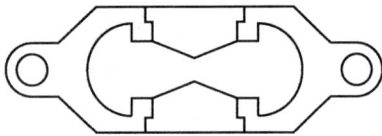

图 22　沥青延度仪及模具

（a）延度仪；（b）延度模具

1—滑板；2—指针；3—标尺

2．主要仪器设备

沥青延度仪及模具（见图 22）、瓷皿或金属皿、孔径为 0.6～0.8mm 的筛、温度计（0～50℃，精度为 0.5℃）、刀、金属板、砂浴。

3．试验步骤

（1）用甘油滑石粉隔离剂涂于磨光的金属板上及侧模的内表面。

（2）将预先除去水分的沥青试样放入金属皿中，在砂浴上加热熔化、搅拌。加热温度不得比试样软化点高 100℃，用筛过滤，并充分搅拌至气泡完全消除。

（3）将熔化沥青试样缓缓注入模中（自模的一端至另一端往返多次），并略高出模具。试件在 15～30℃ 的空气中冷却 30min 后，放入 25℃±0.1℃ 的水浴中，保持 30min 后取出，用热刀将高出模具的沥青刮去，使沥青面与模面齐平。沥青的刮法应自模的中间刮向两边，表面应刮得十分光滑，将试件连同金属板再浸入 25℃±0.1℃ 的水浴中保持 1～1.5h。

（4）检查延度仪滑板的移动速度是否符合要求，然后移动滑板使指针正对标尺的零点。

（5）试件移至延度仪水槽中，将模具两端的孔分别套在滑板及槽端的金属柱上，水面距试件表面应不小于 25mm，然后去掉侧模。

（6）测得水槽中水温为 25℃±0.5℃ 时，开动延度仪观察沥青的拉伸情况。在测定时，如发现沥青细丝浮于水面或沉于槽底时，则应在水面加入乙醇或食盐水，调整水的密度至与试样的密度相近后，再进行测定。

（7）试件拉断时指针所指标尺上的读数，即为试样的延度，以 cm 表示。在正常情况下，试件应拉伸成锥尖状，在断裂时实际横断面为零。如不能得到上述结果，则应报告在此条件下无测定结果。

4. 试验结果

取三个平行测定值的平均值作为测定结果。若三次测定值不在其平均值的 5% 以内，但其中两个较高值在平均值的 5% 之内，则弃去最低测定值，取两个较高值的平均值作为测定结果。

7.3　沥青软化点试验

1. 试验目的

软化点是反映沥青耐热性及温度稳定性的指标，是确定沥青牌号的依据之一。石油沥青的软化点是以规定质量的钢球放在规定尺寸金属环的试样盘上，以恒定的加热速度加热，当试样软到足以使沉入沥青中的钢球下落达 25.4mm 时的温度，以℃表示。

2. 主要仪器设备

软化点试验仪（见图 23）、电炉或其他加热设备、金属板或玻璃板、刀、孔径为 0.6～0.8mm 的筛、温度计、瓷皿或金属皿（熔化沥青用）、砂浴。

3. 试验步骤

（1）将黄铜环置于涂上甘油滑石粉隔离剂的金属板或玻璃板上，将预先脱水的试样加热熔化，加热温度不得比试样估计软化点高 100℃，搅拌并过筛后注入黄铜环内至略高出环面为止，如估计软化点在 120℃ 以上，应将黄铜环与金属板预热至 80～100℃。试样在

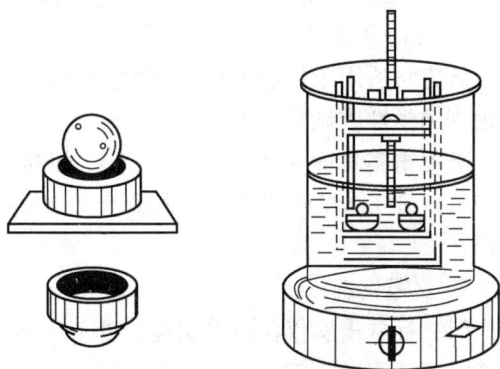

图 23　软化点试验仪

室温（15～30℃）中冷却 30min 后，用热刀刮去高出环面上的试样，使与环面齐平。

（2）将盛有试样的黄铜环及板置于盛满水（估计软化点不高于 80℃ 的试样）或甘油（估计软化点高于 80℃ 的试样）的保温槽内，或将盛试样的黄铜环水平地安放在环架圆孔内，然后放在烧杯中，恒温 15min，水温保持 5℃±0.5℃；甘油温度保持 32℃±1℃。同时钢球也置于恒温的水或甘油中。

（3）烧杯内注入新煮沸并冷却至约 5℃ 的蒸馏水（估计软化点不高于 80℃ 的试样）或注入预加热至约 32℃ 的甘油（估计软化点高于 80℃ 的试样），使水面或甘油液面略低于连接杆的深度标记。

（4）从水或甘油保温槽中取出盛有试样的黄铜环放置在环架中承板的圆孔中，并套上钢球定位器把整个环架放入烧杯内，调整水面或甘油液面至深度标记，环架上任何部分均不得有气泡。将温度计由上承板中心孔垂直插入，使水银球底部与黄铜环下面齐平。

（5）将烧杯移放至有石棉网的三脚架上或电炉上，然后将钢球放在试样上（须使各环的平面在全部加热时间内完全处于水平状态）立即加热，使烧杯内水或甘油温度在 3min 后保持每分钟上升 5℃±0.5℃，在整个测定中如温度的上升速度超出此范围，则应重做试验。

（6）试样受热软化下垂至与下承板面接触时的温度即为试样的软化点。

4. 试验结果

取平行测定两个结果的算术平均值作为测定结果。重复测定两个结果间的差数不得大于表 11 的规定。

表 11 软化点测定允许差数

软化点（℃）	允许差数（℃）	软化点（℃）	允许差数（℃）
<80	1	>100～140	3
80～100	2		

试验 8 沥青混合料试验

试验依据《公路工程沥青及沥青混合料试验规程》（JTG E20—2011）相关规定进行。

8.1 沥青混合料试件制作方法（击实法）

1. 目的与适用范围

该方法适用于标准击实法或大型击实法制作沥青混合料试件，以供试验室进行沥青混合料物理力学性质试验使用。

标准击实法适用于马歇尔试验、间接抗拉试验（劈裂法）等所使用的 ϕ101.6mm×63.5mm 圆柱体试件的成形。大型击实法适用于 ϕ152.4mm×95.3mm 的大型圆柱体试件的成形。

2. 仪器设备

（1）标准击实仪。由击实锤、ϕ98.5mm 平圆形压实头及带手柄的导向棒组成。用人工或机械将压实锤举起，从 457.2mm±1.5mm 高度沿导向棒自由落下击实，标准击实锤质量为 4536g±9g。

（2）大型击实仪。由击实锤、ϕ149.5mm 平圆形压实头及带手柄的导向棒（直径为 15.9mm）组成。用机械将压实锤举起，从 457.2mm±52.5mm 高度沿导向棒自由落下击实，大型击实锤质量为 10 210g±10g。

（3）自动击实仪。是将标准击实锤及标准击实台安装一体并用电力驱动使击实锤连续击实试件且可自动记数的设备，击实速度为 60 次/min±5 次/min。大型击实法电动击实的功率不小于 250W。

（4）标准击实台。用以固定试模，在 200mm×200mm×457mm 的硬木墩上面有一块 305mm×305mm×25mm 的钢板，木墩用四根型钢固定在下面的水泥混凝土板上。木墩采用青冈栎、松或其他干密度为 0.67～0.77g/cm^3 的硬木制成。人工击实或机械击实均必须有此标准击实台。

（5）试验室用沥青混合料拌和机。能保证拌和温度并充分拌和均匀，可控制拌和时间，容量不小于 10L，如图 24 所示。搅拌叶自转速度为 70～80r/min，公转速度为 40～50r/min。

（6）脱模器。电动或手动，可无破损地推出圆柱体试件，备有标准圆柱体试件及大型圆柱体试件尺寸的推出环。

（7）试模。由高碳钢或工具钢制成，每组包括内径为 101.6mm±0.2mm、高 87mm 的圆柱形金属筒、底座（直径约为 120.6mm）和套筒（内径为 101.6mm、高为 70mm）各一个。

（8）烘箱。大、中型各一台，有温度调节器。

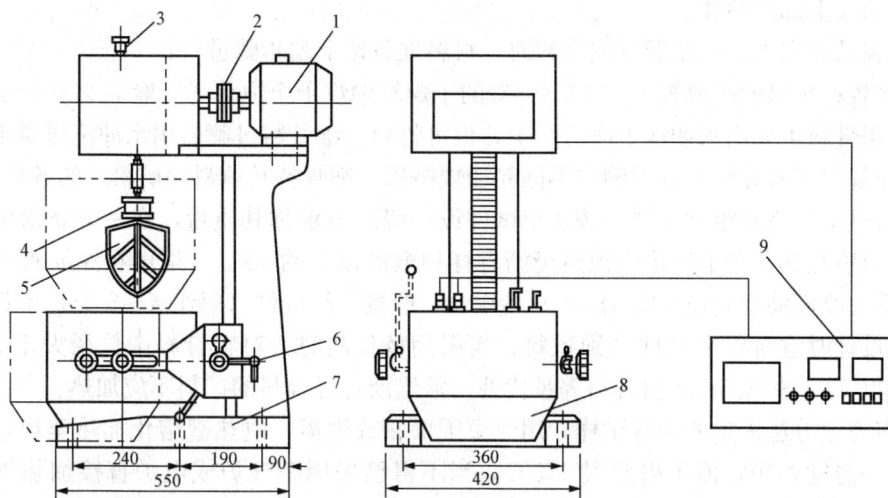

图 24　试验室用沥青混合料拌和机

1—电动机；2—联轴器；3—变速箱；4—弹簧；5—拌和叶片；6—升降手柄；7—底座；
8—加热拌和锅；9—温度时间控制仪

（9）天平或电子秤。用于称矿料的，精度不大于 0.5g；用于称沥青的，精度不大于 0.1g。

（10）沥青运动黏度测定设备。毛细管黏度计、赛波特重油黏度计或布洛克菲尔德黏度计。

（11）插刀或大螺钉旋具。

（12）温度计。分度值不大于 1℃。宜采用有金属插杆的热电偶沥青温度计，金属插杆的长度不小于 300mm。量程为 0～300℃，数字显示或度盘指针的分度为 0.1℃，且有留置读数功能。

（13）其他。电炉或煤气炉、沥青熔化锅、拌和铲、标准筛、滤纸（或普通纸）、胶布、卡尺、秒表、粉笔、棉纱等。

3. 试验准备

（1）确定制作沥青混合料试件的拌和与压实温度。当缺乏沥青黏度测定条件时，试件的拌和与压实温度可按表 12 选用，并根据沥青品种和标号作适当调整。针入度小、稠度大的沥青取高限，针入度大、稠度小的沥青取低限，一般取中值。对改性沥青，应根据改性剂的品种和用量，适当提高混合料的拌和和压实温度，对大部分聚合物改性沥青，需要在基质沥青的基础上提高 15～30℃，掺加纤维时，尚需再提高 10℃左右。常温沥青混合料的拌和及压实在常温下进行。

表 12　　　　　　　　　　　沥青混合料拌和及压实温度参考表

沥青结合料种类	拌和温度（℃）	压实温度（℃）	沥青结合料种类	拌和温度（℃）	压实温度（℃）
石油沥青	130～160	120～150	改性沥青	160～175	140～170
煤沥青	90～120	80～110			

（2）按规定方法在拌和厂或施工现场采集沥青混合料试样。将试样置于烘箱中或加热的砂浴上保温，在混合料中插入温度计测量温度，待混合料温度符合要求后成形。需要适当拌和时可倒入已加热的小型沥青混合料拌和机中适当拌和，时间不超过 1min。但不得用铁锅

在电炉或明火上加热炒拌。

（3）在试验室人工配制沥青混合料时，材料准备按下列步骤进行：

1）将各种规格的矿料置于105℃±5℃的干燥箱中烘干至恒重（一般不少于4～6h）。根据需要，粗骨料可先用水冲洗干净后烘干，也可将粗、细骨料过筛后用水冲洗再烘干备用。

2）按规定试验方法，分别测定不同粒径规格粗、细骨料及填料（矿粉）的各种密度。

3）将烘干分级的粗细骨料，按每个试件设计级配要求称其质量，在一金属盘中混合均匀，矿粉单独加热，置干燥箱中预热至沥青拌和温度以上约15℃（采用石油沥青时通常为163℃；采用改性沥青时通常需180℃）备用。一般按一组试件（每组4～6个）备料，但进行配合比设计时宜对每个试件分别备料。当采用替代法时，对粗骨料中粒径大于26.5mm的部分，以13.2～26.5mm粗骨料等量代替。常温沥青混合料的矿料不应加热。

4）将规定方法采集的沥青试样，用恒温干燥箱或油浴、电热套熔化加热至规定的沥青混合料拌和温度备用，但不得超过175℃。当不得已采用燃气炉或电炉直接加热进行脱水时，必须使用石棉垫隔开。

（4）用沾有少许凡士林的棉纱擦净试模、套筒及击实座等，置于100℃左右干燥箱中加热1h备用。常温沥青混合料用试模不加热。

4. 试验步骤

（1）拌制黏稠石油沥青或煤沥青混合料。

1）将沥青混合料拌和机预热至拌和温度以上10℃左右备用。

2）将每个试件预热的粗、细骨料置于拌和机中，用小铲子适当混合，再加入需要数量的已加热至拌和温度的沥青（如沥青已称量在一专用容器内，可在倒掉沥青后用一部分热矿粉将沾在容器壁上的沥青擦拭一起倒入拌和锅中），开动拌和机一边搅拌一边将拌和叶片插入混合料中拌和1～1.5min，然后暂停拌和，加入单独加热的矿粉，继续拌和至均匀为止，并使沥青混合料保持在要求的拌和温度范围内。标准的总拌和时间为3min。

（2）马歇尔标准击实法的成形。

1）将拌好的沥青混合料，均匀称取一个试件所需的用量（标准马歇尔试件约1200g，大型马歇尔试件约4050g）。当已知沥青混合料的密度时，可根据试件的标准尺寸计算并乘以1.03得到要求的混合料数量。当一次拌和几个试件时，宜将其倒入经预热的金属盘中，用小铲适当拌和均匀分成几份，分别取用。在试件制作过程中，为防止混合料温度下降，应连盘放在干燥箱中保温。

2）从干燥箱中取出预热的试模及套筒，用沾有少许凡士林的棉纱擦拭套筒、底座及击实锤底面，将试模装在底座上，垫一张圆形的吸油性小的纸，按四分法从四个方向用小铲将混合料铲入试模中，用插刀或大螺钉旋具沿周边插捣15次，中间10次。插捣后将沥青混合料表面整平成凸圆弧面。对大型马歇尔试件，混合料分两次加入，每次插捣次数同上。

3）插入温度计，至混合料中心附近，检查混合料温度。

4）待混合料温度符合要求的压实温度后，将试模连同底座一起放在击实台上固定，在装好的混合料上面垫一张吸油性小的圆纸，再将装有击实锤及导向棒的压实头插入试模中，然后开启电动机或人工将击实锤从457mm的高度自由落下击实规定的次数（75、50或35次）。对大型马歇尔试件，击实次数为75次（相应于标准击实50次的情况）或112次（相应于标准击实75次的情况）。

5）试件击实一面后，取下套筒，将试模掉头，装上套筒，然后以同样的方法和次数击实另一面。

6）试件击实结束后，立即用镊子取掉上下面的纸，用卡尺量取试件离试模上口的高度并由此计算试件高度，如高度不符合要求，试件应作废，并按式（25）调整试件的混合料质量，以保证高度符合 63.5mm±1.3mm（标准试件）或 95.3mm±2.5mm（大型试件）的要求。

$$调整后混合料质量 = \frac{要求试件高度 \times 原用混合料质量}{所得试件的高度} \tag{25}$$

（3）脱模。卸去套筒和底座，将装有试件的试模横向放置冷却至室温后（不少于 12h），置脱模机上脱出试件。用于作现场马歇尔指标检验的试件，在施工质量检验过程中如急需试验，允许采用电风扇吹冷 1h 或浸水冷却 3min 以上的方法脱模，但浸水脱模法不能用于测量密度、空隙率等各项物理指标。

脱模后的试件应置于干燥洁净的平面上，供试验用。

8.2 沥青混合料马歇尔稳定度试验

1. 目的与适用范围

该方法适用于马歇尔稳定度试验和浸水马歇尔稳定度试验，以进行沥青混合料的配合比设计或沥青路面施工质量检验。浸水马歇尔稳定度试验（根据需要，也可进行真空饱水马歇尔试验）供检验沥青混合料受水损害时抵抗剥落的能力时使用，通过测试其水稳定性检验配合比设计的可行性。

该方法适用于标准马歇尔试件圆柱体和大型马歇尔试件圆柱体。

2. 仪器设备

（1）沥青混合料马歇尔试验仪。符合《马歇尔稳定度试验仪》（JT/T 119—2006）技术要求的产品，对用于高速公路和一级公路的沥青混合料宜采用自动马歇尔试验仪，用计算机或 x-y 记录仪记录荷载-位移曲线，并具有自动测定荷载与试件垂直变形的传感器、位移计，能自动显示或打印试验结果。对 $\phi 63.5mm$ 的标准马歇尔试件，试验仪最大荷载不小于 25kN，测定精度为 100N，加载速率应能保持 50～5mm/min。钢球直径为 16mm，上下压头曲率半径为 50.8mm。当采用 $\phi 152.4mm$ 大型马歇尔试件时，试验仪最大荷载不得小于 50kN，读数准确度为 100N。上下压头的曲率内径为 152.4mm±0.2mm，上下压头间距为 19.05mm±0.1mm。

（2）恒温水槽。控温准确度为±1℃，深度不小于 150mm。

（3）真空饱水容器。包括真空泵及真空干燥器。

（4）干燥箱。

（5）天平。精度不大于 0.1g。

（6）温度计。分度为 1℃。

（7）卡尺。

（8）其他。棉纱，凡士林。

3. 试验准备

（1）按标准击实法成形马歇尔试件，标准马歇尔尺寸应符合直径为 101.6mm±0.2mm、高为 63.5mm±1.3mm 的要求。对大型马歇尔试件，尺寸应符合直径为 152.4mm±0.2mm、高为 95.3mm±2.5mm 的要求。一组试件的数量最小不得少于四个，并符合规定。

（2）量测试件的直径及高度：用卡尺测量试件中部的直径，用马歇尔试件高度测定器或用卡尺在十字对称的四个方向量测离试件边缘 10mm 处的高度，准确至 0.1mm，并以其平均值作为试件的高度。如试件高度不符合 63.5mm±1.3mm 或 95.3mm±2.5mm 要求或两侧高度差大于 2mm 时，此试件应作废。

（3）按规程规定的方法测定试件的密度、空隙率、沥青体积百分率、沥青饱和度、矿料间隙率等物理指标。

（4）将恒温水槽调节至要求的试验温度，对黏稠石油沥青或干燥箱养生过的乳化沥青混合料为 60℃±1℃，对煤沥青混合料为 33.813℃±1℃。

4. 试验步骤

（1）标准马歇尔试验方法。

1）将试件置于已达规定温度的恒温水槽中保温，保温时间对标准马歇尔试件需 30～40min，对大型马歇尔试件需 45～60min。试件之间应有间隔，底下应垫起，离容器底部不小于 5cm。

2）将马歇尔试验仪的上下压头放入水槽或干燥箱中达到同样温度。将上下压头从水槽或干燥箱中取出擦拭干净内面。为使上下压头滑动自如，可在下压头的导棒上涂少量凡士林。再将试件取出置于下压头上，盖上上压头，然后装在加载设备上。

3）在上压头的球座上放妥钢球，并对准荷载测定装置的压头。

4）当采用自动马歇尔试验仪时，将自动马歇尔试验仪的压力传感器、位移传感器与计算机或 x-y 记录仪正确连接，调整好适宜的放大比例。调整好计算机程序或将 x-y 记录仪的记录笔对准原点。

5）当采用压力环和流值计时，将流值计安装在导棒上，使导向套管轻轻地压住上压头，同时将流值计读数调零。调整压力环中百分表对准零。

6）启动加载设备，使试件承受荷载，加载速度为（50±5）mm/min。计算机或 x-y 记录仪自动记录传感器压力和试件变形曲线并将数据自动存入计算机。

7）当试验荷载达到最大值的瞬间，取下流值计，同时读取压力环中百分表读数及流值计的流值读数。

8）从恒温水槽中取出试件至测出最大荷载值的时间，不得超过 30s。

（2）浸水马歇尔试验方法。浸水马歇尔试验方法与标准马歇尔试验方法的不同之处在于，试件在已达规定温度恒温水槽中的保温时间为 48h，其余均与标准马歇尔试验方法相同。

5. 计算

（1）试件的稳定度及流值。

1）当采用自动马歇尔试验仪时，将计算机采集的数据绘制成压力和试件变形曲线。曲线上最大荷载为稳定度，以 kN 计；相应于荷载最大值时的变形为流值，以 mm 计。

2）采用压力环和流值计测定时，根据压力环标定曲线，将压力环中百分表的读数换算为荷载值，或者由荷载测定装置读取的最大值即为试样的稳定度（MS），以 kN 计，准确至 0.01kN。由流值计及位移传感器测定装置读取的试件垂直变形，即为试件的流值（FL），以 mm 计，准确至 0.1mm。

（2）试件的马歇尔模数

$$T = \frac{MS}{FL} \tag{26}$$

式中　T——试件的马歇尔模数，kN/mm；

　　MS——试件的稳定度，kN；

　　FL——试件的流值，mm。

（3）试件的浸水残留稳定度

$$MS_0 = \frac{MS_1}{MS} \times 100 \tag{27}$$

式中　MS_0——试件的浸水残留稳定度，%；

　　MS_1——试件浸水 48h 后的稳定度，kN。

6. 试验记录

（1）当一组测定值中某个测定值与平均值之差大于标准差的 k 倍时，该测定值应予舍弃，并以其余测定值的平均值作为试验结果。当试件数目 n 为 3、4、5、6 个时，k 值分别为 1.15、1.46、1.67、1.82。

（2）采用自动马歇尔试验时，试验结果应附上荷载-变形曲线原件或自动打印结果，并报告马歇尔稳定度、流值、马歇尔模数，以及试件尺寸、试件密度、空隙率、沥青用量、沥青体积百分率、沥青饱和度、矿料间隙率等各项物理指标。

8.3　沥青混合料车辙试验

1. 目的和适用范围

沥青混合料车辙试验是用一块碾压成形的板块试件（通常尺寸为 300mm×300mm×50mm）在规定温度条件（通常为 60℃）下，以一个轮压为 0.7MPa 的实心橡胶轮胎在其上行走，测量试件在变形稳定期时，每增加 1mm 变形需要行走的次数，即称为"动稳定度"，以次/mm 表示。

动稳定度是评价沥青混凝土路面高稳定性的一个指标，也是沥青混合料配合比设计时的一个辅助性检验指标。

2. 试验仪具

（1）车辙试验机。主要由下列部分组成：

1）试件台。可牢固地安装两种宽度（300mm 和 150mm）的规定尺寸试件的试模。

2）试验轮。橡胶制的实心轮胎，外径为 ϕ200mm，轮宽为 50mm，橡胶层厚为 15mm。橡胶硬度（国际标准硬度）20℃时为 84±4；60℃时为 78±2。试验轮行走距离为 230mm±10mm，往返碾压速度为 42 次/min±1 次/min(21 次往返/min) 的允许采用曲柄连杆驱动试验台运动（试验台不动）的任一种方式。

3）加载位置。使试验轮与试件的接触压强在 60℃时为 0.7MPa±0.05MPa，施加的总荷载为 700N 左右，根据需要可以调整。

4）试模。钢板制成，由底板及侧板组成，试模内侧尺寸长为 300mm，宽为 300mm，厚为 50mm。

5）变形测量装置。自动检测车辙变形并记录曲线的装置，通常用 LVDT、电测百分表或非接触位移计。

6）温度检测装置。自动检测并记录试件表面及恒温室内温度的温度传感器、温度计

（精度 0.5℃）。

（2）恒温室。车辙试验机安放在恒温室内，装有加热器、气流循环装置及自动温度控制设备，能保持恒温室温度 60℃±1℃（试件内部温度 60℃±0.5℃），根据需要也可为其他需要的温度。用于保温试件并进行检验，温度应能自动连续记录。

（3）台秤。称量 15kg，精度不大于 5g。

3. 试验方法

（1）测定试验轮压强应符合 0.7MPa±0.05MPa，将试件装于原试模中。

（2）将试件连同试模一起，置于达到试验温度 60℃±1℃的恒温室中，保温不少于 5h，也不得多于 24h。在试件的试验轮不行走的部位上，粘贴两个热电偶温度计，控制试件温度稳定在 60℃±0.5℃。

（3）将试件连同试模置于车辙试验机的试件台上，试验轮在试件的中央部位，其行走方向须与试件碾压方向一致。开动车辙变形自动记录仪，然后启动试验机，使试验轮往返行走，时间约 1h，最大变形达到 25mm 为止。试验时，记录仪自动记录变形曲线及试件温度。

4. 结果计算

（1）从曲线上读取 45min（t_1）及 60min（t_2）时的车辙变形 d_1 及 d_2，精确至 0.01mm。如变形过大，在未到 60min 变形已达 25mm 时，则以达到 25mm（d_2）时的时间为 t_2，将其前 15min 为 t_1，此时的变形量为 d_1。

（2）计算沥青混合料试件的动稳定度。

5. 试验报告

（1）同一沥青混合料或同一路段的路面，至少平行试验三个试件。当三个试件动稳定度变异系数小于 20% 时，取其平均值作为试验结果。变异系数大于 20% 时应分析原因，并追加试验。如计算动稳定度值大于 6000 次/mm 时，记作大于 6000 次/mm。

（2）试验报告应注明试验温度、试验轮接地压强、试件密度、空隙率及试件制作方法等。

6. 精密度或允许差

重复性试验动稳定变异系数的允许值为 20%。

综合设计试验 1　普通混凝土配合比设计试验

1. 试验目的与要求

该综合设计试验目的：了解普通混凝土配合比设计的全过程，培养综合设计试验能力，熟悉混凝土拌和物和易性和混凝土强度的试验方法。

根据提供的工程条件和材料，依据《普通混凝土配合比设计规程》（JGJ 55—2011）设计出符合工程要求的普通混凝土配合比。

2. 工程和原材料条件

某现浇钢筋混凝土柱，混凝土设计要求强度等级为 C25，坍落度要求为 35～50mm（施工现场混凝土由机械搅拌，机械振捣），使用环境为干燥的办公用房内。所用原材料如下：

水泥：强度等级 42.5 的普通硅酸盐水泥，密度为 3100kg/m³；砂：中砂，表观密度为

$2650kg/m^3$；石子：5～40mm 碎石，表观密度为 $2700kg/m^3$；自来水。

综合设计试验2　热拌沥青混合料目标配合比设计试验

1. 试验目的与要求

该综合设计试验目的：了解热拌沥青混合料配合比设计的全过程，培养综合设计试验能力；熟悉沥青与沥青混合料的基本性能试验方法。

设计沥青路面面层用细粒式沥青混凝土混合料的配合组成。热拌沥青混合料配合比的设计方法依据《公路工程沥青及沥青混合料试验规程》(JTG E20—2011)进行。

2. 工程和原材料条件

道路等级：高速公路；路面类型：沥青混凝土；结构层位：三层式沥青混凝土的上面层；气候条件：最低月平均气温为−8℃。所用原材料如下：

(1) 沥青材料。石油沥青，70 号。

(2) 矿质材料。碎石和石屑：石灰石轧制碎石，黏附性为Ⅰ级，表观密度为 $2700kg/m^3$；砂：河砂，中砂，表观密度为 $2650kg/m^3$；矿粉：石灰石磨细石粉，粒度范围符合技术要求，无团粒结块，表观密度为 $2580kg/m^3$。

复习思考题参考答案

第1章

1-1　略。

1-2　(1) 高，好，好；(2) 小，大；(3) 净压力；(4) 97.1。

1-3　(1) C；(2) C；(3) B；(4) B。

1-4　略。

1-5　(1) 毛体积密度 2.70g/cm³，表观密度 2.74g/cm³；(2) 15%，21.5%；(3) 38.5%，13.8%，22.1%，16.4。

第2章

2-1　对，错，对，错，对，错，错，错，错，错，对，对。

2-2　C，D，C，D，B，C，A，C。

2-3　略。

2-4　钢筋的屈服强度为 246MPa、237MPa；钢筋的抗拉强度为 393MPa、387MPa；屈强比分别为 0.63、0.61；钢筋的伸长率为 11.7%、10%。

第3章

3-1　略。

3-2　(1) A；(2) C；(3) C；(4) D；(5) B；(6) A；(7) B；(8) AC；(9) B；(10) B；(11) C。

3-3　(1) F；(2) T；(3) F；(4) F；(5) T；(6) F；(7) T；(8) F；(9) F；(10) F。

3-4　略。

第4章

4-1　略。

4-2　(1) T；(2) F；(3) F；(4) T；(5) T；(6) F；(7) T；(8) T；(9) F；(10) T；(11) F；(12) F。

4-3　略。

4-4　计算题

(1) 实验室配合比　$1m^3$ 混凝土水泥、水、砂及石子的用量分别为：$m_{c,sh}=316kg$，$m_{w,sh}=180kg$，$m_{s,sh}=627kg$，$m_{g,sh}=1273kg$。施工配合比　$1m^3$ 混凝土水泥、水、砂及石子的用量分别为：$m_c=316kg$，$m_w=149kg$，$m_s=646kg$，$m_g=1286kg$。

(2) 砂浆的配合比　各材料用量比例为：水泥：石灰膏：砂：水为 203：96：1497：300＝1：0.47：7.28：1.48。

第5章

5-1　略。

5-2 (1) T;(2) T;(3) F;(4) F;(5) F;(6) F;(7) T。

5-3 略。

第 6 章

6-1 (1) 针入度是在规定温度下,以规定质量的标准针 100g,经历规定时间 5s 贯入试样的深度,以 0.1mm 为单位表示。(2) 石油沥青与水在乳化剂、稳定剂等作用下,经乳化加工制得的均匀沥青产品。(3)、(4) 略。

6-2 (1) 沥青质、饱和分、芳香分、胶质;(2) 悬浮密实结构、骨架空隙结构、骨架密实结构;(3) 针入度、延度、软化点,黏滞性、塑性、温度稳定性;(4) 沥青与骨料的性质、沥青的用量、沥青混合料的压实度与空隙率。

6-3 (1) 错;(2) 对;(3) 错;(4) 对。

6-4 (1) ABCD;(2) ABCDE

6-5 (1) 与石油沥青相比,煤沥青的塑性、大气温度性均较差,温度敏感性较大,但其黏性较大;煤沥青对人体有害成分较多,臭味较重。为此,煤沥青一般用于防腐工程及地下防水工程,以及较次要的道路。(2) AC 沥青混凝土;AM 沥青碎石;SMA 沥青玛蹄脂碎石;OGFC 排水式沥青磨耗层;公称最大粒径皆为 16mm。

6-6 解:(1) 确定矿质混合料中各种骨料的用量:1) 将规定的矿质混合料级配范围中值换算为分计筛余中值;2) 计算碎石在矿质混合料中的用量;3) 计算矿粉在矿质混合料中的用量;4) 计算石屑在混合料中的用量。

(2) 校核。根据以上计算得到矿质混合料中各种骨料的配合比为:碎石:石屑:矿粉为 $X:Y:Z=42.1:50.9:7.0$。

第 7 章

7-1 略。

7-2 (1) A;(2) C;(3) C;(4) AB。

7-3 略。

第 8 章

8-1 略。

8-2 (1) 聚合物、增塑剂、稳定剂、填充剂、固化剂、温度、压力;(2) 提高强度和耐热性、降低成本、粉、纤维;(3) 线形、支链形、体形或交联网状结构;(4) 聚氯乙烯、自熄。

8-3 略。

第 9 章

9-1 略。

9-2 (1) 低温柔顺性差、温度敏感性强、耐大气老化性差;(2) 小、大;(3) 反射、穿透材料、材料吸收;(4) 低、高;(5) 不良;(6) 主要成膜物质、次要成膜物质、溶剂、辅助材料。

9-3 (1) 吸声材料与绝热材料都是属于具有多孔结构的材料,但对材料的孔隙特征上有着完全不同的要求。绝热材料要具有封闭的不连通的气孔,这种气孔越多,其绝热性能越好;而吸声材料恰恰相反,要求具有开放的、互相连通的气孔,这种孔隙越多,其吸声性能越好。

（2）当绝热材料受潮后，材料的孔中有水分。除孔隙中剩余的空气分子传热、对流及部分孔壁的辐射作用外，孔隙中的蒸汽扩散和分子的热传导起了主要作用，因水的导热能力远大于孔隙中空气的导热能力，故材料的绝热性能下降。

（3）传统建筑防水材料指传统的石油沥青纸胎油毡、沥青涂料等防水材料。这类材料有对温度敏感、拉伸强度和延伸率低、耐老化性能差的缺点。尤其是用于外露防水工程，高温、低温特性都不好，易老化、开裂等。新型建筑防水材料的"新"字包括材料新及施工方法新。如合成高分子防水卷材，高聚物改性沥青防水卷材、防水涂料，以及新型的刚性防水材料、堵漏材料等。

（4）对于水池外防水，A、B均可；对于水池内防水，宜选用 B。因水泥基防水涂料，无味无毒，耐久性、耐腐蚀性好，比混凝土及砖石等材料黏结力强，更为有利。

（5）每种乳液都有相应的最低成膜温度。若达不到乳液的成膜温度，乳液不能形成连续涂膜，导致外墙乳液涂料出现裂纹。一般宜避免于 10℃ 以下施工，若必须于较低温度下施工，应提高乳液成膜助剂的用量。此外，若涂料或第一道涂层施涂过厚，又未完全干燥即施涂面层，由于内外干燥速度不同，造成涂膜开裂。

（6）①装饰性方面。室内主要是近距离观赏，多数情况下要求色泽淡雅、条纹纤细、表面光平（大面积墙体除外）；室外主要是远距离观赏，尤其对高层建筑，常要求材料表面粗糙、线条粗（板缝宽）、块形大、质感丰富。②保护建筑物功能方面。室内除地面、卫生间、厨房要求防水防蒸汽渗漏外，大多数属于一般保护作用；室外则不同，饰面材料应具有防水、抗渗、抗冻、抗老化、保色性强、抗大气作用等功能，从而保护墙体。③兼具功能方面。室内根据房间功能不同，对装饰材料还常要求具有保温、隔热，或吸声、隔声、透气、采光、易擦洗、抗污染、抗撞击、地面耐磨、防滑、有弹性等功能；而外墙则要求隔声、隔热、保温、防火等功能。

（7）高档高层建筑一般设空调。广东气温较高，尤其是夏天炎热，热反射玻璃主要靠反射太阳能达到隔热目的。而吸热玻璃对太阳能的吸收系数大于反射系数，气温较高的地区使用热反射玻璃更有利于减轻冷负荷、节能。

参 考 文 献

[1] 湖南大学，天津大学，同济大学，东南大学．土木工程材料［M］．2 版．北京：中国建筑工业出版社，2011.

[2] 杨杨，钱晓倩．土木工程材料［M］．武汉：武汉大学出版社，2014.

[3] 孙凌．土木工程材料［M］．北京：人民交通出版社，2014.

[4] 邢振贤．土木工程材料［M］．郑州：郑州大学出版社，2013.

[5] 贾致荣．土木工程材料［M］．北京：中国电力出版社，2010.

[6] 苏达根．土木工程材料［M］．2 版．北京：高等教育出版社，2008.

[7] 柯国军．土木工程材料［M］．北京：北京大学出版社，2006.

[8] 张雄，王劲．土木工程材料学习指导与题解［M］．上海：东华大学出版社，2004.

[9] 焦宝祥．土木工程材料［M］．北京：高等教育出版社，2009.

[10] 钱觉时．建筑材料学［M］．武汉：武汉理工大学出版社，2007.

[11] 魏鸿汉．建筑材料［M］．2 版．北京：中国建筑工业出版社，2007.

[12] 宋少民．土木工程材料［M］．武汉：武汉理工大学出版社，2006.

[13] 李立寒，张南鹭．道路建筑材料［M］．4 版．北京：人民交通出版社，2008.

[14] 严加伋．道路建筑材料［M］．3 版．北京：人民交通出版社，2001.

[15] 李崇智，周文娟，王林．建筑材料［M］．北京：清华大学出版社，2009.

[16] 王立久，李振荣．建筑材料学［M］．北京：中国水利水电出版社，1997.

[17] ADMA N. Concrete Technology—An Essential Element of Structural Design ［M］. Concrete International，1998.

[18] Hewlett Peter C，et al. Lea′s Chemistry of Cement and Concrete ［M］. 4th Edition. Butterworth—Heinemann，London，1998.

[19] DERUCHER K N，et al. Materials for Civil and Highway Engineers ［M］. 4th Edition. Prentice Hall，New jersey，1998.